문도론文道論

−문과 도의 합일[合]과 분리[離]의 학술사−

문·도·론

문과 도의 합일合과 분리離의 학술사

황갑연

전북대학교출판문화원

| 들어가는 말 |

주희朱熹 철학이 송명리학宋明理學의 대종大宗이라는 것은 이미 역사적으로 공인된 사실이다. 주희 철학, 그중 리기론理氣論에서 가장 많이 언급되고 있는 핵심 이론 중의 하나가 '리[理-道]와 기[氣-器]는 서로 떨어지지도 않고 섞이지도 않는다'는 리기불리부잡理氣不離不雜 혹은 도기불리부잡道器不離不雜이다. 우주 내의 어떤 존재[氣]도 '리'라는 형이상의 실체와 독립적으로 존재할 수 없고, 어떤 현상[器]도 '도'라는 절대 당위의 가치와 독립적으로 존재할 수 없다면, 문자와 언어라는 도구로 이루어진 문文이라는 현상이 도와 절대 독립적으로 존재할 수 없다는 주희 문도론文道論은 이미 그의 형이상학 이론에 의하여 결정된 것이라고 할 수 있다.

필자는 이전 선행연구에서 주희 철학을 비롯한 유가 철학의 세계관을 범도덕주의의 존재론적 근거라는 점을 여러 차례 강조했다. 사실 유가의 범도덕주의는 주희에 의하여 비롯된 것이 아니라 유가 철학의 창시자인 공자에 의하여 이미 배태되었다. 학자마다 약간의 차이는 있지만, 유가 철학자 중에서 범도덕주의 누명?으로부터 완전 자유로운 사람은 아무도 없을 것이다. 주희는 이러한 범도덕주의 사유 체계에 리기론이라는 형이상학과 심성론 그리고 공부론을 제시하였고, 이 삼자三者와 문도론을 엄격한 정합성을 갖춘 이론으로 재구성했을 뿐이다.

주지하는 바와 같이 공자에 의하여 유가 철학이 정립된 이래 유가는 표현은 다르지만 도덕이상주의를 표방하지 않은 적이 없었다[仁政·王道政治·大同世界 등]. 그러나 도덕이상주의는 그 자체로 범도덕주의라는 비판을 수반할 가능성이 매우 높다. 다시 말하면 도덕이상주의와 범도덕주의는 동일한 세계관 혹 가치관에 대한 서로 다른 표현일 뿐이다. 즉 양자는 공생공존의 관계이다. 따라서 유가 도덕론을 범도덕주의로 규정한다면 그 원류를 도덕이상주의를 처음으로 표방한 공자로부터 찾아야 할 것이다. 공자는 다음과 같이 말한다.

> 한 끼 식사를 끝낼 짧은 동안이라도 '인'을 어기지 않아야 하며, 황급할 때에도 반드시 '인'에 의거하여 행동해야 하며, 위급할 때에도 반드시 '인'에 의거하여 행동해야 한다.[1]

공자는 '한 끼 식사를 끝낼 짧은 시간'과 '황급할 때' 그리고 '위급할 때에도 인[2]이라는 도덕의지에 의거하여 모든 일을 주재해야 한다'고 주장했는데, 이는 우리의 모든 일동일정一動一靜을 반드시 '인'이라는 도덕의지의 통제 하에 두어야 한다는 것과 같다. 조금은 답답한 해석이지만, 원론적으로 말하면 우리의 인생에 한순간도 도덕과 비관련적인 중립지대는 존재하지 않는다는 것이 유가 철학의 입장이다. 이러한 태도는 주희를 중심으로 한 리학자理學者와 왕수인[王守仁-王陽明]을 중심으로 한 심학자心學者에서도 동일하게 나타난다. '리기불리理氣不離'를 근거로 주

---

1 『論語』「里仁」, "無終食之間違仁, 造次必於是, 顚沛必於是."

2 혹자는 인仁을 '어질다'로 번역하지만 공자의 도덕론에서 '어질다'는 '인' 속에 포함된 수만 가지 덕목 중의 하나일 뿐이다. 공자 철학에서 '인'은 우리의 마음에 살아있는 활발발活潑潑한 도덕 의지, 즉 칸트의 표현에 의하면 선의지에 해당한다.

희는 '리밖에 일이 존재하지 않는다[理外無事]'를 주장했고, 육구연[陸九淵-陸象山]과 왕수인의 심학자들 역시 '심밖에 일이 존재하지 않는다[心外無事]'고 했는데, 이러한 말들은 도덕이상주의에 입각한 범도덕주의의 전형적 표현이다.

문도론에서 도는 형이상의 실체인 리의 당위적 의미이다.[3] 필자는 이 저술에서 '도'를 형이상의 실체 의미보다는 당위의 원리·규범·법칙 그리고 유가 철학에서 지향하는 삶의 가치 등 의미로 제한시켜 사용할 것이다. '문'은 구체적으로는 문학文學과 문장文章 및 문사文辭 등을 가리키지만, 문자와 언어로써 표현된 현상이기 때문에 원론적으로 기器의 범주에 속한 형이하자이다. 이후 언급되는 기器가 반드시 문학과 문장 그리고 문사의 의미만을 가리키는 것은 아니지만, 대부분 '문'으로 제한시켜

---

3 리와 도 그리고 태극太極은 유가 철학, 특히 송명유학에서 동일한 의미로 사용된다. 마찬가지로 기氣와 기器 그리고 음양陰陽 역시 거의 유사한 의미로 사용된다. 송명리학에서 도·태극·리는 형이상자이고, 器·음양·氣는 형이하자이다. 송명리학자들은 형이상자와 형이하자를 표현할 때 반드시 리는 氣와 짝을 이루고, 도는 器와 짝을 이루며, 태극은 음양과 짝을 이루어 표현되지는 않지만 대부분 리와 氣·도와 器·태극과 음양은 서로 짝을 이루어 표현된다. 그 이유는 형이상자에 있는 것이 아니라 형이하자에 포함되어 있는 의미 차이에 있다. 氣와 器 및 음양은 모두 형이하자이지만 각각에는 특수한 의미가 포함되어 있다. 첫째, 리와 짝을 이루었을 때 氣는 형상과 형질 및 동력의 근본[형이상자로서의 근본 의미가 아니다]을 표시한다. 이때 氣는 형상과 형질의 물질적인 근본 인소因素이고 에너지이며, 리는 氣 활동의 원리이다. 도와 짝을 이루었을 때 器는 구체적인 형상과 형질 및 속성을 갖는 유형 사물에 대한 통칭이다. 이때 도는 유형 사물의 마땅한 사용처 혹은 당연히 그렇게 사용되어야 할 도리이다. 태극과 짝을 이루는 음양은 氣의 운동성과 우주의 생화 과정을 표시한다. 태극은 근본이기 때문에 '하나[一]'이다. '하나'인 태극은 氣와 함께 유행함으로서 이二·사四·팔八로 분화되는데, 이때의 음과 양이 태극 유행의 제 2단계이다. 비록 음양미분陰陽未分의 상태인 원기元氣도 氣의 원초라는 측면에서 보면 '하나'라고 할 수 있지만 형이상자, 즉 근본이 아니기 때문에 '일一'로 표현할 수 없다.(황갑연, 「형이상자와 형이하자 개념에 대한 주자의 이해」, 『범한철학』 19집, 범한철학회, 1999, 3쪽)

놓고서 글을 전개할 것이다.

유가 철학 발전사에서 도와 문은 주종主從 관계로 지속되어 왔다. 유가 철학의 사유와 가치관을 표준으로 삼는다면, 이는 당연한 현상이고, 바람직한 결과이며, 심지어 필연적인 사실일 것이다. 그러나 유가 철학에서는 반드시 도와 문의 관계를 주종의 형식으로 구성해야만 하는가? 유가 철학 의리에서 도와 문의 수평적 구조 정립은 불가한가? 필자의 주요 학술 연구 분야가 유가 철학이지만, 필자는 도로부터 문의 완전한 해방을 주장하지도 않고, 도로부터 문의 완전 일탈이 시대정신에 부합한다고도 생각하지 않는다. 또 '도를 무겁게 여기고 문을 가볍게 여긴다[重道輕文]'는 유가 철학의 전통적 인식에 대해서도 그리 달갑게 여기지 않는다.

근대 이전까지 동아시아 유가 학술 발전사에서 문과 도의 관계는 대부분 도에 의한 문의 종속으로 진행되었다. 이러한 현상은 근현대 문명사에서 혹독한 비판을 받는다. 후에 상세하게 언급할 것이지만, 도로부터 문의 일탈은 중국 학술사에서 여러 차례 있었다. 그러나 그것은 유학과 다른 문학이라는 독립 학술에 종사한 사람들의 자각[4]에 의하여 나타난 현상이었을 뿐 결코 문의 효용성 이외의 심미적 작용과 가치에 대한 유학자의 전향적 인식으로부터 비롯된 것이 아니었다. 필자는 유가 철학 발전사에서 문과 도의 관계에 대한 여러 문헌을 광범위하게 살펴보았다. 지금까지 문의 가치와 역할을 도와 수평적으로 인식한 학자는

---

4 중국 학술 발전사에서 한漢 대 이전에는 문과 도의 분계가 미약했지만, 한 대부터 양자가 독립개념으로 사용되기 시작한다. 이러한 현상은 위진남북조 시대에 이르러 더욱 발전되어 문학이 기타 학술과 다른 하나의 독립적 분과학술로 자리 잡는다. 이 시기를 중국 문학비평사에서 문의 자각기라고 한다.

등장하지 않았다. 반면 문학비평사를 보면 유가적 의미의 도가 줄곧 문의 평가표준으로서 등장하고 있지만, 시대 혹은 학자에 따라서 그 정도의 차이가 있을 뿐만 아니라, 심지어 거의 도라는 존재를 언급하지 않는 비평가들도 있다. 필자는 유가 철학 발전사와 관련된 서책에서 문도관계에 관한 연구에 도움을 줄 수 있는 흥미로운 소재를 발견하지 못했다. 그러나 중국 문학사와 관련된 서책, 그중에서도 송명宋明 이후 문학 발전사 그리고 주희 문학이론에 관한 비평서 등을 보면서 유가 철학에서 긍정하는 문도관계는 시대정신에 비추어 일정한 응변이 있어야 함을 절실하게 반성했다.

한 가지 사실을 예로 들어보자. 주희 문학이론이 송명 양대 학술 발전사에 지대한 영향을 끼쳤음은 주지의 사실이다. 따라서 중국문학사와 문학비평사에서 주희 문학이론은 매우 비중 있게 소개되어야 함에도 불구하고 현전하는 중국문학사와 문학비평사에서 언급되는 분량은 지나치게 적을 뿐만 아니라[거의 형식적인 언급이라는 느낌을 강하게 받았다], 그것에 대한 가치 평가 역시 매우 저열했다. 그 이유는 여러 측면에서 분석할 수 있지만, 도에 의한 문의 종속이 인간 심리의 보편적인 의식도 아니고, 이미 분과학문으로서 독립적 지위를 확보한 문학인들의 정서적 반감도 작용했다는 것이 필자의 판단이다.

필자는 저술의 목적과 관련된 한 가지 재미있는 기억을 소개하고자 한다. 몇 년 전 국내에서 개최된 국제학술대회에서 모 대학 국악전공 교수가 가야금 연주를 한 적이 있다. 처음 소개된 곡이 조선시대 선비음악이었는데, 곡의 흐름이 어찌나 단조롭고 느리며 지루하게 오랜 시간 연주되던지 필자뿐만 아니라 심지어 유림풍儒林風의 의복을 갖춘 노인장께서도 연신 하품을 하고 계셨다. 다음 연주곡은 약간 빠른 중모리와 더

빠른 중중모리였는데, 그때서야 노인장께서는 발을 두드리면서 흥겨워하셨고, 마지막에 젊은 학생들의 무대에서 빠르고 신난 판소리 노래가 나오니 '얼쑤'를 외치면서 박장대소하는 모습을 보았다.

음악에 대한 필자의 조예는 참으로 일천하다. 그렇지만 필자는 당시 선비음악에서 '질박'이라는 한 가지 느낌만을 받았다. 이러한 '질박'이라는 필자의 느낌은 문학과 예술을 포함한 문에 대한 전통적인 유가 철학의 인식과도 크게 다르지 않을 것이다. 필자가 느꼈던 '질박'은 유가 철학 수양론과 밀접한 관련이 있다. '천리를 보존하고 인욕은 제거한다[存天理去人欲]'는 것은 송명 도학자[理學者]가 견지한 핵심 공부론이다. 정이程頤와 주희의 거경함양居敬涵養과 격물궁리格物窮理 그리고 육구연과 왕수인의 발명본심發明本心과 치양지致良知가 '천리를 실현하는[存天理]' 적극적인 방식에 속한 공부라면, 어떤 것으로도 꾸미지 않은 무미담백한 가야금의 질박한 선율에 의하여 욕망은 잠시나마 침잠될 수 있는데, 이것도 '인욕을 제거하는[去人欲]' 소극적 방법이라고 할 수 있다. 이처럼 문에 대한 유학자의 기본 태도는 대부분 교화와 인격도야 등 실용과 효용에 그칠 뿐, 문의 독립적인 심미성에 대해서는 대체로 부정적인 입장을 취하였다.

유가 철학 발전사에서 도와 문 개념은 문의 지위와 역할에 대한 적극 혹은 소극적 긍정과 관계없이 대부분 주종 혹은 본말 관계로 정립되어 왔다. 그렇지만 유가 철학을 제외한 학술계에서 보면 문과 도의 관계는 대립적 관계로 논의가 지속되어 왔다. 실용과 효용을 강조하는 유학의 입장에서는 문을 공리功利와 상용尙用의 관점에서 인식했고, 유가와 대립적 입장에서는 비공리非功利와 상문尙文의 관점에서 인식했다. 이것과 달리 교훈과 쾌락으로 분계를 짓기도 하고, 인생을 위한 예술과 예술을 위한 예술로 구별하기도 했다. 또 덕[德-道]과 언[言-文] 그리고 인품人品과 문품文品이라는 용어로써 작가와 작품을 평가하기도 하고, 선善과 미美라는 대립적 범주를 사용하기도 하며, 효용效用 중심과 심미審美 중심으로 나누기도 한다.

공자에서부터 당송唐宋 고문가古文家 그리고 송명리학자에 이르기까지 문의 작용과 효용에 대하여 '문으로써 도를 밝힌다[文以明道]'·'문으로써 도를 꿰뚫는다[文以貫道]'·'문은 도를 근원으로 한다[原道]'·'문은 도를 실어야 한다[文以載道]' 그리고 주희의 '문은 도로부터 나온다[文從道出]'를 불문하고 약간의 경중 차이는 있지만, '도가 무겁고 문은 가볍다[重道輕文]'는 기본 입장은 일관되고 있다. 주희에 의하여 '본말이 전도되었다[本末顚倒]' 혹은 '문을 무겁게 여기고 도를 가볍게 여긴다[重文輕道]'는 비판을 받은 소식[蘇軾-東坡] 역시 비록 문과 도의 관계에서 다른 학자에 비해 상대적으로 문의 독립성과 심미성을 강조했을 뿐 도로부터 문의 완전 독립을 주장하지는 않았다. 즉 소식의 대표 문도론인 '문과 도는 함께 갖추어야 한다'는 문여도구설文與道俱說은 결코 주희의 비평처럼 '문을 무겁게 여기고 도를 가볍게 여긴다'는 중문경도重文輕道는 아니다. 소식은 정이를 비롯한 도학가들에 비해 도를 효율적으로 전달하려면 표현의 기교와 형식도 중요하다는 것을 강조했고, 또 공자의 호고好古 정신보다는 개성을 중시했을 뿐이다.[5]

---

5 소식을 유학자의 범주에 포함시켜야 할 것인가에 대해서는 이론이 있을 것이다. 구양수의 문도론에서 도는 분명 유학에 치우친 것이지만, 소식은 유불도儒佛道 삼교합일三教合一의 입장을 취하기 때문에 소식을 유학자로 분류하는데 동의하지 않는 학자가 있다. 그러나 소식은 결코 유학의 도를 부정하지 않았다. 따라서 소식 또한 범유학 범주에 속하는 학자임은 분명하다.

이처럼 유가 철학에서는 중도경문의 입장을 일관되게 취했는데, 그 이유는 무엇인가? 정면적인 입장에서 그 원인을 탐색하면 답은 명확하게 드러난다. 공자가 시서예악詩書禮樂을 중시하고, "예藝에서 함양해야 한다"[6]고 했으며, "시를 통하여 홍발하고, 예를 통하여 자신의 덕성을 실천하며, 음악을 통하여 자신의 인격을 완성한다"[7]고 했지만, 유학의 궁극적인 목적은 인륜의 도덕을 본질로 하는 도의 창현彰顯에 있다. 따라서 중도경문은 당연이면서 필연적인 유가의 입장이다.

중도경문이라는 유가의 문도관을 정면적인 측면에서 탐색한 연구 성과는 국내외[한국과 중국 및 대만]에 이미 충분할 정도로 많다. 그러나 필자는 아직까지 유가 철학 발전사에서 문과 도의 관계를 전면적으로 연구한 국내 저작을 발견하지 못했다. 필자는 유가 철학 발전사라는 학술 범주에서 문과 도에 관한 전면적 연구를 저술의 범위로 삼는다. 그렇다고 해서 연구 영역만 확장한 채 기존의 연구와 동일한 방법으로써 문과 도의 관계 변화를 탐색하고 싶지는 않다. 필자는 기존 방법과 함께 한 가지 다른 시각을 통하여 저술을 진행하고자 한다. 그것은 바로 문이 도로부터 일탈되었을 때 나타나는 문의 실상을 살펴보고, 그것으로부터 유가 철학의 문도관에 대한 공과功過 및 득실得失을 살펴보는 것이다. 이것이 필자가 이 저술을 통하여 추구하고자 하는 1차적 목표이다.

필자가 문헌을 통하여 살펴본 문과 도의 관계 변화는 도에 의한 문의 종속 그리고 도로부터 문의 일탈이라는 반복적 과정이었다. 도에 의한 문의 종속적 입장에서 문의 가치는 도의 전달과 교화에 있었고, 도로부

6 『論語』「述而」, "游於藝."

7 『論語』「泰伯」, "興於詩, 立於禮, 成於樂."

터 문의 일탈은 문이 하나의 기능에 안주하지 않고 문의 독립적 심미세계를 추구하는 것이었다. 독립적인 각개의 현상에서 보면 도로부터 문의 일탈은 항상 있었고, 지금도 계속되고 있지만 하나의 조류로서 등장한 것은 위진남북조와 명明 중말기였다. 위진남북조 시대에는 분명 문학이 역사, 철학과 함께 독립적인 위치를 확보했다. 당시가 한족이 아닌 이민족[胡]의 지배가 주를 이루는 시기였다는 이유도 있지만, 그것보다는 유가의 쇠퇴가 더 큰 원인이었다. 도로부터 문의 일탈로 말미암아 빼어난 문학자와 예술가들이 등장했다는 사실은 분명 긍정적 측면[明]에 속하지만, 반대로 화염무실華艶無實한 문풍의 유행은 부정적 측면[暗]에 속한다. 명 대 초기에는 복고주의가 크게 성행했고, 그것으로 말미암아 창작의 기운이 거의 없었을 뿐만 아니라 경전 암송 중심의 팔고문八股文 과거제도는 이러한 풍조를 더욱 경화시켰다. 이때 나타나는 것이 바로 지나친 도[유가]의 속박으로부터 벗어나려는 평민문학의 등장이었다. 희곡과 소설 등은 역대 문인들로부터 외면당했지만, 명 중말기에 이르러 그것들의 가치가 크게 드러났고, 민간문학도 함께 등장했다. 필자는 위진남북조 시대에 나타난 화염무실한 문풍 유행은 문과 도의 유기적 결합의 당위성을 보여준 것이고, 명 중말기 민간문학의 등장은 문에 대한 도의 지나친 통제는 오히려 문의 생명을 질식시켜 도로부터 문의 일탈을 자초한 역사적 실례라고 생각한다. 이상의 서술이 저술의 제 1목적이다.

두 번째 목적은 유가 철학 문도론의 한계를 극복하려는 시도이다. 중국 문화사에서 예술을 포함한 문학에 대한 유가의 영향은 지대했다. 그중에서도 주희 문도론의 영향은 중국에만 그치지 않고 한국에 더욱 강한 영향을 끼쳤다. 사실 주희 문도론은 단순한 주희 개인의 문도론이 아니라 이전 유가 철학 문도론의 종합이고, 극단적 완성[8]이라고 해야 할 것이다. 왜냐하면 이전 문도관에서 문과 도가 이원적 대립관계를 형성하고 있었다면 주희에 이르러 도와 문은 체용體用의 관계로 설정되어 문도합일文道合一 혹 문도일체文道一體로 정립되었기 때문이다. 또한 문도론에 리기라는 존재론을 제공하여 문도합일은 형이상학적 근거를 확보하게 된다. 따라서 주희 철학에서 문은 도의 자기실현 혹은 자아현현인 것이다.

이러한 주희 문도론은 긍정적 의미와 함께 부정적 의미를 동시에 갖고 있다. 우선 문에 도[善]라는 도덕가치를 부여했기 때문에 문은 순수한 심미적 창작활동일 뿐만 아니라 교화의 주체가 된다. 또 문은 불변보다는 변화의 속성이 강하다. 그러나 문에 도를 부여하면 변하는 것은 문의 형식일 뿐이다. 왜냐하면 문의 내용은 바로 불변의 도이기 때문이다. 이렇게 되면 문은 도라는 불변의 속성을 근거로 영속성을 보장받을 수 있다. 이상이 문도합일의 긍정적 의미이다.

그러나 주희 문도론에 대한 비판적 시각도 상당하다. 가장 대표적인 것은 주희를 비롯한 도학가의 문도론은 문학과 비문학의 분계를 말살한다는 것이다. 문의 주체는 심미이고 정취이며, 내용은 교화가 아니라 순수한 미감美感이다. 이에 비해 도덕은 비문학으로서 주체는 이성이며, 내용은 선이다. 만일 문과 도가 합일하고, 도에 의하여 문의 방향이 결정된다면 문학의 서정적 본성은 크게 부각되기 어렵다. 때문에 문학가

---

8 혹자는 주희가 말한 '문이 곧 도이다[文便是道]'라는 문도관이 문에 대한 절대적 가치 부여라고도 생각할 수 있을 것이다. 그러나 이때의 문은 도가 문으로 현현된 문일 뿐이다. 그렇다면 도의 현현과 무관한 문은 문으로서 존재할 수 없고, 자격도 없는 것이다. 따라서 필자는 극단적 완성이라는 표현을 사용한 것이다.

들은 전통 유가의 문도론에 대하여 문학과 비문학을 일체화하려는 혼동에서 벗어날 것을 지속적으로 요구한다. 문도일체 혹은 문도합일의 문학이론으로써는 도덕과 별개인 문학작품의 가치를 긍정하기 어렵다. 때문에 문학가들은 주희를 비롯한 도학가들이 문학 창작활동의 진정한 원천을 부정했다고 비판한다.

이상이 필자 저술의 주요 목적이다. 필자는 이 저술에 두 가지 주목적과 아울러 다음 몇 가지 사항도 함께 소개할 것이다.

첫째, 궁극적인 입장에서 보면, 예술을 포함한 문은 자체적으로 심미를 본질로 할 뿐 실용과 효용이 본질은 아니다. 따라서 실용과 효용으로서 문의 본질을 규정하고 있는 유가의 '문'은 인생을 위한 '문'일 뿐 '문'을 위한 '문'이 결코 아니다. 유가 철학자들은 도덕 이성에 심미의 속성이 포함되어 있다고 인식하지만, 사실 선과 미의 결합은 범주가 다른 이질적 정신세계의 초승적 만남이다. 도덕과 심미, 즉 선과 미 사이에는 주종 혹은 본말이 근본적으로 존재하지 않는다. 그런데 왜 유가 철학자들은 도덕이성에 심미의 속성이 본래적으로 포함되어 있다고 생각하는가? 유학에서 선과 미는 결코 수평적 관계가 아니다. 공자를 시작으로 맹자 그리고 주희에 이르기까지 선과 미의 주종관계는 확연하게 드러난다. 맹자는 "리의理義가 내 마음을 기쁘게 한다"[9]고 했다. 맹자에 따르면, 도덕 원리 혹은 규범의 의미인 '리' 그리고 합리와 정당성을 내용으로 하는 '의'가 심미의 대상이고, 이러한 리의에 대한 기쁨이 바로 심미의 활동이다. 선과 미의 종속관계는 주희에 이르러 정점을 이룬다. 주희에 의하면, 미는 선으로부터 실현되고, 선은 미의 근본 전제이다. 정확하게

---

9 『孟子』「告子上」, "理義之悅我心."

말하면 선은 미의 존재론적 근거이다. 미는 아름다움의 성대함이지만, 이 아름다움의 실제 내용은 도덕가치인 선인 것이다.

이러한 유가 철학 인식에는 도를 실현한다는 본질적 목적도 있지만, 이것과 아울러 문에 대한 유가 철학자들의 위험 의식도 함께 내재되어 있다. 그것에 관한 대표적인 견해가 바로 정이[伊川]의 작문해도론作文害道論이다. 이러한 시각이 극단화되면 유학과 반예술·반미학·반문학은 동일개념이라는 위험성에 빠진다. 필자는 문학과 철학이라는 분과학문의 독립성 측면에서 보면 문에 대한 전통적인 유가 철학의 입장은 반예술·반문학·반미학이라는 혐의로부터 완전히 벗어나기는 어렵다고 생각한다. 그렇다면 유가 철학에서 도와 문의 관계는 반드시 주종 혹은 종속관계로만 지속되어야 하는가? 수평적 관계에서 상호 유기적 관련성을 도모할 수 있는 여지는 없는가? 필자는 마지막 장절에서 이 문제를 시대정신에 비추어 집중 논의할 것이다.

둘째, 선진과 송명은 유학의 정립기이고 부흥기이다. 이 시기에 문도론에 관한 다양한 이론들이 출현했는데, 각각의 용어들이 어떤 하나의 고정적인 의미로 제한되어 있지 않을 뿐만 아니라, 그 의미도 명확하게 사용되고 있지 않다. '도를 근원으로 한다[原道]'·'도를 밝힌다[明道]'·'도를 꿰뚫는다[貫道]'·'도를 싣는다[載道]'·'시는 뜻을 말한 것이다[詩言志]'·'시는 정을 말한 것이다[詩緣情]'. 뿐만 아니라 심지어 소식의 '문과 도는 함께 갖추어야 한다[文與道俱]'와 주희의 '문은 도로부터 나온다[文從道出]' 역시 다소의 차이는 있지만, 예외가 아니다. 이러한 이론들은 도와 문에 관한 규정 그리고 그 의미에 따라서 다양한 양상으로 드러나는데, 그러한 특수한 의미가 간과된 채 도식적으로 사용되기도 하고, 의미가 서로 완전하게 동일하지 않음에도 불구하고 지나치게 포괄적으로 적용하기도 한다. 예를 들어 '문으로써 도를 실어야 한다[文以載道]'는 이론은 유가의 일반적인 문도론으로 사용되기도 하고, 실용과 효용 중심의 문도론으로도 사용되며, 좁게는 송명도학자, 더 좁게는 주돈이의 문도론으로 사용되기도 한다. 그러나 주돈이의 '문이재도文以載道'와 주희의 문도론은 어떤 측면에서는 전혀 성격이 다르다. 즉 '문은 도로부터 나온다'를 내용으로 하는 주희의 문도론에서 문과 도는 이원적 대립관계로 설정되어 있지 않다. 도와 문은 일체이며, 합일의 관계이다. 그러나 주돈이의 '문이재도'에서 문과 도는 내용과 수단 혹은 도구의 관계, 즉 이원적 대립 관계로 설정되어 있다. 따라서 '문이재도'로써 주희의 문도론까지 포함시킨다면 오히려 혼란을 가중시킬 수도 있다.

비록 유가 문도론을 실용과 효용 중심으로 규정할 수 있고, 또 공자에서부터 송명도학자들이 모두 동일한 세계관을 지향하고 있기 때문에 어떤 용어를 두루뭉술하게 사용하여도 심각한 문제는 발생하지 않을 것이다. 그러나 특수한 논리를 갖고 있는 문도론은 그 이론을 주장한 학자의 문학이론 그리고 그 문학이론 배후 이론을 엄격하게 분석한 후에 논의되어야 하고, 설령 학자들이 같은 용어를 사용했다고 할지라도 그것의 차이를 철학과 문학의 전반적인 토대 위에서 분석해야 한다. 만일 이러한 분석작업 없이 편의적으로 도식화하여 사용한다면 편리보다는 오히려 혼란이 가중될 것이다. 이 저술에서 필자는 선진에서 송명까지 서로 다른 문도론 의미를 문학이론과 철학을 근거로 동일성과 함께 차이성도 엄격하게 분석할 것이다.

셋째, 유가 철학의 발전사에서 문과 도는 항상 궤적을 함께 한다. 즉 도가 변하면 문도 그것에 따라서 변했기 때문에 문이 변했다는 것은 곧 도가 변했다는 것을 의미한다. 원래 본체인 도는 은미하여 알기 어렵지만 그것의 현상화인 문은 도에 비해 인식이 어렵지 않다. 또한 문은 도의 자기실현 통로이기 때문에 문은 도의 진의를 파악하기 위한 필연적인 도구이다. 비록 도가 본本 혹은 주主이고, 문이 말末 혹은 종從의 역할을 담당하지만, 문은 도의 가치와 생명을 원융무애圓融無碍의 경지로 승화시키는 통로이기 때문에 문은 인문정신 실현의 불가결한 요소라고 할 수 있다. 비록 정이가 '작문해도'라는 지극히 편향적인 태도를 견지하였지만 대부분 유학자들은 도와 문의 극단적 대립을 피하고 양자의 원융적 합일을 추구한다. 따라서 유가 철학 발전사에 나타난 유학자의 인문정신과 시대정신을 올바르게 파악하려면 도의 실현 통로인 문의 표현을 장악해야 한다.

다음은 문도론에 관한 국내외 연구 현황에 대한 간단한 소개이다. 필자가 이 저술을 준비하면서 문도론 관련 연구 저작을 조사 분석해보니 한국과 중국 및 대만을 중심으로 절대 다수의 작품이 중문학과 한문학 연구 학자들에 의해 이루어졌음을 발견할 수 있었다. 국내 상황은 편중의 정도가 더욱 심하다. 그 이유는 문도론이 중국철학사가 아닌 중국 문학비평사에서 중요한 지위를 차지하고 있는 주제이기 때문이다. 그 때문인지 한국의 중국철학계에서는 문과 도의 관계에 관한 연구가 거의 없다. 필자가 주희 문학이론에 관한 선행연구 저작을 분석해보니, 대부분 주희 문학이론을 리기론과 연결시켜 이해하고 있지만, 관심영역의 차이 때문인지 주희 리기론의 핵심적 요소와 연결이 미진하다는 느낌을 받았다. 물론 중문학자 혹은 한문학자가 연구했다고 해서 도를 홀시하지는 않았을 것이지만, 도보다는 문에 무게 중심을 두고 있을 것이라는 의심은 가질 수 있다. 따라서 필자는 중국 유가 철학 연구자로서 선진유학으로부터 한 대와 당송의 고문가 및 도학가뿐만 아니라 심학자의 심성론·형이상학·공부론 등 유학 제반에 관한 객관적 지식을 근거로 문과 도의 관계 그리고 위상 변화 등을 종합적·계통적으로 소개할 것이다.

국외의 경우 문과 도에 관한 전면적인 연구 저작이 비록 소수이지만 출간되었다.[10] 또 선진·양한·위진남북조·당송명 등 시기별로 나누어 연구한 저작물도 많고, 한유와 주희 그리고 소식과 구양수 등 특정 인물을 중심으로 문도관계를 소개한 작품도 풍부하다. 그러나 국내에는 중국문학사에서 포괄적으로 언급하고 있을 뿐 문도에 관한 전면적 연구저작은 아직 출간되지 않았다. 중문학 박사학위논문에서 특정 주제와 인물을 소재로 하여 문도론을 소개하고 있지만[11], 역시 전면적인 연구는 아니다. 차별화가 곧 우월함을 의미하는 것은 아니지만, 필자 연구는 유가 철학의 탄생인 선진, 부흥기인 송명뿐만 아니라 한 대와 위진남북조 그리고 당 대까지를 포괄한 연구라는 점에서 선행연구와 차별화될 수 있을 것이다.

이 책은 본래 '유가 철학 발전사에서 문과 도의 관계 변화 연구'라는 제목으로 시작하였다. 도서로서 약간 길다는 느낌이 들어 문도론으로 바꾸었고, '문과 도의 합일과 분리의 학술사'라는 부제를 두었다. 4년 6개월, 결코 짧지 않은 연구기간이었다. 그동안 자료 제공과 오탈자 그리고 문장 교정 등을 도와주신 신혜연 선생님께 감사드리고, 원전 대조를

---

10 郭紹虞, 『中國文學批評史』, 臺北: 文史哲出版社, 1982 · 羅根澤, 『中國文學批評史』, 上海: 古籍出版社, 1984 · 馬積高, 『宋明理學與文學』, 長沙: 湖南師範大學出版社, 1989.

11 박 석, 「송대 이학가 문학관연구」, 서울대학교 박사학위논문, 1992 · 洪光勳, 「兩宋道學家文學論研究」. 臺北: 臺灣大學 博士學位論文, 1995 · 申美子, 「朱子詩中的思想研究」, 臺北: 臺灣大學 博士學位論文, 1985 · 강택구, 「朱子 文學理論 研究」, 충남대학교 박사학위논문 1998 · 장세후, 「朱熹詩 研究」, 영남대학교 박사학위논문, 1996 · 金周漢, 「中韓理學家之文學觀給其影響」, 臺北: 文化大學 博士學位論文, 1985.

도와준 효선이에게도 고맙다는 말을 전한다. 항상 힘든 작업의 연속이지만 즐거운 얼굴로 출판저술을 전담해주신 전북대학교출판문화원 이진영 샘께 감사드린다. 그리고 내 가슴 한쪽에 아픈 가시로 박혀있는 영원한 우리집 깜찍이 수빈이에게 힘내자는 찌아요우[加油]를 외쳐본다.

| 목차 |

文道論

I

중국 문학비평사에서 본 문과 도의 관계 변화

Ⅰ. 중국 문학비평사에서 본 문과 도의 관계 변화

곽소우郭紹虞는 『중국문학비평사』에서 중국 문학비평사를 3단계로 나누고 각 단계의 성격을 다음과 같이 규정한다.[1]

첫째, 문학 관념의 발전기[演進期]인데, 주周 대와 진秦 대에서 위진남북조魏晉南北朝까지가 문학관념의 발전기에 해당한다.

둘째, 문학 관념의 복고기인데, 수당隋唐에서 북송北宋까지가 문학관념의 복고기에 속한다.

셋째, 문학비평의 완성기인데, 남송南宋에서 현대까지가 문학비평의 완성기에 해당한다.

필자는 이곳에서 철학사가 아닌 문학비평사를 근거로 문도관계 변화를 서술하고자 한다. 그 이유는 문도관계를 적극적으로 언급한 중국철학사가 존재하지 않을 뿐만 아니라 중국철학사의 분기分期와 문도관계 변화가 서로 다르기 때문이다.[2] 그러나 그보다도 중요한 것은 문학비평

---

1 郭紹虞, 『中國文學批評史』「上」, 北京: 商務印書館, 2010, 8쪽.

2 일반적으로 중국 유가 철학발전사는 춘추전국 시대의 공맹순孔孟荀 철학과 양한 그리고 송명리학과 청대 철학으로 분류된다. 이러한 유가 철학 발전사는 문도관계 변화와 일치

사의 발전이 사실상 유교 문화의 중국 사회 지배 역량 변화와 밀접한 관련이 있다는 것이다. 제 1기에 해당하는 발전기는 문과 도의 체용體用 혹은 합일[주 대와 진 대 그리고 양한][3]에서 문과 도의 분리[魏晉南北朝]로 진행되는 과정이라고 할 수 있다. 위진남북조의 문과 도의 분리는 문학의 입장에서 보면 자각이면서 발전이라고 할 수 있지만[문의 가치가 효용성에서 심미성으로의 전이 시기], 유학에서 보면 문학에 대한 유학의 지배 역량 약화를 의미한다. 그 다음 복고기는 유학의 부흥, 즉 유학에 의한 또 한 차례의 문학 지배를 의미하는데, 문학 입장에서 보면 또 다시 문학의 존재 가치가 유학에 종속당하는 것[문의 가치가 효용성으로 재 전환]을 의미한다. 문학비평의 완성기를 문학 입장에서 보면 자각에서 복고라는 후퇴를 거쳐 문학과 철학[도학-유학]이 하나의 독립적 분과학문으로 정립되었음을 의미한다. 중국 문학비평의 발전은 유학과 불가분리의 관계에 놓여 있다. 따라서 문도관계의 변화는 중국철학사가 아닌 문학비평사를 제1 근거 자료로 삼아야 한다.

하지 않는다. 왜냐하면 먼저 문학비평사에서 문학의 자각기라고 할 수 있는 위진남북조 그리고 문에 대한 도의 재 지배에 해당하는 당唐 대의 고문운동이 유가 철학사에서는 별다른 위치를 차지하지 못하기 때문이다.

3 '합일'보다는 미분리未分離라는 표현이 좀 더 정확할 것 같다. 왜냐하면 이 시기에는 문에 대한 자각이 발생하지 않았기 때문이다. '합일'은 오히려 당송 시대 고문가와 도학가의 문도론에 합당한 표현이다.

1. 철학과 문학

우리는 가끔 정부 여당과 야당의 정책을 비판하면서 '현 정부는 철학이 없어' 혹은 '그건 야당도 마찬가지야'라는 표현을 한다. 이 말은 '그들이 철학자가 아니다'라는 의미도 아니고, 철학이라는 학문에 대한 정치인들의 지식 부족을 지적한 것도 아니다. 단지 그들이 지향하는 정책 속에 어떤 훌륭한 가치나 이상이 부재하고, 정책의 상하 조목들이 일관성과 정합성이 없음을 지적한 것에 불과하다.

이 말은 문학에도 그대로 적용할 수 있다. 중국 학술사에서 '문'이라는 개념이 철학이라는 학술과 분리되어 사용된 시기는 공자와 노자 등 제자백가 시대가 아닌 한 대가 처음이다.[4] 지금은 문학과 철학이 엄연히 하나의 분과학문으로서 독립성을 확보하기 때문에 어떤 누구도 문학작품을 철학자의 문장처럼 기술해야 한다고 주장하지도 않고, 문학작품 내용을 합리성으로 규정하지도 않으며, 문장의 논리적 정합성을 따지지도 않는다. 그럼에도 불구하고 어떤 하나의 문학작품에 대하여 '철학이 부재하다'고 평가하면 곧 그 작품은 '철학이 없는 정부 혹은 야당처럼' 어딘지 시대의 조류에 야합하거나 값싼 언어의 수식에만 몰두하는 천박한 작품이라는 이미지를 갖는다. 비록 허구일지라도 어떤 한 작품에 이 세계에 대한 작가의 통찰력을 바탕으로 우리의 마음속에서 지향하고 있

4 곽소우에 의하면, 양한 시대에 이르러 비로소 문과 학學 그리고 문학과 문장文章을 서로 분리하여 말하기 시작했다. 비록 한 대에 문학이라는 용어에 철학적 의미가 포함된 것은 사실이지만, 오로지 문과 문장만을 말할 때는 현대인들이 말하는 문학이라는 개념과 상당히 유사하다. 문학이라는 개념이 다른 학술과 독립적으로 사용된 시기는 위진남북조이다(郭紹虞, 『中國文學批評史』「上」, 9쪽).

는 이상향이 제시되어 있거나, 혹은 인간심리의 보편성을 바탕으로 우리들이 간과하기 쉬운 어떤 심리의 특수성을 소재로 인간심리의 미묘한 작용 그리고 그것으로 말미암아 나타난 일반적인 인격 파괴를 그려내거나, 혹은 몇 줄 안 되는 짧은 시로써 현시대의 보편적 문화 흐름과 가치전도 현상을 은은하게 풍자한다면, 그것이 곧 철학성을 갖춘 문학작품일 것이다.

철학작품도 마찬가지이다. 일반적으로 철학은 이성·사변·논리적 실증과 논증 가능성·필연성·합리성을, 문학은 정서·정감·허구의 상상·우연성을 각자의 본령本領으로 삼는다. 좋은 철학작품과 문학작품을 판단하는 기준도 이로부터 크게 벗어나지 않는다. 철학적 작품을 평가함에 있어서는 독자의 감동을 표준으로 삼기 어렵다. 때로는 진술의 사실적 진위를 요구하지도 않는다. 비록 진술은 사실과 위배될지라도 논증의 형식이 타당하면 진리성을 긍정하기도 한다. 영미의 분석철학과 과학철학이 대세를 이루는 현실에서 이러한 현상은 더욱 심하게 나타난다. 즉 논지의 논리성이 평가의 1순위다. 반면 문학에서는 언어의 묘미와 수사적 기법 그리고 심미에 의하여 나타난 독자의 감동이 평가의 제1조목일 것이다.

중국 학술사를 보면, 문학과 철학은 어떤 시대를 기점으로 상당한 애증관계를 형성하고 있다.[5] '증憎'은 상대방을 밀어내면서 독립성과 정체

---

5 필자가 보기에 구체적인 애증관계의 표현은 위진남북조가 시작인 것 같다. 선진 시대 제자백가 중에서 문에 관한 언급이 유가와 도가에서 보이기는 하지만, 도가는 문의 효용성에 대하여 부정적인 입장을 취했기 때문에 문도론이 존재하지 않는다. 선진 시기 공자를 시작으로 맹자와 순자 그리고 양한 시대의 문도관계에서 문은 철저하게 도의 도구 혹은 종적 존재로서의 위상만을 가졌을 뿐이다. 따라서 도에 대한 문의 구체적인 애증 표현이 부재하다. 위진 시대에 이르러 문학이 도와 실용[尙用-효용]으로부터 벗어나 창작이라는

성을 확보하려고 노력하는 심리적 활동이다. 중국 학술발전사에서 이러한 노력은 철학보다는 문학에서 더욱 적극적으로 표현되었다. 그 이유는 유가 철학에서 내세우는 도가 문의 본질로 정립되었고, 도의 존재 유무有無가 문학 평가의 핵심 표준이었기 때문이다. 따라서 '밀어내기'는 철학보다는 문학에서 주로 이루어졌다고 할 수 있다. '애愛'는 상대방 도움 없이는 자신의 존재가치를 정립하기도 어려울 뿐만 아니라 심지어 상대방 도움 없이는 근본적으로 자신의 의지를 표현할 방법도 없기 때문에 취하는 심리 반응이다. 중국 학술사에서 문학과 철학 사이에 '애'는 문학보다는 철학에서 정도가 심했다고 할 수 있다. 그것을 단적으로 보여주는 예가 『좌전』에 기록되어 있는 공자의 말이다. "만일 말에 꾸밈이 없다면 그 말은 멀리 가지 못할 것이다."[6] 이 구절이 공자의 말인지에 대해서는 고증하기 어렵다. 그러나 이 말은 유학[철학]에서 문의 역할과 중요성을 단적으로 표현해주고 있다.

철학서를 서술함에 있어 '이성·사변·논리적 실증과 논증 가능성·필연성·합리성'만을 표현할 뿐 정서적인 감동과 생명의 찬미·윤화潤化 등, 문학적 요소를 완전히 배제한다면 그러한 철학 활동은 오히려 인간생명을 비정하게 만들 수 있다. 현대 철학사조, 즉 생철학과 실존주의 그리고 철학적 인간학을 보면 합리성이 곧 철학의 본질이라는 점에 동의하지 않을 것이다.[7] 좀 더 심하게 말하면, 이성적 사변을 통하여 엄정

활동으로 전개된다. 이때 비로소 '문학은 무엇인가'라는 비평이 나오게 되고, 이를 시작으로 도를 내용으로 하는 유학의 학술과 독립적인 문학이 정립된다.

6 『左傳』「襄公 25年」, "言之無文, 行而不遠."

7 실존주의라는 철학적 사조는 이론적인 논문보다는 시·소설·희곡과 같은 문학적 장르를 통하여 더욱 잘 표현될 수도 있다(황필호, 『문학철학 산책』. 집문당, 1996, 130쪽).

한 논리적 논증을 확보했지만, 문자라는 도구 사용에 전혀 재능이 없다면 철학적 진리성을 어떻게 표현할 수 있을까? 중국 유학사를 보면, 거의 대부분의 유가 철학자들은 철학자와 문학자의 역할을 병행했다.[8] 주희가 1,400여 수의 시를 지었고,[9] 왕수인도 600여 수의 지를 지었다[10]는 사실뿐만 아니라 공자와 맹자 그리고 순자 어느 누구도 문의 존재가치를 적극적으로 긍정하지 않은 사람이 없다. 당·송 대 한유와 유종원 그리고 구양수와 소식에 있어서 문이 차지하고 있는 비중은 도를 초월한다. 문을 철저하게 도구로만 취급했던 송명도학자들 역시 적어도 몇 수의 시가 지금도 전해오고 있다.[11]

사실 역설적으로 보면, 철학과 문학 사이에 본질적 관련성 유무를 논하는 자체가 이미 철학과 문학의 유기적 관련성을 표시해주고 있다. 유

---

8 중국에서 철학자와 문학자는 서로 활동영역을 겸비했다. 공자·맹자·순자를 비롯하여 주희와 왕수인 등은 철학자임과 동시에 교육가였으며 정치가였다. 그리고 문학에 대한 비평가 역할을 했으며, 주희와 왕수인은 실제로 매우 풍성한 시작詩作을 한 문학자였다. 마찬가지로 당송팔대가唐宋八大家인 소식과 왕안석 및 구양수도 정치가와 교육가 그리고 정도의 차이는 있지만 철학자의 역할도 겸비했다. 단지 어느 한 면에 특출한 재능과 저술을 남겼기 때문에 그 부분이 특화되어 표현된 것일 뿐이다(김학주, 『중국문학사』, 신아사, 1989, 5쪽).

9 장세후에 의하면 주희의 시는 총 1,476 수가 전해지는데, 그 중 주희의 시라고 단정할 수 없는 60-67수를 제외하면 1,409 수에서 1,416 수라고 한다(장세후, 『朱熹詩 研究』. 85-96쪽 참고).

10 왕수인의 시는 『양명전서』「외집」에 561수가 수록되어 있고, 「속집」에 38수가 수록되어 있으며, 『연보』에 2수가 있다. 「외집」에 수록된 시는 작시 연대가 명확하게 밝혀져 있지만, 「속집」에 수록된 시는 연대가 표기되어 있지 않다. 또 시록詩錄에 배열된 시는 주제별로 정리되어 있지 않고 장소[거주 장소-시기]로 분류되어 있다(최완식, 「王守仁詩特性考」, 『중국문학』 제 10집, 한국중국어문학회, 1983, 6쪽).

11 강택구에 의하면, 송명도학가 중에서 장재張載는 80수, 정호程顥는 69수, 작문해도론을 주장한 정이程頤 역시 적지만 6수가 전해지고 있다(강택구, 『朱子 문학이론 연구』, 26쪽).

일신이라는 말 자체가 이미 '신은 많다'는 의미를 포함하고 있는 것처럼 문학과 철학 사이에 배제·종속·해체·격리 등의 논의를 하는 것 자체가 이미 양자가 사실적으로 관련을 맺어 왔고, 시대 혹은 학자에 따라서 일시적인 단절과 독립이라는 현상은 나타날 수 있지만, 서로 본질적 차이만을 내세우면서 최소한의 유기적 관련마저도 단절하는 일은 결코 없었음을 의미하고 있다.

또 철학에서 이성의 사변을 강조하지만 이성은 철학의 전유물인가? 비록 문학이 허구라는 창작물이고, 철학처럼 형식적인 논리를 내세우지는 않지만 예견되지 않는 우연이 남발되지도 않고 또 우연의 연속도 아니다. 우연처럼 보이지만 그 우연의 배경에는 그러한 현실로 드러날 수밖에 없는 조건들이 배태되어 있다. 형식은 다르지만 필연의 구도로 전개된다. 단지 그것을 철학처럼 명료하게 표현하지 않고 은은하게 복선으로 처리하여 표현할 뿐이다. 또한 『시경』을 보면 시가詩歌를 통하여 형이상의 실체와 덕성의 근원에 대한 철학적 통견洞見을 표현하기도 한다.

> 오! 하늘의 명령이 심원하여 그침이 없도다! 오호라! 문왕의 순결한 덕이 어찌 밝게 드러나지 않겠는가?[12]

'목穆'은 공간상의 무한을 의미하고, '불이不已'는 시간상의 부단 혹은 영원을 의미한다. '목'과 '불이'의 성격을 갖는 천도는 무한 공간에서 생생生生 작용을 끊임없이 실현하는 실체이다. 이 노래를 지은 작가는 이러한 시가를 통하여 형이상의 지혜를 표현하고 있는데, 이는 『주역』「계

---

12 『詩經』「周頌·維天之命」, "維天之命, 於穆不已. 於乎丕顯, 文王之德之純."

사」의 "천지의 위대한 덕은 생이다"[13]와 같은 의미이다. 마찬가지로 놀람·기쁨·찬미·슬픔·사랑 등이 문학의 주요 소재이고 그것을 전달하는 것이 문학적 표현 방법이라고 하지만, 이러한 것들을 모두 문학이라는 학술 범주에 구속시킬 수는 없다. 『논어』와 『장자』 그리고 『맹자』라는 서책을 보자. 『장자』에는 많은 은유·우언 등과 같은 문학적 표현 방법이 너무나도 많이 등장한다. 제 1편인 「소요유」를 보라. 『장자』가 철학 텍스트라는 사실을 망각하고 있다면, 마치 한 편의 공상소설처럼 느껴질 것이다. 북쪽 바다[北溟]에 산다는 곤鯤이라는 물고기의 등은 그 크기가 몇 천리가 되는지 알 수 없다. 또 대붕大鵬으로 변하여 회오리바람을 일으키면서 9만리 창천을 날아가 6개월에 한 번 쉰다고 한다. 대붕의 모습을 보면서 산비둘기와 쓰르라미는 '우리들은 조그마한 숲속에서도 재미있게 놀면서 사는데 대붕은 왜 고생을 하면서 구만리 창천을 날아가는가'라고 하면서 비웃는다. 또 장자는 아내가 죽자 북을 치면서 노래를 불렀다고 한다.

『장자』에는 수없이 많은 문학적 설정과 표현이 출현한다. 때문에 『장자』라는 텍스트에는 문학과 철학이 겸비되어 그 분계가 모호하다고 한다. 정도의 차이는 있지만, 『논어』에도 하늘의 도[天道]에 대한 공자의 찬미가 많이 표현되어 있는데, 이는 공자가 문학적 감탄을 통하여 형이상의 실체인 천도에 대한 묵계默契를 표현한 것이다. 『맹자』에도 문학적 성분이 많이 내재되어 있다. 또 공자와 노자는 비록 서로 다른 사유를 전개하지만 동일한 물[水]의 흐름이라는 현상을 찬미하면서 자신의 독특한 사유를 표현한다. 공자는 단절이 없는 물의 흐름이 마치 군자의 덕성

---

13 『周易』「繫辭下」, "天地之大德曰生."

실천과 같다고 하면서 이를 찬미한다. 노자는 물 흐름의 자연스러움으로서 자신의 무위자연無爲自然 인생관을 드러낸다. 이처럼 문학과 철학은 그 분계가 모호할 뿐만 아니라 설령 분계를 확정한다고 할지라도 양자 간에 교집합 영역이 상당하다.

문학과 철학은 모두 인간의 삶을 주제로 다루면서 언어라는 도구를 통하여 그것을 표현한다는 대표적인 공통점 외에 비평과 비판을 그 공통적인 속성으로 들 수 있을 것이다. 문학작품과 철학작품은 만족한 삶을 영유하는 독자에게는 삶에 대한 더욱 진지하고 반성적인 태도를 제시하기 위하여 존재하며, 또한 이러한 태도에 대한 더욱 날카로운 비판을 통하여 해석되고 재해석되면서 성장한다. 그렇기 때문에 비평과 비판은 문학과 철학의 가장 본질적인 기능이라고 말할 수 있다.[14] 문학에서 풍자라는 기능을 제거하고, 철학에서 비판 정신을 제거한다면 철학과 문학의 존립 기반마저 무너지게 될 것이다.

그러나 이상에서 서술한 바와 같이 문학과 철학의 불가분리성을 긍정한다고 할지라도 문학과 철학 사이에는 엄연한 분계가 존재한다. 일반적으로 철학을 종합성의 학문으로 규정하면서 내세운 것 중에 하나가 모든 분과학문을 접두어로 사용하여 그 분과학문과 철학의 관련성을 표현하는 것이다[예-예술철학, 경제철학, 생명철학, 환경철학 등]. 문학에도 동일하게 적용하여 문학철학이라고 할 수 있다. 그렇다고 문학이 곧 철학은 아니다. 만일 문학과 철학이 동일한 것은 아닐지라도 차이성의 분량이 동일성보다 적다면 문학은 철학에서 형이상학·윤리학·논리학처럼 철학 범주의 한 영역에 불과할 것이다. 그러나 어느 학자도 문학을

14 황필호, 『문학철학 산책』, 집문당, 1996, 135-136쪽.

철학의 한 범주로 취급하지 않는다. 즉 철학과 문학 사이에는 엄격한 차이성이 있고, 설령 양자 간에 유기적 관련성이 농후하다고 할지라도 결코 차이성을 가릴 수 없다. 따라서 양자 간에 유기적 관련성은 여러 측면에서 논의할 수 있지만, 양자 관계를 주종·본말·선후로 정립할 필요는 없다는 것이 필자의 생각이다.

2. 문에 대한 심미론과 효용론

중국 학술사에 나타난 문도관계 변화는 여러 방면에서 논의할 수 있지만, 그중 핵심적인 내용은 심미와 효용의 대립이라고 할 수 있다.[15] 그러나 유가 철학사에서 정이[伊川]처럼 '작문해도론'을 주장하는 사람을 제외하고 심미와 효용 중에서 극단적으로 편협한 입장을 취한 사람은 거의 없다. 공자는 도와 문의 관계에서 상문이 아닌 상용[효용]의 입장을 취했다고 하지만, 도가와 묵가에 비하면 공자는 상대적으로 강한 상문의 태도를 취했다고 할 수 있다. 문의 존재 가치에 대한 기본적인 태도만을 보면 맹자와 순자가 장자보다 상문에 가까운 입장을 취했다고 할 수 있다. 한 대의 양웅 역시 다르지 않다. 단지 문과 도의 대립적 구도에서 상용을 유가 철학의 본질적 입장이라고 규정하는 것에 불과하다. 이

15 일반적으로 문학비평사에서 심미론과 기교론은 거의 같은 의미로 사용되고 있다. 유약우에 의하면, 심미론은 독자 쪽에서 문학작품의 직접적인 효과에 초점을 두는 것이고, 기교론은 작가와 그의 작품의 관계에 초점을 두는 것이다(劉若愚 저, 이장우 역, 『중국의 문학이론』, 동화출판공사, 1984, 192쪽). 필자는 특별한 경우가 아닌 경우에는 심미론과 기교론을 구별하지 않고 사용할 것이다.

는 문학의 입장에서도 거의 동일하다.

문학 사상사 측면에서 보면 위진남북조 시대는 분명 자각기임과 동시에 성숙기라고도 할 수 있다. 이 시기에 문학은 창작뿐만 아니라 문인들이 문학 자체의 문제에 대하여 사색하면서 그것을 체계적으로 정리하려는 작업을 했다. 이로 말미암아 문학비평론이 등장한 것이다.[16] 또한 위진남북조 시기[17]에는 노장 사상과 『역경』을 근거로 한 현풍玄風의 현학玄學이 발달했고, 정치의 불안정으로 말미암아 청담淸談 사상이 성행했다. 이러한 정치와 학술의 배경에서 유학 사상의 지배구조는 약화될 수밖에 없었고, 그 지위 역시 추락될 수밖에 없었다. 따라서 이 시기에 문학의 기본 태도는 기존의 효용이 아닌 심미주의였다. 그러나 그들이 문학에 심미주의만을 강조하고 효용을 배제했는가? 결코 그렇지 않다. 겸전兼全하려는 양태로 나타났지만, 무게 중심은 현저하게 심미주의로 치우쳤던 것이다.

문의 심미성은 '문文' 자의 어원에서 이미 나타나 있다. 문의 본래 의

---

16 이 시기에 육기陸機는 『문부文賦』를 썼고, 유협劉勰은 『문심조룡文心雕龍』을 저술했으며, 종영鍾嶸은 『시품詩品』 그리고 소통蕭統은 『문선文選』을 편찬했고, 서릉徐陵은 『옥대신영玉臺新詠』을 편찬했는데, 모두 당시 문인들이 문학에 대한 자신들의 견해를 체계적으로 정리한 작품들이다.

17 한 대 이래 위 · 촉 · 오의 삼국 · 위진남북조 · 오호십육국 · 수당 · 오대십국 · 송 · 원 · 명 · 청에 이르기까지 중국의 문화는 한漢과 호胡의 이질적 문화의 결합으로 표현되었다. 이러한 문화의 교체 반복 과정에서 '호'의 체제에서는 국제주의와 개방주의를 표방했고, '한'의 왕조에서는 수구주의와 민족주의를 내세웠다. 위진남북조 시기는 '호'와 '한'의 공존 시기로서 중화민족주의를 대변하는 유가가 주류의 역할을 차지하기 어려웠다. 왜냐하면 '호'의 기본적인 속성은 국제주의와 개방주의이기 때문에 서로 다른 문화 수입이 자유로웠고, 이로 말미암아 새로운 형태의 학술이 탄생할 수 있었다. 이러한 형태는 문도관계에도 동일하게 적용되었다. 유가는 송 대와 명 대의 한족 왕조 체제에서 다시 주도적 지위를 회복한다.

미는 무늬[pattern] 혹은 표[表-marking]였다.[18] 그중에서 무늬라는 의미는 자체적으로 이미 꾸밈 즉 문식文飾으로서 심미성을 본질로 한다는 의미를 내포하고 있다. 앞에서 말한 "말에 꾸밈이 없다면 그 말은 멀리 가지 못할 것이다[言之無文, 行而不遠]"는 문장 속에는 심미성과 효용성이 모두 내재되어 있다. "말에 꾸밈이 없다"는 것은 '말[言]은 꾸임이 있어야 한다' 혹은 '말은 꾸밈의 대상이다'는 의미를 함축하고 있는데, 이는 곧 꾸밈[문식]이 문학의 가장 첫 번째 요소라는 점을 표현한 것이다. 또 『주역』에서는 "칭한 이름은 작으나, 취한 부류는 크고, 그 뜻은 심원하며, 그 사辭는 아름다운 꾸밈이 있다[雅趣]"[19]고 했다. 『주역』이 과연 유가 철학의 전유물인가에 대해서는 이견이 있을 수 있지만, 유가 철학발전사에서 『주역』은 지고至高의 지위를 차지해왔고, 『주역』의 의리는 유가 철학 우주론의 기본 토대를 이루고 있다. 따라서 이곳에서 인용한 사문辭文에 대한 입장은 유가의 전통적 문도관과 이질적이지 않을 것이다.

이곳에서 "그 사는 아름다운 꾸밈이 있다"고 했지만, "그 뜻은 심원하다"는 말과 순서를 바꾸면 "그 사에 아름다움 꾸밈이 있기 때문에 그 뜻이 심원하다"가 된다. 또 이 문장을 부정문으로 표현하면 "그 사에 아름다운 꾸밈이 없다면 그 뜻은 심원하지 못하게 된다"가 되는데, 이는 '言之無文, 行而不遠', 즉 "말에 꾸밈이 없다면 그 말은 멀리 가지 못할 것이다"는 말과 의미가 같다. 즉 이 문장에는 문의 심미성과 효용성이 동시에 갖추어져 있다. "말에 꾸밈이 없다"와 "그 사辭는 아름다운 꾸밈이 있다"는 말은 문의 심미성을 나타낸 것이고, "말은 멀리 가지 못할 것이다"

---

18 劉若愚 저, 이장우 역, 『중국의 문학이론』, 192쪽.

19 『易經』「繫辭下」, "其稱名也小, 其取類也大, 其旨遠, 其辭文."

와 "그 뜻은 심원하다"는 말은 문의 효용성을 의미한 것이다. 즉 말에 꾸밈이라는 문식을 하는 이유는 '그 말을 멀리 가게 하기 위함이고, 그 뜻을 심원하게 하기 위함이다.'

문에 대한 공자의 기본 입장은 분명 효용성에 가깝지만, 다음 공자의 말을 보면 문에 대한 그의 인식이 편향적이지 않음을 알 수 있다. 공자는 "밥은 깨끗이 씻은 쌀을 싫어하지 않고, 회는 가늘게 썬 것을 싫어하지 않는다"[20]고 했다. 물론 깨끗이 씻은 쌀과 가늘게 썬 회를 선호한다는 것은 쌀과 회에서 질[맛과 영양 등]만을 고려하지 않고 미적 감각을 자극할 수 있는 꾸밈[깨끗이 씻은 쌀과 보기 좋게 썰은 회] 또한 중시한 것이다. 문에 대한 심미성은 한 대를 거쳐 위진남북조 시대에 크게 창현되는데, 남조南朝의 대표적 문학비평가인 유협은 "고대 성현들의 저작을 모두 문장이라고 부르는데, 이는 그것들에 문장의 아름다운 꾸밈이 갖추어져 있기 때문이 아닌가"[21]라고 한다. 그에 의하면 성현의 저작을 위대한 문장이라고 칭한 본질적 이유는 바로 그 문장에 아름다운 수식이 있기 때문이라는 것이다. 이러한 유협의 문론은 공자를 시작으로 맹자와 순자 그리고 당송 고문가·도학가의 입장과 성격이 다르다.[22]

문에 대한 효용성은 공자에서부터 분명하게 나타나는데, 그 점은 공자가 시서예악을 중시했고, 시가집인 『시경』의 기능을 매우 강조했다는 점에서 명확하게 드러난다. 공자는 자신의 인격 도야 그리고 제자와

20 『論語』「鄕黨」, "食不厭精, 膾不厭細."

21 『文心雕龍』「情采」, "聖賢書辭, 總稱文章, 非采而何."

22 그렇다면 위진남북조 시대의 대표적 문학비평가인 유협과 육기 등이 '문'의 효용성을 부정했는가? 결코 그렇지 않다. 형식적인 측면에서 보면 육기와 유협은 문의 효용성에 대해서 공자와 거의 같은 입장을 취한다. 이점은 제 III장에서 상세하게 논의할 것이다.

일반사람들의 도덕심성 교화, 더 나아가 정치와 교육[政教]에도 『시경』의 역할을 강조한다. 분명 공자가 추구하는 이상세계에 시인도 일정한 지위를 차지하고 있고, 시도 일정한 역할을 담당하고 있다. 그러나 시인 그리고 시의 역할과 기능의 본질 목적이 심미보다는 효용성에 치우쳐 있음은 부정할 수 없다.

문에 대한 공자의 효용성은 『논어』의 "사辭는 뜻이 통하여 전달되면 그 뿐이다"[23]라는 구절에 분명하게 표현된다. '사', 즉 언사는 아름답게 꾸미는 것이 본질 목적이 아니라 그것을 통하여 의미를 통달하고, 상대방에게 왜곡되지 않게 전달하면 그 뿐이라는 것이다. 이처럼 문의 본질 목적을 '도를 전하는[傳道]' 수단 혹은 도구로써 규정한 공자의 입장은 맹자와 순자를 거쳐 양웅의 명도明道·징성徵聖·종경宗經으로 체계화되었고, 위진남북조 시대에 효용성은 심미성에 밀려 위축되기는 했지만 문의 효용성이 완전 부정된 것은 아니었다. 이는 조비曹丕가 말한 "문장이라는 것은 나라를 다스리는 위대한 일이요, 영원히 썩지 않을 성대한 일이다"[24]는 말에서 '문장'이 이를 증명한다. 또 문의 효용성은 당송 고문가인 한유와 소식 그리고 구양수 등에 의하여 '문이관도文以貫道'와 '문여도구文與道俱'라는 이론으로 부활했고, 다시 도학가인 주돈이의 '문이재도文以載道'로서 고착화되었으며, 주희의 '문은 도로부터 나온다[文從道出]'와 '문이 곧 도이다[文便是道]'는 명제를 통하여 문의 효용성은 하나의 존재론적 근거까지 확보하게 된다.

---

23 『論語』「衛靈公」, "辭, 達而已矣."

24 『典論』「論文」, "蓋文章, 經國之大業, 不朽之盛事."

3. 선진先秦과 한 대의 문도관계

유가 철학 발전사에서 문에 대한 기본 입장은 도덕 중심의 실용주의[효용]이다. 일반적으로 효용주의적 문론이 공자에서부터 시작되었다고 하지만, 도와 문[藝]의 관계, 그리고 위상과 역할 및 기능에 대한 종합적 이론은 순자에 이르러 체계화된 것 같다.[25] 다시 한 대의 양웅에 이르러

---

25 순자와 맹자의 문도론을 탐구하면서 필자는 한 가지 재미있는 사실을 발견했다. 주희를 비롯한 송 · 명 대 도학가 그리고 주희의 성즉리性卽理에 대립하여 심즉리心卽理를 주장한 심학자들도 맹자 철학을 도통道統으로 내세운다. 그들에 있어서 순자 철학은 방계傍系이다. 주희는 순자는 근원을 보지 못했다고 비평한다. 즉 인간의 본성이 선하다는 점을 인식하지 못했다는 것이다. 그러나 문도론만을 보면 오히려 순자가 송명 도학가의 원류인 것 같다. 맹자는 오히려 문의 창작에서 기氣를 강조한 위진남북조의 문론文論과 연결되어 있다. 필자는 『주자어류』에 수록되어 있는 순자에 관한 기록을 상세하게 살펴보았다. 『주자어류』의 전체 분량에 비하면 순자에 관한 언급은 많지 않다. 주희는 "맹자는 성을 말하면서 단지 본연적인 것만을 말했고, 재才에 관해서도 마찬가지이다. 순자는 좋지 않은 것만 보았을 뿐이다…그러나 말한 것들이 의리를 다하지 못하여 애석할 따름이다. '기' 한 자로 말하면 되는데, 그것이 부족할 뿐이다. 정이는 '성을 논하면서 기를 논하지 않으면 온전하게 갖추지 못한 것이며, 기를 논하면서 성을 논하지 않으면 의리에 분명하지 않은 것이다'고 했는데, 이는 곧 이점을 말한 것이나[孟子言性, 只說得本然底, 論才亦然. 荀子只見得不好底…然惜其言之不盡, 少得一箇氣字耳. 程子曰, 論性不論氣, 不備. 論氣不論性, 不明. 蓋謂此也. 『朱子語類』「卷4」]"고 말했는데, 『주자어류』에 이것과 유사한 내용을 언급한 곳은 상당히 많다. 그러나 내용은 대동소이하다. "성을 논하면서 기를 논하지 않으면 온전하게 갖추지 못한 것이다"는 맹자에 대한 지적이고, "기를 논하면서 성을 논하지 않으면 의리에 분명하지 않은 것이다"는 순자에 대한 지적이다. 주희는 맹자에 대해서는 '온전하게 갖추지 못한 것[不備]라고 평가했는데, 이는 맹자가 기질지성氣質之性에 대한 언급이 없음을 지적한 것이다. 즉 악의 근거인 기 관념에 대한 명확한 제시가 없다는 것이다. 이곳에서 주희가 비록 자신의 기 혹은 기질지성이 순자 철학에서 유래했다고 밝히지는 않지만, 순자가 본연지성本然之性과 기질지성 중에서 기질지성의 존재를 제시했음을 묵시적으로 긍정하고 있다. 그렇다면 주희는 맹자와 순자의 부족한 점에 대하여 균등한 시각을 갖고 있는가? 결코 그렇지 않다. 주희는 순자와 양웅 그리고 한유를 함께 병론하면서 "성에 대하여 논하지 않았기 때문에 이 리에 대하여 어둡게 된 것이다[若荀揚則是論氣而不論性, 故不明. 旣不論性, 便卻將此理來昏了. 『朱子語類』「卷4」]"는 등의 표현을 여러 차례 했지만, 순자의 불명不明과 맹자의 불

'문으로써 도를 밝힌다'는 '문이명도文以明道'가 출현하고 당송 고문가와 도학가의 여러 문도론을 경유하여 주희에 이르러 유가의 문도론은 리기론과 연계되어 하나의 창작과 심미활동이 존재론적 근거까지 확보하게 된다. 선진에서 송·명 대를 거쳐 조선에 이르기까지 유가 철학의 문도론은 본질적으로 동질 성격의 연속이다. 그러나 약간의 차이가 있다. 그것은 송 대의 도학가와 이전 유가 철학자의 실용에 대한 긍정 범위의 차이이다. 이 문제는 뒤에서 논의할 것이다.

유가 철학에서 문도의 변화는 공자 문도론에 대한 창의적 해설사라고 해도 과언이 아닐 것이다. 다시 말하면 문과 도의 위상과 문의 목적 등은 이미 공자에 의하여 결정되었고, 후대의 유자들은 자신의 사유를 근거로 문의 기능과 위상을 상하좌우로 확장하거나 축소했을 뿐이다. 『논어』에 문과 도의 분계를 명확하게 서술한 곳도 있지만, 양자의 관계를 결코 대립적인 시각에서 인식하지 않는다. 즉 도학가와 현대의 문학예술가처럼 상용과 상문·교훈과 쾌락·인생을 위한 예술과 예술을 위한 예술·선과 미·교화와 심미 등의 대립적 관계로 인식하지 않는다. 『논어』에 다음과 같은 내용이 수록되어 있다.

> 실천[行]하고 여력이 있으면 문을 배워라.[26]

비不備에 대한 평가는 천양지차이다. 주희는 "성을 논하면서 기를 논하지 않은 사람은 맹자이다. 온전하게 갖추지 않았다는 것은 단지 조금 부족할 뿐이다. 기를 논하면서 성을 논하지 않은 것은 순자와 양웅이다. 분명하지 않다면 이는 일을 크게 해치는 것이다[論性不論氣, 孟子也. 不備, 但少欠耳. 論氣不論性, 荀揚也. 不明, 則大害事. 『朱子語類』「卷62」]"는 주희의 평을 보면 곧 알 수 있다(황갑연, 「순자와 주자 도덕의식 구조의 유사성」, 『유학연구』 제 28집, 충남대학교 유학연구소, 2013, 272-276 참고).

26 『論語』「學而」, "行有餘力, 則以學文."

시를 배우지 않으면 말을 할 수가 없다.[27]

시를 통하여 홍발하고, 예를 통하여 자신의 덕성을 실천하며, 음악을 통하여 자신의 인격을 완성한다.[28]

예라! 예라! 말하지만 옥백을 말하는 것이겠는가? 악이라! 악이라! 말하지만 종과 북을 말하는 것이겠는가?[29]

"실천[行]하고 여력이 있으면 문을 배워라"는 구절을 보면, 도와 문의 관계가 '도가 먼저이고 문이 후인' 도선문후道先文後임을 알 수 있다. 그렇지만 다음 세 구절에서는 시[문]의 중요성을 특별히 강조하고 있다. 특히 "시를 통하여 홍발하고, 예를 통하여 자신의 덕성을 실천하며, 음악을 통하여 자신의 인격을 완성한다"는 구절을 보면, 시서예악의 문예활동이 심지를 홍발시키고 도를 완성하는 통로임을 알 수 있다. 또 "음악을 통하여 자신의 인격을 완성한다"는 구절에서는 질박한 도덕수양이 문예의 활동을 통해야만 비로소 문질빈빈文質彬彬의 인격으로 완성됨을 강조하고 있다. 그러나 "예라! 예라! 말하지만 옥백을 말하는 것이겠는가? 악이라! 악이라! 말하지만 종과 북을 말하는 것이겠는가"라는 구절을 보면, 예악이라는 문예는 단순한 형식이 아니라 무엇을 담아 표현해야 함을 암시하고 있다. 예악에 담겨진 내용은 무엇인가? 『논어』에 드러

27 『論語』「季氏」, "不學詩, 無以言."

28 『論語』「泰伯」, "興於詩, 立於禮, 成於樂."

29 『論語』「陽貨」, "禮云禮云, 玉帛云乎哉. 樂云樂云, 鐘鼓云乎哉."

난 인의예仁義禮 삼자의 종합적 연계성에서 보면, 그것은 다름 아닌 '인仁'이다. 이는 후에 정립된 '문이재도'와 일치한다.

공자 이후 유가 철학의 문도관계를 이론적으로 체계화 한 사람은 맹자가 아니라 순자이다. 맹자가 말한 지언知言과 양기養氣를 통하여 맹자 문도관의 기본적 구도를 엿볼 수 있지만, 순자처럼 이론적으로 체계화 된 것은 아니다. 순자는 비록 맹자와 달리 성선설을 내세우지 않고 성악설을 주창했지만, 예의의 도덕과 성현 학술문화의 학습에 대해서는 오히려 맹자보다도 더욱 강화된 입장을 취한다. 순자 철학에서 도는 여러 가지로 표현된다. 예의의 강기綱紀 혹은 예의법도[禮憲] 혹은 '예의의 통[禮義之統]'이 이에 해당한다. 순자는 이러한 도를 만사만물을 변화시켜 완성하는 근거로 인식했다.[30] 순자는 선왕先王과 후왕後王의 전승 과정에서 치도治道가 복잡하게 전개되었지만, 그곳에는 하나의 일관된 원리가 내재되어 있다고 생각했다. 그것이 바로 통류統類, 즉 '예의의 통'이다. 이러한 예의의 통류는 역대 선왕으로부터 축적된 법도를 하나로 통일하고 체계적으로 종합해서 이루어진 것이다. 따라서 통류는 초월적인 것이 아니라 경험적인 것이고, 인식의 방법 역시 주희처럼 활연관통과 같은 직관이 필요하지 않는 인혁因革과 손익損益을 근거로 유추하면서 계통화하고 종합하는 것이다.[31] 이러한 작업은 성인의 인식활동에 의하여 완성된다. 순자는 "이른바 위대한 성인은 바로 대도를 관통하여 깨달은 사람이다"[32]고

---

30 『荀子』「哀公」, "大道者, 所以變化遂成萬物也."

31 황갑연, 「유가 철학에서 정신세계의 영역 그리고 상호 교류와 운용에 관한 고찰」, 『범한철학』 제62집, 범한철학회, 2011, 40쪽.

32 『荀子』「哀公」, "所謂大聖者, 知通乎大道."

했다. 순자에 의하면 가치중립적인 만물의 변화와 생성소멸은 하늘에 의하여 이루어지지만, 그 변화의 원리를 인식하여 삶에 원용하는 것은 인간의 몫이다[天生人成]. 때문에 성인이 깨달은 도는 천지만물의 변화 원리이고, 이것을 기초로 인사를 완성하는 원칙인 것이다.

순자는 이러한 천인관계를 기초로 문도관을 정립한다. 그는 "위대한 도는 성인에 의해 주관되고, 역대 제왕의 도 역시 모두 성인에게로 귀속되며, 시서예악의 도 역시 성인에게 귀속된다"[33]고 했다. 이곳에서 시서예악은 문으로서, 그 내용은 당연이 성인이 체득한 도이다. 도가 내용이고, 문은 도를 전달하는 도구이며, 성인은 그것을 전달하는 통로이다. 따라서 문은 반드시 징성徵聖해야 하고, 성인을 표준으로 삼아야 하며, 성인을 통해 학습되어야 한다. 때문에 "모든 언론은 성왕을 표준으로 삼아 시비를 판단해야 한다"[34]고 한 것이다. 후에 주희는 오경만이 문도합일의 진정한 '문'이라고 평가했는데, 이는 순자와 일치하는 문도관이다.

유가 철학 발전사에서 한 대 양웅이 차지하고 있는 분량이 그리 크지 않지만, 문도론에서 양웅의 지위는 도통의 계보를 이은 사람으로 인식될 정도로 중요하다. 양웅은 "배를 버리고서 강을 건너는 자 없고, 오경을 버리고서 도에 이를 수 있는 자는 없다"[35]고 말한다. 이는 도에 진입하려면 반드시 오경이라는 문이 있어야 함을 강조한 것이다. 그러나 "책을 좋아하면서 공자를 표준으로 하지 않으면 책장수에 불과할 것이고,

---

33 『荀子』「儒效」, "聖人也者, 道之管也. 天下之道管是矣, 百王之道一是矣. 故詩書禮樂之道歸是矣."

34 『荀子』「正論」, "凡言議期命是非, 以聖王爲師."

35 『法言』「吾子」, "舍舟航而濟乎瀆者, 末矣. 舍五經而濟乎道者, 末矣."

말을 좋아하면서 공자를 표준으로 하지 않는다면 이야기꾼에 불과할 것이다"[36]라고 하여 문이 도를 내용으로 삼지 않으면 그 문은 전혀 효용이 없음을 강조한다.

순자와 양웅의 문도론에는 공통적인 구도가 있다. 즉 도와 문 사이에 성인이 존재한다. 성인은 도를 체득한 사람이고, 이 도를 체득한 말이 경전에 실려 있는데, 이것이 바로 문이다. 도는 성인의 심지心智에 의해 체득되고, 다시 성인의 언사를 통하여 경전에 기록되어 있다. 때문에 도와 문은 서로 분리될 수 없다. 도는 성인에 의하여 문으로 표현되기 때문에 문을 근거로 도를 체득할 수 있다. 이것이 바로 문으로써 도를 밝히는 것[文以明道]이다. 양웅에 있어서 도와 성인 그리고 경전은 삼위일체의 관계로 정립되어 있다. 이후 유협과 한유 등 문으로써 성인의 도를 밝혀야 함을 주창한 학자들은 모두 양웅의 영향을 받았다. 즉 이후 '명도'와 '징성' 및 '종경' 사상은 모두 이를 기초로 정립된 것이다.

4. 위진남북조 시대의 문학비평과 유가

위진남북조는 한 왕조의 멸망 그리고 수 왕조의 통일 사이에 존재했던 중국 역사상 춘추전국시대 그리고 오대십국과 더불어 정치적으로 가장 혼란한 시기이며, 분열의 시기이다. 위진남북조는 약 370년 동안 지속되었는데, 수많은 왕조의 탄생과 몰락, 민족의 이동 그리고 호[胡-이민족]와 한[漢-中華]의 빈번한 왕조 교체로 말미암아 하나의 고정적인 이데

36 『法言』「吾子」, "好書而不要諸仲尼, 書肆也. 好說而不要諸仲尼, 說鈴也."

올로기가 유지되기 어려운 시기였다. 또 당시 유교는 지나친 형식주의와 허구로 포장되었고, 이러한 현상은 비단 정치에서 군신관계뿐만 아니라 사회전반에 걸쳐 광범위하게 유포되어 있었다.[37] 또한 이 시기에는 현학과 불교가 유교를 대신하여 크게 성행했는데, 그중에서 현학은 문학에 상당한 영향을 끼쳤다. 유교는 비록 '인'이라는 활발발한 도덕 자유의지를 근본으로 삼지만, '인'은 합리성 의미인 '의'로 객관화 되고, 다시 '예'라는 형식[질서]을 통하여 표현되기 때문에 유가 철학의 지배 구도에서 문학은 개성보다는 이성을 중시할 수밖에 없고, 자연의 물상과 개인의 정서보다는 사회 교화와 공동체 질서가 우선시될 수밖에 없었다. 그러나 현학은 유교[名教]와 달리 자연주의를 표방하면서 유교의 형식윤리를 부정하거나 초월하려고 했다.[38] 이러한 현학의 특성으로 말미암아 위진남북조 문인들은 한 대와 달리 문학과 정교[政教-정치와 교육]의 관계를 중시하지 않았고, 기존 문론에서 크게 부각되지 못했던 작가의 개성을 중시하였다. 개성이 곧 문학의 성격을 결정했고, 문학 역시 개인의 특성을 표현하는 것에 역점을 두었다.

문학 측면에서 보면 위진남북조는 순수문학의 자각기라고 할 수 있다. 사실 위진 초기까지만 해도 문학은 철학 혹은 예술과 다른 분과학문으로서 독립성을 확보하지 못했다. 조비는 "문은 근본은 같고 지엽이 다

---

37 『包朴子』「外篇 · 審擧」에 수록된 내용을 보면, 한 왕조 말기에는 글을 알지 못하는 수재들이 있었고, 부모를 봉양하지 않으면서도 효자로 칭송되는 사람도 있었다고 한다.[擧秀才, 不知書. 察孝廉, 父別居.]

38 정세근에 의하면 현학자들이 내세우는 자연은 다의적이다. 자발성自發性 · 자연성自然性 · 자화自化 · 자본自本 · 자득自得 등의 복합적인 의미이다(정세근 편, 『위진현학』, 예문서원, 2001, 216쪽).

르다"[39]고 했다. 이는 곧 당시 사람들이 문학과 철학 그리고 예술을 서로 같은 내용을 공유하면서 표현만 다른 것으로 인식하고 있음을 나타낸다. 그러나 점차 도로부터 개성의 해방이 이루어지면서 문학의 주체가 다양하게 표현되었고, 대상 역시 자연 물상으로 확대되었다. 문학과 인간에 대한 새로운 자각과 다양한 인식 그리고 그것에 대한 반응을 다양한 언어 표현으로 드러내려는 새로운 형태의 창작물들이 출현했다. 이러한 창작물의 집적과 새로운 문학 형태 출현은 필연적으로 문학이론과 비평을 수반하게 된다. 다시 말하면 위진남북조 시기에는 창작과 그것을 평가할 수 있는 표준, 즉 비평론이 함께 공존하는 문학 발전사의 황금 시기였다.

그러나 위진남북조의 문론이 도로부터 완전한 일탈인가? 정도의 차이는 있지만 결코 그렇게 극단적이고 획일적으로 평가할 수는 없을 것 같다. 선진과 양한의 문도관계에 비춰볼 때, 위진남북조 시기에 문은 결코 도의 종속물이 아니었고, 도구도 아니었으며, 문의 가치는 효용성보다도 오히려 심미성에 중점을 두었다. 그렇다고 문과 도의 유기적 관련성마저 부정했는가? 그렇지는 않다. 즉 당시 대부분 문학비평론자들은 문과 도의 유기적 관련성을 강조했다. 그중 대표자가 바로 『문심조룡』의 저자 유협이다.

유협은 양웅이 주장한 명도明道 · 징성徵聖 · 종경宗經을 이론적으로 체계화시켜 논술한 대표적 학자라고 할 수 있다. 유협은 명도·징성·종경이라는 세 가지 표준을 근거로 모든 문학작품을 평가했다. 그는 『문심조룡』의 「원도」·「징성」·「종경」 세 편에서 "문은 도를 근원으로 삼는

39 『典論』「論文」, "夫文本同而末異."

다[本乎道]"와 "성인은 문을 통하여 도를 밝힌다[聖人因文而明道]"는 견해를 제시하였는데, 그가 제시한 도는 공자에 의하여 수립된 유가의 도이고,[40] 성인 역시 공자를 대표로 하는 유가의 이상적 인물이다. 그에 있어서 성인과 도는 둘이 아니라 하나로 종합되고, 이를 문자로 기록한 것이 경전이기 때문에 도와 성인 그리고 경전은 삼위일체의 관계로 정립되어 있다.

공자로부터 시작하여 순자 및 양웅 그리고 유협에 이르러 유가 문도론의 기본 틀이 완성되었고, 후대의 논의는 이를 벗어나지 않았지만, 송대에 이르러 문에 형이상학적 논의가 활발하게 전개된다. 또한 당시 문학[시]에 변려체[騈儷體-西崑體-太學體]와 유미주의적 경향이 강하게 나타났기 때문에 문학은 일정부분 화염무실이라는 폐단이 수반될 수밖에 없었다.[41] 이 때문인지 남조南朝 시기에 안지추顔之推는 전통적인 유가 철학 입장에서 문장은 반드시 오경에서 나와야 하고, 먼저 도에 힘을 써야 하며, 문학은 그 다음이고, 문학의 창작에 있어 절제를 강조한다.[42] 이를 보면 공맹에서 비롯되어 한 대까지 지속된 유가 철학의 문도관이 지속적으로 문학에 영향을 끼쳤음을 알 수 있다.

---

40 유협의 문도론에서 도가 과연 인의를 내용으로 하는 유가 철학의 도인지에 대해서는 이설異說이 많다. 유협이 강조하는 도가 비록 유가의 도와 완전히 이질적이라고는 할 수 없지만, 유협에 의하여 재해석된 도라는 점에서는 이론이 없다는 것이 필자의 생각이다.

41 서릉徐陵이 편찬한 『옥대신영玉臺新詠』에는 남녀의 염정艶情을 노래한 화려한 시들이 중심을 이루고 있다(김학주, 『중국문학사』. 202쪽).

42 김재승, 「위진남북조시대 문학사상연구」, 『중국인문과학』, 중국인문학회, 1997, 151-155쪽.

5. 고문가古文家와 도학가道學家의 문도론

앞에서 밝힌 바와 같이 유가 철학 발전사에 등장한 문도론은 도를 본本으로, 문을 말末로 삼는 '중도경문'의 입장을 취한다. 그러나 당송 고문가와 도학가의 '중도경문'의 태도와 전개 양상은 약간 다르다. 당송 고문가들은 대체로 도의 중요성에 대해서는 절대 부정하지 않지만, 아울러 도의 표현 형식과 통로 그리고 도구인 문의 중요성과 역할에 대해서도 소홀히 취급하지 않는다. 한유의 '문이관도文以貫道'와 구양수의 '문도합일文道合一' 그리고 소식의 '문여도구文與道俱'가 대표이다. 그중 소식의 '문여도구'는 도에 대한 문의 종속적인 입장에서 문의 독자적인 역할을 크게 부각시킨다. 그 이유는 소식이 문학이론가의 역할보다는 창작 방면에 더 큰 공헌을 했기 때문이다. 반면 송 대 도학가들은 '중도경문'의 종지를 근본으로 삼고서, 주돈이는 '문이재도'를 주장했고, 정이는 더욱 심화시켜 '작문해도'와 '완물상지玩物喪志'를 주장했다. 이러한 고문가와 도학가의 입장 차이로 말미암아 학술 당쟁이 발생하였는데, 그것이 바로 '낙촉당쟁洛蜀黨爭'이다.

송 대 구법당과 신법당의 당쟁이 정치 논쟁이라면, '낙촉당쟁'은 문과 도를 중심 내용으로 하는 학술 당쟁이라고 할 수 있다. 대표자는 정이와 소식이다. 필자는 이러한 편향적인 태도는 맹자가 말한 "위대하면서도 그것을 하나의 세계로 융화하는 것이 성인의 경지이다[大而化之之謂聖]"[43]의 의미를 올바르게 파악하지 못한 결과라고 생각한다. 유가 철학에서는 인격의 완성을 진선미眞善美의 합일에서 찾는다. '진'은 '옳음'에

---

43 『孟子』「盡心下」.

관한 형식이고, '선'은 '올바름' 혹은 '좋음'에 관한 형식이며, '미'는 '아름다움'에 관한 형식이다. 비록 지극至極 경지 이전에 삼자三者는 각기 다른 양상으로 표현되지만 종극에는 일자로 승화된다. 이것이 바로 맹자가 말한 "위대하면서도 그것을 하나의 세계로 융화한다[大而化之]"에서 '융화한다[化]'의 경지이다. 그렇기 때문에 맹자는 '선'과 '신信' 및 '미'를 병열시켜 성聖의 경지를 설명한 것이다.[44] 정이와 소식은 자신이 추구하는 세계의 형식에 집착하여 상대방 문도의 세계를 간과한 것 같다. 정이가 도덕가치를 예술적 경지로 승화시키지 못했다면, 소식은 예술적 가치를 윤리규범의 생활 질서로 침투시키지 못한 것이다. 모두 원만지극圓滿至極 경지에 진입하지 못했기 때문에 양자는 끝없는 대립 양상을 보인 것이다.

일반적으로 당송 고문가 문도론을 '문이관도'로 규정하고, 도학가 문도론을 '문이재도'로 규정한다. 그러나 이 분야에 전문 연구자인 강택구는 "관도貫道·재도載道·명도明道의 의미는 도와 문의 의미 그리고 도와 문의 관계 규정에 있어서 다양한 양상으로 나타남에도 불구하고 그들 각각 입장과 논리의 차이가 간과된 채 포괄적으로 범주화되고 도식화되어 각자의 입론立論 차이가 단순화되어 있고, 때로는 용어 사용의 혼란이 발생하기도 한다"[45]고 한다. 이러한 지적은 분명 사실이다. 그럼에도 불구하고 필자는 이곳에서 고문가와 도학가의 문도관을 '문이관도'와 '문이재도'로 규정하여 양자의 차이성과 핵심 내용을 살펴보고자 한

44 그렇다면 맹자는 문과 도의 관계를 수평으로 인식했는가? 그렇지는 않다. 이 문제는 다음 장에서 상세하게 논의할 것이다.

45 강택구, 「도와 문의 관계에 대한 주자의 이론」, 『중국학논총』 제 10집, 한국중문문화학회, 2000, 51쪽.

다.[46]

문이관도와 문이재도는 고문가와 도학가 문도론의 대표적 주장으로 알려져 있다. 송명리학 문도론의 종합자로 알려진 주희는 '문이관도'에 대해서는 심한 비판을 하지만, '문이재도'에 대해서는 비평을 자제한다.[47] 그러나 그것은 주희 자신의 리기론과 도기론을 기초로 한 문도관에 의한 비평일 뿐이다. 사실 '관도'와 '재도' 모두 문과 도에 관한 유가의 기본 입장을 철저하게 준수하고 있다. 즉 모두 유가의 도덕적 실용주의를 근본 내용으로 삼고 있다. 또한 문의 효용성과 독립성에 대해서도 일정부분 긍정하고 있지만, 모두 상대적 범위에서의 정도 차이에 불과하다. 먼저 '문이관도'의 입장을 간략하게 소개하겠다.

"문은 도를 꿰는 도구이다[文者, 貫道之器也]"라는 말은 한유의 문인인 이한李漢의 『한창려선생집서韓昌黎先生集序』에서 비롯되었는데, 이후 한유 문도론의 대표적 주장으로 인식되었다. 주지한 바와 같이 한유는 당대 중기 인물로서 고문운동의 주도적 인물이다. 한유에 의하면, '도가와 불가에서 추구하는 도는 진정한 도가 아니고, 오로지 요임금에서부터 공자와 맹자로 전승되어진 도만이 진정한 성인의 도[48]이다.' 한유는 유가의 도를 근거로 도통을 확립하고, 다시 문으로써 그 도통을 밝히자고 주장했다. 이처럼 한유의 문도론에는 유가 철학에서 긍정하는 성왕의 도가 자리 잡고 있다.

---

46 비록 필자는 이곳에서 고문가와 도학가의 문도관을 포괄적으로 문이관도와 문이재도로 규정하지만 의미의 혼란이 발생할 수 있는 경우에는 충분한 해설을 할 것이다.

47 주희는 주돈이의 문이재도에 이론적 수정을 가하여 문도합일을 완성한다.

48 『韓昌黎集』「卷1. 原道」, "堯以是傳之舜, 舜以是傳之禹…文武周公傳之孔子, 孔子傳之孟軻, 軻之死不得其傳焉."

한유의 '문이관도론'은 오로지 형식과 문사文辭의 화려함만을 추구한 위진남북조 시대 문풍文風에 대항한 이론으로서 기존의 '문이명도' 그리고 '중도경문'의 유가 문도론과 부합한다. 그러나 한유의 '문이관도'는 도학가와 문학가 양쪽에서 비판을 받는다.[49] 후에 주희는 한유의 이론과 실제 행태는 달랐고,[50]또한 '문이관도'는 문과 도를 둘[주체와 객체]로 나누게 되어 도를 꿰는 문이라는 주체에 의하여 도가 객체화되는 위험에 빠지게 된다고 비평한다.[51] 그러나 필자는 주희의 비평은 이론적인 문제점에서 비롯된 것이 아니라 한유의 실제 행적에서 비롯된 것이라고 생각한다. 물론 한유가 주희처럼 리기론과 도기론을 기초로 도와 문을 본체와 현상으로 규정하지는 않았지만, 문의 작용과 기능을 통하여 성인의 도를 드러내고자 하는 목적에는 하등의 차이가 없다. 때문에 막려봉莫礪鋒은 문이관도는 기본적으로 주희의 문도일체와 본질적으로 다르지 않고, 주희가 그들에 대하여 엄중한 비평을 한 것은 실제보다 과장된 것이며, 도학가의 입장에서 고문가의 이론을 평가했기 때문이라고 지적한다.[52] 조민환도 막려봉과 동일한 견해를 제시한다.[53] 즉 고문가와 도학

---

49 물론 한유의 문도론이 비평만을 받은 것은 절대 아니다. 당송 대 고문가 사이에는 한유를 존중하는 학자[尊韓者]가 매우 많다. 구양수歐陽修를 비롯하여 한기韓琦 · 이구李覯 · 소순蘇洵 등이 있다. 마찬가지로 사마광司馬光과 왕안석王安石 그리고 정이 등으로부터는 엄중한 비평을 받기도 한다.

50 『朱子語類』「卷137」, "韓文公第一義是去學文字, 第二義去窮究道理, 所以看得不親切." · "韓退之及歐蘇諸公議論, 不過是主於文詞, 少間却邊頭帶說得些道理."

51 『朱子語類』「卷139」, "若以文貫道, 却是把本爲末, 以末爲本, 可乎."

52 莫礪鋒, 『朱熹文學理論硏究』, 南京大學出版社, 2000, 115쪽 참고.

53 조민환, 「중국문화에서의 철학과 문학의 관계」, 『시대와 철학』 제 9집, 한국철학사상연구회, 1998, 297쪽.

가 모두 도를 근본으로 내세움은 동일하지만, 문에 대하여 필연과 미필연의 차이만이 있을 뿐이다. 반면 이종호는 주희의 입장에서 한유의 문이관도는 형식적으로 보면 도가 주인이고, 문이 손님인 것 같지만, '관貫' 자를 유의해서 보면 중도重道의 편에 있건 중문重文의 편에 있건 '문이 도를 꿰는 본체'로 작용할 개연성이 매우 높다고 비평한다.[54] 필자는 막려봉과 조민환의 견해에 동의한다. 왜냐하면 한유의 행적은 한유 개인 차원의 문제이고, 또한 설령 '관貫'의 주체가 문이라고 할지라도 문에 실린 내용은 도 이외의 다른 것이 아니기 때문에 유가 도덕주의적 실용주의와 위배되지 않는다.

'문이재도'는 주돈이의 문도관이다. 그러나 '문이재도'의 의미는 다의적이다. 넓게는 유가의 문도론과 동일한 의미로 사용되고, 좁게는 송 대 도학가의 문도론을 가리키는 용어로 사용되기도 한다. 이곳에서 필자는 좁은 의미를 취하겠다. 주돈이는 문과 도의 관계에 대하여 "문은 도를 싣는 도구이다. 바퀴와 끌채를 아무리 잘 꾸며도 사람들이 그것을 쓰지 않는다면 단지 헛된 장식에 불과하다. 하물며 빈 수레야 어떻겠는가? 문장과 말은 재주이고, 도와 덕은 실제 내용이다"[55]라고 했다. '재도'와 '관도'가 모두 문의 가치를 실용주의로 규정한 것이지만, 그중에서도 '재도'의 규정이 가장 제한적이다. 문사는 물건을 싣는 수레와 같은 도구이다. 수레라는 도구에 물건이 실려 있지 않으면 수레의 효용이 나타나지 않는 것처럼 문사에도 성인의 도가 내재되어 있어야만 문사의 진정

---

54 이종호, 「유교의 문학관과 미의식」, 『대동문화연구』 제 38집, 성균관대동문화연구원, 2001, 88쪽.

55 『通書』「文辭」, "文, 所以載道也. 輪轅飾而人弗用, 徒飾也, 況虛車乎. 文辭, 藝也. 道德, 實也."

한 효용이 발휘될 수 있다. 주돈이에 의하면 도가 실려 있지 않은 문장은 문장으로서 존재 가치가 없다. 비록 주돈이가 정이처럼 '작문해도' 혹은 '완물상지'라는 극단적 입장을 취하지 않았고 재주의 기예로서 문사의 필요성을 긍정하지만, 그것 역시 도의 표현이라는 제한 내에서의 긍정일 뿐이다.

필자가 보기에 송명의 대표적인 도학가 중에서 북송의 정이를 제외하고 문의 작용과 기능을 중시하지 않은 학자는 없는 것 같다. 이는 도학가들이 비록 도와 문의 관계를 주종 혹은 본말로 정립시키고서 문의 독립성을 긍정하지 않았다고 할지라도 문의 효용성에 대해서는 부정적인 태도를 취하지 않았음을 의미한다. 홍광훈의 말처럼, 도학가를 문학을 부정하는 부류로 단정해 놓고 그들에게서 새삼스럽게 문학이론을 찾아낸다면 이는 모순된 행위일 것이다.[56] 필자 역시 송명 시대 도학가들이 문의 효용성을 부정했을 뿐만 아니라 문에 대한 연마 활동도 전혀 하지 않았다고 생각하지 않는다. 특히 주희는 작시作詩에서 모방론을 강조하여 시의 내용뿐만 아니라 외적인 형식도 중시했고, 시에서 평이함과 자연스러움을 강조하여 낭만주의적 경향을 보이기도 한다. 또 "시를 짓되 간간이 몇 구절로 마음을 즐겁게 하는 것도 무방하다"[57]는 『주자어류』의 표현을 보면 도로부터 문의 독립성을 긍정하는 것 같기도 하다. 그러나 주희 학문의 본질은 도학이지 문학이 아니었다. 때문에 바로 이어서 "그러나 많이 할 필요는 없다. 그렇게 되면 곧 거기에 빠지게 된다"[58]고 하

---

56 홍광훈, 「전통유가의 문학이론에 대한 송대 도학가의 이견」, 『중국어문학』 제 26집, 영남중국어문학회, 1995, 72쪽.

57 『朱子語類』「卷140」, "作詩間以數句適懷亦不妨."

여 도학가의 면모로 회귀한다. 즉 주희의 문학이론과 시론은 다른 도학자들에 비해 월등한 수준과 엄밀한 체계성을 갖추고 있지만 도학가라는 범주를 벗어나지 않는다.

문도론에 관한 주희의 표현은 다양하지만,[59] 대표적인 것은 "문은 문이고, 도는 도이다[文是文, 道是道]"와 "문이 곧 도이다[文便是道]"로 축약하여 해설할 수 있다. 주희 문도론은 형이상과 형이하, 본체와 현상, 체용 등 존재론을 근거로 정립된 것이다. 도는 형이상의 본체이고, 문은 형이하의 현상[器]의 범주에 속한다. 외형적으로만 보면 주희 이전 도학가의 입장과 별 다른 차이가 없는 것 같지만, 큰 차이가 있다.

주희의 문도론에서 "문은 문이고, 도는 도이다[文是文, 道是道]"와 대비되는 표현은 "문은 문대로, 도는 도대로[文自文, 道自道]"이다. 전자는 형이상과 형이하, 혹은 본체와 현상이라는 개념적 분류이고, 후자는 문과 도를 이원화시켜 독립적인 영역으로 설정하고 있는 것이다. 주희에 의하면, "형이상은 도이고, 형이하는 기"[60]이지만, 현상의 사사물물에는 모두 소이연지리所以然之理인 도가 내재되어 있기 때문에 현상은 곧 도의

---

58 『朱子語類』「卷140」, "但不用多作. 蓋便是陷溺爾."

59 주희 문도론의 대표적 주장은 다음 몇 가지 내용으로 요약할 수 있다. 첫째, '문은 문이고, 도는 도이다[文是文, 道是道].' 둘째, '문은 도로부터 나온다[文從道出].' 혹은 '문은 모두 도로부터 유출된다[文皆是從道中流出].' 셋째, '문이 곧 도이다[文便是道]. 이 구절을 독립적으로 보면 둘째와 셋째에서는 상호 관련성을 발견할 수 있지만, 첫째와 둘째·셋째 관계는 서로 모순인 것 같다. 그러나 내용적으로는 서로 모순되지 않고, 오히려 문과 도의 유기적 관련성을 드러내주고 있다. 간략하게 말하면 '문시문文是文, 도시도道是道'는 본체 측면에서 말한 것이고, '문종도출文從道出'과 '문변시도文便是道'는 현상 혹은 유행 측면에서 말한 것이다(황갑연, 「유가 철학에 있어서 문과 도의 관계에 관한 연구」, 195쪽).

60 『朱子語類』「卷62」, "形而上爲道, 形而下爲器."

현현이라고 할 수 있다. 따라서 현상은 도를 파악할 수 있는 필수불가결한 통로인 것이다.

주희는 본체와 현상의 관계인 도와 기器를 문도론에 그대로 적용시킨다. 도는 본체로서 근본이고, 원리이며, 체용관계에서는 체이다.[61] 반면 문은 기器이고, 현상이며, 체용관계에서는 용에 해당한다. 이러한 주희의 문도관은 이전 도학가와 내용적으로 별 차이가 없지만, 한 가지 중요한 의미를 갖고 있다. 주희는 도와 문을 본말관계로 인식한다. 이는 전통적인 중도경문에 해당한다. 그러나 주희 이전 도학가에서 분명하게 드러나지 않은 한 가지 점이 있는데, 이는 문을 기器로 규정함으로서 도의 파악에 문을 필연적인 통로 혹은 소재로 긍정한다는 점이다. 다시 말하면 기[器-文]가 존재하지 않는다면 도는 인식될 수 없다.[62] 도와 문 양자에서 어떤 것도 결손 되어서는 안 된다. 이는 주희 이전 도학가들이 도를 표현함에 있어 문을 '반드시 있어야 하는 것은 아니다[不必然]'라는 인식과 차이가 난다.

'문이 곧 도이다[文便是道]'는 리기불리를 이론적 배경으로 삼은 문도관계이다. 도와 문이 체용관계로 정립되면 문은 단순한 가치중립자가 아니라 도를 담아 드러내는 도의 실현자가 된다. 이렇게 되면 문은 도의 현현이기 때문에 양자는 원융적 일자의 관계로 형성되어 문은 도와 동

---

61 『朱子語類』「卷139」, "道者, 文之根本. 文者, 道之枝葉."

62 이것이 바로 구체적인 일에서 도를 추구한다[卽事以明道]는 것이다. '즉사이명도卽事以明道'는 송명 도학자 전체에 해당되지만, 특히 주희의 세계관에 적합한 표현이다. 주희 철학에서 보면 모든 일[事] 혹은 현상[器]에 하나의 태극이 완전하게 구비되어 있기[物物具有一太極] 때문에 현상은 도의 현현인 것이다. 따라서 주희는 이러한 구체적인 현상에 즉卽해서 리를 추구해야 한다는 격물궁리格物窮理를 주장한 것이다.

일한 가치를 갖게 된다. 따라서 중도重道와 중문重文이라는 이원적 대립도 함께 사라지게 된다. 그 근거가 바로 리기불리이다. 주희는 리기불리를 근거로 문과 도를 일체, 즉 문도합일을 주장한다.

필자는 주희의 문도론에는 이전 도학가에서 분명하게 드러나지 않은 두 가지 정면과 반면적인 의미가 내재되어 있다고 생각한다. 하나는 문의 가치를 도와 동격으로 승화시킨 것이다. 도와 기를 본체론적·개념적으로 보면, 도는 도이고, 기는 기이다. 문과 도의 관계도 마찬가지이다. 문은 문이고, 도는 도이다. 그러나 원융적 관점에서 보면, 기는 도를 담아 실현하는 자이기 때문에 기가 바로 도의 현현인 것이다. 때문에 도즉기道卽器 기즉도器卽道가 성립할 수 있다. 문과 도의 관계도 도즉문道卽文 문즉도文卽道라고 말할 수 있다. 이것이 바로 '문이 곧 도이다'라는 주희의 입장이다.[63] 문의 입장에서 보면, 이는 문을 도의 실현으로 승격시켜, 원융적으로 도와 일자의 관계로 제고한 것이기 때문에 문의 가치에 대한 정면적인 긍정이라고 할 수 있다.

그러나 문에 대한 긍정은 곧 부정적인 의미도 함축하고 있다. 즉 현상계에 존재하는 문이 모두 도를 드러내는 것은 아닐 것인데, 그렇다면 주희의 입장에서 보면 도를 드러내지 못한 문은 아예 문의 자격마저도 갖추지 못하게 된다. 주희는 『주문공문집』「권70. 독당지讀唐志」에서 본本과 실實이라는 두 개념을 제시하여 기존 작품[문]의 가치를 세 종류로 평가했다. '본'은 도로서 도덕적인 의미와 함께 본체론적인 의미를 포함하고 있다. '실'은 충실한 내용으로서 도덕적인 의미는 갖고 있지만 아직

---

63 '문즉도文卽道, 도즉문道卽文'이 성립하려면 문은 반드시 도를 담고 있어야 한다. 도의 실현과 무관한 문은 이에 해당되지 않는다.

본체론적인 의미까지는 포함하고 있지 않다. 주희에 의하면 '본'이 있으면 필연적으로 '실'을 갖추고 있지만, '실'이 있다고 해서 '본'이 필연적으로 있는 것은 아니다. 주희는 '본'을 갖춘 문의 예로서 성현의 저작을 들고, '실'은 갖추고 있지만 '본'이 없는 작품으로서 굴원屈原과 사마천司馬遷의 저작을 들었으며, '실'마저도 갖추지 못한 작품으로는 송옥宋玉과 양웅揚雄의 사부辭賦를 들었다.[64] 이러한 분류에 따른다면 주희 심중에 있는 진정한 문으로서의 자격을 갖춘 것은 오로지 성현의 저작, 즉 경전뿐이라는 것을 알 수 있다. 필자는 주희의 이러한 규정에 대하여 과연 다수의 사람들이 긍정할 것인가에 대하여 의문이 든다.

주희가 문도론에서 문과 도의 관계를 체용일원으로 정립한 근본적 이론 배경은 바로 리의 편재성[보편성], 즉 '리는 없는 곳이 없다'는 리무소부재理無所不在에 있다. 주희 문도론에서 문은 기[器-현상-物]에 속하고, 이 '기'는 반드시 '마땅히 그렇게 해야만 하는 하나의 원치[所當然之則]'을 갖추고 있는데 그것이 바로 도[理]인 것이다. 심학에서도 도덕적 의지인 심의 무한 감응성을 긍정한다. 따라서 심학에서도 심의 보편성을 긍정한다. 이것이 바로 '마음 밖에 일이 없다[心外無事]'이고, '마음 밖에 사물이 없다[心外無物]'는 것이기 때문에 육구연과 왕수인 역시 도덕의지인 심을 문[事와 物]의 본체로 삼는다. 비록 육구연과 왕수인의 문도론이 주희 문도론의 중요성에 비해 현저히 낮지만 명 중말 문학사조의 변화에 상당부분 영향을 끼쳤음은 부정할 수 없는 사실이다.

---

64 潘立勇, 「朱熹對文道觀的本體論發展及其內在矛盾」, 『學術月刊』 第5期, 上海市社會科學界聯合會, 2001, 53쪽.

文道

II

유가 문도론의 정립기

論

Ⅱ. 유가 문도론의 정립기

혹자는 공자를 중국 최초 문학비평가라고 칭하기도 하지만,[1] 과연 선진 시대에 문학 혹은 문장 혹은 예술에 대해 전문적·계통적으로 정리하여 토론한 저작이 있었는가? 존재하지 않는다는 것이 학계의 일반적인 인식이다. 그렇다면 공자를 중국 최초 문학비평가로 평가하는 것은 무리이다. 아마 그런 평가는 후대 중국 문론에 공자의 영향이 가장 지대했기 때문일 것이다. 그러나 후대에 막대한 영향을 끼쳤다는 사실만을 근거로 공자를 문학비평가로 인식하는 것에 대해서는 필자 역시 동의하기 어렵다.

선진 시대 여러 제자들의 어록에서 문학과 문에 대한 언급이 보이기는 하지만, 대부분 다른 핵심 사상과 연계되어 우연히 다루어지는 것에 불과하다.[2] 그리고 그들이 언급하는 '문' 자는 문학을 포함한 광의적 의미의 문예 혹은 문화 등을 가리킨다. 공자 역시 예외가 아니다. 따라서 필자는 광의적 관점에서 공자와 맹자 그리고 순자가 언급하고 있는 '문학' 혹은 '문'을 근거로 문학에 대한 그들의 기본적인 견해[문론 혹은 문도론]를 살펴볼 것이다.

---

1 王運熙·顧易生, 『中國文學批評通史』, 上海古籍出版社, 1996, 50쪽.

2 한 대에 이르러 비로소 전문적으로 문체에 관한 토론이 나오고 전문적으로 문예작품을 기록한 저작이 나오게 된다(郭紹虞, 『中國文學批評史』, 16쪽).

1. 공자의 문도론

앞에서 말한 바와 같이 선진 제자의 문헌 중에는 전문적으로 문학비평에 관련된 논의 혹은 견해가 수록되어 있지 않다. 그렇다고 해서 선진 제자 학술과 후대 문도론이 하등의 관련이 없다는 것은 결코 아니다. 선진 제자 학술은 후대 문학 혹은 문학비평에 지대한 영향을 끼쳤는데, 노자와 장자가 위진남북조 시대 문학관에 영향을 끼쳤다면 공자와 순자는 한 대와 위진남북조 그리고 당송 고문가와 송명리학가의 문론에 전반적으로 영향을 끼쳤다.[3] 그중에서도 중국 고대부터 지금까지 수많은 철학자와 문학자 그리고 비평가들에게 부단히 언급되고 있는 사람이 바로 공자이다. 따라서 공자 문도론에 대한 이해가 전제되지 않는다면 이후 전개된 문도론의 실상을 파악하기는 사실상 불가능하다. 그러나 필자가 이미 밝힌 바와 같이 공자뿐만 아니라 중국 고대 학술에서 문론은 핵심 사상과 연계되어 언급되어지는 제 2차 혹은 파생이론에 불과하다. 따라서 공자 문학관을 소개하기 전에 공자 문도관의 철학적 배경을 먼저 이해해야 한다. 필자는 이곳에서 인仁과 예禮 그리고 의義를 중심으로 공자 문도론의 철학적 배경을 해설할 것이다. 그 이유는 공자 철학에서 문은 공자가 중시한 시서예악 중에 시[詩-樂]에 해당하는 것으로, '예'와는 수평적 지위를 차지하지만, 시서예악 모두가 내적인 도덕의지 즉 '인'의 실현과 관계된 것이기 때문이다.

---

3 맹자의 지언知言은 후대 유가 철학 문론에 상당한 영향을 주었지만, 양기설養氣說은 오히려 위진남북조 시대 문론에 영향을 끼친다.

1) 공자 문론文論의 철학적 배경 – 인仁·의義·예禮

공자 이전 '인' 자는 대체로 '사랑[仁愛]'·'사랑의 두터움[仁厚]', 즉 온화와 자애로움 등의 품덕 의미로 사용되었지만, 공자 시대에 이르러 인은 하나의 덕목이 아니라 도덕적 선의지로서 도덕 자각주체이고, 모든 덕목에 도덕적 의미를 부여하는 총 근원이며, 일체 행위의 주재자로 승격된다. 공자에 의하면, 모든 행위는 오로지 인이라는 도덕적 의지의 주재를 통해서만 비로소 가치를 확보할 수 있고 의미를 가질 수 있다.

공자는 강렬한 도덕 사명감을 가진 이상주의자이다. 공자에 있어서 도덕은 인생의 이상이며, 또한 인생 가치의 근본 소재이다. 공자 철학에서 모든 가치는 인으로부터 출현되기 때문에 인을 실천하는 것이 곧 가치의 현현이고, 인생 이상의 실현인 것이다. 이처럼 인의 실천이 이루어질 때 인간 존재의 사명을 다하게 된다. 사실 인간은 유한적 존재이기 때문에 도덕가치에 대한 무한적 의미를 갖는 인의 완전한 실천은 논리적으로 불가하다. 그러나 공자는 살신성인殺身成仁과 같은 도덕의무를 긍정한다. 이는 곧 인간이 비록 유한자이지만, 유한의 인생 과정에서 무한의 가치를 중단 없이 실현하는 그 자체가 무한가치의 실현이라는 의미와 동일하다.

공자 철학에서 인은 비단 가치의 소재일 뿐만 아니라 도덕가치에 대한 자각의식, 즉 '도덕 주체'의 성격을 가지고 있다. 『논어』에 근거하면, 공자는 열다섯에 뜻을 학문에 두었는데, 이때의 학문은 바로 도덕을 본질로 하는 군자의 학문이다. 공자에 있어서 도덕은 인을 떠나 전개할 수 없는 것이므로 '학문에 뜻을 두었다'는 것은 '인에 뜻을 두었다'와 내용상 동일하다. 공자에 있어서 인은 인격 완성의 시작이고 마침이다. 즉 인의 실현이야말로 인간이 진정한 인간으로서 존재할 수 있는 근거이다. 『논어』에 다음과 같은 말이 수록되어 있다.

> 인이 어찌 멀리 있는가? 내가 인을 실천하고자 하면 인은 그 자리에서 발현되는 것이다.[4]

> 인의 실현은 나에게 달려있는 것이니 남에게 의지할 필요가 있는가?[5]

공자는 이곳에서 인이 자신의 도덕의식을 떠나서 따로 존재하는 외적인 것이 아님을 설명해주고 있다. 이른바 "인을 실현하고자 하면 인은 바로 그 자리에서 발현된다"는 말에서 '인을 실현하고자'하는 것은 곧 의지의 욕구에 관한 표현이다. 공자가 말한 '욕인欲仁'은 의지의 욕구이지만, 이 욕구는 사실상 도덕가치에 대한 인 자신의 자각적 실현 의지이다. 이러한 도덕의식이 발현될 때 인은 바로 그 자리에서 발현된다. 즉 인은 자신의 도덕의식 속에서 구체화되고 실현되기 때문에 오직 자신의 내적인 도덕의식이 자각 성찰하기만 하면 인은 실현될 수 있다. 도덕의식을 떠나서 인은 존재할 수 없기 때문에 인을 본질 내용으로 하지 않은 도덕의식은 존재할 수 없는 것이다. 인과 도덕의식은 동일자로서 인이 도덕실천의 원리 혹은 방향성을 표시한다면, 도덕의식은 도덕실천의 자발성을 표시한다고 할 수 있다. 만약에 인과 도덕의식이 동일자가 아니라면 위 공자의 말은 자연스럽지 못하다. 인은 도덕의 근원으로, 인간의

---

4 『論語』「述而」, "仁遠乎哉, 我欲仁, 斯仁至矣."

5 『論語』「顏淵」, "爲仁由己, 而由人乎哉."

모든 도덕활동 방향은 이 인에 의하여 결정된다.

공자는 춘추 말기 사람이다. 춘추시대를 대표하는 관념은 '예'이다. 예의 원초 의미는 제사와 관련 있지만 서주西周 300년 변화과정을 지나면서 예는 질서의 관념, 즉 법규 혹은 규범 의미로 전환 되었다. 질서 관념으로서 예를 해석할 때 하나의 문제가 발생한다. 예는 우리가 준수해야 할 도덕규범이고 질서인데, 왜 우리는 이러한 질서원리를 준수해야 하는가? 준수할 수밖에 없는 정당성을 갖추고 있는가? 이는 규범과 질서의 내적인 근거에 관한 문제이다. 이러한 문제는 근본적인 문제로서 공자 이전에는 이 문제에 대해 적절히 설명한 학자가 없었다. 대부분 하늘의 원리[천도론]에 입각하여 예의 정당성을 설명하려고 했을 뿐이다. 공자의 시대에 들어서 이러한 천도론을 근본으로 한 예의 관념은 근본적인 변혁을 이루었다. 이것이 바로 '예를 인으로 통섭시킨다[攝禮歸仁]'는 관념이다. 그러나 공자는 인으로써 예를 통섭함에 있어 직접 인으로써 예를 통섭하지 않고 먼저 '의로써 예를 통섭했다[攝禮歸義]'.

공자가 인·의·예 삼자 관계를 유기적으로 체계화하면서 첫 번째로 한 작업은 '의'라는 합리성 개념을 예의 실질적인 내용으로 부여하는 것이었다. 대만의 학자인 황준걸黃俊傑의 분석에 의하면, "현존하는 『시경』과 『서경』 중의 '의'는 아직 도덕가치의 자각과 의지의 자유 문제까지는 언급하지 않는 단계의 관념으로서 일종의 객관적인 공공 행위의 미덕으로부터 도출된 관념에 불과하다."[6] 그러나 춘추시대에 들어와 이러한 '의' 관념은 점차 행위의 '적당' 혹은 '정당' 등의 도덕가치 관념으로 변화되었다. 공자 철학에서 '의'는 정당과 합리 그리고 도리 의미를 함

6 黃俊傑, 『孟學思想史論』「권1」, 臺北: 東大圖書公司印行, 1991, 143쪽.

유하고 있다.

> 의로움[義]을 보고서도 실천하지 않으면 용기가 없는 것이다.[7]

> 군자는 천하의 일에 대하여 반드시 긍정하여 하려고 하는 것[適]도 없고, 반드시 부정하여 하지 않으려고 하는 것[莫]도 없다. 오로지 합리적 판단[比]에 따라 행할 뿐이다.[8]

첫 번째 구절의 '의'는 정당의 의미로 해석해야 한다. 두 번째 구절의 '적適'은 긍정 혹은 찬성의 의미이고, '막莫'은 부정 혹은 반대의 의미이다. '비比'는 '따르다'는 의미이다. 군자의 마음에는 사사로움과 편견이 없기 때문에 천하 일에 대하여 반드시 긍정하고 반대해야 할 일이 없다. 오로지 자신의 합리적인 판단에 따라서 행할 뿐이다. 『논어』에 정직[直]이라는 관념이 출현하는데, 이때의 정직도 '의'라는 합리성을 실질 내용으로 삼는다.

> 어떤 사람이 말했다. "은혜[德]로써 원한을 갚는다면 어떻겠습니까?" 공자가 말했다. "그렇다면 은덕은 무엇으로 보답할 것인가? 정직으로써 원한을 갚고 은혜로써 은덕을 보답해야 한다."[9]

이곳에서 덕은 은혜로 해석하는 것이 옳다. 공자에 의하면, 이른바

---

7 『論語』「爲政」, "見義不爲, 無勇也."

8 『論語』「里仁」, "君子之於天下也, 無適也, 無莫也, 義之與比."

"은혜로써 원한을 갚는다"는 것은 마치 마음이 넓고 관대한 사람의 태도인 것 같지만 이러한 태도는 결코 합리적인 태도가 아니며 일반사람들의 정리[合情]에도 부합하는 태도라고도 할 수 없다. 공자는 원한을 갚는 것과 은덕을 보답함에 있어 반드시 어떤 분별이 있어야 한다고 생각하였다. 그렇다고 공자는 "원한으로써 원한을 갚아야 한다"고 주장하지 않았다. 공자는 '직[直-정직-합리]'에 의거하여 원한을 갚아야 한다고 했는데, '직'의 실질적인 내용이 바로 합리이다. 즉 정당과 합리를 내용으로 하는 '직'에 따라서 판단할 것을 강조한 것이다. 공자는 이러한 '의'를 '예'의 실질적인 내용으로 삼았다. 『논어』에 다음과 같은 내용이 있다.

> 마로 모자를 짜는 것이 예법이지만 지금은 무명실로 짜니 검소해서 좋다. 나는 대중들이 하는 것을 따를 것이다. 대청 아래에서 절을 하는 것이 예법이지만 지금 사람들은 대청 위에서 절을 하고 있으니 기만하게 보인다. 비록 일반 사람들이 하는 것에 위배되지만 나는 대청 아래에서 절을 할 것이다.[10]

공자가 일반 대중들이 하는 것에 따를 것과 따르지 않을 것을 결정한 근거는 행위의 정당과 합리성이다. 예는 당시의 관습이나 의식에 의하여 결정되는 것이 아니다. 그래서 비록 전통 관습에 위배되더라도 검소함을 따른 것이다. 그렇다고 공자가 다수의 대중이 하는 방식에 무조건

---

9 『論語』「憲問」, "或曰, 以德報怨,如何. 子曰, 何以報德, 以直報怨, 以德報德."

10 『論語』「子罕」, "麻冕, 禮也. 今也純, 儉, 吾從衆. 拜下, 禮也. 今拜乎上, 泰也. 雖違衆, 吾從下."

동의한 것은 아니다. 전통의 습속에 구속받지 않는다는 것은 결코 마음대로 관습을 위배한다는 의미도 아니고, 대중들의 의사에 따라서 타율적으로 결정한다는 의미도 아니다. 반드시 어떤 합리성을 내용으로 한 판단이 전제되어야 한다. 그것이 바로 대청 위에서 절을 할 때 느끼는 거만함인 것이다. 그래서 공자는 비록 대중들의 방식과 다르지만 대청 아래에서 절하는 것을 고수한 것이다.

공자에 의하면 어떠한 예를 막론하고 질서 관념의 예는 반드시 그 예를 성립시키는 내적인 근거를 가지고 있어야만 하는데, 그 근거가 바로 행위의 합리성과 정당성이다. 공자에 있어서 이러한 행위의 합리성과 정당성이 바로 '의'이다. 『논어』에는 '의'와 '예'의 본말에 관한 대화가 있다.

> 임방이 예의 근본에 관하여 묻자, 공자가 말했다. "너의 물음은 참으로 훌륭하구나. 예라는 것은 사치스럽기보다는 차라리 검소해야 하며, 상례는 형식을 잘 갖추기보다는 차라리 슬피 울어야 한다."[11]

예의 근본에 관한 임방의 질문은 예의 실질 내용에 관한 것이었다. 공자는 '참으로 훌륭하구나'라고 칭찬과 함께 '예는 사치스럽기보다는 차라리 검소해야 하며, 상례는 그 형식이 주도면밀하기보다는 차라리 애통하게 울어야 한다'고 대답한다. 검소함과 비통한 마음은 바탕이고, 사치와 주도면밀함은 문채, 즉 꾸밈이다. 꾸밈[文]이 바탕[質]보다 지나친 것보다는 차라리 바탕이 꾸밈보다 지나친 것이 낫다는 것이다. 이는 마

11 『論語』「八佾」, "林放問禮之本. 子曰, 大哉問. 禮, 與其奢也, 寧儉. 喪, 與其易也, 寧戚."

치 "말을 재치 있게 하고 얼굴빛을 좋게 하는 것"[12]보다 차라리 "강건하고 굳세고 소박하며 말을 더듬듯이 조심스럽게 하는 것"[13]이 나은 것과 같다. 왜냐하면 전자에 해당한 사람들 중에 진실한 성정을 갖고 있는 자가 드물고, 후자에 해당한 사람들 중에는 반대로 진실하고 독실한 성정을 갖고 있는 자가 많기 때문이다. 공자에 의하면, 예의 실질적 내용은 합리성의 '의'이다. 근본이 바로 선 후에 질서가 올바르게 실행될 수 있다. 합리성에 의하여 예법의 실행 여부가 결정되어야만 비로소 바탕과 문채를 두루 갖춘 군자라고 할 수 있다.

> 군자는 의로써 본질을 삼고, 예로써 행하며, 겸손으로서 나오고, 믿음으로써 이루니 과연 군자답구나![14]

여기에서 공자는 의와 예의 본말 관계를 설명하고 있다. 만약 외적인 형식은 화려하지만 그 내용이 부실하면 본은 장차 무너지고 말 것이다. 그러나 비록 외적인 형식은 약간 부실하지만 내용이 충실하다면 본은 지속될 것이다. 예는 내외와 본말이 겸비될 때 가장 좋지만 내면적인 질質과 외적인 형식 중에서 어느 하나만을 선택해야 한다면 내면적인 질을 선택하여 예의 본질을 지켜야 한다는 것이 공자의 입장이다. 예는 의에 의거하여 성립되고, 예는 의의 구체적인 표현이다.

예는 질서 개념이며 일상생활의 규범이다. 예는 정당성·합리성의 의

---

12 『論語』「學而」, "巧言令色."

13 『論語』「子路」, "剛毅木訥."

14 『論語』「衛靈公」, "君子義以爲質, 禮以行之, 孫以出之, 信以成之, 君子哉?"

를 기초로 삼는다. 그러나 공자 철학에서 가치 의식의 본원은 의가 아니라 인이다. 인은 공자 철학의 중심 관념이며 또한 형식적인 생활 규범인 예와 정당성·합리성의 개념인 '의'의 근원이다. 인은 인간으로 하여금 정당성·합리성을 추구하게끔 하는 일종의 도덕의식이고, 의는 이러한 인의 객관적인 표준이며, 예는 밖으로 표현된 질서·문화·예법·규범이다. 공자의 도덕론에서 인·의·예 삼자의 관계는 수평적이 아니라 수직적이다.

> 안연이 인에 관하여 묻자, 공자가 말했다. "사욕을 극복하고 예로 회복하는 것이 인이다. 어느 날 사욕을 극복하여 예를 회복하면 천하는 나의 인으로 돌아올 것이다."[15]

여기에서 공자는 극기克己와 복례復禮로써 인과 예의 관계를 설명하고 있다. 극기는 사사로운 욕념을 제거하는 것이고, 복례는 순리順理로서 정당성과 합리성을 회복하는 것이다. 사람이 사사로운 욕념을 극복하고 정당성·합리성의 요구에 의거하여 활동하면 대공무사大公無私한 인심은 수시로 발현된다. 왜냐하면 정당성·합리성의 요구는 사람에게 선천적으로 내재된 인심의 요구이기 때문에 도덕의식이 발로되면 자연스럽게 사사로운 욕념은 극복된다. 이것이 다름 아닌 복례이다. 그러므로 복례는 인심의 발현인 것이다. 또 공자는 "사람으로서 인하지 못하면 어떻게 예를 할 것인가"[16]라고 했는데, 이것이 바로 인이 예의 근본임을 표현하는 가장 적절한 표현이다. 인하지 못한 사람은 정당성·합리성의 자각

---

15 『論語』「顔淵」, "顔淵問仁, 子曰, 克己復禮爲仁. 一日克己復禮, 天下歸仁焉."

의식을 발현할 수 없기 때문에 합리적인 생활규범과 문화를 꾸밀 수 없는 것이다.

2) '문'의 의미와 '문'에 대한 공자의 기본 태도

유가라는 철학적 사유의 장을 연 공자는 『논어』에서 문文·문장文章·문학文學이라는 용어를 사용했지만, 오늘날의 문장·문학·문사文辭라는 협의적인 의미로 사용하지 않고 문학의 개념을 포함한 문화와 학술 그리고 예악을 비롯한 정치제도 등 매우 광의적 의미로 사용했다. 또 교양을 익혀 사회 생활에 필요한 규범과 그러한 소양을 배우는데 정진하는 학문 태도와 정신이라는 의미로도 사용했다.[17] 필자는 이 장에서 『논어』에 나타난 문·문장[18]·문학 등의 의미 파악보다는 문과 도의 관계, 또 문과 도

---

16 『論語』「八佾」, "人而不仁, 如禮何."

17 이동영, 「孔·孟·朱子의 문학관」, 『퇴계학연구』 제 10집, 단국대학교 퇴계학연구소, 1996, 144쪽.

18 『논어』에 문장文章이라는 단어는 두 번 출현한다. 하나는 「공야장公冶長」의 "子貢曰, 夫子之文章, 可得而聞也, 夫子之言性與天道, 不可得而聞也"이고, 다른 하나는 「태백泰伯」의 "巍巍乎其有成功也, 煥乎其有文章"이다. 필자가 보기에 두 곳의 문장 의미는 거의 동일한 것 같다. 「공야장公冶長」에서 자공은 공자의 문장은 얻어서 알 수 있었지만, 공자가 말한 성性과 천도天道에 대해서는 이해하지 못했다고 한다[聞을 '듣다'의 의미로 해석하면 조금 문장이 답답해진다. 마땅히 '이해하다'의 의미로 해석해야 한다]. 그렇다면 문장은 어떻게 해석해야 하는가? 필자는 이곳의 문장을 공자의 언설과 문자로 기록하여 전수한 전적 그리고 공자가 이룬 찬란한 도덕적 인격과 예의 법도 등으로 해석한다. 그렇게 보아야만 「태백泰伯」의 문장을 해석할 수 있다. 이러한 문장은 밖으로 드러나기 때문에 눈으로 볼 수 있고, 귀로 들을 수 있으며, 두뇌로 사고할 수 있다. 자공은 총명한 사람이기 때문에 공자의 문장에 대해서는 이해할 수 있었다. 그러나 공자가 말한 성과 천도는 추상적인 실체이기 때문에 공자의 도덕생명에 대한 진정한 묵계墨契가 없다면 쉽게 이해할 수 있는 대상이 아니다. 이곳에서의 문장은 성·천도와 대립적 구도에서 이해해야 한다.

의 관계에서 문의 위상 등의 문제를 살펴보는데 주력할 것이다.

먼저 『논어』에 '문' 자는 많이 나오지만 문학이라는 단어는 단 한 차례 출현할 뿐이다. "덕행에는 안연·민자건·염백우·중궁이 있었고, 언어에는 재아와 자공이 있었으며, 정사에는 염유와 계로가 있었고, 문학에는 자유와 자하가 있었다."[19] 이것이 후에 네 분야에서 빼어난 재능을 보인 열 명의 현자라는 사과십철四科十哲이다. 이곳에서 비록 자유와 자하가 문학에 빼어난 재능을 보였다고 기록되었지만, 어떤 주석가도 문학을 현대적 의미의 분과학문인 문학으로 해설하지 않았다. 앞에서도 말한 바와 같이 선진시대에는 순수한 의미의 문학개념은 출현하지 않았다. 유가도 예외가 아니다. 황간皇侃은 『논어』「선진」 편에 출현하는 문학을 '박학고문博學古文'으로 해석했고, 형병邢昺은 '문장박학文章博學'으로 해석한다.[20] 곽소우도 이곳의 문학은 모든 서적과 학문을 포괄하는 것이라고 한다.[21] 조민환은 문학을 현대적 의미의 문학을 포함한 상위개념으로서의 학술로 규정한다.[22] 이처럼 문학을 광의적 의미의 학술로 해석한다면 시서예악 또한 '문학' 속에 포함되어야 한다.

다음 『논어』에 출현하는 '문'의 의미를 살펴보자. 문의 의미 역시 포괄적으로 사용되고 있지만, 드물게 '좋은 태도' 혹은 '바람직한 행실'의 의미로 사용되기도 한다.[23] 공자는 가르침에서 '문'을 첫 번째에 둔다.

---

19 『論語』「先進」, "德行顏淵·閔子騫·冉伯牛·仲弓, 言語宰我·子貢, 政事冉有·季路, 文學子游·子夏."

20 皇侃,『論語集解義疏』, "文學, 指博學古文." 邢昺, 『論語注疏』, "若文章博學, 則有子遊子夏二人也."

21 郭紹虞, 『中國文學批評史』, 21쪽.

22 조민환, 「중국문화에서의 철학과 문학의 관계」, 『시대와 철학』, 281쪽.

"공자는 네 가지로써 가르쳤는데, 문文·행行·충忠·신信이었다."[24] 정이는 이곳의 '문'을 문자 혹은 문자로 이루어진 작품 등의 의미로 이해한 것 같다.[25] '행'은 당연히 도덕가치 실현과 관련된 행위일 것이고, '충'은 마음의 진실함이며, '신'은 믿음이다. 일반적으로 유가 철학을 주지주의가 아닌 실천주의 철학으로 규정한다. 그렇다면 '행'과 '충' 및 '신'이 문보다 먼저 강조되어야 하는데, 이곳에서 공자는 오히려 문을 제일 먼저 언급한다. 그렇다면 공자가 문의 가치를 실천보다 중시했다는 것인가? 결코 그렇지 않다.

먼저 공자가 말한 "단지 전술만 하고 창작은 하지 않는다"[26]는 말을 보자. 필자는 '단지 성인이 터득한 지혜와 가치를 전술만 할 뿐 자신의 새로운 의리를 창조하지 않는다'는 공자의 말을 겸양의 태도로 이해한다. 왜냐하면 공자는 비단 전술했을 뿐만 아니라 창조도 했다. 그중 대표적인 것으로 단지 하나의 덕목 혹은 태도에 불과한 인에 도덕적 선의지 관념을 부여하여 그것으로서 합리성과 정당성을 판단하는 자율 도덕론의

---

23 "자공이 공문자에게 왜 문文이라고 시호했습니까라고 묻자 공자가 말했다. 명민하면서도 배우기를 좋아하고, 아랫사람들에게 묻는 것을 부끄럽게 생각하지 않았기 때문에 문文이라는 시호를 한 것이다[子貢問曰: 公文子何以謂之文也. 子曰: 敏而好學, 不恥下問, 是以謂之文也.『論語』「公冶長」]." 공문자에게 문의 시호를 내린 까닭은 바로 그가 배우기를 좋아하고 아랫사람들에게 묻는 것을 부끄럽게 여기지 않는 호학好學의 태도를 보였기 때문이다. '호학'은 공자의 학문과 인생 여정에서 매우 중요한 태도 중의 하나이다. 반면 "자장이 말했다. 소인은 잘못을 하면 반드시 이를 감추려고 한다[子夏曰: 小人之過也必文. 『論語』「學而」]"에서의 문은 가식 혹은 꾸밈 등의 부정적인 태도를 의미한다.

24 『論語』「述而」, "子以四教, 文行忠信."

25 이 문장에 대한 해석에서 정이는 학문學文이라고 했다. 즉 '문을 배운다.' 그렇다면 문은 문자[글] 혹은 문자로 이루어진 문장 혹은 저술 등을 가리킬 것이다.

26 『論語』「述而」, "述而不作, 信而好古."

기본 틀을 정립한 것을 들 수 있다. 이는 분명 새로운 도덕론을 연 창조이다[述而作]. 그러나 공자는 자신의 역할을 '전술傳述'로 규정했다. 만일 전술만이 공자의 역할이라면 문의 기능과 지위는 결코 홀시될 수 없다. 전술은 비록 문자만이 아닌 다른 형태로도 가능하지만, 언어를 포함한 문자가 가장 효율적인 것이라는 점은 부정할 수 없다.

또 "군자는 문으로써 친구와 교제하고, 친구로써 인의 실천을 돕는다"[27]고 했다. 이는 비록 증자의 말이지만, 이 말에서 문에 도덕적 의미를 부여한 공자의 태도를 엿볼 수 있다. 증자는 친구간의 교제는 마땅히 학문을 매개로 삼아야 함을 강조한다. 학문은 일반적인 문화 활동, 예를 들면 독서·회화·음악·서적 정리·각종 문제에 관한 토론 등이 이에 해당한다. 원래 일반사람들의 친구 교제는 대부분 감성 내지는 이해利害를 매개체로 삼는다. 감성은 기호의 작용이기 때문에 지속성을 갖기 힘들다. 때문에 감성에 의지한 친구교제는 시간이 흘러 서로의 기호가 변화되면 그만두기도 한다. 감정의 기호는 본래 변화의 여지가 많아 신뢰할 수 없다는 점을 반드시 알아야 한다. 그러나 공자는 학문이라는 매개체를 통한 친구 교제는 단순히 친구 교제로 끝나는 것이 아니라 인의 실현을 돕는 것으로 진행되어 도덕적 의미를 갖추게 된다고 생각하였다. 이상이 『논어』에 나타난 문의 긍정적인 의미이다.

그러나 『논어』에 나타난 '문[言]'에 관한 기록을 보면, 긍정과 함께 부정 혹은 회의적인 태도를 보인 곳도 적지 않다.

> 공자가 말했다. "나는 말을 안 하고자 한다." 자공이 말했다. "만약 스승님

27 『論語』「顔淵」, "曾子曰, 君子以文會友, 以友輔仁."

이 말씀하지 않으면 저희들은 어떻게 도를 따릅니까?" 공자가 말했다. "하늘이 무엇을 말하더냐? 사계절이 순환하고, 만물이 소생하는데, 하늘이 무엇을 말하더냐?"[28]

공자가 말했다. 말을 좋게 하고 표정을 잘 꾸미는 사람 중에 인한 사람은 적다.[29]

첫 번째에서 언言의 대상은 하늘이지만, 공자는 이곳에서 자신이 추구하는 형이상의 실체와 성인의 도 그리고 인생의 가치 등은 언어로써 완전하게 전달하기 어렵다는 점을 완곡하게 드러내고 있다. 즉, 도 혹은 가치와 관련된 것은 밖으로 드러나는 언어 혹은 문자보다는 마음속으로의 묵계가 오히려 실질과 부합한다는 것을 긍정한 것이다. 두 번째 '언'은 자신의 잘못을 꾸미는 태도[文飾]와 비슷한 것으로, 소인배의 말재주에 불과한 것이다. 때문에 공자는 교언보다는 눌訥의 태도를 긍정한다. '눌'은 곧 묵계와 유사한 군자의 태도인 것이다.

마지막으로 『논어』에 나타난 문과 도의 관계를 살펴보자. 문과 도의 관계를 직접적으로 표현하고 있는 곳은 "실천[行]하고 여력이 있으면 문을 배워라"[30]는 구절이다. 이곳에서 공자가 언급한 '행'은 도덕가치 창출과 관련된 행위이다. 그리고 '문'은 시서예악 등 다양한 의미를 가질 것

28 『論語』「陽貨」, "子曰, 予欲無言. 子貢曰, 子如不言, 則小子何述焉? 子曰, 天何言哉. 四時行焉, 百物生焉, 天何言哉."

29 『論語』「學而」, "子曰, 巧言令色, 鮮矣仁."

30 『論語』「學而」, "行有餘力, 則以學文."

이다. 이 구절만 보면 공자는 도의 실천을 첫 번째 위치에 놓았고 문은 종속되는 것, 즉 부차적인 것으로 보았다고 할 수 있다. 또 "사람으로서 인하지 못하면 어떻게 예를 행하겠는가! 사람으로서 인하지 못하면 어떻게 음악을 하겠는가"[31]라는 표현을 보면 시서예악이라는 문의 본질이 인, 즉 도임을 강조하고 있다. 설령 『논어』에 출현하는 문에 전술의 기능이 있고, 좋은 태도와 관련된 것임은 분명한 사실이지만, 문과 도덕실천에서는 도덕실천이 먼저이고, 도와 문에서는 도가 본질이고 문이 도의 전달 도구이며, 태도에서는 도가 본질 목적이고 문이 그것을 성취하기 위한 태도임이 분명하다. 다시 말하면 공자는 문과 도의 관계에 있어 도에 주主·본本·선先·중重의 지위를 부여하고, 문에 대해서는 종從·말末·후後·경輕의 가치만을 부여한다.

3) 공자와 『시경』

『논어』에 출현하는 '문'은 너무나 광의적 의미를 포함하고 있기 때문에 위진남북조와 수당 그리고 송명유학으로 진행되는 과정에서 드러난 문학과 도학의 관계를 파악하는 근거로 삼기에는 조금은 막연하다는 느낌이 든다. 그러나 『시경』과 시에 대한 공자의 인식은 문도관계에 대한 유가 철학 원류로서의 관점을 분명하게 표현하고 있다.

중국문학사에서 『시경』은 시의 비조로 인식되고, 『서경』은 산문의 비조로 인식된다. 그중 『시경』은 시의 비조로 인식될 뿐만 아니라 중국 문학의 비조로도 인식된다. 그 원인은 한 대 이후 중국 전통 문학이 유가

31 『論語』「八佾」, "人而不仁, 如禮何. 人而不仁, 如樂何."

의 이념을 근거로 지탱되었기 때문이다.[32] 즉 공자가 『시경』의 존재 가치를 적극적으로 긍정했기 때문에 그 영향으로 말미암아 『시경』의 가치 역시 제고된 것이다. 반면 『서경』은 산문의 비조로서 수사에 큰 영향을 미친다. 위진남북조 시대에 크게 유행한 변려문은 수사가 극도로 발전된 것인데, 이는 『서경』의 수사에서 발전된 것이다.[33]

『시경』은 본래 시가집詩歌集인데, 왜 『서경』·『춘추』·『역경』 등과 더불어 육경의 지위를 차지하게 되었는가? 그것 역시 『시경』과 시를 중시한 공자의 영향 때문이다. 먼저 『논어』에 수록되어 있는 시에 대한 공자의 표현을 보자.

> 『시경』 삼백수를 한마디로 표현하면 생각함에 사악함이 없다는 것이다.[34]

마음의 무사無邪는 간사함과 이기적인 생각이 없는 순일한 상태를 의미한다. 이는 분명 도덕경지의 일종이다. 공자는 『시경』 삼백수 내용을 '무사'로 규정했는데, 이는 시를 즐기는 것은 단지 시 속에 포함되어 있는 의미를 감상하면서 낭만의 정취에 빠져나는 것이 아니라 시를 통해서 인간의 본래 모습과 사회의 합리적 구조를 이해하여 내성內聖과 외왕外王을 동시에 추구한다는 것이다.

> 시를 배우지 않으면 말을 할 수가 없다.[35]

---

32 김학주, 『중국문학사』. 10쪽.

33 김학주, 『중국문학사』. 81쪽.

34 『論語』「爲政」, "子曰, 詩三百, 一言以蔽之, 曰思無邪."

이는 앞에서 '문으로써 친구와 교제한다'와 유사한 내용으로 시를 통하여 서로간의 문학적 정서를 교류하면서 인품을 완성한다[成於樂]는 의미이다.

> 너희들은 어찌 시를 배우지 않는가? 시는 의지를 홍발시킬 수 있고, 마음을 고요히 하여 사물을 올바르게 관찰할 수 있으며, 다른 사람과 조화롭게 무리를 지어 어울릴 수 있고, 누구를 원망할 수도 있다.[36]

"의지를 홍발시킨다"는 것은 개인의 도덕의지 고양과 관계된 것이고, "마음을 고요히 하여 사물을 올바르게 관찰할 수 있다"는 것은 문화의 전반적 현상을 살필 수 있다는 것이며, "다른 사람과 조화롭게 무리를 지어 어울릴 수 있다"는 것은 시를 통하여 상우[尙友-맹자의 말][37]할 수 있다는 것이고, "누구를 원망할 수도 있다"는 것은 시를 통하여 위정자를 비평할 수 있다는 의미이다. 이처럼 시는 자신의 인격 수양은 물론이고, 타인과 교류 더 나아가 사회 풍속·정치 등과 밀접한 관련을 맺고 있다. 때문에 공자는 시를 배우지 않으면 "마치 벽을 마주보고 서있는 것처럼 아무런 교류가 없을 것이다"[38]고 한 것이다.

---

35 『論語』「季氏」, "不學詩, 無以言."

36 『論語』「陽貨」, "小子何莫學夫詩. 詩可以興, 可以觀, 可以群, 可以怨."

37 상우尙友는 맹자의 말이다. 상우의 문자적 의미는 '고상한 친구와 교제한다'는 것이지만, 맹자가 말한 '상尙'에는 도덕적 의미가 강하게 포함되어 있다. 즉 훌륭한 인품을 갖춘 사람과 교제해야 하는데, 만일 당시에 훌륭한 인품을 소유한 사람이 없다면 고전을 통하여 옛 성현들과 교제할 수 있다는 것이다. 『시경』을 통하여 시의 작자인 시인과 교류하고, 공자의 실록인 『논어』를 통하여 공자뿐만 아니라 공자의 제자들과도 교류할 수 있다.

시를 통하여 홍발하고, 예를 통하여 올바르게 서며, 음악을 통하여 자신의 인격을 완성한다.[39]

이 문장에는 시를 포함한 문에 대한 공자의 입장이 종합적으로 표현되어 있다. 사실 이 구절은 홍興과 시詩·립立과 예禮·성成과 악樂의 의미 분석이 전제되어야 하지만, 전체적으로 보면 공자의 도덕생명 완성 과정과 경지를 표현하고 있다.

먼저 '홍발하다[興]'와 시의 의미를 분석해보자. '홍'은 여러 곳에서 나타난다. 예를 들어 부홍의 예배 때 신의 강림과 신도의 묵계에서 나타나는 최고의 순간도 '홍'이고, 무당이 접신接神할 때 순간도 '홍'이다. 그렇지만 문학에서는 심미창조의 과정에서 영감에 의하여 나타난 작가나 예술가들의 홍분상태로 이해해야 한다. 공자는 문학가나 예술가 형태의 무인이 아니기 때문에 작가나 예술가의 홍분과는 질적으로 다를 수 있지만, 시에 의거하여 자신의 도덕 심지를 홍발시킨 것은 분명하다.[40]

다음 '립'과 '예'의 관계를 살펴보자. 공자 철학에서 예는 규범·질서·문화·신물 등 다양한 의미로 사용되고 있지만 공통적인 속성은 인의와 달리 드러난 표상이라는 것이다. '시'와 '악'도 예와 마찬가지로 드러난 표상이다. 따라서 공자 철학에서 시서예악은 인을 본체[體]로 삼은 용用에 해당한다. 공자가 "예를 통하여 올바르게 선다"고 한 것은 시에는 포

---

38 『論語』「陽貨」, "人而不爲周南召南, 其猶正牆面而立也."

39 『論語』「泰伯」, "興於詩, 立於禮, 成於樂."

40 劉若愚는 興을 '고무하다'로 해석하는데, '홍발하다'와 그 의미가 본질적으로 다르지 않다(劉若愚 저, 이장우 역, 『중국의 문학이론』, 211-212쪽).

함되어 있지 않은 절제를 강조한 것이다. 만일 오로지 시를 통하여 '흥발한다'는 점만을 내세우고 절제를 강조하지 않으면 곧 혼란[亂]의 상태로 추락한다. 따라서 공자는 마음의 정서적인 흥발을 통하여 학문을 시작하지만, 예로써 절제하면서 모든 이성적 존재에게 유효하게 적용되는 예법과 제도 등을 마음속으로 수용하고, 타자의 차이성을 존중하면서 그들과 화해를 이루어야 한다는 점을 강조한 것이다.

다음 마음이 왜곡되거나 치우치지 않고 조화와 화해로운 상태로 표현되면 그것이 곧 "음악을 통하여 자신의 인격을 완성한다"는 경지에 진입한 것이다. 이러한 악에 대한 공자의 의미 부여는 『예기』「악기」의 "악은 천지의 조화이고, 예는 천지의 질서이다"[41]와 같다. 또 공자는 "음악은 알 수 있으니, 처음 시작할 때는 합해지고, 다음으로 이어질 때는 순수해지고, 밝아지며, 마음이 다 풀렸다가 완성된다"[42]고 한다. 이는 곧 공자가 음악에 인간의 감성을 순화하고 맑게 하는 기능이 있음을 긍정한 것이다.

공자가 추구하는 인문교화의 최고 경지는 내성과 외왕 두 측면으로 나누어 규정할 수 있다. 내성 측면에서 말하면, 성인의 인격을 완성하는 것이다. 외왕 측면에서 말하면, 화해의 대동세계大同世界를 완성하는 것이다. 그러나 공자는 시서예악이라는 문의 도야를 통하여 인문교화를 추구하고 완성하려고 했지 결코 질박하기만 할 뿐 문채文采가 없는 인의만으로 완성하려고 하지 않았다.

---

41 『禮記』「樂記」, "樂者天地之和世, 禮者天地之序世."

42 『論語』「八佾」, "子語魯大師樂曰, 樂其可知也. 始作, 翕如也. 從之, 純如也, 皦如也, 繹如也, 以成."

4) 상문尙文과 상용尙用

앞에서 이미 밝힌 바와 같이 유가의 문론은 기본적으로 효용론에 속한다. 따라서 상문과 상용에서도 당연히 상문보다는 상용에 중점을 둔다.[43] 그러나 문에 대한 공자의 입장과 다른 제자諸子들의 입장을 비교하면, 공자는 상대적으로 상문의 입장을 취한다. 왜냐하면 제자백가 중에서 공자와 맹자 그리고 순자처럼 문의 기능을 중시한 학자가 없기 때문이다. 노자와 장자가 과연 '문에 대하여 부정적인 입장을 취했는가'에 대해서는 깊은 논의가 있어야 하겠지만, 노자가 제 1장에서 "도를 도라고 하면 진정한 도가 아니다[道可道, 非常道]"라고 했고, 또 도가 철학에서는 '뜻을 이해했으면 언어를 잊어라[得意忘象]'·'물고기를 잡았으면 투망을 잊어라[得魚忘筌]'라고 했기 때문에 표면적으로만 보면 언어와 문자를 포함한 문에 대하여 부정적인 태도를 견지한 것 같다. 묵자는 기본적으로 실용주의를 표방했고, 비실용성을 근거로 유가 철학에서 긍정하는 예악을 반대했기 때문에 시서예악에 대하여 긍정적인 입장을 취하지 않았다는 점은 어렵지 않게 추론할 수 있다[質朴]. 이처럼 공자를 시작으로 유가 철학자들은 다른 학파에 비해 상대적으로 상문의 입장을 취하지만, 상문과 상용의 대립적 평가에서는 당연히 상용의 입장을 취한다.

상용, 즉 문에 대한 효용론은 유가 철학만의 전용물이 아니다. 비록 공자를 시작으로 유가 철학에서 문을 정치적·사회적·도덕적인 측면, 혹은 교육적인 측면에서 인문교화라는 목적을 이루는 방법으로 사용한다

43 상문尙文은 문자의 효용을 부정하지는 않지만, 그것보다는 문자로 표현된 그것의 심미성과 수사 등에 1차적 의미를 둔다. 반면 상용尙用은 문자의 도구적 가치에 의미를 둔다. 위진남북조의 문인들이 상문의 입장을 취한다면 유가 철학자들은 공자에서부터 줄곧 상용의 입장을 취한다.

는 효용론은 비단 한 대와 당송 고문가·송명 도학가만의 입장이 아니다. 중국 문학비평사 전체에서도 문에서 오로지 심미주의만을 긍정할 뿐 효용성을 완전히 부정하는 사람은 없을 것이다.

이미 앞 절에서 『시경』과 시에 대한 공자의 의미 부여와 기본 태도를 서술하면서 밝힌 바와 같이, 시에 대한 공자의 기본 태도와 목적은 바로 '시의 도덕적 교육의 효용론'에 있다. 자공이 『시경』의 절차탁마切磋琢磨를 말하자 공자는 "자공과 더불어 시를 논할만 하구나"[44]라고 칭찬한다. 이 문장 외에도 『논어』에는 공자가 제자들을 가르치면서 『시경』 구절을 인용한 내용이 많이 수록되어 있다. 즉 공자는 시와 음악을 포함한 문을 인문교화의 가장 훌륭한 도구로 긍정하면서 적극적으로 사용했다. 공자가 문과 도의 대립적 구도에서 상문이 아닌 상용의 입장을 취한 것은 그가 말한 문질빈빈文質彬彬과 매우 밀접한 관련을 맺고 있다.

> 공자가 말했다. "(내면의) 바탕이 (외면의) 문채보다 지나치면 거칠고, (외면의) 문채가 (내면의) 바탕보다 지나치면 화사하기만 할 뿐 진실함이 부족할 수 있다.[45] 문채와 바탕이 다 같이 찬란한 후에야 군자라고 할 수 있다."[46]

---

44 『論語』「學而」, "子貢曰, 詩云如切如磋 如琢如磨 其斯之謂與. 子曰, 賜也, 始可與言詩已矣. 告諸往而知來者."

45 '사史'는 화려하기만 하고 내용이 없다는 의미이다. 본래 사관史官의 인상은 어질고 방정方正했지만, 춘추 시대에 각국 사관들은 대부분 겉모양만 과장되게 꾸밀 뿐이었다. 때문에 '말이 많으면 사관이다'는 말이 나오게 되었다. 말이 많으면 쉽게 허세를 부릴 수 있고, 허세를 부리면 반드시 문채가 화려하게 된다.

46 『論語』「雍也」, "子曰, 質勝文則野, 文勝質則史. 文質彬彬, 然後君子."

일반적으로 하 대와 은 대에서는 실질 숭상을 강조했으며, 주 대에서는 문채 숭상을 강조했다고 한다. 주 대의 문화가 파괴된 것은 문채가 너무 화려하고 실질 내용이 부실한 것에도 원인이 있다. 때문에 공자는 은 대 실질 숭상의 문화로써 주 대 문채 중시 문화를 구하려고 한 것이다. 공자가 '말을 재치 있게 하고 얼굴빛을 좋게 한다[巧言令色]'는 것을 반대한 것은 문채가 실질보다 지나치기 때문이다. 그런 사람은 대부분 진실한 감정을 갖고 있지 않다. 때문에 공자는 "강건하고 굳세고 소박하며 말을 더듬듯이 조심스럽게 하는 것이 인에 가깝다"[47]라는 역설적인 주장을 하기도 한다. '교언巧言'보다는 차라리 '어눌함[訥]'을 긍정하는 공자의 태도를 보면, 반문反文의 입장을 취한 것 같지만, '문채와 바탕이 다 같이 찬란해야 한다'는 '문질빈빈文質彬彬'을 긍정한 것은 문에 대한 공자 태도를 상문이라고 평가할 수 있는 여지가 있음을 의미한다. 문질빈빈은 문채와 바탕이 겸비되어 상호 균형을 이루는 경지이다. 문채를 도외시하고 실질만을 중시하는 것은 바탕이 문채보다 거칠다는 것이다. 도가와 묵가가 이에 해당한다. 문채만을 강조하는 것은 문채가 실질보다 지나치다는 것이나, 주공周公이 이에 해당한다. 공자는 문질빈빈하는 군자를 추구하는 사람이다. 이때의 실질은 도가와 묵가적인 소박함과 질박함이 아니라 도덕 근원인 인심仁心의 실질이며, 진실한 도덕 정감으로서의 실질이다.

이곳에서 공자는 분명 군자 인격은 문[문채-꾸밈]과 질[바탕]의 겸전兼全에 있다고 한다. 이러한 문과 질에 대한 태도는 문도론에도 그대로 적용된다. 문과 질에서 질은 문도론에서 도의 지위와 유사하다. 문도론

---

47 『論語』「子路」, "剛毅木訥近仁."

에서는 '문도빈빈'이어야 한다. 그렇다면 공자는 문과 질·문과 도를 수평적인 입장에서 인식했는가? 그렇지는 않다. 공자는 예를 설명하면서 "예는 사치스럽게 하는 것보다는 차라리 검소해야 하며, 상례는 형식을 잘 갖추는 것보다는 차라리 슬프게 울어야 한다"[48]고 했는데, 이것을 통하여 문도 관계 혹은 상문과 상용에 대한 공자의 입장을 엿볼 수 있다. 공자는 예라는 사치와 상례에서의 형식을 절대 부정하지 않는다. 이것이 없다면 공자 철학에서 예는 오로지 질서 의미만을 갖게 된다. 공자는 어느 정도의 문채와 문식은 긍정한다. 그러나 문채와 도의 비교 우위, 또는 극단적 대립 관계에서는 문채보다는 도를 우선시한다. 상문과 상용도 마찬가지이다. 공자는 결코 상문의 입장을 배척하지 않는다. 단지 상용과의 대립적 구도에서 우선성을 부여하지 않을 뿐이다.

5) '덕을 갖춘 사람은 말을 잘한다[有德者必有言]'

인품人品과 문품文品에 관한 논의가 가장 활발하게 진행된 시기는 송 대이다. 그러나 그 논쟁의 근원은 공자의 "덕성을 갖춘 사람은 반드시 말을 잘하지만, 말을 잘한다고 해서 반드시 덕성을 갖춘 것은 아니다"[49]에서 비롯되었다. 문과 도를 독립적으로 분리시킨다면 인품과 문품은 하등의 본질적 관련이 없다. 그러나 도가 문의 성격과 수준을 결정한다면 인품과 문품은 불가분리의 관계로 놓이게 된다.

유가 철학에서 문과 도 두 개념은 비록 학자에 따라 경중[주종·목적

48 『論語』「八佾」, "禮與其奢也, 寧儉. 喪與其易也, 寧戚."

49 『論語』「憲問」, "有德者必有言, 有言者不必有德."

과 수단·본말]의 차이는 있지만 양자를 유기적으로 일치시켜 이해한다. 유가 철학에서 도의 실질 내용은 인의예지의 도덕이고, 도덕의 유무有無가 인격의 고하高下를 결정한다. 문은 도를 드러내거나 실현함에 있어 동원되는 꾸밈이다. 도가 1차적인 것이고, 문은 2차적인 것이다. 이 2차적인 문은 작가의 창작활동이기 때문에 당연히 그 속에는 인격과는 별개의 선천적인 재능과 기교 혹은 필력이 포함되어 있다. 이러한 2차적인 문에 포함된 재능과 기교 혹은 필력의 좋고 나쁨은 원론적으로 인격의 고하와 본질적 관련이 없다. 인격의 고하는 그 사람의 인품을 결정하고, 창작의 재능과 기교 혹은 필력은 작가의 문품을 결정한다. 그렇다면 인품과 문품은 완전히 독립적인 것인가? 유가 철학에서는 양자 사이에 모종의 관련성을 긍정한다. 그 관련성에 대한 긍정은 공자에서부터 시작되었는데, 그것이 바로 덕德과 언[言-文]에 관한 논의이다.

공자가 "덕성을 갖춘 사람은 반드시 말을 잘한다"라고 했지만, 상식적인 입장에서 보면 '덕'은 '언'의 필요조건도 아니고, 충분조건도 아니다. 공자의 이 말을 최대한 수용한다고 할지라도 '덕성을 갖춘 사람이 말을 잘할 가능성이 높고, 덕성을 갖추지 않은 사람이 말을 잘할 가능성은 낮다'고 말할 수 있을 뿐이다. 물론 이것 역시 다수의 사람들에게 수용될 가능성은 낮지만, 최대치로 공자의 말을 긍정한다고 할지라도 약간의 개연성만을 긍정할 수 있을 뿐이다.

그러나 논리적으로 '유덕有德'이 '유언有言'의 필요조건이 아니고, 또 충분조건이 아니라고 할지라도 공자가 '유덕'이 '유언'의 기초이자 전제이고, 또 '덕'을 '언'보다 강조했으며, 더 나아가 양자를 일치시키려고 했다는 점은 분명한 사실이다. 이러한 공자의 의도는 이후 중국학술계에 두 줄기의 문도론을 형성한다. 유학이 통치의 이데올로기로 부상된 한

대에서는 유학에서 긍정하는 인의예지의 도가 학술 가치의 유무를 결정했기 때문에 '덕을 갖춤[有德]'은 당연히 '말을 잘할 수 있음[有言]'의 필요조건이 된다. 반면 한 대 이후 유학의 영향력이 쇠퇴하자, 도로부터 문의 해방이 시작되었고, 그 정점인 위진남북조 시대에는 인품과 문품이 두 개의 독립 영역으로 자리매김 된다. 즉 도덕을 내용으로 하는 인품과 달리 예술의 심미적 개성이 강조되는 문품이 따로 주목 받는다. 한 대에는 "덕성을 갖춘 사람은 반드시 말을 잘한다"가 성립되었기 때문에 문학의 가치를 그 작가의 품격으로 결정한 반면, "말을 잘한다고 해서 반드시 덕성을 갖춘 것은 아니다[有言者不必有德]"를 주장한 위진남북조 시대에는 작가 인격의 고하를 작품의 가치 평가에 적용시키지 않는다.[50]

한 대는 유가의 이데올로기가 정치와 문학을 비롯한 학술 전반에 강한 영향력을 발휘하였다. 따라서 양웅을 비롯한 문학비평가들은 문학예술 창작에 대하여 유가 철학에서 내세운 인의예지의 도가 결정적 작용을 해야 함을 강조한다. 양웅은 다음과 같이 말한다.

> 그렇기 때문에 말은 마음의 소리이고, 글은 마음의 그림이다. 소리와 그림으로 형상화되면 그 사람이 군자인지 소인인지 드러난다. 소리와 그림이라는 것은 군자와 소인의 정감이 움직이는 것이기 때문이다.[51]

---

50 강택구에 의하면, 대체로 유가 사상의 지배력이 강할 때는 '有德者必有言'이 강조되었고, 유가의 지배력이 약화되고 문학의 특수성에 대한 인식이 강화되던 시대에는 '有言者不必有德'이 대두되었다.(강택구, 『주자 문학이론 연구』, 15쪽)

51 『法言』「問神」, "故言, 心聲也. 書, 心畫也. 聲畫形, 君子小人見矣. 聲畫者, 君子小人之所以動情乎."

이곳에서 양웅이 말한 마음[心]은 인품을 대표하는 것이고, 소리[聲]와 그림[畵]은 문품을 대표한다. 말이 마음의 소리이고, 글이 마음의 그림이라면 이는 인품과 문품이 일치되어야 함을 강조한 것으로 '有德者必有言'에 해당한다. 그러나 이곳에서 양웅은 말[소리]과 글[그림]을 통하여 군자와 소인을 구별할 수 있다고 했지만, 유학의 의리에 비춰볼 때 양웅의 견해는 오로지 군자에게만 적용될 뿐 소인에게는 미필연적이다. 왜냐하면 군자의 인품은 광명정대하여 인품이 문품으로 표현되지만, 소인은 공자의 말처럼 자신의 속마음을 꾸미기[文飾] 때문에 문품만을 근거로는 그의 인품을 알기 어렵다.[52] 공자의 '有德者必有言'은 당송 고문가와 도학가에게도 정도의 차이는 있지만, 본질적으로 동일하게 적용된다. 그중 주희의 해설이 가장 종합적이고 체계적이다. 이에 관한 내용은 주희의 문도론에서 상세하게 해설할 것이다.

6) '흥발하다[興]'·'올바르게 관찰하다[觀]'·'어울리다[群]'·'원망하다[怨]'

공자를 시작으로 유가 철학자들이 공통적으로 긍정하는 문[특히 시]의 효용은 여러 방면에 적용된다. 먼저 문을 통하여 인륜의 질서를 올바르게 확립하고 자신의 인격을 제고하며, 다음 아름답고 돈후敦厚한 문의 교류를 통하여 민중의 심성을 교화하고, 마지막으로 아름다운 풍속을 진작시켜 문화민족으로서의 삶을 누리게 한다. 이것이 이른바 '厚人

---

52 이점에 대해서는 주희와 왕수인 모두 동일한 견해를 보인다.(『朱文公文集』「卷75. 玉梅溪文集序」·『傳習錄』「下」)

倫, 美教化, 移風俗'이라는 것이다. 즉 유가 철학에서 문은 윤리·정치·문화와 본질적 관련이 있다. 다시 말하면 유가에서는 정치 교화와 사회 질서 안녕에 대한 문의 효용성을 긍정한다. 이는 공자에서부터 송명 도학가들까지 문에 대한 일관된 실용주의 입장이다. 공자는 "천하에 올바른 도가 시행되고 있으면 예악과 군사 행동을 천자가 결정하지만, 천하가 무도한 경우에는 이러한 결정권이 천자에 의하여 이루어지지 않는다"[53]고 했다. 공자는 예악[文]의 붕괴와 천하무도를 동일한 현상으로 파악했다. 따라서 예악의 회복은 곧 질서의 회복이다. 이처럼 공자는 예악의 기능을 순수한 심미와 관조 및 관상의 예술적 측면보다는 정치와 교육[政教] 측면에서 긍정하고 있다.

주희를 비롯한 송명 도학가들 역시 문의 기능을 성정性情의 규제를 통하여 사회 교화의 공리적 목적에 두고 있다.[54] 혹자는 송명리학의 대표적 이념을 "천리를 보존하고 인욕은 제거한다[存天理去人欲]"라고 하면서 인욕을 오로지 제거의 대상으로만 인식하기도 하지만, 사실 송명리학에서 욕망과 감정은 자연스러운 것으로, 절제의 대상일 뿐 제거 혹은 소멸해야 할 대상은 아니다. 그들에 의하면, 시[文]는 사람의 마음이 사물에서 감응하여 말로 표현되어 나온 것이다. 사람의 마음에는 정正과 사邪가 있기 때문에 말로 표현되는 시에도 시是와 비非가 있다. 따라서

---

53 『論語』「季氏」, "天下有道則禮樂征伐, 自天子出. 天下無道則禮樂征伐, 自諸侯出. 自諸侯出, 蓋十世希不失矣. 自大夫出, 五世希不失矣. 陪臣執國命, 三世希不失矣. 天下有道, 則政不在大夫. 天下有道, 則庶人不議."

54 『朱文公文集』「卷76」, "詩者, 人心之感物而形於言之余也. 心之所感有邪正, 故言之所形有是非. 惟聖人在上, 則其所感者無不正, 而其言皆足以爲教. 其或感之之雜而所發不能無可擇者, 則上之人必思所以自反, 而因有以勸懲之, 是亦所以爲教也.

성인의 마음과 말을 표준으로 삼아 수신하고, 문품을 배양하면 시를 통하여 정욕을 올바르게 인도할 수 있는 것이다.

문의 교화적 효용과 사회 질서 유지 회복 기능에 대한 공자와 도학가의 입장은 거의 일치한다. 그러나 공자와 도학가 사이에 분명한 차이가 한 가지 있는데, 그것은 바로 문의 '비판과 풍자[怨刺]' 기능이다. 『논어』에 다음과 같은 말이 수록되어 있다.

> 공자가 말했다. "너희들은 어찌 시를 배우지 않는가? 시는 의지를 홍발시킬 수 있고, 마음을 고요히 하여 사물을 올바르게 관찰할 수 있으며, 다른 사람과 조화롭게 무리를 어울릴 수 있고, 누구를 원망할 수도 있으며, 가까이는 부모를 잘 섬길 수 있고, 멀리는 임금을 잘 섬길 수 있으며, 조수와 초목의 이름도 많이 알 수 있다."[55]

'홍興'에 관해서는 이미 앞장에서 논의했다. 필자는 다른 표현으로 해석할 수도 있지만, '고무하다'·'불러일으키다'의 의미인 '홍발하다'로 해석했다. 즉 시를 통하여 자신의 의지를 홍발시킨다는 것이다. '관觀'에 대한 해석은 다양하다. '득실을 살피다' 혹은 '사물을 바라보다' 혹은 '마음을 가라앉히고 고요히 바라보다' 등으로도 해석할 수 있지만, 필자는 유가 철학의 수양 공부론을 첨가하여 '시로써 마음을 순수하게 하여 사물의 실상을 올바르게 관찰할 수 있다'의 의미로 해석했다. 또 시는 서로 교류를 통하여 민중의 심성을 교화하고 아름답고 성숙한 문화를 정

---

55 『論語』「陽貨」, "子曰, 小子何莫學夫詩. 詩可以興, 可以觀, 可以群, 可以怨, 邇之事父, 邇之事君, 多識於鳥獸草木之名."

립하는 기능이 있기 때문에 '군群'을 '다른 사람과 조화롭게 무리를 지어 어울릴 수 있다'로 해석했다. 이것 역시 「학이」 편에 나오는 "예의 쓰임은 조화를 귀하게 여기는데, 선왕의 도는 이것을 아름답게 여긴다"[56]의 의미를 반영한 것이다. "가까이는 부모를 잘 섬길 수 있고, 멀리는 임금을 잘 섬길 수 있으며, 조수와 초목의 이름도 많이 알 수 있다"고 했는데, 앞의 두 구절은 시의 본질적 기능이 가정 윤리와 국가 윤리에 적용되는 것임을 나타내고, 마지막 구절은 다양하고 풍부한 지식 성취가 있을 수 있다는 의미인 것 같다.[57] 그러나 '원怨'에 대해서는 공자의 입장과 송명 도학가 태도가 약간 다르다. 이는 해석의 문제가 아니라 '원망의 대상'과 그것에 대한 태도이다.

'원'은 원망의 의미이다. 원망의 대상은 다양할 것이다. 악정惡政을 펼치는 위정자일 수도 있는데, 불합리한 사건이나 사물들이 이에 포함될 것이다.[58] 연인일 수도 있고, 친구일 수도 있으며, 심지어 자신일 수도 있다. 그러나 이것은 중요하지 않다. 핵심은 시의 기능에 '원', 즉 비평이 포함되어 있다는 점이다. 후에 한 대 「모시서毛詩序」[59]에서는 이점을 계승하여 "윗사람은 덕풍으로써 아랫사람을 교화하고, 아랫사람들은 노래로써 윗사람을 풍자한다[上以風化下, 下以風刺上]"는 말로 종합한다. 『시

---

56 『論語』「學而」, "禮之用, 和爲貴. 先王之道, 斯爲美."

57 이 구절에 대하여 주희는 "『논어집주』에서부수적으로 많은 지식을 얻을 수 있다[其緖餘又足以資多識]고 주석했다.

58 홍광훈, 「전통유가의 문학이론에 대한 송대 도학가의 이견」. 75쪽.

59 「毛詩序」는 『毛詩』의 서문으로서 공자의 제자인 자하子夏의 저작으로 알려져 있지만, 이는 권위를 올리기 위한 가탁이며, 실제 저자는 한 대의 위굉衛宏[후한 光武帝 시대의 학자]이라는 설이 유력하다.

경』에는 실제로 노래로써 윗사람을 풍자하거나 원망하는 내용이 수록되어 있다.

> 이 사람은 좋은 사람이 아니구나. 노래하여 경고하네.[60]

> 가보가 이 시를 지어서 임금께 악한 놈을 추구하게 하네. 부디 그대의 마음을 고쳐서 만민을 잘 거느리소서.[61]

윗사람은 아랫사람들을 교화하고, 아랫사람들은 시를 통하여 윗사람의 정사政事를 은유적인 방법으로 풍자한다.[62] 이렇게 교화와 원망의 풍자가 서로 교류할 때 비로소 상하 대립적 계층이 문으로써 일체화될 수 있는 것이다. '원怨'과 '자刺'는 현실에 대한 비판과 풍자이다. 이는 시가 갖고 있는 핵심적 기능 중의 하나이다. 만일 시를 포함한 문에 이러한 비판 기능을 허용하지 않는다면, 과연 문의 존재 이유가 성립할 수 있을까? 공자는 송명 도학자와 마찬가지로 문에 대한 실용주의의 태도를 견지했지만, 송·명 대의 도학가들처럼 문의 '원자' 기능을 부정하지 않았다.

그러나 송명 도학가들은 대부분 문의 표현에 있어 부드러움과 완곡함만을 강조한다. 주희는 「모시서」에서 제시한 시의 풍자와 비판 기능에 대하여 부정적인 입장을 취한다. 그는 "부드러움과 완곡함이 시교의 본

---

60 『詩經』「陳風·墓門」, "夫也不良, 歌以訊之."

61 『詩經』「小雅·節南山」, "家父作誦, 以究王訩. 式訛爾心, 以畜萬邦."

62 이러한 문의 기능은 현대 사회에서 언론을 통하여 위정자의 정치 행태를 비판하는 것과 유사하다.

질인데, 편마다 모두 다른 사람을 풍자하고 비판한다면 어찌 부드럽고 완곡하다고 할 수 있겠는가"[63]라고 한다. 이는 시의 온유돈후溫柔敦厚와 '원자' 기능을 함께 긍정한 전통 유가에 비해 도학가 입장의 편협함을 보여주는 것이다.

2. 맹자의 문도론

일반적으로 맹자는 우리에게 공자[聖人] 다음의 아성亞聖으로 알려져 있지만, 맹자가 아성의 지위를 차지한 것은 맹자 활동 당시가 아니라 송대 이후이다. 정확하게 말하면 주희의 성리학이 사상계의 주도권을 장악한 이후이다. 주희 이전까지 아성의 지위는 여전히 안연의 몫이었다. 한유 이후, 특히 리학과 심학을 포함한 송명 도학가 대부분이 맹자의 성선설을 근본 종지宗旨로 삼아 자신들의 사유체계를 정립한 이후 맹자는 유가 철학 발전사에서 도통道統의 중심에 놓이게 되었다. 그러나 앞에서 밝힌 바와 같이 문도론 입장에서 보면, 당·송·명 고문가와 도학가의 문도론에 대한 맹자의 영향력은 매우 미미하다. 오히려 순자의 문도론이 핵심적인 영향을 끼치고 있다. 따라서 송명리학을 철학의 입장에서 보면 맹자 철학의 전승이다고 할 수 있지만, 문도론의 입장에서 보면 마땅히 순자 철학의 전승으로 규정해야 할 것이다.

맹자의 문론은 고문가와 도학가보다는 위진남북조 시대의 문학비평가들에게 상당한 영향을 끼치고 있다. 필자는 이곳에서 먼저 중국 유가

---

63 『朱子語類』「卷80」, "溫柔敦厚, 詩之教也. 使篇篇皆是譏刺人, 安得溫柔敦厚."

철학 발전사에서 맹자학의 지위와 철학사유 규모를 간략하게 서술한 후에 『시경』과 문에 대한 맹자의 기본 태도를 소개하고, 마지막으로 지언知言과 양기養氣를 중심으로 맹자 문도론을 해설하겠다. 그러나 필자는 다음 한 가지 점을 미리 밝히고자 한다. 그것은 바로 문도에 대한 맹자의 입장과 맹자의 사유를 근거로 정립한 후학자들의 문도관은 서로 다를 수 있다는 점이다.

1) 중국 유가 철학사에서 맹자의 지위와 철학사상

우리는 선진先秦 유가 철학을 말할 때 공자와 맹자 그리고 순자의 사상을 언급하지만, 그것보다는 더욱 일반적으로 공자와 맹자를 병열하여 공맹 철학이라고 칭한다. 왜 공맹순孔孟荀이라는 명칭보다 공맹이라는 명칭을 즐겨 사용하는가? 그것은 바로 맹자가 공자의 핵심 심령을 전수했다[正傳]는 인식 때문이다. 그러나 유가 철학 발전사에서 오늘날처럼 맹자학이 독보적인 지위를 확보한 시기는 그리 오래되지 않았다. 유가 학술 전통에서 맹자의 지위 그리고 맹자 철학의 중요성은 북송과 남송에 이르러 비로소 확립되기 시작했다. 그 이전에 맹자는 유가 철학의 여러 학자[諸子] 중의 한 사람이었고, 『맹자』라는 서책은 경전을 해설하는 전傳으로서 많은 선진 시대 전적 중의 하나로만 취급되었다. 『맹자』에 관하여 조기趙岐는 『맹자제사孟子題辭』에서 다음과 같이 말한다.

> 천지를 망라하고, 세상의 모든 사물을 헤아려 서술하며, 인의 도덕 그리고 본성과 천명 및 화복이 찬연하게 두루 다 실려 있지 않음이 없어 제왕과 공후가 그것을 준수하면 번영과 화평이 오고 종묘에서 그 덕을 칭송할 것

이다. 경과 대부 그리고 지식인들이 그것을 실천하면 임금과 부친을 존중하고, 충과 신의 도리를 세울 수 있을 것이다. 지조가 있는 사람이 그것을 본받으면 높은 절개를 숭상하고 뜬구름과 같은 의롭지 못한 부귀에 항거할 수 있게 될 것이다. 국풍시인과 같이 사물로의 비유[64]와 대아大雅와 소아小雅[65]의 우아하고 올바른 말이 있을 수 있다. 그것은 곧으면서도 거만하지 않고, 자상하면서도 굽히지 않으니 성인의 다음 가는 위대한 인재라고 할 수 있다."[66]

비록 조기가 '성인 다음 가는 인재' 즉 아성亞聖이라고 칭했지만, 한 대에 맹자의 지위는 그리 높지 않았다. 즉 진秦의 분서갱유焚書坑儒 이후 한 왕조가 일어나 학술을 장려하여 『논어』·『효경』·『이아爾雅』와 더불어 『맹자』에 박사를 두었지만, 뒤에 전기傳記[67]박사를 없애고 오로지 오경에만 박사를 두었다. 다시 말하면 한 대에 맹자 학술은 경학 아래에 놓여 있었고, 자하子夏의 계통인 순자학이 오히려 성행했다[反孟尊荀].

양한兩漢 이후 유학은 점차 쇠미해갔고, 중국 철학 풍류는 거의 도가와 불교에게 잠식당했다. 당 중기에 한유가 "요임금의 도는 순임금에게

---

64 『詩經』「國風」에는 사물에 기탁하는 비유법을 사용하여 자신의 뜻을 표현하는 방법이 자주 등장한다.

65 원문에서 二雅는 『詩經』의 「大雅」와 「小雅」를 지칭한다.

66 "包羅天地, 揆敍萬類, 仁義道德, 性命禍福, 粲然靡所不載, 帝王公侯遵之, 則可以致隆平, 頌清廟. 卿大夫士蹈之, 則可以尊君父, 立忠信. 守志厲操者儀之, 則可以崇高節, 抗浮雲. 有風人之託物, 二雅之正言, 可謂直而不倨, 曲而不屈, 命世亞聖之大才者也."(楊伯峻, 『孟子譯註』, 臺北: 源流出版社, 1982. 8-9쪽).

67 전기傳記는 경전의 주해에 관한 기록이다. 당시에 맹자의 학문을 하나의 경서로 긍정하지 않고 경서의 주해서 정도로 취급한 것이다.

전해지고, 순임금은 그것을 우임금에게 전했으며, 우임금은 그것을 탕왕에게 전했고, 탕왕은 그것을 문왕·무왕과 주공에게 전했으며, 문왕·무왕과 주공은 그것을 공자에게 전했고, 공자는 그것을 맹자에게 전했는데, 맹자가 죽자 그 전함이 없어졌다. 비록 순자와 양웅이 그것을 택했지만 정밀하지 못하였고, 그 말 역시 상세하지 못했다"[68]라고 하면서 맹자에게 도통의 위상을 부여했지만, 한유의 주장은 당시에 큰 반향을 불러일으키지 못했다. 북송 시대 정호와 정이에 이르러 유가의 심성론이 본격적으로 연구되면서 맹자 철학이 비로소 중시되기 시작했다. 남송 이후 주희가 『논어』·『맹자』·『대학』·『중용』을 『사서』로 편찬하고서 상세하게 집주集註도 했으며, 육구연은 자신의 학문이 누구에게서 수학하여 얻은 것이 아니라 "홀로 맹자를 탐독하면서 스스로 얻었다"[69]고 했으며, 또 "나의 학문은 스스로 맹자 이후 하나의 밝음의 시작이라고 할 수 있다"[70]고 했다. 이후에 맹자 사상은 송명리학에서 독보적인 지위를 확보하게 되었다. 성즉리性卽理를 종지로 내세운 정주程朱의 리학이나, 심즉리心卽理를 골간骨幹으로 하는 육왕陸王의 심학이나, 『맹자』는 그들의 사유 체계 정립에 핵심 경전으로 자리 잡았다.

이처럼 맹자 성선설을 중심으로 한 심성론은 후대 학자들에게 전수되어 확장 발전되었지만, 맹자의 "민중이 귀하고 군주는 가볍다[民貴君輕]"는 것과 혁명설은 오히려 후대의 제왕, 그중에서도 특히 명 태조 주원장

---

68 "堯以是傳之舜, 舜以是傳之禹, 禹以是傳之湯, 湯以是前之文武周公, 文武周公傳之孔子, 孔子傳之孟軻. 軻之死, 不得其傳焉. 荀與楊也, 擇焉而不精, 語焉而不詳."

69 『象山全集』「卷35」, "因讀孟子而自得之."

70 『象山全集』「卷10」, "區區之學, 自謂孟子之後, 至是而始一明也."

에게 수용되지 못하여, 『맹자』에서 혁명설과 민귀설에 관련된 문구가 삭제당하는 수모를 당했을 뿐만 아니라 심지어 맹자의 신위神位마저도 성묘聖廟에서 쫓겨 날 위기에 처하기도 했다. 그러나 청말 서세동점西勢東漸 이후 중국 전제왕조 정권의 부패와 서양 민주정치의 진보성을 수용한 강유위康有爲와 신해혁명 지도자인 손문孫文 등과 같은 사람은 맹자의 '민귀설民貴說'을 다시 중시하기 시작했다. 이때 맹자는 또 다시 '중국 민본 민주 정치 사상의 종사宗師'로 자리 잡게 되었다. 대만의 당군의唐君毅는 맹자 학문에 세 차례 변화가 있었다고 했는데, 첫 번째는 서한 시대 오경을 보좌하는 전기의 학문[傳記之學]이고, 두 번째는 송명리학으로서 맹자의 심성 학문을 공자의 인도仁道를 계승한 대종大宗으로 추존한 것이며, 세 번째는 청조 말기와 중화민국 초기에 중국 민주사상의 선도자로 추앙된 것이다."[71] 이상은 중국 유가 철학 발전사에서 맹자학의 부침浮沈과 성쇄 과정이다.

다음은 인금지변人禽之辨과 인의내재仁義內在를 중심으로 맹자 도덕철학 사유에 관한 약술이다. 중국 유가 철학자들의 심령에 보인 인성人性은 생물학적인 의미의 본능도 아니고, 심리학적인 의미의 정감도 아니다. 그들은 "인간의 가치 이상을 어떻게 실현해야 하는가"라는 기본 입장에서 인간 본성과 천지 만물 본성에 대한 도덕이성의 성찰을 진행했다. 다음 맹자의 말은 이점을 극명하게 표현하고 있다.

> 인간이 금수와 다른 점이 별로 없다. 일반 사람들은 금수와 다른 점을 잃

71 唐君毅, 『中國哲學原論』「原道篇」, 臺北: 學生書局. 1986. 212쪽.

어버리고 군자는 금수와 다른 점을 보존한다.[72]

인금지변, 즉 인간과 금수의 차이는 크게 두 측면에서 설명할 수 있다. 하나는 생물학적인 차이이고, 다른 하나는 비생물학적인 차이다. 생물학적인 측면에서 보면 인간과 동물은 분명히 서로 다르다. 그러나 본성을 하나의 종種으로 묶으면, 그것에 질적인 가치 차이는 존재하지 않고 오로지 같은 종류 내 정도의 차이만이 있을 뿐이다. 즉 본질상의 차이는 아니기 때문에 가치의 우열이 존재할 수 없다. 그러나 비생물학적인 측면에서 보면, 그 차이가 명확하게 드러난다. 대표적인 것으로 도덕가치에 대한 성찰과 실천을 들 수 있다. 도덕 성찰과 실천은 오직 인간만이 발현할 수 있는 것으로서, 인간과 동물의 근본적인 차별을 가능하게 하는 근거이다. 그러므로 맹자는 '인간과 동물 사이에 있어서 약간의 다름[幾希]'을 도덕의 근원인 성性에서 찾고 있다. 이렇게 '동물과 약간 다른 점'으로부터 인성을 말하고, 또 인의의 마음으로부터 인성을 규정하는 것이 맹자가 취한 인성론의 기본 방향이다.

맹자에 의하면, 본성은 신을 내용으로 하고, 모든 도덕가치 실현은 이 성의 자아실현이다. 즉 성은 공자 철학에서 '인'과 동일한 지위를 갖는다. 맹자는 공자의 살신성인殺身成仁을 사생취의捨生取義로 전환하여 생리적 본성과 대립에서 도덕본성의 우월성을 설명한다. 인간의 자연생명 욕구 중에서 가장 강한 것은 바로 "사는 것을 좋아하고 죽는 것을 싫어하는 것이다[好生惡死]." 만일 이러한 욕망의 범위를 초월한 것이라면 자연생명의 속성이라고 할 수 없다. 자연생명의 욕구 중에서 '호생오사好

72 『孟子』「離婁下」, "人之所以異於禽獸者幾希, 庶民去之, 君子存之."

生惡死'보다 강한 것은 없을 것이다. 만일 인간에게 또 다른 역량이 없다면 아무 선택의 여지도 없이 자연스럽게 생명 연장을 위하여 어떠한 행위도 할 것이다. 그러나 실제로 자연생명의 욕망에 따라서 자신의 방향을 필연적으로 결정하지는 않는다. 때로는 '살신성인' 혹은 '사생취의'하여 호생오사의 욕구를 극복하기도 한다. 만일 마땅히 살신성인의 태도를 취해야 할 때 호생오사의 태도를 취했다면, 바로 마음속으로 불안하고 부끄러운 마음이 드는데 이것이야말로 도덕본성의 우월성을 증명해 주는 가장 직접적인 증거이다.

공자가 도덕규범에 대한 의지의 입법 작용을 '인'과 '의' 그리고 '예' 삼자로서 구성했다면,[73] 맹자는 이러한 공자의 자율도덕론 체계를 '인의내재'로 구성하여 해설한다. 맹자에 의하면, 인간 존재 근거는 바로 인의라는 도덕에 있다. 즉 인의라는 도덕가치가 바로 인간이 인간으로서 존재할 수 있는 근거, 즉 본질인 것이다. 때문에 맹자는 "이로써 살펴본다면, 측은해 하는 마음이 없는 사람은 진정한 사람이라고 할 수 없고, 부끄러워하는 마음이 없는 사람은 진정한 사람이라고 할 수 없으며, 사양하는 마음이 없는 사람은 진정한 사람이라고 할 수 없고, 올바름과 그름을 분별하는 마음이 없는 사람은 진정한 사람이라고 할 수 없다"[74]고 한

---

73 공자에 의하면, '예'의 실질 내용은 합리성의 '의'이다. 즉 예에 합리성이 결여되어 있다면, 그 예는 규범으로서의 존재 가치가 상실된다. 그렇다면 그 예가 합리성을 갖추고 있는지 어떻게 판단하는가? 서구의 공리주의처럼 최대 다수의 행복에 의하여 결정되는가? 아니면 초월적 존재의 의지에 의하여 결정되는가? 그렇지 않다. 공자는 칸트처럼 '인'이라는 선의지를 제시한다. 이 선의지는 도덕적 가치에 대하여 스스로 희열[自悅-맹자가 말한 理義之悅我心은 바로 이점을 설명한 것이다]을 보이는데, '인'이 예를 수용하면 그것은 곧 그 예가 합리성을 갖추어져 있음을 의미한다.

것이다. 맹자가 말한 '사람이 아니다[非人]'는 가치중립적인 인간 존재의 실재성을 부정하는 것이 아니라 존재의 가치성을 도덕적으로 부정하는 것이다. 즉 맹자는 도덕가치로서 존재성의 유무를 결정한 것이다. 이것이 바로 유가 철학에서만 독특하게 출현한 도덕형이상학이다.[75] 맹자에 의하면, 인의는 사람이 사람인 까닭 즉 본질이다. 맹자는 이러한 인의를 자신의 도덕본심 밖에서 찾지 않고 바로 자신의 도덕본심 안에서 찾았다. 그래서 "인은 사람의 마음이고, 의는 사람이 마땅히 가야 할 길이다"[76]라고 했으며, "인의예지는 본심을 근원으로 한다"[77]고 말한 것이다. '인'은 대공무사大公無私한 도덕심이며, '의'는 사람이 마땅히 지켜야 할 준칙이다, 이러한 준칙은 타자에 의하여 결정된 것이 아니라 자신의 마음에 내재된 도덕이성에 의하여 결정된다. 그러므로 실제로 '의'는 '인'

---

74 『孟子』「公孫丑上」, "由是觀之, 無惻隱之心, 非人也. 無羞惡之心, 非人也. 無辭讓之心, 非人也. 無是非之心, 非仁也."

75 유가 철학에서 존재에 대한 도덕가치론적 규정은 『중용』의 '天命之謂性'에서 명확하게 드러나지만, 이미 『논어』에서 맹아를 보인다. 공자는 "사람이 살아가는 도리는 정직이다. 정직하지 않으면서도 살아있는 것은 요행히도 죽음을 모면한 것이다[人之生也直. 罔之生也, 幸而免. 『論語』「雍也」]"라고 했다. '정직하지 않으면서 살아 있다는 것은 단지 요행일 뿐이다'는 말은 곧 그 사람의 삶에 필연성도 없고 당위의 가치성도 없다는 의미이다. 공자는 삶의 진정한 의미를 정직이라는 도덕가치에서 찾는다. 이러한 도덕형이상학의 의리는 『중용』에 이르러 더욱 분명하게 표현된다. 『중용』에서는 성誠으로서 천도를 규정했다. 『중용』에서 誠은 도덕의 본원임과 동시에 우주 만물의 창조 원리이다. "誠은 만물의 시작과 마침이다. 誠하지 않으면 존재하지 않는 것이다[誠者物之終始, 不誠無物. 『中庸』「25章」]"는 말은 誠이 순수한 도덕 문제뿐만 아니라 존재 문제까지도 포함하고 있음을 표시해주고 있다. 즉 『중용』에서는 誠으로서 도덕계와 존재계를 하나로 통합한 것이다. 비록 공맹 철학에서 현상계의 모든 존재물에 대한 도덕가치론적 규정은 분명하게 드러나지 않지만, 인간의 존재 근거를 도덕으로 규정하는 것은 도덕형이상학 혹은 실천형이상학의 통견洞見이라고 할 수 있다.

76 『孟子』「告子上」, "仁, 人心也. 義, 人路也."

77 『孟子』「盡心上」, "仁義禮智根於心."

의 객관적인 발현이라고 할 수 있다.

인의의 규범이 자신의 도덕의지에 의하여 결정되고, 인의가 인간이 인간으로서 존재할 수 있는 근거라면, 도덕은 인간의 의무로 설정될 수밖에 없다. 다시 말하면 도덕은 인간 존재가치 소재이며 동시에 본질이다. 모든 도덕가치는 도덕주체로부터 발현되고 규범 또한 도덕주체에 의하여 결정되므로 이 도덕주체야말로 인간이 도덕가치 존재로서 존재할 수 있는 선험적인 근거라고 할 수 있다. 맹자는 이러한 기본 입장에서 "인의에 따라 행한다[由仁義行]"와 "인에 거처하고 의에 따른다[居仁由義]"는 도덕의무론을 제시했다.

2) 『시경』과 '문'에 대한 맹자의 기본 태도

앞에서 밝힌 바와 같이 문과 도에 관한 맹자의 전문적인 이론은 명확하게 드러나 있지 않다. 맹자가 비록 문과 관련된 언言과 사辭 그리고 기氣를 언급했지만, 대부분 협의적 의미의 '문' 개념보다는 도덕 행위와 관련된 의미로 사용되었다. 따라서 맹자 본의와 관계없이 후대 학자들이 맹자의 사상에 영향을 받거나 혹은 계발을 받아 자신들의 문도론을 정립한 것을 근거로 맹자 문도론을 추론할 수도 있지만, 오로지 그것만을 근거로 맹자 문도론을 확정한다면 맹자 문도론은 여러 가지 형태로 표현될 위험성이 있다. 따라서 필자는 이곳에서 맹자 문도론 자체보다는 문과 도의 관계 그리고 후대에 영향을 끼친 소재를 중심으로 서술할 것이다.

비록 맹자 철학에 문도에 관한 전문적인 이론은 부재하지만, 맹자는 『시경』과 시의 기능에 대해서는 공자와 순자 못지않게 중시한다. 필자가 축자 검색을 해보니 시를 포함해서 『시경』을 언급한 곳이 『논어』에는 13차례 출현하고, 『맹자』에는 43차례, 그리고 『순자』에는 99차례 등장한다. 『논어』와 『맹자』 및 『순자』에 수록된 '문文' 자 수를 비교하면 『순자』에 제일 많이 출현하고, 『논어』와 『맹자』는 그 빈도수가 거의 비슷한 것 같다. 이는 맹자도 공자 못지않게 시를 중시했음을 의미한다. 맹자는 상대방과 논쟁에서 우언과 비유 그리고 다양한 대화 기법을 통하여 자신의 입장을 전달하지만, 때로는 『시경』의 내용을 인용하여 자신의 견해를 정당화하기도 한다. 다음 인용문에서 맹자는 『시경』「대아大雅·사제思齊」 편의 내용을 근거로 '자신의 가족을 먼저 사랑하고, 그 사랑을 미루어 타인을 사랑하며, 그 마음을 미루어 만물을 사랑한다[親親仁民愛物]'는 인애仁愛의 정당성을 확보하려고 한다.

> 내 어른을 존경하고 그 마음을 타인의 노인에게 미치게 하고, 내 아이를 사랑하고 그 마음을 타인의 어린아이에게 미치게 하면 천하를 손바닥에 올려놓고 움직이는 것과 같이 쉽게 다스릴 수 있다. 『시경』에서 말했다. '과덕[78]한 처에게 모범이 되고, 그것을 미루어 형제에게 미치게 하여 집안과 나라를 다스린다.' 이는 이 마음을 들어 저 마음에 적용하는 것일 뿐이다. 그러므로 은혜를 미루어 나가면 족히 사해를 보호할 수 있고, 은혜를 미루지 못하면 처자마저도 보호할 수 없을 것이다.[79]

『시경』의 "과덕한 처에게 모범이 되고, 그것을 미루어 형제에게 미치

78 과덕寡德한 처는 덕이 부족한 아내를 의미하지만, 이는 겸양의 표현이다.

79 『孟子』「梁惠王上」, "老吾老以及人之老, 幼吾幼以及人之幼, 天下可運於掌. 詩云, 刑于寡妻, 至于兄弟, 以御于家邦. 言擧斯心, 加諸彼而已. 故推恩足以保四海, 不推恩無以保妻子."

게 하여 집안과 나라를 다스린다"는 노래는 유가 철학에서 긍정하는 도덕 실천의 차서次序 그리고 사회관과 정치관의 특색을 한 마디로 축약하고 있다. 『시경』의 노래는 바로 가까운 곳으로부터 먼 곳으로의 사랑 확충을 노래한 것이다. 공자를 시작으로 유가 철학에서는 '인'이라는 도덕 의지의 실천을 강조하고, 이러한 인에 의한 사랑 실천에는 질적인 차별이 없음도 긍정한다. 다시 말하면 내 부모에게 표현하는 효라는 사랑과 웃어른에게 표현하는 존경이라는 사랑은 모두 동일한 사랑이다. 양자 사이에는 질적인 차이가 없다. 그러나 유가 철학에서는 사랑의 구체적인 실천에 있어 친소원근의 차서가 있고, 그것은 위배할 수 없는 것임을 강조한다. 이것이 바로 친친인민애물親親仁民愛物이다. 맹자는 이것을 근거로 묵자의 겸애설兼愛說을 '부모의 특별한 지위를 부정하는' 무부지견無父之見이라고 배척했으며, 양주의 위아주의爲我主義를 '공동체의 가치를 부정하는' 무군설無君說[80]이라고 비판했다. 『시경』의 취지는 맹자뿐만 아니라 『대학』과도 일치한다. 『대학』「경문經文」에 다음과 같은 내용이 수록되어 있다.

> 옛날에 명덕을 천하에 밝혀 드러내고자 한 사람은 먼저 그 나라를 잘 다스렸고, 그 나라를 다스리고자 한 사람은 먼저 그 집안은 가지런히 하였으며, 그 집안을 가지런히 하고자 한 사람은 먼저 자신의 몸을 잘 닦았고, 그 몸을 잘 닦고자 한 사람은 먼저 그 마음을 바르게 하였으며, 그 마음을 바르게 하고자 한 사람은 먼저 그 뜻을 진실하게 하였고, 그 뜻을 진실하게

---

80 이곳에서 군주[君]는 군주 개인이 아니라 공동체의 수장을 의미한다. 따라서 무군無君은 군주를 부정하는 것이 아니라 공동체의 존재 가치를 부정한다는 의미이다.

하고자 한 사람은 먼저 그 마음의 지식을 지극한 곳까지 확충했으며, 그 마음의 지식을 지극한 곳까지 확충하는 것은 사물의 이치를 궁구하고자 함이다.[81]

『대학』에서는 격물로부터 치지, 그리고 수신을 거쳐 평천하까지 확장한다. 이러한 차서는 『시경』의 노래와 그 취지가 같다.

『시경』을 포함한 성현의 문에 대한 맹자 입장은 '이의역지以意逆志'와 '고상한 친구를 교제해야 한다'는 상우尙友에 잘 표현되어 있다. '상우'에 관한 이설은 존재하지 않지만, '이의역지'에 관한 해설은 크게 두 가지이다. 『맹자』「만장상」에 다음과 같은 내용이 있다.

故說詩者, 不以文害辭, 不以辭害志, 以意逆志, 是爲得之 如以辭而已矣.

이 문장에 대한 이견은 '의意'와 '지志' 자에 있다. 앞의 '고설시자故說詩者, 불이문해사不以文害辭'를 범범하게 "그러므로 시를 말하는 사람은 글[文]로써 말[辭]을 해치지 말아야 한다"라고 번역하면 무리가 따르지 않는다.[82] 그러나 그 다음부터는 '志' 자와 '意' 자에 대한 의미를 확정해야만 번역이 가능하다. 다행스럽게도 '志' 자에 대한 이견이 없다. 대부분 '작가의 본래 뜻'으로 번역한다. '작가의 본래 뜻'이란 당연히 작가의 사상과 정적인 취향 그리고 심미적 경향과 세계일 것이다. 그렇다면 '불이사

81 『大學』「經」, "古之欲明明德於天下者, 先治其國. 欲治其國者, 先齊其家. 欲齊其家者, 先脩其身. 欲脩其身者, 先正其心. 欲正其心者, 先誠其意. 欲誠其意者, 先致其知, 致知在格物."

82 주희는 『孟子集注』에서 문文을 '글자'로, 사辭를 '말'로 주석했다[文, 字也. 辭, 語也].

해지不以辭害志'는 "말로써 작가의 본뜻을 해치지 말아야 한다"로 번역하면 된다. 그 다음의 '이의역지以意逆志'가 문제의 핵심이다. '意'와 '志'를 동일하게 '뜻'으로 번역하면 '뜻으로써 뜻을 살펴야[逆][83]한다'로 번역해야 한다. 이러한 문제가 발생하기 때문에 주희는 "마땅히 자기의 뜻으로써 작자의 뜻을 맞이해야 시를 알 수 있다"[84]고 하여 '意'를 '시를 읽는 독자의 뜻'으로, '志'를 '작가의 본뜻'으로 나누어 해석했다. 이후 주희의 해석은 중국과 한국의 도학가는 물론이고, 상당히 광범위한 학자들의 지지를 받는다. 그러나 조성식은 이러한 해석에 반대하면서 '意'를 '志'와 동일하게 '작가의 뜻'으로 번역하고서,[85] 상당히 많은 문헌적 자료를 근거로 제시한다. 필자는 기본적으로 주희의 견해를 반대하는 것은 아니지만, 조성식의 견해가 보다 설득력이 있다고 생각한다. 왜냐하면 맹자가 말한 '상우'와 '以意逆志'를 같은 맥락에서 이해할 수 있기 때문이다.

> 맹자가 만장에게 말했다. "한 마을의 선한 선비라야 한 마을의 선한 선비와 벗할 수 있다. 한 나라의 선한 선비라야 한 나라의 선한 선비와 벗할 수 있다. 천하의 선한 선비라야 천하의 선한 선비를 벗할 수 있다. 천하의 선한 선비와 벗하는 것을 만족스럽지 못하게 여겨, 또 다시 위로 거슬러 올라가서 옛 사람을 논한다. 그 시를 읊고, 그 글을 읽으면서 그 사람을 알지 못한다면 되겠는가? 이 때문에 옛 사람의 그 당시를 논하는 것이니, 이것

83 주희는 『孟子集注』에서 역逆을 영迎, 즉 '맞이하다'로 주석했다. 그러나 '맞이하다'는 해석보다는 '거슬러 올라가 살피다'로 해석하는 것이 자연스럽다.

84 『孟子集注』, "當以己意, 迎取作者之志, 乃可得之."

85 조성식, 「談孟子對文學理論的影響」『인문학연구』 제 3집, 제주대학교 인문과학연구소, 1997, 446-452쪽 참고.

이 위로 올라가서 벗하는 것이다."[86]

공자는 '곧은 사람과 벗하고[友直]', '미더운 사람을 벗하며[友諒]', '지식이 많은 사람과 벗할 것[友多聞]'을 권했다.[87] 즉 공자는 이상의 세 종류 친구를 유익한 벗으로 생각한 것이다. 맹자는 공자의 '友'의 대상과 방법을 더욱 확장하고 다양하게 하여 시를 통하여 옛사람과 벗할 수 있다고 했다. 필자는 이곳에서 우선 맹자의 본의를 해설하고, 다시 파생 가능한 의미를 해설할 것이다.

맹자는 일찍이 "벗하는 것이란 그 덕을 벗하는 것이다"[88]라고 말했다. 따라서 비록 시를 통하여 옛사람과 벗할 수 있다고 했지만, 이곳에서 맹자가 말한 시는 성인의 말씀이고, 옛사람은 성인을 가리켜 말한 것일 것이다. 즉 군자가 벗하는 것은 그 사람의 인품을 듣고 기뻐하여 그 덕을 마음에 간직하고서 만나는 것이다. 선한 선비와 사귀려면 반드시 자신 또한 선한 선비여야 한다. 그렇지 않으면 학문과 덕이 서로 맞지 않게 되기 때문에 서로 절차탁마切磋琢磨할 수 없다. '한 마을의 선한 선비, 한 나라의 선한 선비, 천하의 선한 선비'는 나와 같은 시대의 선한 선비다. 만약 나와 같은 시대의 선한 선비와 사귐에 있어서 부족하다고 여기면, 옛 사람과 벗할 수도 있다.

---

86 『孟子』「萬章下」, "孟子謂萬章曰, 一鄕之善士, 斯友一鄕之善士. 一國之善士, 斯友一國之善士. 天下之善士, 斯友天下之善士. 以友天下之善士爲未足, 又尙論古之人. 頌其詩, 讀其書, 不知其人可乎. 是以論其世也, 是尙友也."

87 『論語』「季氏」, "孔子曰, 益者三友, 損者三友. 友直, 友諒, 友多聞, 益矣. 友便僻, 友善柔, 友便佞, 損矣."

88 『孟子』「萬章下」, "友也者, 友其德也."

다음 이곳에서의 '시'를 문으로 해석하고, 옛사람을 이 시를 지은 작가라고 규정해보자. 맹자는 이곳에서 분명히 "그 시를 읊고, 그 글을 읽으면서 그 사람을 알지 못한다면 되겠는가"라고 했다. 만일 주희의 해석에 따른다면 '나는 나의 견해로써 그 시를 읊고, 그 글을 읽으면서 그 사람의 마음을 주관적으로 이해한다'로 번역해야 할 것이다. 물론 맹자는 도덕본심의 보편성을 긍정했기 때문에 나의 마음과 성인의 마음 그리고 옛사람의 마음은 동일할 것이지만, 주희의 해석을 따르면 시를 이해함에 있어 주관성에 빠질 위험이 있다는 혐의를 벗기 어렵다. 맹자는 '상우'를 해설하면서 "그 시를 읊고, 그 글을 읽으면서 그 사람을 알지 못한다면 되겠는가"라고 했다. 이는 주관적인 추측보다는 '시로 표현된 옛사람의 사상과 시정을 정확하게 파악하여 옛사람의 세계와 이상을 이해하여야 한다'로 해석하는 것이 합리적이다. 따라서 필자는 조성식의 견해를 따라 '意'를 '志'와 마찬가지로 작가의 사상 혹은 시정詩情으로 해석하여 '이의역지以意逆志'를 '시에 대한 정확하고 올바른 이해를 통하여 작가의 시정과 사상을 살펴야 한다'로 번역하는 것이 맹자의 본의에 부합한다고 생각한다. 만일 '意'를 '독자의 뜻'으로 해석하면 자칫 앞에서 말한 '글자로써 말을 해칠 수 있고, 말로써 뜻을 해칠 수 있다'는 독단의 위험에 처할 수 있다.

3) 지언知言과 양기養氣

문도관계에 있어 맹자 역시 도를 본으로 삼고 문을 말로 삼는다. 일반적으로 맹자의 문론은 지언知言과 양기설養氣說을 근거로 논하는데, 그 중 지언은 공자와 연계지어 말하기도 하지만, 양기설은 맹자의 독창적인 이론으로 인식한다. 필자는 맹자의 '지언양기'를 근거로 문도론을 논하기 전에 인간 자연생명 자체에 대한 맹자의 기본적인 인식을 소개하고자 한다. 왜냐하면 맹자 철학에서 '기'는 생명과 관련된 전체를 포함하고 있기 때문이다.

> 맹자가 말했다. "신체의 형상과 피부의 색깔은 타고난 것이다. 오로지 성인이 된 후에야 신체의 모든 가치를 완성할 수 있다."[89]

형形은 신체의 모습이고, 색色은 피부의 색깔이다. 이 둘을 합하여 말하면 '사람의 신체 형상과 피부 색 및 소리' 등을 가리킨다. 이 두 가지를 합하면 인간의 육체생명이 바로 그것이다. 인간의 육체생명은 또 기氣로 구성된다. 맹자는 이것은 인간의 의지와 관계없이 주어진 것이기 때문에 '천성天性'이라고 했다. 그렇다면 '천형踐形'은 '인간의 모든 생명을 자질에 따라 실천하고, 하나의 모자람도 없게 실현하는 것이다'로 이해할 수 있다. 이 말은 두 측면으로 나누어 해설할 수 있다. 하나는 '타고난 자질과 잠재력을 온전하게 발휘해야 한다'는 것이다. 자신의 타고난 자질을 헛되이 보내지 않아야 하고, 훼손시켜서도 안 되며, 함부로 사용해서도 안 된다. 다음 도덕본성과 도덕의지는 반드시 하나의 통로를 통하여 발휘된다. 그 통로가 바로 기氣로 구성된 자연생명이다. 자연생명이라는 통로의 도움 없이 도덕생명은 자신을 실현할 수 없다. 도덕생명이 신체의 모든 감관기관을 통하여 온전히 발현되면 감관기관의 활동이 바로 도덕의지의 실현이고 천리의 유행인 것이다. 명 대 유학자인 라근계

---

89 『孟子』「盡心上」, "孟子曰, 形色, 天性也. 惟聖人然後可以踐形."

羅近溪는 "고개를 들고 눈을 뜨니 모든 것이 단지 양지의 드러남이고, 입을 열고 소리를 들으니 모든 것이 양지의 발휘이다"[90]라고 했는데, 바로 이점을 표현한 것이다. 이처럼 맹자에서 기가 곧 도덕성 자체는 아니지만, 도덕의지[心性]와 결합되어 표현되면 그것이 바로 맹자가 긍정하는 호연지기浩然之氣인 것이다. 즉 기는 충분이 배양[養] 가치가 있는 존재이다. 또 맹자는 대체大體와 소체小體로써 도덕생명과 자연생명의 지위를 해설했는데, 맹자는 대체와 소체의 지위가 전도되지만 않는다면 소체는 그 이상의 가치를 실현할 수 있음을 긍정한다.[91]

『맹자』에서 양기지언장養氣知言章은 상당히 길다. 필자는 첫 장에서 말하고 있는 맹자 자신과 고자 그리고 북궁유北宮黝와 맹시사孟施舍의 부동심不動心에 대해서는 논의하지 않겠다. 또한 이 장 마지막 내용은 맹자가 백이伯夷와 이윤伊尹 그리고 공자의 생명 경지에 대해서 언급한 것일 뿐 지언양기와는 무관하기 때문에 논외로 할 것이다.

(공손추가) 말했다. "감히 묻겠습니다. 선생님의 부동심과 고자의 부동심

---

90 『明儒學案』「卷34. 泰州學案3. 語錄」, "抬頭擧目渾全只是知體著見, 啓口容聲纖悉盡是知體發揮."

91 『孟子』「告子上」, "孟子曰, 人之於身也, 兼所愛. 兼所愛, 則兼所養也. 無尺寸之膚不愛焉, 則無尺寸之膚 不養也. 所以考其善不善者, 豈有他哉. 於己取之而已矣! 體有貴賤, 有大小. 無以小害大, 無以賤害貴. 養其小者, 爲小人. 養其大者, 爲大人. 今有場師, 舍其梧檟, 養其樲棘, 則爲賤場師焉. 養其一指, 而失其肩背而不知也, 則爲狼疾人也. 飮食之人, 則人賤之矣, 爲其養小以失大也. 飮食之人, 無有失也, 則口腹豈適爲尺寸之膚哉" 맹자는 "사람은 자기 몸에 대해서는 모두 다 같이 아낀다. 모두 다 같이 아끼니 모두 함께 배양한다"고 하고서 "먹고 마시는 일에 정신이 팔려 있는 사람일지라도 (귀하고 중요한 심지를) 잃어버림이 없다면 입과 배가 어찌 단지 한 자나 한 치의 살 정도 밖에 안 되겠는가"라고 하면서 '음식을 먹는 입과 음식을 채우는 배도 단순한 육체로서의 입과 배가 아니라 원대한 목표와 이상을 실현하는데 도구로 쓰일 수 있다'는 점을 강조한다.

에 관하여 설명을 들어 볼 수 있습니까?" (맹자가 말했다) "고자는 '남의 말이 이해되지 않으면 마음으로 생각하지 말고, 마음으로 이해되지 않아도 기에 호소하지 말라'고 했는데, 마음으로 이해되지 않아도 기에 호소하지 말라고 하는 말은 옳지만, 남의 말이 이해되지 않으면 마음으로 생각하지 말라는 것은 옳지 않다. 지志는 기氣의 장수이며, 기는 몸에 꽉 찬 것이다. '지'가 드러나면 '기'는 그 다음에 따라간다. 그러므로 '그 지를 올바르게 잡고, 그 기를 포악하게 자극하지 말라'고 말한 것이다." (공손추가 말했다) "이미 '지가 드러나면 기는 그 다음에 따라 간다'고 했고, 또 '그 지를 올바르게 잡고, 그 기를 포악하게 자극하지 말라'고 한 이유는 무엇입니까?" (맹자가) 말했다. "지가 한결같으면 기가 (그것에 따라) 움직이고, 기가 모이면 지가 움직인다. 지금 넘어지고 달리는 것은 기이다. 그렇게 되면 오히려 마음을 동요시킨다." (공손추가 말했다), "감히 묻겠습니다. 선생께서는 어떤 방면에 능통하십니까?" (맹자가) 말했다. "나는 남의 말을 잘 이해하고, 나는 내 호연지기를 잘 배양할 줄 안다." (공손추가 말했다.) "감히 묻겠습니다. 무엇을 호연지기라 합니까?" (맹자가) 말했다. "말로 설명하기가 어렵다. 그와 같은 기는 지극히 크고 지극히 강하니 올바름으로써 기르고 해됨이 없게 하면 천지 사이에 꽉 차게 된다. 그와 같은 기는 의와 도에 함께 어울린다. 호연지기가 없으면 위축된다. 이러한 호연지기는 의가 축적되어서 생긴 것이지, 의가 갑자기 엄습해 와서 갖추게 된 것이 아니다. 실행하여 마음에 만족감을 느끼지 못하면 위축된다.…"(공손추가 말했다.) "무엇을 가리켜 타인의 말을 이해한다고 합니까? (맹자가) 말했다. "편파적인 말을 들으면 그 사람 마음의 막힌 바를 안다. 방탕한 말을 들으면 그 사람이 무엇에 빠져있는지를 안다. 부정한 말을 들으면 그 사람이 정도에서 멀어졌음을 안다. (책임을) 회피하는 말을 들으면 그가 궁지에

> 몰려 있음을 안다. 마음에 (악한 생각이) 생겨나면 정사를 해치고, (그러한 생각이) 정치에 나타나면 일을 해치게 된다. 성인이 다시 태어나도 반드시 나의 말을 따를 것이다."[92]

문학의 입장에서 보면, 양기지언장의 핵심 개념은 '기氣'와 '지志' 및 '언言'일 것이다. 그러나 도덕철학 측면에서 보면, 이상의 말 중에서 핵심 개념은 심心 · 기氣[浩然之氣] · 부동심不動心 · 언言이다.

첫 구절에서 맹자는 고자의 부동심을 비평한다. 고자 학술은 『맹자』에 수록된 것이 전부이기 때문에 이것만을 근거로 고자 학술의 성격을 규정하기는 어렵다. 그러나 어딘지 도가적인 학술풍이 느껴진다. 이곳의 내용을 보면 더욱 그렇다. 고자의 부동심 방법은 억지로 마음을 안정시키려고 하는 것도 아니고, 공자와 맹자처럼 합리적인 실천을 통하여 안정을 취하려는 것도 아니다. 고자의 부동심은 마음을 만사만물과 결별시켜 마치 도가처럼 허무적정虛無寂靜의 상태로 가려는 것 같다. 맹자는 "고자는 남의 말이 이해되지 않으면 마음으로 생각하지 말고, 마음으로 이해되지 않아도 기에 호소하지 말라고 했다"고 말한다. 고자에 의하면, 말[言]은 외적인 사물에 대한 묘사이고, 마음[心]은 외적인 사물을

---

92 『孟子』「公孫丑上」, "曰, 敢問夫子之不動心, 與告子之不動心, 可得聞與. 告子曰, 不得於言, 勿求於心. 不得於心, 勿求於氣. 不得於心, 勿求於氣, 可. 不得於言, 勿求於心, 不可. 夫志, 氣之帥也. 氣, 體之充也. 夫志至焉, 氣次焉. 故曰, 持其志, 無暴其氣. 旣曰, 志至焉, 氣次焉. 又曰, 持其志, 無暴其氣者, 何也. 曰, 志壹, 則動氣, 氣壹則動志也. 今夫蹶者, 趨者, 是氣也. 而反動其心. 敢問夫子惡乎長. 曰, 我知言, 我善養吾浩然之氣. 敢問何爲浩然之氣. 曰, 難言也. 其爲氣也, 至大至剛, 以直養而無害, 則塞於天地之間. 其爲氣也, 配義與道. 無是, 餒也. 是集義所生者, 非義襲而取之也. 行有不慊於心, 則餒矣.…. 何謂知言. 曰, 詖辭, 知其所蔽. 淫辭, 知其所陷. 邪辭, 知其所離. 遁辭, 知其所窮. 生於其心, 害於其政, 發於其政, 害於其事. 聖人復起, 必從吾言矣."

묘사하는 통로이며, 기는 생명이 실제로 존재할 수 있는 근거라고 생각한 것 같다. 고자에서는 '기'가 중심이다. 모든 것은 기의 활동이고, 마음은 드러난 만물의 현상에 대응하여 그에 상응한 묘사를 하고 표현하는데, 그것이 바로 말[言]이다. 기의 움직임은 무위자연無爲自然이기 때문에 마음 역시 기처럼 무위자연하게 활동해야 한다. 사물의 현상이 지나가면 그것에 따라 없어지고, 그 언어 역시 없어진다. 어디에도 머무르지 않기 때문에 집착할 필요도 없고 집착해서도 안 된다. 따라서 고자는 만일 지금 눈앞에 있는 어떤 사물의 현상을 묘사하고 있는 언어를 이해하지 못하면 억지로 집착하여 그것을 이해할 필요가 없다고 생각한 것이다. 그 사물의 현상이 지나가면 새로운 현상이 바로 다가온다. 우리의 마음은 다음 찰나의 현상과 격리되지 않아야 한다. 한 순간의 집착으로 말미암아 생명의 자연스러운 흐름을 희생시켜서는 안 된다. 이것이 바로 고자가 말한 "남의 말이 이해되지 않으면 마음으로 생각하지 말고, 마음으로 이해되지 않아도 기에 호소하지 말라"의 의미이다.

고자에 따르면 "남의 말이 이해되지 않으면 마음으로 생각하지 말고, 마음으로 이해되지 않아도 기에 호소하지 말라"는 것은 매우 자연스럽지만 맹자의 도덕관에서 보면 이러한 태도는 결코 수용되기 어렵다. 맹자 철학에서 심은 기의 자연스러움에 부속되어 아무런 작용도 없는 통로가 결코 아니다. 심은 공자의 '인'과 같은 일종의 선의지로서 기를 주재하여 도덕실천을 유도할 수 있고, 기에 활동의 방향[理]를 제시하여 기 활동의 표준으로 삼게 할 수도 있다.

맹자 철학에서 심은 최고 층차의 존재이다. 기를 자연생명으로 보는 것은 고자와 맹자가 일치하지만, 심과 기의 관계에 대한 이해는 완전히 다르다. 맹자 철학에서 심과 기는 서로 모순관계에 있지 않다. 심은 반드시 기와 함께 해야만 자신의 모습을 드러낼 수 있다. 또 기는 심의 주재를 통해서만 비로소 그 의의를 가질 수 있다. 기가 심의 주재 하에 발현 될 때 비단 자연스럽게 실현될 수 있을 뿐만 아니라 굳건한 세력을 가질 수 있게 된다. 그렇기 때문에 맹자는 "지[志-心]는 기의 장수이다"라고 했으며, "기는 몸에 꽉 찬 것이다"라고 했다. 기는 실제로 도덕 역량을 드러내는 힘이다. '지'가 본이고, '기'는 말이다. 본과 말이 서로 교류하면서 서로를 배양하기 때문에 한편으로는 '지'를 올바르게 잡을 수 있고, 다른 한편으로는 기를 포악하게 하지 않을 수 있는 것이다. 비록 심과 기가 서로를 배양하지만 본말의 차이는 분명히 있다. 심이 근본이기 때문에 심을 잃어버리고 기에 의지해서는 안 된다. 맹자가 고자의 "마음에 맞지 않으면 기에 호소하지 말라"는 구절을 긍정한 것은 바로 이 때문이다.

맹자를 비롯한 유가 철학에서는 사물이라는 현상을 그저 흘러가는 자연으로만 인식하지 않는다. 이 사물의 현상에는 역사의 흐름과 문화가 누적되어 있기 때문에 없앨 수 없다. 따라서 객관적인 사물의 현상을 묘사하는 언어 역시 마찬가지로 객관적인 의의를 갖고 있는 것이어서 결코 지나가면 없어지는 것이 아니다. 우리는 남아있는 언어를 통하여 생명의 역사를 알 수 있고, 인류가 지금까지 실천한 도덕가치의 내용을 이해할 수 있다. 이것을 가지고 지금 시대에 마땅히 가야할 가치의 방향을 결정할 수 있다. 때문에 '언어를 이해할 수 없다고 해서 어떻게 버릴 수 있겠는가?' 이것이 바로 맹자가 "남의 말이 이해되지 않으면 마음으로 생각하지 말라"는 고자의 주장을 반대한 이유이다. 바꾸어 말하면 맹자는 도덕심의 주도하에 지식의 의의를 긍정한 것이다. 반면 고자는 자연생명의 자연스러운 유출이라는 측면에서 지식의 의의를 부정했다.

다음 호연지기에 관한 맹자의 입장이다. 맹자에 의하면, 기는 심의 주재를 받는 도덕생명 실현의 통로이고 도구이지만, 우리에 충만 되어 있는 생명력이기 때문에 반드시 크고 강하게 배양하여 천지와 함께 유행할 수 있도록 해야 한다고 생각했다. 만일 소극적인 태도로써 기를 관조만 한다면 이는 고자와 다를 바 없는 도가적 사유이다. 맹자에 의하면, 비록 기가 나의 생명력으로부터 비롯되지만 도덕적 가치인 '의'와 합일되어 나타나면 천지의 생명과 일치되어 유행할 수 있게 된다. 때문에 올바름으로써 배양하면 천지와 격리되지 않는다. 왜냐하면 천지와 동일한 기이기 때문이다. 위축되지 않는 이유가 바로 여기에 있다. 맹자에 의하면, 천지의 도리는 바로 도덕 질서이다. 때문에 맹자는 "호연지기는 지극히 크고 지극히 강하니 올바름으로써 기르고 해됨이 없게 하면 천지 사이에 꽉 차게 된다"고 한 것이다.

마지막으로 지언에 관한 내용이다. 고자에 의하면, 사물의 현상을 묘사하는 언어는 그 사물의 현상이 지나가면 그것과 함께 사라지는 것이다. 때문에 언어에 대한 객관적인 가치를 부여하지 않은 것은 당연한 결과이다. 그러나 맹자는 도덕의식인 마음도 실재적인 것이고, 호연지기 역시 실재적인 것이다. 따라서 그는 마음 그리고 호연지기를 발산하는 기에 의하여 표현된 사물의 현상을 묘사하는 언어 역시 실재적인 것이고, 객관적인 의의를 갖추고 있다고 생각했다. 맹자가 말한 '편파적인 말[詖辭]'·'방탕한 말[淫辭]'·'부정한 말[邪辭]'·'책임을 회피하는 말[遁辭]'은 모두 편향된 말, 즉 치우친 말이다. 맹자에 의하면, 마음이 편향되어 있으면 마음으로부터 드러난 언어 역시 사물의 현상에 편파적인 태도를 취하게 된다. 이러한 편파적인 언어는 인생의 참모습을 왜곡한다. 그러나 편향된 사고를 가진 자신은 도리어 편향되었다는 사실을 인지하지 못하기 때문에 정사에 오점을 남기게 된다.

맹자는 "편파적인 말을 들으면 그 사람 마음의 막힌 바를 안다…(책임을) 회피하는 말을 들으면 그가 궁지에 몰려 있음을 안다"고 했다. 즉 맹자는 언어[문]를 통하여 마음을 알 수 있다고 한다. 이는 문과 심을 서로 분리될 수 없는 관계로 인식한 것이다. 심이 편향되어 있으면 문도 편향되어 있다. 마찬가지로 편향된 문장을 보면 작가의 편향된 마음을 읽을 수 있다. 즉 작가의 문장을 읽고 작가의 마음과 사상을 엿볼 수가 있고, 그 사람을 알 수 있는 것이다. 그러나 맹자에서 지언은 단순히 문을 통해서 심을 읽을 수 있다는 것에만 그치지 않는다.

핵심은 호연지기를 배양하는 것에 있다. 호연지기는 '의'와 합일된 덕기德氣이고, 의기義氣, 즉 군자[大丈夫]의 용기이다. 문은 바로 이러한 호연지기에 의하여 표현되어야 한다는 것이 바로 맹자 지언의 핵심이다. 『중용』에서는 "그 다음은 어느 한 부분을 확충하는 것이다. 어느 한 부분을 확충하면 성誠이 드러난다. 성誠함이 있으면 어떤 표현이 있을 것이고, 어떤 표현이 있으면 바로 드러나며, 드러나면 빛을 발현하고, 빛을 발현하면 (타인을) 감동시킬 수 있으며, 감동시킬 수 있으면 변화시킬 수 있고, 변화되면 교화의 공덕이 있게 된다. 오로지 천하의 지성자만이 교화시켜 완성할 수 있다"[93]고 했는데, "성誠함이 있으면 어떤 표현이 있을 것이다[誠則形]"에서의 형形이 바로 호연지기에 의하여 표현된 문이라고 할 수 있다. 그렇다면 맹자에서 지언과 양기는 서로 다른 두 가지 공부가 아니라 한 공부의 두 의미로 이해해야 한다.

---

93 『中庸』「23장」, "其次致曲, 曲能有誠, 誠則形, 形則著, 著則明, 明則動, 動則變, 變則化. 唯天下至誠爲能化."

3. 순자의 문도론

앞에서 이미 밝힌 바와 같이 순자 문도론은 한 대에 양웅을 거쳐 위진 시대 유협 그리고 당·송·명 고문가와 도학가 문도론에 지대한 영향을 끼친다. 순자 문도론에서 핵심은 도[道-明道]와 성인[聖人-徵聖] 그리고 경전[五經-宗經]이다. 이 삼자는 외연은 다르지만 내용은 삼위일체 관계로 정립되어 있다. 다시 말하면 도는 성인과 독립된 개념이 아니라 성인[先王]에 의하여 이루어진 예의禮義의 치도治道가 후대 성인[後王]에 전승되고, 다시 경장更張과 혁신革新 과정을 통하여 이루어진 예의법도[禮憲-綱紀-禮義之統]이다. 순자에 의하면, 역사의 흐름에서 치도는 시대정신의 차이에 따라서 서로 다른 형태로 드러날 수 있지만, 예의지통禮義之統은 그곳에 일관되게 내재되어 있다. 따라서 도와 성인을 둘로 나누어 서로 다른 것으로 이해해서는 안 된다. 성인의 도덕생명 그리고 성인에 의하여 제정된 예의가 곧 도이고, 이 도를 문자로 기록한 것이 바로 경전이다. 따라서 도를 밝히려면[明道] 성인을 표준으로 삼아야 하고[徵聖], 성인의 말씀인 경전을 학습해야 한다[宗經]. 이처럼 순자 문도관에서 성인과 도 그리고 경전은 삼위일체 관계로 정립되어 있다. 성인의 말을 기록한 경전은 오경이 대표적인데, 오경은 『시』·『서』·『예』·『악』·『춘추』를 가리킨다. 시서예악은 문이다. 이 문에는 성인이 체득한 도가 내재되어 있다. 따라서 우리는 문을 통하여 성인의 도를 인식할 수 있다.

순자 문도론은 이처럼 매우 간결한 구조로 정립되어 있다. 필자는 문에 관한 순자의 견해는 중국 학술 발전사에서 양면적 의의를 갖고 있다고 생각한다. 먼저 긍정적인 측면에서 보자. 문은 도를 담을 수 있는 그릇이다. 도는 그릇을 통하여 구체적으로 자신의 내용을 현현하고, 또 도는 추상적인 개념이기 때문에 반드시 구체적인 현상[文]을 통해야만 비로소 인식 가능하다. 기능적인 측면에서 보면 문은 도의 유일한 출구이기 때문에 그 역할은 대단히 중요하다고 할 수 있다. 다음 부정적인 측면에서 보자. 순자가 긍정하는 문은 오경이다. 순자에 의하면, 성인의 말을 수록하고 있는 오경 외에 진정한 문이라고 할 수 있는 저작은 없다.[94] 이는 유가라는 학술로 문의 범주를 편협하게 규정한 것이고, 문의 독립성을 훼손한 것이다. 순자는 왜 이처럼 편협한 문도론을 구성했는가? 필자는 근본 원인을 심과 성 그리고 예의로 구성되어 있는 순자의 도덕론에서 찾고자 한다.

1) 순자 문도론의 이론적 배경

맹자 철학이 순자 철학과 마찬가지로 심과 성 그리고 리[인의예지] 세 개의 중심 개념으로 구성되었지만, 순자와 맹자가 제시한 심·성·리[-예의]의 특성과 의미는 전혀 다르다. 맹자 철학에서 심은 도덕적 선의지이고, 성은 인간이 인간으로서 존재할 수 있는 근거[본질]이며, 리는 도덕의지가 스스로 자각 성찰하여 드러낸 향선向善의 방향이다. 비록 맹자가 심즉성心卽性 혹은 성즉리性卽理 혹은 심즉리心卽理라는 진술을 하지 않았지만, 맹자 철학에서 이 심·성·리 삼자는 등가等價관계로 구성되어 있다. 맹자는 "군자가 성이라고 생각하는 인의예지는 심을 근본으로 한다"[95]고 한 것을 보면, 심과 성 그리고 인의예지는 하나의 실체에 대한

94 후에 주희 문도론의 핵심 특징인 "문이 곧 도이다[文便是道]"는 순자의 입장과 동일하다.

95 『孟子』「盡心上」, "君子所性, 仁義禮智根於心."

세 가지 의미로 보아야 한다. 인의예지가 심이라는 자각주체를 통하여 발현된다면, 리 즉 인의예지는 굳이 성인이라는 인격 완성자를 기다릴 필요 없이 누구든지 일념간의 자각성찰을 통하여 표현할 수 있다. 맹자에서 성인은 인의예지를 실천하는 주체 의미보다는 인의예지의 실천을 포함한 인격 완성자로서 의미를 갖는다.

그러나 순자 철학에서 심과 성 그리고 예[理]는 외연과 내용을 달리하는 독립적 존재이다. 순자 철학에서 심은 인식 기능을 갖추고 있지만, 인의예지를 창출하는 주체는 아니다. 단지 변별력을 갖추고 있고, 성인이 적습積習을 통하여 완성한 예의지통禮義之統을 인식할 수 있는 기능을 갖추고 있으며, 인식한 예의지통을 근거로 성[자연적 본성]을 도덕실천의 실질적 동원動源으로 변화시키는 기능을 갖고 있다. 또 순자는 성을 악이라고 규정했지만, 이는 결과론적인 규정일 뿐 그 자체에 대한 규정은 아니다. 즉 순자 철학에서 성은 가치중립자로서 선과 악으로 규성할 수 없는 존재이다. 그러나 후천적인 교화가 가해지지 않으면 성은 자연스럽게 악으로 귀착될 가능성이 농후하다. 때문에 순자는 '성악'이라고 한 것이다. 순자 철학에서 성은 심에 의하여 다스림을 받아야 할[被治] 대상이다. 다시 말하면 성은 도덕실천의 내적인 근거 즉 자각주체도 아니며 또한 인간을 인간으로서 존재할 수 있게 하는 가치의 근거도 아닌 일종의 자연적 본성이다.[96]

96 『荀子』「正名」, "生之所以然者, 謂之性. 性之和所生, 精合感應, 不事而自然, 謂之性."·『荀子』「性惡」, "凡性者, 天之就也. 不可學, 不可事…不可學, 不可事而在人者, 謂之性."·『荀子』「禮論」, "性者, 本始材朴也." 첫 구절에서는 성性의 자연적 의미, 둘째 구절에서는 성의 선천적 의미, 셋째 구절에서는 성의 재질材質 의미를 표시한다. 순자 철학에서 성은 '태어나면서부터 갖추고 있는 종종種種의 특성'을 가리킨다. 이러한 성의 대표적인 속성으로는 다음 세 가지를 들 수 있다. 첫째, 감관의 본능[이목구비의 성색미취

유가 철학에서 순자의 최대 공헌은 지성주체[인식심-지각심]의 제시라고 할 수 있다. 맹자가 공자의 '인'을 계승하여 덕성주체 관념을 더욱 확고히 구축했지만, 지성주체에 대한 언급은 없다. 그러나 순자 도덕론에는 지성주체로서의 심이 중요한 역할을 담당하고 있다. 순자 도덕론에서 가치중립적인 본성을 교화하여 선을 성취할 수 있는 내적인 근거는 심이고, 외적인 객관 표준은 예의이다. 심이 예의를 인식하고, 인식한 예의에 입각하여 성을 순화하여 선을 발현하는 전 과정이 화성기위化性起僞이다.[97]

> 심이 도를 인지하지 못하면 도리를 인가하지 않고 도리가 아닌 것을 인가한다. 사람은 제 마음대로 하고 살지 누가 인가하지 않은 것을 지키며 인가한 것을 금지하려고 하겠는가?…심이 도를 인지한 후에야 비로소 도리를 인가할 것이고, 도리를 인가한 후에야 비로소 도리를 지키고 도리가 아닌 것을 금지할 수 있을 것이다…그러므로 다스리는 요체는 도리를 인지함에 달려 있다.[98]

聲色味臭에 대한 분별]. 둘째, 생리적인 욕망[배고프면 식욕이 생기고 추우면 따듯하게 하고 싶고 피곤하면 쉬고 싶은 욕망과 이목구비의 호오好惡 작용]. 셋째, 심리적인 반응[자신에 대한 이로움을 좇고 해로움을 피하는 것과 증오 및 선호의 정감]. 이렇게 성을 규정하는 성론은 고자의 '생으로써 성을 규정한 생지위성生之謂性의 계통'에 속한다. 고자가 주장한 "생, 그것을 성이라고 말한다[生之謂性]"는 순자의 성론과 일치한다.

97 일반적으로 순자 도덕론의 핵심을 성악설에서 찾는데, 성악설은 인성에 대한 순자의 기본적인 인식에 불과하다. 순자 도덕론의 핵심은 마땅히 어떻게 성을 변화시켜 선을 실천할 수 있는가? 즉 화성기위化性起僞에서 찾아야 한다.

98 『荀子』「解蔽」, "心不知道, 則不可道而可非道. 人孰欲得恣而守其所不可以禁其所可.…心知道然後可道, 可道然後能守道以禁非道…故治之要在於知道."

순자 철학에 있어서 지각주체는 심이다. 이 지각주체의 지각 대상은 인의법정仁義法正의 도리, 즉 성인에 의하여 제정된 예의이다. 순자는 "길가는 사람도 인의법정의 도리를 지각할 수 있는 바탕을 갖추고 있다"[99]라고 했는데, 이곳에서 순자가 말한 바탕[質]은 성이 아니라 심을 가리켜 말한 것이다. 즉 모든 사람이 지각주체, 즉 심을 갖추고 있음을 표현한 것이다. 사람들은 이러한 지각 기능을 가진 심을 보편적으로 갖추고 있기 때문에 예의의 도리를 지각할 수 있고, 또 지각한 도리에 의거하여 본성[性惡]을 교화시켜 선을 성취할 수 있는 것이다. 이로써 보면 '화성기위'는 심이 주체가 되어 진행하지만, 오로지 심으로써만 성을 변화[治性과 化性]시키는 것이 아니라 심이 성인에 의하여 제정된 예의를 지각한 후에 피지각된 예의에 의거하여 본성을 교화하고서 위[僞-善]를 드러내는 것임을 알 수 있다. 심은 능지자能知者, 즉 지각의 주체이다. 도리[禮義]는 소지所知 즉 인지 주체인 심의 인식 대상이며, 또한 치성治性의 표준이다. 성은 피치자이지만 도덕실천의 실제 당체當體는 바로 이 본성이다. 그러므로 "성이 없으면 인위를 가할 곳이 없으며, 인위가 없으면 성은 스스로 아름다워질 수가 없다"[100]고 한 것이다.

이처럼 순자 도덕철학에서는 심과 성 그리고 예의가 핵심 요소이다. 그렇다면 예의는 누구에 의해서, 또 어떤 과정을 통하여 출현하는가? 순자는 도공이 그릇을 빚는 것과 목수가 나무를 조각하여 그릇을 만드는 것을 예로 삼아 예의 출현을 해설한다.[101] 질그릇은 도공에게 주어진 것

---

99 『荀子』「性惡」, "途之人, 皆有可以知仁義法正之質."

100 『荀子』「禮論」, "無性, 則僞之無所加. 無僞, 則性不能自美."

101 『荀子』「性惡」, "夫陶人埏埴而生瓦, 然則瓦埴豈陶人之性也哉. 工人斲木而生器, 然則器

이 아니고, 나무 그릇 역시 목수에게 주어진 것이 아니다. 이 두 가지 제품은 도공과 목수가 후천적인 노력과 학습을 통하여 수많은 기술을 연마한 후에 만들어낸 작품이다. 질그릇과 나무그릇은 도공과 목수의 마음[心]이 부단한 사려의 축적[積思慮]과 학습의 활동[習僞故]을 통하여 이루어진 것이지만, 그릇과 마음의 관계는 선천이 아니라 후천이다. 마찬가지로 예의 역시 선대 성인[先聖]과 후대의 성인[後聖]의 사려와 적습 활동을 통하여 제정된 것이다. 때문에 성현의 심과 예를 '합일'로 표현할 수 있지만, '합合'은 후천적인 결과이다.

순자에 의하면, 예는 선왕과 후왕의 인혁因革과 손익損益 과정을 통하여 제정되는데, 비록 수많은 역사 발전 과정에서 예법이 복잡하게 변화하면서 전개되었지만, 그곳에는 하나의 공통적인 원리가 있다. 그것은 바로 모든 이성적 존재에게 유효하게 적용되는 공리共理, 즉 통류統類이며, '예의의 통[禮義之統]'[102]이다. 따라서 예에 대한 완전한 인식, 즉 앎의 지극은 모든 예법을 하나로 관통하고 있는 통류를 온전하게 장악했을 때 비로소 이루어진다.

또한 순자 철학에서는 예의 단계를 '법法'과 '류類' 그리고 '통統'으로 설명한다. 순자는 "예는 법의 대분이고, 류의 강기이다"[103]라고 했다. 이곳에서 순자는 법의 대분大分과 류의 강기綱紀로서 예를 해설한다. 그렇다

木豈工人之性也哉. 夫聖人之於禮義也, 辟則陶埏而生之也. 然則禮義積僞者, 豈人之本性也哉."

102 '통統' 자는 크게 '본本'·'령領'·'치治'·'강기綱紀'의 의미로 사용되고 있다. 그러나 이곳에서의 '통' 자는 강기의 의미로 사용되고 있다.(김철운, 「순자 禮義之統의 이론적 근거」, 『동양철학』 제 12집, 한국동양철학회, 2000. 165쪽 참고)

103 『荀子』「勸學」, "禮者, 法之大分, 類之綱紀也."

면 순자의 도덕론에는 '법'과 '류' 그리고 '예'라는 삼단계의 예법이 존재하는 것이다. 법은 간단하게 말하면 성문화된 현전의 법규·조례 등을 가리킨다. 그러나 현전하는 성문화된 조리로써 판단하기 어려운 사건은 어떻게 처리할 것인가? 순자는 비록 성문화되어 현전하지는 않지만 그것과 동류同類 사건들을 추리하고 유비해보면, 반드시 동류의 사건을 하나로 통괄할 수 있는 도리가 있다고 생각했다. 이것이 바로 '류'이다. '법을 안다'는 것은 현상만을 안다는 것이고, '류를 안다'는 것은 현상의 소이연所以然을 안다[明類]는 것이다.[104] 그러나 명류明類는 동류의 사건에만 유효할 뿐 그것과 다른 류[異類]의 사건에는 유효하지 않을 수 있다. 따라서 진일보하여 모든 '류'를 통괄할 수 있는 지식의 조리를 이해해야 하는데, 그것이 바로 통류, 즉 강기에 대한 인식이다. 이처럼 순자는 지각주체인 심의 부단한 적습 과정을 통하여 법과 '류', 더 나아가 모든 류를 통괄할 수 있는 동류를 인식할 수 있다고 한다. 그러나 심의 적습은 단순한 지식의 양적 확장도 아니고, 단순한 반복의 과정도 아닌 하나의 맥락을 근거로 좀 더 확장하고 심화하면서 지식의 계통을 정밀하게 하는 과정이다.

이상은 순자 철학에서 심과 성 그리고 예의에 관한 개괄적인 서술이다. 이중에서 순자 문도론에 핵심적인 영향을 끼친 것은 바로 예의이다. 순자에 의하면, 이 예의는 모든 사람들이 심이라는 지각주체를 통하여 인식할 수 있지만, 예의를 제정하는 주체는 문화의 전통 속에 존재하는 성인들이다. 성인의 생명을 한마디로 축약시켜 말하면 바로 도덕이성의 현현이라고 할 수 있을 것이다. 순자 문도론에서 문은 바로 이러한 성인

---

104 『荀子』「不苟」, "知則明通而類."

의 도덕생명을 수록한 오경을 표준으로 삼아야 하고, 성인의 생명을 통하여 증명해야 하기 때문에 유가의 도덕철학과 독립적인 문론을 예설豫設하기가 이론적으로 불가능하다.

2) 순자의 문도론

곽소우는 『중국문학비평사』에서 맹자와 순자의 차이를 다음과 같이 말한다. 맹자가 '시'를 주로 하고, 순자가 '문'을 주로 하여 각각 한 면에 집중했지만 순자 문론은 공문孔門에서 나온 것으로 후에 문도 합일의 문학관에서 전통적인 권위를 얻었다. 또한 순자는 문을 논하면서 공자와 마찬가지로 상문보다는 상용에 치우쳤지만, 결코 상문의 태도를 홀시하지는 않았다. 이것이야말로 공자 문하에서 견지하고 있는 문도관의 상용·상문과 일치하는 것이다. 따라서 도통의 측면에서 보면 맹자가 공자의 도통을 전승했지만, 문도론에서 보면 순자가 정통을 얻었다고 할 수 있다. 사람들은 한 대 유학이 순자에서 나오고, 송 대 유학은 맹자에서 나왔다고 한다. 그러나 문학비평 입장에서 보면, 한 대 문인들이 시를 이해함에 있어 그 방법론은 맹자에서 나온 것이고, 송 대 유자들의 문론 종지宗旨는 순자의 문도관을 근본으로 한 것이다.[105]

먼저 순자의 문학관을 살펴보고, 다음 군자의 도와 '문'에 관한 순자의 인식을 서술하고서 '명도'·'징성'·'종경'을 중심으로 순자 문도론의 핵심을 논의할 것이다. 순자는 문학에 대하여 다음과 같이 말한다.

---

105 郭紹虞, 『中國文學批評史』「上」, 36쪽.

> 사람이 학문을 하는 것은 마치 옥돌을 쪼고 가는 것과 비슷하다. 『시경』에서도 '깍고 다듬고 쪼고 간 듯하다'고 했는데, 이는 학문을 말한 것이다. 화씨의 벽은 본래 정리라는 시골 마을의 문지방돌이었는데, 옥공이 그것을 쪼고 다듬어 천하의 보물이 되었다. 자공과 자로는 본래 시골 사람이었는데 학문을 닦고 예의를 익혀 천하의 명사가 된 것이다.[106]

이곳에서 순자는 비록 문학文學을 말했지만, 문학은 현대적 의미의 문학이 아닌 광의적 의미로서의 학술을 지칭한다. 그러나 필자는 이곳에서 순자가 철저하게 가공과 학습이라는 후천적 노력을 중시했다는 점에 주목한다. 화씨의 벽도 옥공의 가공이 없었다면 그저 문지방돌에 지나지 않았을 것이고, 자공과 자로 역시 공문에서 예법과 학문을 배우지 않았다면 그저 향촌의 촌부로 세상을 떠났을 것이다. 순자가 비록 예를 통류로 내세웠지만, 이 예의지통 역시 성인들의 후천적인 학습으로 이루어진 산물이다. 이처럼 순자가 후천적인 학습을 강조했다면 비록 도와 문 사이에 도가 본이고, 문이 말의 지위를 차지한다고 할지라도 문의 수식과 꾸밈에 대해서 일정부분 긍정적인 태도를 취했을 것이라고 추측해 볼 수 있을 것이다. 순자는 「예론」 편에서 다음과 같이 말한다.

> 성이라는 것은 본래 재질이 투박한 것이고, 위僞라는 것은 문리의 융성함이다.[107]

---

106 『荀子』「大略」, "人之於文學也, 猶玉之於琢磨也. 詩曰, 如切如磋, 如琢如磨, 謂學問也. 和之璧, 井里之厥也, 玉人琢之, 爲天子寶. 子贛季路, 故鄙人也, 被文學, 服禮義, 爲天下列士."

이곳에서 순자가 말한 문리文理[108]는 후천적인 인위, 즉 꾸밈을 의미한다. 순자는 투박한 본성을 변화시켜 위僞를 일으켜야 함을 강조했는데, '위'는 곧 꾸밈의 융성함이다. 다시 말하면 성에 후천적인 '위'가 가해지지 않으면 성 스스로 자신의 모습을 아름답게 드러낼 수 없는 것처럼 도 역시 문에 의한 문식이 없다면 도의 가치가 명확하게 드러나기 어려울 것이다. 때문에 순자는 "군자는 완전하지 못하고 정수精粹하지 못한 것은 아름답다고 하기에 부족하다는 것을 알아야 한다"[109]고 한 것이다. 이곳에서도 '위'가 비록 예의를 근본으로 삼아야 하지만, 그것을 표현하거나 이해함에 있어 인위적인 가공 혹은 문식 역시 아름다움의 경지에 이르러야만 비로소 완전하다는 점을 강조하고 있다. 순자는 송 대 도학가처럼 문에 실리는 도만을 강조할 뿐 문의 작용과 기능 및 가치에 대해서 결코 홀시하는 태도를 취하지 않았다. 그러나 우리는 순자가 강조한 '꾸밈의 융성함'과 '전수全粹'가 위진남북조 시대 변려문의 화염무실과는 전혀 다른 취지임을 분명하게 알아야 한다. 순자는 다음과 같이 말한다.

> 무릇 말이 선왕의 뜻과 부합하지 않고 예의를 따르지 않은 것이면 간사한 말이라고 한다. 비록 말을 잘한다고 할지라도 군자는 이러한 말을 듣지 않는다. 선왕을 본받고 예의를 따르며 학자들을 잘 이해한다고 할지라도 말하기를 좋아하지 않고 말하기를 즐기지 않는다면 결코 좋은 선비가 될 수

---

107 『荀子』「禮論」, "性者, 本始材朴也, 僞者, 文理隆盛也."

108 이곳의 문리文理를 조리條理로 번역하기도 하지만, 조리로 번역하면 융성함과 어울리지 않는다. 외적인 꾸밈으로 번역하는 것이 순자 철학 전체 구도에 부합한다.

109 『荀子』「勸學」, "君子知夫不全不粹之不足以爲美也."

> 없다. 그러므로 군자는 말을 함에 있어 뜻으로 좋아하고, 행동은 편안하게 하며, 말하는 것을 즐긴다. 그러므로 군자는 말을 잘한다.[110]

이곳에서 순자는 말[言-文]의 중요성을 크게 강조하고 있다. 말은 잘하는 것보다 내용이 더 중요하다. 말의 내용은 성인의 도, 즉 예의이다. 그 말에 예의의 도가 담겨져 있지 않으면 아무리 화려한 달변이라고 할지라도 군자는 그것을 경청하지 않는다. 즉 화염무실한 언어와 문장은 아무런 가치가 없다. 그러나 선왕의 도리를 따르고 예의를 학습한다고 할지라도 그것을 표현하는 언어나 문장이 아름답지 못하면 도리를 멀리 전할 수 없으니 반드시 말[문]에 힘을 써야 한다. 이것 역시 '상문'의 태도이다.

이처럼 순자는 상용과 함께 상문을 중시했는데, 그렇다면 순자가 상문의 태도를 취한 진정한 목적은 무엇인가? 다음 눈상을 보면, 순자가 취한 상문의 목적은 문의 심미성에 있는 것이 아니라 효용에 있음을 알 수 있다.

> 군자의 말은 깊이 들어갔음에도 한결같고, 몸을 숙이고 나아가도 다른 사람에게도 잘 적용되며, 들쭉날쭉한 것 같지만 정연하다. 그들은 그 명칭을 올바르게 사용하고, 말을 합당하게 하며, 자신의 생각과 뜻을 분명하게 드러내는 데 힘쓴다.[111]

---

110 『荀子』「非相」, "凡言不合先王, 不順禮義, 謂之姦言, 雖辯, 君子不聽. 法先王, 順禮義, 黨學者, 然而不好言, 不樂言, 則必非誠士也. 故君子之於言也, 志好之, 行安之, 樂言之. 故君子必辯."

이곳에서 순자는 "자신의 생각과 뜻을 분명하게 드러내는 데 힘쓴다[以務白其志義者]"고 했다. 군자는 말을 통하여 자신의 생각과 뜻을 분명하게 드러내야 하는데, 군자의 생각과 뜻은 바로 도 이외 다른 것이 아니다. 따라서 군자가 말[言-文]을 통하여 자신이 체득한 도의 세계를 분명하게 표현하려면 말을 포함한 문에도 일정한 노력이 필요하다.

『순자』에 '문으로써 도를 밝힌다'는 문이명도文以明道'라는 말은 출현하지 않는다. '문이명도'는 당송 고문가에 의하여 구체화되지만 그 대체적인 의미는 이미 순자와 양웅에 의하여 확립되었다. 순자는 '말은 뜻을 온전하게 드러낼 수 있다'는 '언진의言盡意'의 입장을 견지한다. 순자는 「악론樂論」에서 "사람은 도리, 목소리와 행동 그리고 본성 작용의 변화가 모두 이곳에서 온전하게 발휘된다"[112]고 했다. 이곳에서는 주로 음악을 말하고 있지만, 음악 역시 문의 범주에 속하는 것이기 때문에 '문이명도'에 적용할 수 있다. 문은 도를 온전하게 밝힘에 있어 결코 없어서는 안 되는 통로이다. 비록 밝혀야할 대상이 도이고, 문의 존재 목적 역시 명도에 있지만, 문이 정묘하지 못하고 질박하거나 투박하면 "말에 꾸밈이 없다면 그 말은 멀리 가지 못할 것이다"[113]는 『좌전』의 말처럼 도를 온전하게 드러낼 수 없을 것이다. 따라서 성인은 도를 문에 내재시키면서 문의 표현에도 노력을 하지 않을 수 없는 것이다. 순자가 강조한 "자신의 생각과 뜻을 분명하게 드러내는데 힘쓴다[以務白其志義者]"가 바로

111 『荀子』「正名」, "君子之言, 涉然而精, 俛然而類, 差差然而齊, 彼正其名, 當其辭, 以務白其志義者也."

112 『荀子』「樂論」, "人之道,聲音動靜性術之變盡是矣."

113 『左傳』「襄公 25年」, "言之無文, 行之不遠."

이 의미이다.

순자 철학에서 예의는 강기로서 모든 도덕실천의 근본적인 표준이 된다. 『순자』에 대도大道라는 용어가 가끔 출현하지만, 이 대도 역시 성인이 제정한 예의 이외의 다른 것이 아니다. 순자는 "대도라는 것은 만물을 변화시키고 완성하는 근거이다"[114]라고 했다. 만일 이곳에 출현하는 대도를 우주론적인 의미로 해석한다면 순자 철학의 본의에서 크게 벗어나게 된다. 순자는 하늘과 인간의 분계를 명확하게 나눈다. 이것이 바로 천인지분天人之分이다. 그리고 하늘의 역할은 만물을 생성하는 것이고, 인간의 역할은 주어진 만물을 이용하여 인간의 삶에 유용하게 사용하는 것이다. 이것이 바로 '하늘은 만물을 창생하고 인간은 그것을 이용하여 완성한다'는 천생인성天生人成이다. 순자는 맹자처럼 도덕천이라는 형이상의 실체를 긍정하지 않는다. 그는 자연을 우리에게 주어진 하나의 사실로만 인식할 뿐이다. 따라서 질서 의미와 관련된 대도의 도는 예의지통 외의 다른 것이 아니다. 순자에 의하면 성인은 대도를 깨달은 사람이다.[115] 따라서 대도는 여러 성인들이 서로 전승하면서 이룬 예의의 통, 즉 강기이다.

순자는 "성인은 도의 주관자이다. 천하의 도는 이것을 주관하는 것이고, 역대 제왕의 도가 하나인 것도 이것이다. 그러므로 『시경』·『서경』·『예기』·『악기』의 도 역시 이곳으로 귀일된다"[116]고 했는데, 천하의 도

---

114 『荀子』「哀公」, "大道者, 所以變化遂成萬物也."

115 『荀子』「哀公」, "所謂大聖者, 知通乎大道."

116 『荀子』「儒效」, "聖人也者, 道之管也. 天下之道管是矣, 百王之道一是矣, 故詩書禮樂之歸是矣."

와 역대 제왕의 도는 모두 성인에게 귀일되고 다시 시서예악을 통하여 다시 드러난다. 성인은 도를 제정하고, 도를 소통시키며, 도를 전승하는 핵심적 주체이다. 따라서 문이 문으로서 존재할 수 있는 가치를 확보하려면 반드시 성인의 도덕생명을 증거로 삼아야 한다. 이것이 바로 징성徵聖이다. 때문에 순자는 "모든 언론은 성왕을 표준으로 삼아 시비를 분별해야 한다"[117]고 한다.

또 순자에 의하면, 성인의 도덕생명은 문으로 표현되는데, 이것이 바로 경전이다. 오경은 성인의 도덕생명과 예의[降紀]를 문으로서 표현한 것이기 때문에 도의 구체적인 현현이라고 할 수 있다. 순자는 다음과 같이 말한다.

> 『시』에서 말하는 것은 성인의 뜻이고, 『서』에서 말하고 있는 것은 성인의 일이며, 『예』에서 말하고 있는 것은 성인의 행실이고, 『악』에서 말하고 있는 것은 성인의 조화이며, 『춘추』에서 말하고 있는 것은 성인의 은미한 지향이다.[118]

순자에 의하면 오경은 성인의 도덕생명을 각각의 분야로 나누어 문자로써 표현한 전적이다. 따라서 성인의 도덕생명을 체득하여 예의[綱紀]의 통을 파악하려면 반드시 경전을 근본으로 삼지 않을 수 없다. 이것이 바로 종경宗經이다. 경전이 성인 도덕생명의 집적물이지만, 경전은 분명

---

117 『荀子』「正論」, "凡言議期命是非, 以聖王爲師."

118 『荀子』「儒效」, "詩言是其志也, 書言是,其事也, 禮言是其行也, 樂言是其和也, 春秋言是, 其微也."

히 문의 범주에 속한 작품이다. 따라서 순자에서 도를 담은 문, 즉 경전은 도·성인과 함께 일체의 관계로 정립된다. 도와 성인 및 경전의 삼위일체 측면에서 보면, 순자는 상용과 함께 상문주의자가 분명하다. 그러나 문에 도가 내재되어야만 비로소 문으로서 존재할 수 있다는 입장에서 보면, 순자의 문론은 당연히 상용에 속한다.

4. 양웅의 문도론

문학이론은 문과 관련된 학자들의 주장과 견해이다. 성숙된 문학이론이 출현하려면 하나의 필연적인 전제조건이 있어야 하는데, 그것은 바로 문학발전사에서 문학에 관련된 지식 그리고 창작 등이 일정 수준 누적되어야 한다는 것이다. 한 대는 사상적인 측면에서 보면, 제자백가의 쟁명이 종식되고 유가가 독존의 패권적 지위를 차지했으며, 문학 측면에서도 궁정문학의 대표적 양식인 부賦 그리고 사마천司馬遷의 『사기史記』·반고班固의 『한서漢書』로 대표되는 사전史傳이 발전한 시기였다.[119] 뿐만 아니라 가의賈誼[120]·반고班固·양웅揚雄·왕일王逸[121] 등에 의한 초

119 사전史傳 분야의 저작 출현은 한 대에 역사를 하나의 사실로만 인식하지 않고 사회 현상과 결합시켜 이를 객관적으로 분석하려는 시도를 보인 것이라고 할 수 있다.

120 한 대 문제文帝 때의 학자로서 최연소 박사 칭호를 얻었다. 율령과 관제 및 예악 등을 재정비할 것을 문제에게 여러 차례 주청했지만 받아들여지지 않자 자신의 처지를 굴원에 비유하여 「복조부鵩鳥賦」·「조굴원부弔屈原賦」를 지었다고 한다.

121 후한 안제安帝 시대의 학자이다. 저서로서 부賦·뢰誄·서書·론論 등 모두 21편이 있고, 또 한시漢詩 123수가 있다고 하는데, 대부분 실전되었다.

사楚辭와 굴원屈原에 대한 간략한 비평도 있고, 또 「모시서毛詩序」·『예기』·『악기』와 왕충의 『논형論衡』 등과 같은 초보적 비평서가 출현하기도 했다.[122] 이러한 문학 관련 작품 출현과 비평서 출현은 분명 문학발전사의 측면에서 보면 지식의 축적이고, 문학비평 씨알의 배태기라고 할 수 있다. 그러나 한 대에 가장 유행했던 '부'가 유가라는 이데올로기의 제한을 극복한 상태는 아니었다는 것이 일반적인 중론이다. 다시 말하면 문이 유가의 도덕주의적 지배를 완전히 벗어나지 못한 것이다. 이점은 다음 한 대 문학비평의 대표인 「모시서」의 내용을 보면 어렵지 않게 알 수 있다.

> 시라는 것은 마음이 가는 바를 (말로) 표현한 것이다. 그것이 마음에 있으면 뜻이라고 하고, 말로 표현되면 시라고 한다. 감정이 (마음) 가운데서 움직이면 말로 드러나게 되는데, 말로써 표현하기에 부족하면 감탄이 나오고, 감탄으로도 부족하면 노래하게 되며, 노래로도 부족하면 자기도 모르게 손으로 춤을 추며, 발로 춤을 추게 된다.…치세의 음악은 편안하고 즐겁고, 그 정치 역시 조화롭다. 난세의 음악은 원망하고 분노하며, 그 정치 역시 어그러져 있다. 망국의 음악은 슬픔과 그리움이 가득하고, 그 백성들은 곤궁하다. 때문에 득실을 바로 잡고 천지를 움직이며, 귀신을 감동시키는 것으로 시보다 좋은 것은 없다. 선왕은 시로써 부부를 바로 잡았고, 효도와 공경의 도를 완성했으며, 인륜을 두텁게 하고 교화를 아름답게 했으며, 풍속을 바르게 변화시켰다.[123]

---

122 배득렬, 「유협의 문학사론 札記」, 『인문학지』 제 25집, 충북대학교 인문학연구소, 2002, 55쪽.

여기에서는 시와 노래 그리고 춤을 함께 논하고 있다. 또 시에 대해 정의를 내리고 있으며, 시의 효용에 대해서도 논의하고 있다. 시를 마음이 가는 바를 (말로) 표현한 것으로 정의한 것에 대해서는 특별한 이견이 없을 것이고, 시가 현실을 표현해야 한다는 점에 대해서도 별다른 이견이 없을 것이다. "시라는 것은 마음이 가는 바를 (말로) 표현한 것이다. 그것이 마음에 있으면 뜻이라고 하고, 말로 표현되면 시라고 한다. 감정이 (마음) 가운데서 움직이면 말로 드러나게 되는데, 말로써 표현하기에 부족하면 감탄이 나오고, 감탄으로도 부족하면 노래하게 되며, 노래로도 부족하면 자기도 모르게 손으로 춤을 추며, 발로 춤을 추게 된다"는 말을 분석해보면, 시와 노래 그리고 춤을 종합적으로 표현하는 예술을 논하고 있지만 시에 담겨져 있는 내용, 즉 안락·원망과 분노·슬픔과 그리움 등을 보면 서정적인 내용을 담고 있어 선진 시기의 문학관에 비해 상당히 발전된 모습을 볼 수 있다. 그러나 그 소재가 정치와 윤리에 머물고 있고, 효용성 역시 정치와 윤리를 벗어나지 못해 문학에 대한 독립적 자각성은 아직 분명하게 드러나지 않는다.

양웅은 한 대[西漢]의 대표적인 철학자임과 동시에 문학비평가이다. 그러나 양웅은 중국 철학 발전사보다는 문학사에서 차지하고 있는 지위가 훨씬 높다. 주동륜朱東潤은 "동한 전체에 걸쳐 문학가로는 환담과 반고를 먼저 들고 그 다음으로는 왕충을 든다. 환담과 반고는 모두 양웅을 매우 칭송했고, 왕충의 이론은 환담으로부터 나온 것이다. 그러므로 동

---

123 『毛詩序』, "詩者志之所之也, 在心爲志, 發言爲詩. 情動於中而形於言, 言之不足, 故嗟歎之.嗟歎之不足, 故永歌之. 永可之不足, 不知手之舞之, 足之蹈之也…治世之音安而樂, 其政和. 亂世之音怨而怒, 其政乖. 亡國之音哀而思, 其民困. 故正得失, 動天地, 感鬼神, 莫近於詩. 先王是以經夫婦, 成孝敬, 厚人倫, 美敎化, 移風俗."

한의 문론은 모두 양웅으로부터 나왔다고 할 수 있다"[124]고 했다. 이는 동한 시대 문론 발전사에서 양웅이 차지하고 있는 지위를 잘 표현해주고 있다.

양웅이 활동했던 서한 시대 문학의 주류는 사부辭賦였다. 양웅은 해박한 지식을 소유한 학자였고, 형식적인 틀에 얽매이지 않은 문인이었으며, 특히 사부를 통하여 권세가들에게 풍간諷諫하기를 즐겼다. 뿐만 아니라 순자와 마찬가지로 유학에서 긍정하는 가치관을 존숭尊崇하여 성인의 서적이 아니면 보지 않았고, 그것과 어긋나면 부귀한 것일지라도 추구하지 않았다.[125] 또 당시 사부는 두 방면으로 전개되었는데, 하나는 문학의 입장에서 사부를 논하는 것이고, 다른 하나는 유학의 입장에서 사부를 논하는 것인데, 사부의 대표자인 양웅은 이 두 방면의 사부론을 겸했다고 전해진다.[126] 이처럼 양웅은 문학과 유학 사상을 겸비한 학자라고 인식하고 있지만, 양웅 철학 사상의 정체성에 대해서는 이론이 많다.

필자가 『법언法言』에 수록되어 있는 유가에 관한 양웅의 언설을 살펴보니 공자와 맹자에 대한 그의 존숭 태도는 어느 누구와 비교할 수 없을 정도로 강할 뿐만 아니라 그 태도 역시 일관되게 유지하고 있다.[127] 그러나 또 다른 저서인 『태현太玄』에는 도가와 음양가 사상이 상당히 풍부하

---

124 朱東潤, 『中國文學批評史大綱』 臺北: 開明書店. 1975.(김민종, 「양웅의 문학이론과 그 영향」, 『중국학보』 제 47집, 한국외국어대학교 중국연구소, 2002, 269쪽 재인용)

125 『漢書』「揚雄傳」, "雄少而好學, 不爲章句…非聖哲之書不好也. 非其意, 雖富貴不事也."

126 郭紹虞, 『中國文學批評史』「上」, 65쪽.

127 양웅은 『法言』「吾子」에서 다음과 같이 말한다. "양주와 묵자의 사상이 성행하여 유가의 길을 막자 맹자가 출현하여 그들을 책망하고서 물리쳤다. 그 후로 또 유가 학술의 길을 막는 자가 있으면 조용히 나를 맹자와 비교해보았다[古者楊墨塞路, 孟子辭而辟之, 廓如也. 後之塞路者有矣, 竊自比於孟子.]"

게 내재되어 있다. 때문에 양웅도 한 대 사상가의 일반적인 경향[128]인 반유반도半儒半道의 모습을 보이고 있다.[129] 또 그가 비록 맹자를 추존했지만, 인성론에서는 성선악혼설性善惡混說을 주장하여 맹자도 아니고 순자도 아닌 절충적인 입장을 취한 것 같다. 그러나 엄격하게 말하면 양웅의 '성에는 선과 악이 함께 있다'는 성선악혼설은 '태어나면서 갖추고 있는 각종의 생리적 특성을 본성이라고 한다'는 생지위성生之謂性의 계통에 속한다. 문도론에서는 철저하게 공자를 시작으로 맹자와 순자에 이르고 있는 도본문말道本文末의 입장을 취하고 있고, 더욱 엄격하게 말하면 맹자보다는 순자의 문도론을 전적으로 수용하여 한 대 문도론을 확고하게 정립한다. 후에 유협이 『문심조룡』에 실은 「원도原道」 편·「종경宗經」

---

128 선진의 제자백가 사상이 학술 사상의 독자적 발전기라면 한 대는 종합기라고 할 수 있다. 그러나 종합이라고 해서 일률적으로 그것을 긍정할 필요는 없다. 왜냐하면 종합의 결과가 원만한 형태로 드러났는지 아니면 부조화의 형태로 드러났는지에 따라서 평가가 달라질 수 있기 때문이다. 필자는 한 대에 나타난 유가와 기타 사상과의 종합은 원만하지 못한 모습이었다고 생각한다. 왜냐하면 당시 유가 철학은 음양가와 결합되어 나타났지만, 우주론 중심의 유가 철학은 공자와 맹자 사상의 최대 특성이라고 할 수 있는 도덕규범에 대한 의지의 자율성 긍정이 부각되지 못하였기 때문이다.

129 양웅의 사상을 '반절은 유가이고, 반절은 도가이다[半儒半道]'라고 규정할 수도 있겠지만, 필자의 견해는 이것과 약간 다르다. 물론 『태현』의 내용을 보면 도가와 음양가 사상이 주를 이루고 있음은 부정할 수 없는 사실이다. 그러나 양웅은 『법언』에서 도가를 비롯한 제가 사상에 대하여 매우 독특한 태도를 취한다. 그는 도가와 법가를 비롯한 제가 사상가들이 유가 철학을 비방하는 것에 대하여 큰 불만을 드러냈다. 그러나 노자의 도덕과 장자의 소욕少欲 그리고 추연의 자지自持 등에 대해서는 긍정적인 입장을 취한다. 왜냐하면 양웅은 그것들과 유가 철학의 사상이 서로 충돌하지 않는다고 생각했기 때문이다. 즉 유가에서도 그것들을 수용할 수 있기 때문이다. 그러나 성현을 부정하고 예악을 배척하는[絶聖棄知] 태도에 대해서는 매우 강한 태도로서 비판한다. 따라서 양웅 사상에 도가와 음양가의 성분과 요소가 내재되어 있지만, 그것은 당시 사상계의 일반적인 현상의 영향을 받은 것뿐이기 때문에 그의 사상에서 제가 사상을 유가와 동일한 수평적 지위를 부여해서는 안 될 것이다.

편·「징성徵聖」편의 내용은 양웅에 의하여 계발된 것이다.[130]

그러나 중국문학사에서 양웅은 두 얼굴의 소유자로 평가되기도 한다. 그 이유는 '부賦'의 기능에 대한 그의 입장이 극적인 반전을 이루기 때문이다. 그는 조년早年에는 사부의 공능에서 풍간諷諫을 적극적으로 지지했지만,[131] 만년晩年에 들어서 돌연 적극 반대로 전환한다.[132] 양웅 이전에 부의 풍간 기능에 대하여 양웅처럼 극력 반대한 사람은 없었다. 그렇다면 왜 양웅은 부의 공능에 대한 조만早晩의 입장이 이처럼 상반적인가? 이에 대한 일반적인 인식은 부체賦體가 지닌 과도한 형식미에 대한 양웅의 자각을 든다. 양웅이 처음부터 '부'의 형식미 추구를 반대한 것은 아니었다. 유학의 입장에서 보면 풍간은 단순히 풍간으로 끝나는 것이 아니다. 풍간의 진정한 목적은 교화에 있다. 만일 풍간이 단순히 풍간 자체로만 끝난다면 '부'의 창작활동은 단지 완물상지에 지나지 않을 것이다. 따라서 양웅은 '부'의 창작에서 형식미를 통한 풍간 기능을 찬성했지만, 형식미의 추구에만 안주하고 풍간의 진정한 목적에 이르지 못하자 만년에 부의 풍간 기능에 대한 입장을 전환한 것이다. 그렇다고 양웅이 부의 형식미 추구를 전적으로 반대하지는 않은 것 같다. 단지 지나침을 반대하면서 경각심을 일깨운 것 같다.[133]

---

130 郭紹虞, 『中國文學批評史』, 74쪽.

131 양웅이 부賦를 창작하는 가장 큰 이유는 '부'의 풍간 기능에 대한 자신의 기대 때문이다. 양웅은 '부'를 통하여 풍간의 목적을 달성하려고 했고, 그는 실제로 많은 부를 창작하면서 이러한 풍간의 기능을 적극적으로 실현했다.

132 사실 문학 작품을 통한 풍간 기능의 실현은 사부辭賦에서만 나타난 것은 아니다. 『시경』에 시의 풍간이 많이 실려 있다.

133 그러나 혹자는 양웅이 만년에 '부'의 풍간 기능에 대하여 극적인 반전을 이룬 진정한 이유를 정치적 좌절에서 찾기도 한다(김민종, 「양웅의 문학이론과 그 영향」, 246쪽 참고).

양웅의 문론은 기본적으로 도덕주의적 입장을 벗어나지 않는다. 양웅은 인격[인품]과 예술[문품]을 일치시켜 이해한다. 양웅은 다음과 같이 말한다.

> 그러므로 말은 마음의 소리이고, 글은 마음의 그림이다. 소리와 그림으로 드러나면 그가 군자인지 소인인지 알 수 있다. 왜냐하면 소리와 그림이라는 것은 군자와 소인의 정감이 움직여 드러난 것이기 때문이다.[134]

"말은 마음의 소리이고, 글은 마음의 그림이다"는 것은 마음[인격-인품]과 소리·그림[예술-문품]이 서로 불가분리의 관계에 놓여있음을 말한 것이다. 인격이 예술로 드러난다면, 예술을 통해서도 그 작자의 인격을 충분히 짐작할 수 있다. 때문에 "소리와 그림으로 드러나면 그가 군자인지 소인인지 알 수 있다"고 한 것이다. "왜냐하면 소리와 그림이라는 것은 군자와 소인의 정감이 움직여 드러난 것이기 때문이다."[135]

양웅의 문론은 기본적으로 순자와 동일한 노선을 취한다. 공자와 맹

---

134 『法言』「問神」, "故言, 心聲也. 書, 心畵也. 聲畵形, 君子小人見矣. 聲畵者, 君子小人之所以動靜乎."

135 후에 주희는 군자와 소인에 관하여 약간 다른 표현을 하지만, 기본 입장은 양웅과 같다. "군자와 소인의 지극함이 이미 안에서 정해졌다면 그 밖으로 드러나는 것이 비록 말[言談]과 행동[擧止]의 미묘함이라도 드러나지 않음이 없다. 그런데 하물며 사업과 문장을 지을 때는 더욱 분명하게 드러난다. 저 소인들은 비록 알기가 어려울지라도 어찌 여기에서 벗어날 수 있으리오[君子小人之極旣定於內, 則其形於外者, 雖言談擧止之微, 無不發見. 而況於事業文章之際, 尤所謂粲然者, 彼小人者雖曰難知, 而亦豈得而逃哉? 『朱文公全集』「卷75」]" 이곳에서 주희는 군자 경우에는 인품이 문품으로 분명하게 드러나지만, 소인의 경우에는 분명하지 않다고 한다. 그러나 '벗어날 수 없다'고 하여 드러남의 차이가 단지 정도의 차이일 뿐이라는 점을 강조한다.

자 그리고 순자가 상문과 상용의 대립적 관점에서는 상용을 취하지만, 기타 제가의 입장과 비교해 보면 유가 철학자들은 그들보다 훨씬 강한 상문의 입장을 드러낸다. 양웅도 예외가 아니다. 그는 "옥을 쪼지 않으면 옥패는 이루어지지 않고, 말은 꾸미지 않으면 서적은 막막하여 경전으로 되지 않는다"[136]고 했는데, 이는 분명 상문의 입장이다. 그렇다고 상용과 독립된 상문의 가치를 긍정했는가? 그렇지는 않은 것 같다. 다음 문장을 보면 양웅이 경전에 대하여 어떤 입장을 취하고 있는지를 알 수 있다.

> 어떤 사람이 물었다. "성인의 말씀은 단청처럼 빛이 납니까?" 말했다. "무슨 말인가? 단청은 처음에는 빛이 나지만 시간이 오래 지나면 변한다. (성인의 말씀이) 변하겠는가?"[137]

질문자가 '성인의 말도 단청처럼 시간이 지나면 변합니까'라고 묻자 양웅은 변하지 않고 오히려 시간이 지날수록 더욱 밝아진다는 뉘앙스의 답을 한다. 질문자는 시대의 상황, 역사의 변천에 따라서 성인의 말은 크게 드러나기도 하고, 은몰되어 나타나지 않기도 하기 때문에 성인의 말을 단청에 비유한 것이다. 양웅은 이에 대하여 단호한 태도로서 시대와 역사의 변천과 관계없이 성인의 말은 진리성을 유지한 채 지속된다는 점을 강조한다.

---

136 『法言』「寡見」, "玉不雕, 璵璠不作器, 言不文, 典漠不作經."

137 『法言』「君子」, "或言聖人之言炳若丹青, 有諸. 曰, 吁, 是何言與. 丹青初則炳, 久則渝. 渝乎哉."

양웅에 있어 성인은 순자의 문도론과 마찬가지로 진리[도리]를 체득하여 경전에 수록한 사람이다. 따라서 성인의 말을 표준으로 삼지 않으면 진리성을 확보할 수 없다. 양웅은 다음과 같이 말한다.

> 선왕의 법에 합치하지 않으면 군자는 이를 본받지 않는다.[138]

이곳에서 양웅이 긍정하는 선왕의 법은 바로 순자가 말한 예의지통이다. 그렇다면 양웅이 말한 성인은 구체적으로 누구를 지칭하는가? 그의 마음속에 존재하는 성인은 다름 아닌 공자이다.

> 책을 좋아하면서 공자를 표준으로 하지 않으면 책장수에 불과할 것이고, 말을 좋아하면서 공자를 표준으로 하지 않는다면 이야기꾼에 불과할 것이다.[139]

비록 육경이 공자의 저술은 아니지만, 당시 유자들은 공자의 진리관과 인생관 그리고 도덕생명이 육경 속에 내재되어 있다고 생각했기 때문에 경전을 표준으로 삼는 것은 곧 공자의 생명과 지혜를 표준으로 삼는다는 것과 동일하다. 따라서 모든 문은 반드시 경전을 표준으로 삼아야 한다. 「문신問神」 편에서 말한 "서적이 경전을 표준으로 하지 않으면 서책이 아니고, 말이 경전을 표준으로 하지 않으면 말이 아니다. 말과 서적이 경전을 표준으로 삼지 않으면 대부분 불필요한 군더더기에 불과

---

138 『法言』「吾子」, "不合乎先王之法者, 君子不法也."

139 『法言』「吾子」, "好書而不要諸仲尼, 書肆也. 好說而不要諸仲尼, 說鈴也."

하다"[140]는 말과 "배를 버리고서 강을 건너는 자 없고, 오경을 버리고서 도에 이를 수 있는 자는 없다"[141]는 말은 바로 그의 종경론宗經論을 대표한다.

양웅이 당시 '부'를 창작한 사람들이 지나치게 형식을 추구하기 때문에 만년에 부의 풍간 기능에 대한 입장을 바꾸었는지, 아니면 정치적 좌절로 말미암아 입장을 선회했는지에 대해서는 확정적 주장이 없지만, 그가 만년에 완전히 전통적인 유가 문도론에 입각하여 부[문]를 논했음은 분명한 사실이다. 또한 양웅 이후 동한의 사부辭賦 문학관 역시 유가의 도덕주의적 입장을 탈피하지 못하고 유가 사상에 의하여 문학비평론이 완전히 지배되는데, 이것 역시 양웅의 영향이라고 할 수 있다. 때문에 곽소우는 양웅을 당송 복고주의 문학관의 선하先河라고 한다.[142]

---

140 『法言』「問神」, "書不經, 非書也. 言不經, 非言也. 言書不經, 多多贅也."

141 『法言』「吾子」, "舍舟航而濟乎瀆者, 末矣. 舍五經而濟乎道者, 末矣."

142 郭紹虞, 『中國文學批評史』「上」, 69쪽.

文道

Ⅲ

중국 문학의 자각과 문도관계의 변화기

論

Ⅲ. 중국 문학의 자각과 문도관계의 변화기

위진남북조는 한漢과 수隋 대 사이에 존재했던 중국 역사상 정치·사회적으로 가장 혼란한 시기였고, 종교·문화·예술적으로는 가장 다양한 색깔을 드러냈던 시대였으며, 사상적으로는 유가의 독존 체제가 무너지고 유불도儒佛道 삼교가 병존하였던 시대였다. 잦은 왕조 교체, 그리고 한漢과 호胡[1]라는 이질적 세력의 융합으로 말미암아 하나의 보편적 가치관과 일관된 이데올로기가 장기간 유지되기 어려운 시대였다. 동한 시대부터 약화되기 시작한 유가의 지배력은 위진 시대에 이르러 정치와 교육문화[政教]에 이전의 위상을 발휘하지 못하였다. 정치와 교육문화에서 유가 철학의 위상과 역할 약화는 곧 유가 독존 지위 붕괴를 의미하고, 역으로는 유가의 도를 내용으로 했던 문학과 예술의 독립을 의미하기도 한다. 즉 위진남북조 시대에는 유가가 도교와 불교에 우위를 확보하지 못했을 뿐만 아니라 유가의 가치관을 종宗으로 삼고 있던 문학과 예술 등 분과학문도 유가의 우산에서 벗어나기 시작했으며, 문학과 예술의 가치 역시 유가의 효용성[尙用] 중심이 아닌 문학과 예술의 본래 속성인 심미성[尙文]에 중점을 두기 시작했다. 때문에 위진남북조 시대를 종교와 문학 예술의 시대라고 칭하기도 한다.

---

1 한漢은 한족漢族, 호胡는 이민족을 의미한다.

위진남북조 시대의 문학과 예술은 비단 양적인 측면에서 전대前代와는 비교할 수 없을 정도로 풍부하고 다양했을 뿐만 아니라 질적으로도 확연한 변화를 초래한다. 즉 이전에 풍부하게 축적된 문예 지식은 비평 대상으로 등장하기에 충분했고, 이것을 근거로 '무엇이 좋은 문예작품인지'를 평가하려는 의식이 발생했으며, 이로 말미암아 평가의 근거, 즉 문학이론이 출현하게 된다.

필자는 이 장의 순서를 다음과 같이 전개하고자 한다. 먼저 위진 시기 대표적 문학이론가인 유협의 문도론을 논하기 전에 '문학이론 출현의 조건과 성숙'을 논하고, 다시 '문도관계 변화의 정치와 사상적 배경'을 서술한 후에, 위진남북조를 '덕화의 심미에서 자연의 심미주의로 전이하는 문예사조의 변화기'로 규정하고서 위진남북조 시대 문론의 개괄적 특성을 서술하겠다. 그 다음 유협 문도론의 '사상적 근거'를 논하고, 마지막으로 「원도」와 「징성」 그리고 「종경」 편을 중심으로 유협 문도론의 실상을 분석할 것이다.

1. 문학이론 출현의 조건과 성숙

앞에서 필자는 이미 선진 시기 대표적 학술사상[顯學]인 유가와 도가 그리고 묵가 중에서 왜 문학이 오로지 유가의 도와 연계되어 발전했는지에 관하여 해설했다. 도가는 노자의 "도를 도라는 말로 표현하면 진정한 도라고 할 수 없다[道可道, 非常道]"는 말에서 알 수 있듯이 기본적으로 반문反文의 형태를 취한다. 묵가 역시 상문이 아닌 질박주의[尙質-尙用]를 표방하기 때문에 문식이라는 꾸밈이 없을 수 없는 문학에 대해 적극적 가치를 긍정하기 어렵다. 오로지 유학만이 도가와 묵가에 비해 상대적으로 상문의 입장을 취하기 때문에 선진 시기 문학 비평과 이론은 유학과 관련되어 진행될 수밖에 없었다. 서한西漢 시기에 이르러 유학이 독존의 지위에 오르자 문학에 대한 유가의 제한은 극성했지만, 서한의 유학은 경학經學과 훈고訓詁 중심으로 진행되었을 뿐 새로운 유학 사상의 창출은 부재했다. 때문에 문학에 대한 유학의 지배는 시간이 지날수록 약화될 수밖에 없었다. 이점은 양한 시대에 문文과 학學 그리고 문학과 문장을 서로 분리하여 말하기 시작한 것만으로도 미루어 짐작할 수 있다. 이러한 추세는 위진남북조에 이르러 더욱 심화되었고, 심지어 한대 유학자들이 진력했던 훈고와 장구의 학술마저도 지식인들의 관심을 끌지 못하자 유가 철학이 내세웠던 도의 위력은 이전과는 비교할 수 없을 정도로 약화되었다.

뿐만 아니라 이 시기에 이르러 문학과 관련된 지식이 상당히 축적되었고, 순수문학의 학술 발전을 저해했던 유가 학술마저 위축되자 정식으로 다른 학술과 독립적인 문학이라는 개념이 본격적으로 유행되기 시작했다.[2] 굳이 중국 근현대의 학자인 노신魯迅이 위진 시기를 '문학의 자각시기'[3]라고 규정한 것을 빌리지 않더라도 이 시기는 거의 대부분의 중국문학사와 연구자들에 의하여 '문학의 자각시기'로 규정된다. 비록 한 대에 문학과 관련된 지식이 상당히 풍부하게 축적되었지만, 엄격하게 말하면 한말까지 문학은 유가 가치관의 소재인 도를 표현하는 도구[載道-明道]로 인식되었다. 한 대의 문사文士들은 대부분 배우와 동일하게 취급되어 군주들의 비위를 맞추기에 급급했다는 사실만 보더라도 문학의 지위가 매우 열악했음을 알 수 있다. 이러한 현상은 위魏 문제文帝인 조비가 "문장이라는 것은 나라를 다스리는 위대한 일이요, 영원히 썩지 않을 성대한 일이다"[4]라는 주장을 하면서 문학의 지위가 변화되기 시작한다. 전영란은 이러한 문학사조가 형성된 것에는 두 가지 사회 상황이 크게 영향을 끼쳤다고 한다. 하나는 계속되는 전란과 정쟁의 내분으로 말미암아 민생이 도탄에 빠지고 보편적 가치관이 몰락한 시대환경이고, 다른 하나는 유학의 쇠퇴와 함께 등장한 도가와 불가의 성행이 가져다준 사상의 전변轉變이다.[5]

유가 철학사에서는 이러한 위진남북조 문도관계의 변화를 도의 몰락, 즉 문학 가치관의 붕괴로 볼 수 있을 것이다. 그러나 필자의 생각은 다

---

2 郭紹虞, 『中國文學批評史』「上」, 14쪽 참고.

3 魯迅, 「魏晉風度及文章與藥及酒之關係」, 『魯迅全集』 第3卷, 北京: 人民文學出版社, 1993, 504쪽. 배득렬에 의하면, 노신이 말한 '자각'은 신新의 의미와 일치한다. 즉 노신은 비록 위진 시기 이전에 문학과 예술이 없었던 것은 아니지만[詩·辭·賦·書法·音樂·彫塑 등 각종 예술] 예술을 위한 예술 측면에서 보면 위진 이전의 예술은 순수한 예술이 아니라 단지 정치·예교의 부속물 지위에 지나지 않았다.

4 『典論』「論文」, "蓋文章, 經國之大業, 不朽之盛事."

5 전영란, 「도잠과 유협의 문학관 비교 연구」, 『중국어문학』 제 8집, 영남중국어문학회, 1998, 30쪽 참고.

르다. 어떤 시대에도 그 시대의 구성원들이 보편적으로 지향하는 시대의 가치 혹은 정신이라는 것이 존재한다. 시대의 가치와 시대정신에는 당시 사람들의 인생 가치와 사회 질서 그리고 우주 모든 현상에 대한 자각과 각성이 내재되어 있다. 따라서 그러한 현상의 변화를 유학의 입장에서만 평가하는 것은 편협한 시각이다.

위진 시기 대표적 문학비평 이론서로서 유협의 『문심조룡』을 든다. 이것 외에 육기陸機의 『문부文賦』, 종영鍾嶸의 『시품詩品』, 소통蕭統의 『문선文選』, 서릉徐陵의 『옥대신영玉臺新詠』 등의 비평 이론서가 있다. 그렇다면 왜 위진 시기에 출현한 문론을 진정한 의미의 문학이론비평이라고 하는가?

첫째, 문학이론이 가능하려면 문학의 존재가치가 어떤 것으로부터 독립해야 한다. 선진과 양한 시기처럼 문이 유학의 도를 싣는 도구로서만 존재 의미를 갖는다면, 문학이론 역시 도에 의하여 결정될 뿐 문 자체로는 결정될 수 없다.[6] 극단적으로 말하면 효용성이 바로 문의 존재 근거 혹은 목적인 것이다. 따라서 도와 독립된 문론이 존재할 수 없다. 문이 도로부터 독립하여 문 자체적으로 존재의 이유와 목적을 가질 때 비로소 문과 관련된 세부적 이론[본체론·문체론·창작론·비평론 등]이 출현할 수 있다. 다시 말하면 문학이란 무엇인가? 문학은 어떻게 하는 것인가? 문학이 궁극적으로 추구하는 가치는 무엇인가? 문학적 작품은 어떤 방법으로 읽고 또 무엇을 표준으로 좋음과 나쁨을 평가하는가? 이곳에서

---

6 예를 들어 문학이론과 비평에는 반드시 평가라는 범주가 있는데, 문文의 존재가치가 문文이 아닌 이질적인 도道에 의하여 결정된다면, 문文의 평가 기준은 문文이라는 범주에서 논의할 수 없다. 따라서 문文의 독립성이 확보되지 않으면 문학이론과 비평은 근본적으로 출현할 수 없다.

비로소 문학이론과 비평론이 등장하는 것이다.

둘째, 문학과 관련된 다양한 문학적 지식이 축적되어야 한다. 서로 대비시켜 비교할 수 있는 문학적 경향과 형식 차이 등이 축적되어 있어야 한다. 그래야만 비로소 차이성을 특성화하여 이론으로 정립할 수 있고, 또 종합하여 좀 더 방대하고 체계적인 이론이 출현하게 된다.

셋째, 문학비평 의식이 발현되어야 한다. 다양한 비평 의식 출현은 성숙한 문학이론으로 발전되고, 이러한 이론을 근거로 시대정신에 부합하는 작품이 출현하며, 이러한 지속적인 작품의 출현은 또 다른 문학이론을 촉발시켜 새로운 시대정신과 함께 어울려 문의 풍격을 제고하게 된다.[7]

위진남북조 시기에 중국 문학자들은 이전의 풍부한 문학적 경험을 토대로, 정치적 사상적 변화라는 현실에서 인간 존재와 세계에 대한 새로운 인식을 하게 되었고, 이러한 인식 변화로 말미암아 자연스럽게 인간의 이성을 소재로 한 보편성보다는 감정을 소재로 한 개성 표현이 중시되었으며, 문학 역시 보편적 가치를 추구하기보다는 개성 표현을 통한 창작이 발전하게 되었다. 창작은 자연스럽게 비평을 수반하고, 비평은 하나의 이론적 근거를 요청하기 때문에 창작과 비평 그리고 이론은 하나의 트라이앵글로 구성되어 유기적 발전을 이루는데, 이러한 현상은 위진남북조 시기에 이르러 만개된다.

---

7 배득렬, 「劉勰의 문학사론 札記」, 52–53쪽 참고.

2. 위진남북조 문도 관계 변화의 정치적 배경

위진남북조 시대에 문학이 비약적인 성장을 하게 된 배경에는 잦은 왕조 교체로 인한 정치적 혼란과 호한胡漢의 교류로 말미암은 개방적 성격의 문화 유입 등이 있지만, 반면적인 영향으로 귀족[8] 문화의 발달로 말미암은 화염무실의 문풍文風 조장도 핵심 원인 중 하나이다.

위진남북조 문도관계 변화의 정치적 배경을 살피려면 후한 말기의 삼국[魏·蜀·吳]까지 소급해야 한다. 삼국의 등장은 황건적의 난과 밀접한 관련이 있다. 황건적의 난이 발발하자 한 제국은 왕조 자체적인 역량으로 이를 진압할 수 없게 되었다. 왕실 약화는 곧 지방 호족들이 군벌로서의 자치적 역량을 확보할 수 있는 기회를 제공한다. 황건적의 난 그리고 외척과 환관의 정쟁, 이로 말미암은 하진何進·원소袁紹·동탁董卓 세력의 전횡 등 한 말기 왕조는 제국으로서의 위상을 완전히 상실했고, 군소 군벌들이 이합집산을 통하여 전국을 분할 통치하게 되었다. 이러한 일련의 과정을 통하여 조조의 위魏와 유비의 촉蜀 및 손권의 오吳라는 삼국 정립시대가 도래했다. 그 후 조조의 아들 조비는 후한의 마지막 황제 헌제獻帝로부터 선양을 받아 황제의 지위에 오르자 유비와 손권 역시 뒤따라 황제라고 칭하였다. 위 왕조 제 3대 황제인 명제明帝 때 대장군 사마의司馬懿는 위 왕조의 전권을 장악하게 되었고, 그의 두 아들 사마사

8 위진 시대는 기본적으로 호족 세력을 기반으로 성립되었기 때문에 신분질서가 매우 엄격했다. 이 시기 호족을 중심으로 한 지배 계급들은 사마씨 정권의 골육상잔 시기에도 특권계층 지위를 확립하여 사치와 향락을 일삼았다. 무제 시기에 하증何曾과 왕개王開 및 석숭石崇 등의 사치는 당시 귀족계급의 향락이 얼마나 극심했는지를 단적으로 보여준다. 역사가들은 이 시기의 귀족과 정치인을 중국 역사상 가장 부패한 정치계급이라고 평한다.

司馬師와 사마소司馬昭는 사마의의 권력을 계승하여 촉한을 멸망시켰다. 그중 사마소는 그 공로로 인하여 20개 군을 거느리는 진왕晉王이 되었다. 그후 그의 장자인 사마염司馬炎은 조비가 헌제에게 선양을 받았던 방식을 그대로 벤치마킹하여 황제 지위를 양위 받아 AD 265년에 진晉 왕조를 수립하는데, 이 사람이 바로 진 무제武帝이다.

무제는 황제 자리에 오르자 AD 280년에 오를 멸망시키고 명실상부한 전국 통일 왕조를 수립한다. 무제는 집권 초기에 화북지방을 중심으로 지배계급을 정비하고 질서를 확립하려고 노력했으며, 농업을 부흥시켜 민생 안정에 진력하는 모습을 취한다. 그는 또 사마씨 일족 여러 명을 왕으로 봉하여 봉토를 하사했고, 약 5천 호에서 2만 호에 이르는 호구를 나누어주었으며, 지방 군부 병력까지 통솔하게 하여 왕조의 울타리[藩] 역할을 하게 했다. 이는 주대周代 봉건제의 새로운 등장이었다. 그러나 이러한 무제의 정책은 진왕조의 몰락을 초래하는 정치적 실수였다. 왜냐하면 진왕조의 붕괴는 여덟 명의 왕[八王-藩]으로부터 시작되었기 때문이다[8王의 亂].

여기에 무제가 초기의 개혁 정신을 망각하고 향음에 빠지자 이 기회를 이용하여 외척 양준楊駿이 전횡하였고, 그후 황태후 양씨와 황후 가씨賈氏가 권력 다툼을 벌이다 여덟 명의 왕[八王] 중에서 여남왕汝南王과 초왕楚王의 지원을 받은 가황후가 승리했다. 그러자 무제의 숙부인 조왕趙王이 거병하여 황후 가씨를 죽이고, 나아가 황제를 축출하고서 자신이 황제의 지위에 오르자 다른 제왕諸王들이 거병하여 서로 싸우는 골육상잔의 비극을 초래한다. 이것이 바로 서진 멸망의 결정적 원인인 8왕의 난이다. 이 난의 과정에서 여러 왕들은 군사적 우위를 차지하려는 욕망에서 북방 유목 민족의 무장병력을 이용했고, 서진西晉이 멸망하자 북방 유목민족들은 화북 이북 지방을 장악했는데, 바로 오호십육국[9] 시대의 서막이었다.

위진과 오호십육국 그리고 동진東晋과 남조南朝의 분열상만을 보면, 무질서와 혼란만이 부각되지만, 오호십육국 시대는 '한漢'과 '호胡'의 문화가 서로 교류 융합하면서 새로운 문화체계를 정립한다. 역대의 문화흐름을 살펴보면, 대체로 한족은 농경문화를 바탕으로 수구주의적 형태를 취한다. 반면 유목민족들은 개방적 성격을 취하는데, 이러한 호와 한의 이질적 문화교류는 문학의 개성 표현 그리고 비평의식의 다양성 등에 지대한 영향을 끼친다. 따라서 위진남북조를 한족의 시각에서 보면 문화의 혼란기로 규정할 수 있지만, 국제적인 시각에서 보면 문화의 발전기로도 볼 수 있다. 이러한 호와 한의 교류는 수당 시대에 이르러 국수주의로 전환되어 한유와 유종원을 중심으로 한 고문운동이 일어났고, 다시 오대십국五代十國에서는 국제주의적 개방성이 드러났으며, 또 다시 한족 왕조인 송 대에 이르러 국수주의로 전환되어 구양수와 소식을 중심으로 한 고문운동과 주돈이·장재·정호·정이·주희 등의 도학가들이 등장하여 고문운동가보다 더욱 폐쇄적인 문도론을 내세운다.

위진남북조 시대 화북 이북 지방의 문화는 질박주의를 내세웠지만, 강남을 중심으로 한 남조에는 화려한 귀족문화가 전개되었다. 그러나 정치 혼란으로 말미암아 당시 문학가를 포함한 사인士人들은 되도록 위험한 중앙정치로부터 이탈하려는 모습을 보였다. 전란의 화禍에서 문인

---

9 서진이 멸망한 후에 화북지방에서는 한족을 포함하여 130년 동안 여섯 민족이 18개 국, 22개의 정권을 수립하는데, 이것이 바로 오호십육국이다. 한족을 제외하고 흉노족·선비족·갈족·저족·강족 이 바로 오호이다. 16국은 최홍崔鴻의 『十六國春秋』에서 유래했지만, 정확하게 16국은 아니다. 이에 대해서는 여러 이설들이 있다.

들도 예외가 될 수 없었기 때문이다. 이 시기에 공융孔融 · 하안何晏 · 혜강嵇康 · 장화張華 · 육기陸機 · 육운陸雲 · 반악潘岳 · 유곤劉琨 · 곽박郭璞, 그리고 남조시기에는 사령운謝靈雲 · 범엽范曄 · 포조鮑照 · 왕융王融 · 사조謝朓 등의 문인들이 정쟁에 희생되었다.[10] 이러한 정치적 혼란기에서 문인들은 때로는 벙어리로 살아가기도 했고, 음주에 빠져 광인狂人처럼 행세하기도 했으며, 향락적인 생활에 취해 자연에 은거하기도 했다.[11]

이러한 상황에서 당시 지식인들이 국가 혹은 사회에 대한 가치관 혹은 실용과 효용의 문제에 비교적 관심을 덜 가지게 된 것은 당연한 결과였다. 또한 당시 위정자들은 정치 방면에서는 한결같이 특별한 업적을 남기지는 못했지만, 문학을 애호하는 행적을 보였다.[12] 이처럼 유학이라는 절대적 이데올로기의 무기력과 정치적 혼란 그리고 군왕들의 문학 애호라는 객관적 상황, 또한 현실적인 실용과 효용보다는 현실도피적인 개인 낭만주의라는 주관적 요소가 가미되어 문학은 처음에는 예교[禮敎-名敎]의 틀을 벗어나 자연주적 경향을 보이다가 나중에는 오로지 귀족다운 교양을 내세울 수 있는 세련된 문학만을 추구하는 화염무실의 나락에 빠진다. 변려문[13]의 유행은 바로 이러한 귀족주의 문화의 부산물이

---

10 전영란, 「도잠과 유협의 문학관 비교 연구」, 31쪽.

11 사마광의 『資治通鑑』에서는 당시 현풍玄風에 취한 문사들의 특성을 방탄放誕 · 종정縱情 · 감주酣酒 · 나정裸裎 · 아원雅遠 등으로 표현한다(『資治通鑑』「卷78」).

12 남평왕南平王 휴현休玄 · 건평왕建平王 홍弘 · 파릉왕鄱陵王 애진愛眞 · 강하왕江夏王 의공義恭 등이 문학을 장려했고, 제齊의 고제高帝 · 양梁의 무제武帝 부자 · 진陳의 후왕後王 등은 남조에서 이름을 떨진 문사들이다(전영란, 「도잠과 유협의 문학관 비교 연구」, 33쪽).

13 변려문은 변체문騈體文이라고도 하고, 간략하게 변문騈文이라고도 한다. 변려문은 일반적으로 대장對仗을 중요시했는데, 그것이 마치 두 필의 말이 나란히 달리고 있는 것과

다. 그러나 필자는 변려문 자체를 부정적으로만 보지는 않는다. 왜냐하면 변려문은 문학 창작의 하나의 형식이기 때문이다. 즉 창작 형식의 출현 자체는 문학 발전사에서 필연적인 소산이다. 그러나 변려문은 당시의 정치적 환경과 현허玄虛·염세厭世·청담淸談·은일隱逸 등의 도불道佛 사상 그리고 이에 편승한 문학적 조류와 어울리면서 지나치게 낭만주의의 유미적 경향으로 치우쳤다. 때문에 한편으로는 위진남북조 유미문학이라는 성취를 이루지만, 다른 한편으로는 화염무실이라는 비평을 받기도 한다.[14]

3. 문도 관계 변화의 사상적 배경

유가 철학 발전사 측면에서 보면, 위진남북조 시기는 외우내환의 시대라고 할 수 있다. 외우에 해당하는 것은 인도로부터 전래된 불교이고, 노장 사상의 재기와 부활은 내환에 해당할 것이다. 불교와 노장 사상은 학술과 종교 양 측면에서 논의가 가능하지만, 일반적으로 불교는 종교, 노장의 도가는 학술로 분류하여 그 영향을 평가한다.

불교는 동한 시기에 이미 중국에 전래되었지만, 초기 모습은 신비적

같다고 하여 '변문'이라고 했다. '변駢' 자는 두 마리의 말이 나란히 수레를 끌며 달린다는 것을 뜻한다. 이러한 문체는 양한 시기의 사부辭賦에도 있었지만, 위진 시기에 하나의 완전한 틀로 형성되었고, 북조 때 크게 유행하여 많은 문인들이 앞 다투어 변려체 문장을 지었다. 변려문의 일반적인 특성은 대구對句·화려한 수식·전고典故를 많이 사용한다는 것이다.

14 유미 문학의 성취는 문학이 도로부터 완전한 독립을 이루었음을 표현한 증거이기도 하다.

도술을 중심으로 한 단순한 종교 형태에 불과했다. 때문에 당시 중국 지식인들에 별다른 영향을 끼치지 못했을 뿐만 아니라 심지어 조롱의 대상이 되기도 했다. 그러나 위진 시기에 불경 번역과 함께 불교는 상당히 빠른 속도로 중국인의 심령을 자극했고, 특히 지식인들에 끼친 영향은 그 정도가 훨씬 방대하고도 심각하게 확대되었다.[15] 불경 번역의 최초 모습은 도가와 분리하여 말하기 어려울 정도로 노장 사상 영향을 많이 받는다. 특히 불교에서 말한 공空과 색色 관념은 이전에 없었던 개념으로 중국인들에게는 생소할 수밖에 없었다.[16] 따라서 도가 철학의 무無와

15 불교는 위진 시기를 거쳐 오호五胡시대에 유교를 누르고 눈부신 발전을 하는데, 이때 서역승의 포교 활약이 두드러졌다. 그들은 오호 군주들과 결합하여 불교의 본래 교의보다는 기적과 영험 그리고 주술적 성격을 내세웠는데, 당시 군주들은 이러한 서역승의 포교 방식을 빌려 자신의 권력을 강화하기도 했다. 서역승 또한 군주와 영합하여 포교 방식을 바꾸었기 때문에 포교에 성공할 수 있었다. 이러한 형태의 불교 포교 활동은 후에 북조 불교가 호국불교 성격을 띠게 되는 단초를 제공한다(신성곤·윤혜영, 『한국인을 위한 중국사』, 도서출판 서해문집, 2005, 148쪽).

16 혹자는 중국 송명리학의 생성에 불교의 영향이 지대했다고 하면서 송명리학을 음석양유陰釋陽儒라고 평가하기도 한다. 이는 중국 학술계에 불교의 영향이 지대했음을 표현한 것인데, 사실 불교가 중국에 전래된 이래 불교에 영향을 끼친 것은 당시의 도가 철학만이 아니고 유가의 영혼도 불교에 상당한 영향을 끼친다. 그중에서 대표적인 것이 바로 중국에서 유행한 불교가 소승이 아니라 대승이라는 점이다. 인도에서 석가모니 입적 후 부파불교 시대가 지나고 대승불교 유신운동이 일어난 대표적인 원인은 당시 불교에서 단멸종자斷滅種子, 즉 모든 중생이 성불할 수 있다는 불교의 근본 교리에 대한 회의가 만연하였기 때문이다. 대승은 진공묘유眞空妙有의 세계관과 불성론佛性論을 내세워 불교 유신운동을 전개했다. 후에 중국에 대승불교가 크게 유행하게 되었는데, 대표적인 원인은 대승불교에서 소승과 달리 모든 중생이 성불成佛할 수 있다는 점을 적극 긍정하였기 때문이다. 불교가 중국에 전래되기 이전 이미 중국에는 '모든 사람은 요순이 될 수 있다'는 맹자의 성선설이 배태되어 있었기 때문에 대승불교의 불성론과 성불론은 중국인들에게 비교적 쉽게 수용된다. 맹자의 인성론과 대승불교의 불성론은 만민평등론의 서로 다른 표현에 불과하다. 또 불교의 계율과 유가 철학에서 강조한 예의 질서, 그리고 불교의 금욕주의적 성격과 욕망에 대한 절제를 강조하는 유가의 천리와 정욕관은 상당한 교집합을 이룬다. 이러한 유사점으로 말미암아 불교의 중국 토착화가 비교적 자연스

유有 관념을 수용하여 공과 색의 세계관을 이해하고 번역하기도 했다. 그러나 불교는 한편으로는 도가와의 융합 과정을 통하여 발전을 지속했고, 다른 한편으로는 불교 자신의 본래 모습을 드러내면서 도가의 속박으로부터 벗어나기 시작했다. 특히 남북조 시기에는 당시 도가의 대표적 학술인 현학玄學의 지위를 넘어 향후 독존의 위용을 준비한다.[17]

위진남북조 시기 불교는 정치의 혼란에 지친 민중과 지식인들의 심령에 피난처와 안식처를 제공했을 뿐만 아니라 당시 세족과 조정 그리고 제왕들에게도 상당한 영향을 끼쳤다.[18] 특히 문학 방면에 끼친 영향은 심대하다고 할 수 있다. 앞에서 서술한 바와 같이 당시 정치 불안은 문사들로 하여금 현실 정치에서 자신의 재능을 발휘하기보다는 종교와 학술에서 정신적인 안녕과 영원성을 추구하려는 경향을 보이게 했다. 불교의 삼법인三法印에서 내세운 연기緣起의 진리를 바탕으로 한 제법무아諸法無我와 제법무행諸行無常의 교리는 당시의 은둔隱遁·염세厭世·청담淸談의 현풍玄風과 일치하여 문사들의 행위와 처세관에 정당성을 제공하기도 했다.

또한 중국 불교의 주류는 대승불교였다. 비록 대승불교와 소승불교의 차이를 여러 측면에서 해설할 수 있지만, 가장 핵심적인 차이는 성불成佛의 가능성을 평등·보편적으로 긍정하는가에 있다. 사실 불성을 근거

럽게 진행된 것이다.

17 실제로 불교는 수당隋唐을 거치면서 중국의 대표적 불교인 선종禪宗이 6조 혜능慧能에 의하여 확립되는데, 이후 중국의 학술계는 이 혜능의 남선종南禪宗에 의하여 완전히 장악된다. 그러한 모습은 송 대 리학 부흥기까지도 지속된다.

18 배득렬, 「文心雕龍對擧概念硏究」, 北京師範大學 博士學位論文, 1997, 18쪽. 이 시기에 불교의 승려와 상류 계급이 서로 교류했다는 기록도 많다.

로 한 만민평등설은 성선을 기초로 한 유가의 인성론과 본질적으로 다르지 않지만, 형식과 공동체의 가치를 중시하는 유가 철학은 이미 민중과 지식인의 주목을 끌지 못했기 때문에 유가의 평등론은 오히려 예교禮教에서 강조하는 차이성에 은몰되었고, 불교의 만민 평등설만이 주목을 받게 되었다. 불교의 만민 평등설은 당시의 문도관에도 영향을 끼쳐 문을 도의 종속으로 인식하는 전통적인 시각을 문과 도의 평등적 관계로 전향하게 했고, 또한 이러한 평등관은 개성 평등으로 확장되어 개성 존중 그리고 더 나아가 심미주의적 문학관을 정립시킨다.

앞에서 말한 바와 같이 유가 입장에서 보면, 불교는 외우에 해당하고, 도가[현학]는 내우에 해당한다. 양한 시대까지 모든 학술의 최고위층을 차지하면서 기타 학술을 압박했던 유가 철학이 몰락하자 학술계에서는 거대한 해방운동이 전개되었는데, 종교 방면에서는 불교가 일반 민중뿐만 아니라 지식인들의 종교의식에도 지대한 영향을 끼쳐 신앙의 대상으로 확립되었고, 도교 역시 종교적인 체계를 확립했지만, 그 세력에 있어서는 불교에 미치지 못했다. 학술 방면에서는 노장 철학이 재기의 움직임을 보였고, 노장 철학으로부터 분열되어 나온 현학玄學의 풍조가 유행하면서 학술계의 주도권을 장악했다.[19]

위진 시기 문학과 문도관계에 가장 큰 영향을 끼친 것은 현학이다. 일반적으로 현학을 노장 철학과 연계시켜 이해한다. 그러나 노사광勞思光

---

19 일반적으로 양한 시대를 유학의 천하라고 하지만, 이는 유학이 정치와 교육의 핵심 이데올로기였다는 의미일 뿐 재야의 민중 이념까지 완전하게 장악했음을 의미하지는 않는다. 노장의 도가 철학은 비록 한 대에 노장의 본래면목을 상실하면서 여러 형태로 분화되기도 했지만, 여전히 민중의 생활 이념에 상당한 영향을 끼치면서 잠복하고 있었다. 위진 시대에 유학의 몰락과 함께 등장한 자연주의적 경향 그리고 보편성의 이성보다는 차이성의 기氣와 재才 및 정情을 중시하는 현풍이 유행하면서 제2의 부활을 한 것이다.

에 의하면, 선진의 도가철학[노장철학]은 한 대에 이르러 세 개로 분열되었는데, 그중 하나가 현학이다. 그러나 현학을 포함한 나머지 두 학파 역시 노장 철학의 참된 모습은 아니고, 단지 변형된 도가 사상의 표현에 불과하다. 노사광은 현학의 근원과 분파를 논하면서 과연 현학을 엄격한 의미의 학술로 분류해야 할지 의문이라고 한다. 그에 의하면, 현학은 본래 확정적인 의미가 없다. 현학은 동한 말기부터 양진[兩晉-西晉과 東晉] 시기 중에 나타난 청담 풍조를 말한다. 청담 풍조는 일종의 생활 태도로서 그 모습은 방탄放誕에 속한 것이었다. 그들의 언론은 청담지사들이 담론한 주요 화제인데, 화제도 일정한 범위가 있었고, 동일한 범위 안에서 나타난 의견과 주장들 역시 대부분 하나의 사상적 경향을 드러내고 있었다. 따라서 이러한 언론들을 하나로 묶어 위진현학魏晉玄學이라고 칭한다. 청담지사淸談之士들은 사승 관계를 구성하지 않았고, 엄격한 의미의 계통적인 학술도 수립하지 않았기 때문에 '이것들을 하나의 학술로 분류해야하는가'[20]라는 의문이 들기도 한다. 국내에서 위진현학에 대한 전문적인 연구를 해온 정세근 역시 '현학은 위진시대의 학문적 경향을 통칭하는 말'이라고 한다.[21]

탕용빈湯用彤은 위진 현학의 대표적 인물을 유가의 예와 연결지어 세 단계로 나누어 해설한다. 현학가들은 대부분 인의를 내용으로 하는 예교[名教]의 속박으로부터 해방을 추구하면서 '자연'을 그들 사상의 핵심 개념으로 내세운다.

1단계, 대표자는 하안何晏과 왕필王弼이다. 이들은 자연을 숭상하지만

---

20 勞思光, 『新編中國哲學史』, 臺北: 三民書局, 1986, 141쪽 참고.

21 정세근, 『위진현학』. 19쪽.

그렇다고 예교의 폐기를 주장하지도 않는다.

2단계, 대표자는 혜강嵇康과 완적阮籍인데, 이들은 자연을 숭상하면서 예교를 철저하게 부정한다.

3단계, 이들은 자연과 예교를 병중하는 입장을 취하는데, 곽상郭象과 향수向秀가 이에 해당한다.[22]

이러한 3단계 과정을 거치면서 현학은 이론 체계를 수립하고, 한편으로는 유가와 논쟁을 전개하였으며, 다른 한편으로는 불가와 논의를 전개하면서 유불도 삼가의 교집합을 형성하기도 하고, 또 다른 측면에서는 현학만의 특색을 드러내면서 당시 학술계에 강력한 영향력을 행사하는데, 그중에서도 문학이론과 비평 그리고 창작에 지대한 영향을 끼친다. 이처럼 현학은 외적인 형식의 틀에 구속당하지 않고, 인생에 대하여 무규정적인 사유와 개성의 초월성 그리고 인성의 자연스러움 등의 자유분방을 긍정하면서 문학 사유의 폭을 넓혀주었다.

현학에는 일정한 사승 관계뿐만 아니라 하나의 계통적인 이론 체계도 부재하다는 점은 역설적으로 무규정적인 학술 형태가 바로 현학의 본질임을 의미하기도 한다. 또한 현학은 기본적으로 노장 사상을 근본으로 하고 있는데, 노장 철학에서는 선善과 악惡·미美와 추醜·고高와 저低·장長과 단短·유有와 무無·전前과 후後의 절대적 차이를 부정한다.[23] 이러한 도가의 세계관과 가치관은 염세厭世·현허玄虛·청담淸談·은일隱逸 등으로 표현된 문사들의 의식과 종합적으로 어울려 문도관에도 그대로 적

---

22 湯用彤, 『湯用彤學術論文集』, 北京: 中華書局, 1983, 301-304쪽 참고.

23 『道德經』「2章」, "天下皆知美之爲美. 斯惡已. 皆知善之爲善, 斯不善已. 故有無相生, 難易相成, 長短相較, 高下相傾, 音聲相和, 前後相隨. 是以聖人處無爲之事, 行不言之敎, 萬物作焉而不辭, 生而不有, 爲而不恃, 功成而弗居, 夫唯弗居是以不去."

용되었다. 이러한 학풍은 도에 의한 문의 구속을 부정하면서 문과 도의 평등, 도로부터 문의 일탈을 촉진시켜 문에 의한 문의 비평 그리고 문을 위한 문의 이론을 탄생하게 했다.

4. 덕화德化의 심미에서 자연自然의 심미로 전이

앞에서 말한 바와 같이 위진남북조 시기는 수많은 왕조 탄생과 몰락 그리고 다양한 민족 이동[胡漢의 교체]으로 말미암아 어떤 특정 이데올로기가 장기간 지속될 수 없는 시기였다. 한 대 이후 정치와 교육의 중심 이념이었던 유교는 이미 선진 시기의 활발발한 인혁因革정신을 상실하였다. 비록 장구章句와 훈고訓詁 그리고 경학經學을 중심으로 명맥을 지속하였지만 위진 시기에는 그것마지도 유지하지 못하고 지나친 형식주의와 허구로 포장되자 더 이상 민중의 관심을 끌지 못했다.

공자와 맹자 및 순자를 중심으로 한 선진 유가 철학에서 미美를 논의하지 않은 것도 아니고, 중시하지 않은 것도 아니다. 필자가 보기에 유가 철학에서는 복福과 덕德 그리고 미美의 개념적 의미는 분리하여 이해하지만, 실질적으로는 삼자가 혼연일체 관계로 놓여 있다. 그중에서도 덕이 복과 미를 결정한다고 할 수 있다. 다시 말하면 유가 철학에서 '좋은 삶[德]'과 '행복한 삶[福]' 그리고 '아름다운 삶[美]'은 서로 유기적 관계로 정립되어 있다. 또 그중에서 '좋은 삶[德]'이 행복과 아름다움을 결정하기 때문에 유가 철학 입장에서 보면 아마 도통의 중심인물, 즉 요·순·우·탕·문·무·주공·공자가 '좋은 삶'·'행복한 삶'·'아름다운 삶'을 산 대표적인 사람일 것이다. 왜냐하면 이들은 안으로는 성인 인격을 완성했고, 밖으로는 정치와 교육을 통하여 성왕의 덕업을 실현했기 때문에 살아서는 민중의 숭앙을 받았고, 죽어서는 종묘에서 흠향의 예를 받았으며, 지금도 사람들에게 사표로서 추앙을 받으니 이보다 좋은 삶·행복한 삶·아름다운 삶을 영유한 사람은 없을 것이다. 공자도 일의 성패득실에 관계없이 완전한 도덕의지인 인심仁心에 따라서 객관적 상황이 좋으면[達] 나아가 자신의 뜻을 펼치고, 처한 상황이 좋지 않으면[窮] 안분수기安分修己하면서 낙도樂道의 생활을 했다. 낙도가 바로 즐거운 삶이고 아름다운 삶이며, 좋은 삶이다. 이처럼 유가 철학에서는 진선미를 하나의 인생 경지로 승화시켜 이해하지만, 성인이라는 덕을 진과 미의 핵심 내용으로 삼기 때문에 진과 미는 사실상 독립적 의미를 확보하기 어렵다. 다시 말하면 유가 철학에서 미는 덕화의 경지에서 발산되는 도덕적 아름다움일 뿐 자연 물상에 대한 정감의 심미는 아니다. 아래의 공자와 맹자의 말을 보면 유가의 미가 도덕이라는 범주에 제한되어 있음을 알 수 있다.

> 자신의 인생 목표를 도의 실현에 두고, 덕을 잃지 않으며, 이러한 경지를 내적인 도덕의지인 인에 의거하여 실현하고, 육예를 함양하면서 인생 경지를 도야한다.[24]

> 무엇을 선이라고 하고, 무엇을 믿음이라고 하는가? (선한 사람과 함께) 하고자 하는 마음을 선하다고 하고, 자신이 선한 덕성을 지니고 있음을 믿음이라고 하며, 충만하게 채워져 있음을 아름답다고 한다. 충만하게 채워져

---

24 『論語』「述而」, "志於道, 據於德, 依於仁, 遊於藝."

있으면서 빛을 발하는 것을 위대하다고 하며, 위대하면서 (하나로) 승화시킨 사람을 성인이라고 한다.[25]

공자에 의하면, 인생의 마지막 경지는 "육예를 함양하면서 인생 경지를 도야하는 것"이다. 그러나 그 이전 조건이 모두 도와 덕 그리고 인의 실현이다. 따라서 육예를 통한 인격 도야 역시 도덕 범주를 벗어나지 않는 문예활동이다. 맹자는 "충만하게 채워져 있음을 아름답다고 한다. 충만하게 채워져 있으면서 빛을 발하는 것을 위대하다고 하며, 위대하면서 (하나로) 승화시킨 사람을 성인이라고 한다"고 했다. 맹자에 의하면, 충실함이 곧 미의 내용인데, 충실의 대상은 다름 아닌 선善과 믿음[信]이라는 덕성이다.

위진 초기까지만 해도 문학과 철학 그리고 예술이 서로 독립적인 영역을 확보하지는 않았다. 대부분 동일한 내용을 공유하면서 표현만 다른 것으로 인식하고 있었다. 그러나 점차 이성 중심으로부터 개성 긍정과 존중으로 발전하면서 문이 도로부터 일탈되고, 문의 주체[情과 氣]와 내용 역시 다양하게 전개된다. 주체로는 이성이 아닌 정情과 기氣가 중심이 된 심미주체가 등장하고, 내용 역시 덕화 범주에서 벗어나 자연의 물상으로 확대된다. 뿐만 아니라 인간 심리 그리고 사회 현상에 대해서도 문예에 대한 새로운 인식을 근거로 다양한 언어 표현으로 드러내려는 창작물이 출현했다. 그들이 추구하는 문예의 아름다움은 더 이상 도덕을 내용으로 하는 인격완성에 구속당하지 않는다.

---

25 『孟子』「盡心下」, "何謂善 何謂信. 可欲之謂善, 有諸己之謂信, 充實之謂美, 充實而有光輝之謂大, 大而化之之謂聖."

앞에서 필자는 이미 위진 시기 현학가들은 대부분 예교[禮教-名教]의 속박으로부터 해방을 추구하면서 '자연'을 그들 사상의 핵심 개념으로 내세운다는 점을 밝혔다. '자연'이 철학의 중심 개념으로 등장한 것은 노자의 『도덕경』이 시작이다. 현학의 자연이 노자의 자연과 완전하게 일치하는 것은 아니지만, 노자의 자연으로부터 파생 혹은 변형된 개념인 것만은 분명하다.

또 혹자는 노자가 도道와 자연自然 그리고 무위無爲를 강조했기 때문에 '자연'을 도가의 전유물로 인식할 수도 있지만, 유가 철학에도 유사한 개념은 존재한다. 즉 자연이라는 용어에 포함된 의미는 다를지라도 유가 철학에서도 자연과 동일 의미로서 천지만물이라는 용어를 사용하고, 자연 원리로서 천리 혹은 천도를 사용한다. 도가에서 제시한 도와 유가에서 긍정한 천도의 외연 혹은 개념적 의미는 동일하다. 무한자이고, 보편자이며, 초월적 형이상자이다. 유가 철학에서는 도를 인륜 질서와 천지만물 운행에 모두 적용하지만, 기본적으로 인륜의 질서 원리에서 출발하여 천지만물 원리로 확장한다. 다시 말하면 인간의 생활규율과 질서가 자연의 질서와 일치한다고 생각한 것이다. 이점은 맹자의 진심盡心과 『중용』의 진성盡性에서 잘 드러난다. 맹자는 다음과 같이 말한다.

> 측은한 마음이 없으면 진정한 인간이 아니다…옳고 그름을 분별하는 마음이 없으면 진정한 인간이 아니다.[26]

> 그러므로 성誠이라는 것은 하늘의 도이고, 성誠을 자각하는 것은 인간의

26 『孟子』「公孫丑上」, "無惻隱之心, 非人也…無是非之心, 非人也."

도이다.[27]

이곳에서 맹자는 인간의 존재 근거를 도덕으로 규정한다. 뿐만 아니라 도덕적 자각주체인 심을 확장하여 인간의 존재근거인 성의 의미를 확정하고, 더 나아가 천지만물의 원리인 천天의 의미를 규정한다. 이것이 바로 "자신의 본심을 다하는 자는 본성을 알 수 있고, 본성을 알 수 있으면 천도를 알 수 있다"[28]는 말의 의미이다.

맹자가 말한 '진盡'은 실천을 통한 확충의 의미이다. 확충의 주체는 무엇인가? 확충의 주체는 다름 아닌 사단지심四端之心을 내용으로 하는 도덕심이다. 도덕심은 어떤 작용을 갖추고 있기 때문에 성을 알 수 있고[知性] 천도를 알 수 있는가[知天]? 그것은 바로 배우지 않아도 할 수 있는 양능良能과 사려하지 않아도 알 수 있는 양지良知 때문이다. 이처럼 인간뿐만 아니라 천지만물, 그리고 천지만물 변화와 운행의 제일 근거인 천도 역시 도덕심에 의하여 의미가 부여된다. 때문에 맹자는 "만물이 나에게 모두 갖추어져 있으니 자기를 뒤돌아보고 성찰하여 진실 되게 하면 즐거움이 이보다 더함이 없을 것이다. 노력하여 자기를 미루어 남에게 미치게 하면 인仁을 추구함에 있어 이보다 더 가까운 것은 없을 것이다"[29]라고 한 것이다. "만물이 모두 나에게 갖추어져 있다"는 말은 바로 도덕주체의 무한성을 표현한 것이다.

『중용』「1장」에서는 "하늘이 명한 것을 본성이라고 한다[天命之謂性]"

---

27 『孟子』「離婁上」, "是故誠者, 天之道也. 思誠者, 人之道也."

28 『孟子』「盡心上」, "盡其心者, 知其性也. 知其性則知天矣."

29 『孟子』「盡心上」, "萬物皆備於我矣. 反身而誠, 樂莫大焉. 强恕而行, 求仁莫近焉."

고 하여 맹자와 상반된 입장을 보인다. 그러나 필자는 『중용』의 '천명지위성天命之謂性' 배후에는 맹자가 말한 진심지성지천盡心知性知天이 자리 잡고 있다고 생각한다. 맹자의 '진심지성지천'이 아래로부터 위를 지향하는 상향식이라면, 『중용』의 '천명지위성'은 위에서 아래로 내려오는 하관식이다.

『중용』「25장」을 보면 맹자와 『중용』의 천인관은 서로 충돌되지 않음을 알 수 있다. 『중용』「25장」에서는 "성誠은 만물의 시작과 마침이다. 성誠하지 않으면 존재하지 않는 것이다"[30]라는 표현으로써 맹자와 동일하게 인간을 포함한 만물의 존재 가치를 도덕이라는 성誠으로 규정한다. 다음 하늘로부터 부여받은 성性의 실현을 통하여 자신의 존재 가치뿐만 아니라 타인, 더 나아가 만물의 존재 가치를 완성하려고 한다.

> 오로지 천하의 지성자만이 자신의 본성을 다할 수 있다. 자신의 본성을 다할 수 있으면 타인의 본성도 다할 수 있다. 인간의 본성을 다할 수 있으면 만물의 본성도 다할 수 있다. 만물의 본성을 다할 수 있으면 천지의 화육에 참여할 수 있다. 천지의 화육에 참여할 수 있으면 천지와 병립할 수 있다.[31]

지성至誠과 진성盡性은 동일한 도덕 실천을 의미한다. 이곳에서는 성性이라는 도덕 실체의 자기실현을 통하여 타인 그리고 천지만물의 존재

---

30 『中庸』「25章」, "誠者物之終始, 不誠無物."

31 『中庸』「22章」, "唯天下至誠, 爲能盡其性, 能盡其性, 則能盡人之性, 能盡人之性, 則能盡物之性, 能盡物之性, 則可以贊天地之化育, 可以贊天地之化育, 則可以與天地參矣."

가치를 완성하는 과정을 원론적인 입장에서 서술하고 있다. 『중용』에 의하면, 자신의 본성을 실현하여 자신의 인격을 완성하는 것은 성기成己이고, 더욱 확장하여 타인 혹은 만물의 존재 가치를 완성하는 것은 성물成物인데, 성기와 성물의 주체는 다름 아닌 도덕본성이다. 이처럼 유가 철학에서는 인간뿐만 아니라 천지만물의 자연 역시 도덕으로서 존재 의미를 규정하기 때문에 천지만물과 감응을 통하여 실현되는 미의 의식과 경지는 도덕 범주를 벗어나기 어렵다.[32]

필자는 앞에서 '인간의 생활규율과 질서가 자연 질서와 일치한다고 생각하는 것'이 유가의 기본인식이라고 했다. 반면 도가는 자연의 질서 원리가 인생의 올바른 원리이고, 인생의 본래 모습이라고 생각한다. 만일 유가와 도가에서 언급하는 자연의 의미가 동일하다면, 인생과 자연의 질서에 대한 유가와 도가의 기본인식은 동일하다고 해야 한다. 그러나 두 학파에서 긍정하는 자연의 의미는 확연하게 다르다.

『도덕경』에 자연이라는 용어는 총 5차례 출현한다. '도' 자가 74차례, '선'과 '덕' 자가 50과 40여 차례 출현하는 것에 비교하면 적은 숫자이지만, 노자가 "도는 자연을 본받는다[道法自然](『도덕경』「25장」)"고 한 것을 보면, 자연은 도와 불가분리의 관계에 있음을 알 수 있다. 노자는 "도는 자연을 본받는다"고 했는데, 그렇다면 자연이 도의 상위 개념인가? 일반적으로 자연을 도보다 위에 존재하는 실체로 인식하지는 않는다. 김충렬에 의하면, 자연은 어떤 하나의 단위적 존재가 아니라 그저 만물을 포괄하고 만물의 운영을 가능하게 하는 이른바 섭리라는 것이다. 자연

32 유가 철학의 범도덕주의는 인간의 행위와 관련된 모든 지식[문예활동은 당연히 이곳에 포함된다]뿐만 아니라 유형적인 사물, 즉 천지만물의 자연적 존재에도 적용된다.

이 섭리라면, 자연의 섭리는 어떻게 작용하는가? 김충렬은 자연이연自然而然이라고 한다.[33]

사실 『도덕경』「25장」의 "사람은 땅을 본받고, 땅은 하늘을 본받으며, 하늘은 도를 본받고, 도는 자연을 본받는다[人法地, 地法天, 天法道, 道法自然]"에서 '자연이연'의 섭리를 위반할 가능성이 있는 존재는 오로지 인간뿐이다. 따라서 땅·하늘·도·자연을 층층 관계로 서술하고 있지만, 땅·하늘·도 삼자는 모두 자연과 동일한 작용을 한다. 땅·하늘·도의 '자연이연'은 무엇인가? 그것은 다름 아닌 어떤 후천적인 인위도 가미되어 있지 않은 만물 스스로의 변화, 그리고 그 과정과 모습일 것이다. 이러한 '자연이연'의 원리에 따라 처세하는 사람이 바로 성인이고, 성인에서 '자연이연'의 섭리는 바로 덕이다. 노자에 의하면, 성인은 무위의 덕으로써 처세하기 때문에 만물을 이루면서도 주재하지 않고, 소유하려고 하지 않으며, 항상 뒤에 존재하면서 만물의 스스로 그러함을 돕는다. 이것이 바로 자생自生이고, 자화自化이며, 자정自正이고, 자균自均하는 것이다.

이러한 '자연이연'의 섭리는 정형화된 보편적 가치를 부정하고, 개성을 중시하는 위진 시기의 문풍에 지대한 영향을 끼친다. 문풍[문학]이란 본래 역사의 흐름에서 정치·철학·경제적 요인에 따라서 자연스럽게 변화한다. 그러나 변화에는 하나의 형이상학적 근거가 존재했는데, 위진 시대 문풍 변화의 형이상학적 근거는 바로 노자의 자연이었다. 그러나 이 시기 문사들에 있어서 자연이라는 의미는 동일하게 사용되지 않았다. 먼저 왕필은 자연을 다음과 같이 말한다.

---

33 김충렬, 『김충렬 교수의 노자강의』, 예문서원, 2004, 355쪽.

자연이라는 것은 일컬음이 없다는 말이며, 궁극의 말이다.[34]

만물은 자연을 본성으로 삼는다. 그러므로 그것을 따를 수는 있어도 억지로 할 수는 없다. 통할 수는 있지만 잡을 수는 없다.[35]

왕필이 말한 '일컬음이 없다[無稱]'·'그것을 따를 수는 있어도 억지로 할 수는 없다[可因而不可爲]'·'통할 수는 있지만 잡을 수는 없다[可通而不可執]'는 모두 무작위의 무위를 의미한다. 이러한 무위의 자연이 바로 만물의 본성이니 '미'는 바로 만물의 본성인 자연스러움을 실현함에서 표현된다. 또 혜강과 완적이 명교名教를 부정하면서 자연을 숭상하는 태도, 그리고 곽상과 향수가 명교와 자연을 병중하는 태도에서 자연의 의미는 약간 다르지만, 본질적으로는 노자의 '자연이연'에서 파생된 것이다. 혜강과 완적은 형식과 질서를 강조하는 명교를 자연 본성에 반하는 것으로 인식하여 자연의 본래 모습에 맡기자는 태도를 취한다. 비록 그 모습이 임성종욕任情縱欲으로 흘렀다고 할지라도 그들은 자연에 몸과 정신을 맡기면서 사는 삶이 자연의 본성에 따른 삶이고, 그것이 바로 미의 표현이라고 생각한 것이다. 곽상은 "만물은 반드시 자연으로써 올바름을 삼아야 한다. 자연이라는 것은 억지로 하지 않으면서 그렇게 하는 것이다"[36]라고 했는데, 곽상이 말한 올바름이란 다름 아닌 억지로 하지 않으면서 자연에 따르는 것이다.

---

34 王弼, 『老子注』「25章」, "自然者, 無稱之言, 窮極之辭也."

35 王弼, 『老子注』「29章」, "萬物以自然爲性, 故可因而不可爲也. 可通而不可執也."

36 郭象, 『莊子注』「逍遙遊」, "萬物必以自然爲正. 自然者, 不爲而自然者也."

이처럼 왕필에서 시작하여 혜강과 완적 그리고 곽상까지 서진 시기에 이미 노자의 자연을 근거로 만물의 본성을 규정하고, 만물 각각의 차별적인 본성에 따라 자연스럽게 사는 것이 바로 자생自生이고, 독화獨化라는 인식이 자리 잡는다. 삶은 각각의 본성에 맡겨 자생하고 독화하는 것일 뿐 어떤 보편적 공통분모도 존재하지 않는다. 보편적 공통분모를 설정하지 않는다는 것은 문예의 사조에도 도라는 보편적 개념을 상정하지 않는다는 것을 의미한다. 이것이 바로 개성을 중시하면서 이성의 산물인 도로부터 일탈을 추구하는 당시의 문풍이었다.

5. 유협의 문도론

일반적으로 문학 창작에 대한 담론이 진행되려면 다음 두 가지 전제 조건이 제시되어야 한다. 하나는 '문학이 다른 학술로부터 독립적 지위를 확보하고 있는가'이고, 다른 하나는 '담론의 내용이 문학이론적 구조를 지니고 있는가'이다.[37] 이러한 조건은 위진 이후에 구체적으로 이루어졌지만, 위협의 『문심조룡』이 출현하기 이전까지 문학비평과 이론은 단편적이었고, 문학의 본원을 체계적으로 살피지 못했다.[38] 대부분 중국 문

37 배득렬, 「위진남북조 문학창작이론 시론」, 『중국학논총』 제 9집, 한국중국문화학회, 2000, 44쪽.

38 유협의 『문심조룡』 이전에 조비는 '문장을 경국經國의 대업으로서 절대 없어서는 안 될 일이다'라는 문학관을 제시했고, 문의 주체로 기氣를 제시했다. 조식의 「與楊德祖書」와 응창應瑒의 「文質論」 역시 문학관을 논한 글이다. 서진 시대 육기陸機는 『文賦』를 지어 문학은 형식과 내용을 겸비해야 하고, 작품 속에 작자의 감정과 상상이 충분히 내포되어야 하며, 옛 글을 흉내 내지 말고, 문장을 詩·賦·碑·誄·銘·箴·頌·論·奏·說 등으로

학비평사에서 체계적인 문학이론과 비평은 유협의 『문심조룡』이 시작이라고 평가한다.

유협은 남조 시대[宋·齊·梁·陳]의 문학이론가이다. 남조 시대는 중국 문학비평사에서 매우 중요한 지위를 차지하는데, 그것은 남조 시대에 많은 문학이론비평의 전문서적이 나왔을 뿐만 아니라, 이들은 각종 방법을 동원하여 문체를 분류하고 설명하기도 하며, 경전의 의미를 창의적으로 해석하고, 이를 근거로 비평했기 때문이다. 더욱 중요한 것은 이전에 출현한 비평서의 작자는 작가임과 동시에 이론가였고[조비와 조식], 또 이론가이면서 사상가였지만[葛洪], 이 시대에 이르러 순수한 비평가들이 출현한다. 대표자는 바로 유협이고, 대표적인 이론비평서는 『문심조룡』이다.

유협 문도론의 핵심은 『문심조룡』「권1」의 「원도」 편과 「징성」 편 그리고 「종경」 편에 수록되어 있다. 필자가 이 장에서 유협의 문도론만을 언급한 이유는 문과 도에 관하여 이전의 유가 철학자와 일정부분 궤적

분류하고 각 체의 글은 모두 표준이 되는 풍격이 있음을 주장했다. 이밖에 지우摯虞의 『文章流別志論』와 『文章流別集』이 있고, 이충李充의 『翰林論』 그리고 갈홍葛洪의 『包朴子』는 도교 서적이지만 외편外篇에 문학에 관한 이론이 수록되어 있다(김학주, 『중국문학사』, 199쪽). 그러나 유협은 이상의 문학이론에 대하여 다음과 같이 평가 절하한다. "자세히 살펴보면 근대에 문장에 대해서 논한 사람의 저작은 많다. 위문제[조비]의 「전론논문」, 진사왕[조식]의 「양덕조에 보내는 글」, 응창의 「문질론」, 육기의 『문부』, 중치[摯虞]의 『문장류별지론』, 이충의 『한림론』 등이 있다.…조비의 「전론논문」은 정밀하지만 주도면밀하지 못하고, 조식의 「양덕조에 보내는 글」은 변론은 있지만, 정당하다고 할 수 없으며, 응창의 『문질론』은 화려하지만 소략되어 있고, 육기의 『문부』는 정교하지만 혼란스러우며, 중치의 『문장류별지론』은 세밀하지만 효용성이 결여되어 있고, 이충의 『한림론』은 지식이 얕을 뿐만 아니라 핵심이 없다[詳觀近代之論文者多矣. 至如魏文述典, 陳思序書, 應瑒文論, 陸機『文賦』, 仲治『流別』, 弘範『翰林』…魏典密而不周, 陳書辯而無當, 應論華而疏略, 陸賦巧而碎亂, 『流別』精而少功, 『翰林』淺而寡要. 「序志篇」]."

을 같이하면서 후대 문도론에 영향을 끼친 사람은 유협밖에 없기 때문이다. 다시 말하면 유협은 위로는 순자·양웅의 학설을 계승했고, 뒤로는 문이명도·문이관도·문이재도에 서로 다른 모습으로 영향을 준다. 뿐만 아니라 위진 초기에 도로부터 문의 일탈은 유협 시대에 이르러 최고점에 이르는데, 이때 나타난 문의 대표적 병폐가 유미적 형식주의와 화염무실의 문풍이었다. 유협의 원도와 징성 그리고 종경이 비록 순자·양웅과 완전 일치하는 것은 아니지만, 유협은 유학의 경전과 성인을 새롭게 해석하여 문의 부화浮華현상을 바로 잡고자 했다.

1) 유협 문도론의 사상적 근거

유협 문도론을 유불도 삼가 중에서 어떤 시각으로 인식해야 할까? 일반적으로 유협이 긍정하는 도는 인의를 내용으로 하는 공자의 도라고 한다. 과연 그럴까? 필자는 이점에 대하여 다른 시각을 갖고 있다. 즉 형식적이고 개념적인 측면에서 보면, 유협 문도론에서 도는 분명 성인의 도, 즉 육경에 수록되어 있는 불변의 진리이다. 육경이 공자의 저술은 아니지만 공자에 의하여 그 가치가 최대한 긍정되었기 때문에 유협이 긍정하는 도가 유가 철학을 본원으로 하는 도라고 주장할 수 있을 것이다. 그러나 유협 문도론의 사상적 배경은 그리 간단하지 않다. 좀 더 정확하게 말하면, 그의 사상뿐만 아니라 그의 삶, 그리고 행적과 언설에는 유불도 삼교가 복잡하게 얽혀있다. 즉 유협 문도론의 사상적 근거는 그의 인생 역정과도 매우 밀접하게 연결되어 있다.

유협의 생평에 관한 기록은 『양서梁書』와 『남사南史』에 기록되어 있는데, 너무나 간략하게 기술되어 있어 생평의 전 과정을 살피기 어렵다.

범문란范文瀾의 『문심조룡주文心雕龍註』에 기술되어 있는 내용을 보면, 유협 사상의 역정은 4단계로 분류할 수 있을 것 같다.[39]

1단계. 빈곤한 삶에서의 독서 기간.
2단계. 사찰에 기거하는 기간.
3단계. 심약沈約의 도움으로 정계에 나아가 관리를 하던 시기.
4단계. 삭발하고 불문에 귀의한 시기

이 4단계 인생 역정에서 불교에 관한 단계가 두 차례 나오지만, 사실 유협 사상 역정에서 불교는 잠시의 방편이었지 그의 생을 지배한 이념은 아니었던 것 같다. 오히려 불교보다는 노장의 자연 그리고 현학 사상의 영향이 더욱 많은 분량을 차지하고 있는 것 같다.

먼저 유협과 유가의 관계를 살펴보자. 『문심조룡』 서눈에 해당하는 「서지序志」 편에 다음과 같은 내용이 수록되어 있다.

> 내 나이 일곱 살 때 꿈에 비단처럼 화려하게 펼쳐진 구름을 잡았다. 나이가 서른이 넘어 밤에 다시 붉은 칠을 한 예기를 들고서 공자를 따라 남행하는 꿈을 꾸었다. 아침에 일어나니 너무나도 즐겁고 기뻤다. 위대한 성인을 만나는 것이 쉬운 일이 아닌데 나의 꿈에 나타나시다니! 사람이 태어난 이래로 공자처럼 위대한 사람은 일찍이 없었다.[40]

---

39 羅立乾 注釋. 李振興 校閱,『新譯文心雕龍』, 臺北: 三民書局, 2014, 1-8쪽 참고.

40 『文心雕龍』「序志」, "予生七齡, 乃夢彩雲若錦, 則攀而采之. 齒在逾立, 則嘗夜夢執丹漆之禮器, 隨仲尼而南行. 旦而寤, 乃怡然而喜, 大哉. 聖人之難見哉, 乃小子之垂夢歟. 自生人

이곳에서 유협은 “비단처럼 화려하게 펼쳐진 구름을 잡았다”고 했는데, 이는 아마 곤궁한 생활을 벗어나 정계에 진출하여 화려한 입신양명을 꿈꾸는 자신의 역동적이고 진취적인 기상을 형용한 것 같다. 적어도 30세 이전까지 유협의 의식에는 불교의 제법무아諸法無我와 제행무상諸行無常 그리고 일체개고一切皆苦를 내용으로 하는 출세주의적 세계관은 존재하지 않았던 것 같다. 또한 꿈속에서 공자를 만난 것을 대단한 행운으로 여기고, 공자의 학술과 인격에 대하여 ‘사람이 태어난 이래로 공자처럼 위대한 사람은 일찍이 없었다[生民未有]’는 찬사를 보낸 것은 유가의 경국 이념을 근거로 정계에 진출하고자 하는 자신의 마음을 간접적으로 표현한 것이다.

이어서 유협은 공자의 사상에 대한 자신의 인식을 근거로 『문심조룡』을 집필하게 된 동기를 밝히고 있다.

> 세월은 빠르게 지나가고 사람의 재주와 지혜도 오래가지 못하니, 명성과 업적을 전할 수 있는 방법은 오로지 글을 쓰는 것뿐이다. 사람의 형체는 천지를 본받은 것이고, 성정은 오행으로부터 품부 받은 것이다. 눈과 귀는 마치 일월과 같고, 목소리와 기운은 마치 바람·천둥과 같으니 사람은 만물 중에서 가장 뛰어나기 때문에 영명한 존재라고 할 수 있다. 그러나 인간의 형체는 초목과 같이 약하지만 성명은 금석보다도 견고하다. 따라서 군자는 이 세상에서 반드시 좋은 덕을 수립해야 하고, 저서를 남겨 이론을 내세워야 한다. 내가 설마 말하기를 좋아해서 그렇겠는가? 부득이해서 그

以來, 未有如夫子者也.”

럴 뿐이다.[41]

그리하여 성인의 사상을 밝히기 위한 것으로 가장 좋은 것은 경서를 주석하는 것이라고 생각한다. 그러나 경전의 주석 작업은 마융과 정현에 의하여 이미 자세하고도 심도 있게 이루어졌기 때문에 이 방면에서 일가를 이루기는 어려울 것이다. 오로지 문장만이 그 쓰임이 확실히 경서를 보좌하는 작용을 한다. 오례는 문장에 의거하여 완성되고, 육전은 문장에 의거하여 실현되며, 군신의 정치는 문장을 얻어 광채를 발휘하고, 군사와 국정은 문장을 얻어 밝게 드러난다. 그 본원을 자세하게 살펴보니 경전 중에서 발전되어 나오지 않은 것이 없다.[42]

여기에서 유협은 "군자는 이 세상에서 반드시 좋은 덕을 수립해야 하고, 저서를 남겨 이론을 내세워야 한다"는 말로써 자신 역시 군자처럼 덕을 수양하고, 문장을 저술하여 후세에 전하고자함을 표현한다. 성인의 사상을 밝히기 위한 것으로 가장 좋은 것은 경서를 주석하여 해설하는 것이지만, 이미 마융馬融과 정현鄭玄에 의하여 주석 작업이 상세하게 이루어졌기 때문에 자신은 이 방면에서 일가를 이루기는 어려울 것이라고 생각하고서 경서의 외형적인 표현인 문을 연구하여 훌륭한 서적[良

---

41 『文心雕龍』「序志」, "歲月飄忽, 性靈不居, 騰聲飛實, 制作而已. 夫人肖貌天地, 稟性五才, 擬耳目於日月, 方聲氣乎風雷. 其超出萬物, 亦已靈矣. 形同草木之脆, 名逾金石之堅, 是以君子處世, 樹德建言, 豈好辯哉. 不得已也."

42 『文心雕龍』「序志」, "敷贊聖旨, 莫若注經, 而馬鄭諸儒, 弘之已精, 就有深解, 未足立家. 唯文章之用, 實經典枝條, 五禮資之以成文, 六典因之致用, 君臣所以炳煥, 軍國所以昭明. 詳其本源, 莫非經典."

書]을 남기고자 했는데, 그 결과가 바로 『문심조룡』인 것이다. 또한 유협은 이곳에서 『문심조룡』의 목적이 경서를 보좌하는 작용에 있음을 밝히고 있다. 경서와 오례·육전·군신·군사와 국정 모두 경서와 관련되지 않음이 없고, 문장은 경서를 보좌하는 작용을 하기 때문에 문장과 이상의 것들의 관계 역시 밀접할 수밖에 없다.

> 문장을 지어서 반드시 그것이 군사와 국정에 도움이 되어야 하고, 막중한 임무를 지고서 국가의 동량이 되어야 한다. 만일 뜻을 얻지 못하면 홀로 좋은 품덕을 배양하여 그것을 문장으로써 후세에 전해야 한다. 뜻을 얻었다면 시대의 요청에 따라서 대업을 이루는데 공을 세워야 한다. 이러한 문인이 바로 『상서』「재재梓材」에서 말한 사람이다.[43]

유협의 처세관은 공자의 "천하에 도가 실현되고 있으면 나가고, 도가 실현되지 못하면 은거한다"[44]와 유사하지만, 그보다도 오히려 더욱 적극적이다. 유협은 여기에서 문장을 지어서 그것이 국정에 반영되어야 하고, 품덕과 문장을 수양하여 국가의 동량이 될 것을 주문하고 있다. 이처럼 젊은 시기 유협의 의식을 지배한 것은 유가의 입세주의 세계관이었지 불교의 출세주의적 세계관은 아니었다. 그가 비록 승우僧祐의 도움으로 사찰에 거주한 적은 있지만, 이는 그의 말처럼 "뜻을 얻지 못하면 홀로 좋은 품덕을 배양하여 그것을 문장으로써 후세에 전해야 한다"는

---

43 『文心雕龍』「程器」, "攡文必在緯軍國, 負重必在任棟梁. 窮則獨善以垂文, 達則奉時以騁績. 若此文人, 應梓材之士矣."

44 『論語』「泰伯」, "天下有道則見 無道則隱."

궁핍한 시기의 방편이었을 것이다. 왜냐하면 유협은 그후 『문심조룡』 저술에 진력했고, 심약의 천거로 정계에 진출하여 국가 동량의 뜻을 펼치려고 노력했기 때문이다.

> 『문심조룡』을 저술하면서, 도에 근본을 두었고, 성인을 본받았으며, 경전의 체제에 의거했고, 문채는 위서를 본받았으며, 변화에서는 초사를 참고하여 문장의 핵심을 거의 극점까지 탐색했다"[45]

유협은 『문심조룡』 저술 목적이 도를 밝히기 위함이라고 한다. 문장이 경서를 보좌하는 작용을 하기 때문에 『문심조룡』 저술 목적은 당연히 도를 천명하는 것에 있다. 이곳에서 말한 도는 성인의 도이고, 경서에 수록되어 있는 도이다. 그렇다면 유협이 긍정한 도는 인의를 내용으로 하는 순수한 유가의 도인가?

앞에서 살펴본 바와 같이 유협이 비록 약 10년 동안 사찰에 기거했고, 불경에서 많은 지식을 습득하고 불가의 도리에 대해서도 일정한 이해를 했다고 할지라도 유협 사유 활동의 주도적 이념은 유가의 입세관이었다. 그러나 그는 『문심조룡』에서 도에 '자연'이라는 노장과 현학의 관념을 첨가하여 이해하기도 한다. 유협은 「원도原道」·「명시明詩」·「려사麗辭」·「은수隱秀」·「정세定勢」 편 등에서 비단 '자연'을 언급했을 뿐만 아니라 자연의 도[自然之道]로써 유가의 성인과 경서의 내용을 해설하기도 한다. 유협에 의하면, 유가의 경서는 성인이 자연의 도를 본받아서 천지

---

45 『文心雕龍』「序志」, "蓋文心之作也, 本乎道, 師乎聖, 體乎經, 酌乎緯, 變乎騷. 文之樞紐, 亦云極矣."

의 문채를 드러낸 것이다. 유가의 경서가 천하에 막대한 영향력을 행사한 것도 성인의 경서가 바로 자연의 도와 부합한 문채를 표현하고 있기 때문이다. 그렇다면 자연의 도는 비단 문장에서만 표현되는 것이 아니라 경서를 통하여 군사와 정치·문화·교육 등 각 방면에 실현된다.

철학에서 도는 다양한 의미로 사용된다. 천지의 원리이고, 자연의 질서이며, 인륜의 법칙이고, 정치의 원리이다. 그러나 유협은 이러한 도를 문학이론에 이식하여 문의 탄생과 목적 그리고 효용 등을 밝히고 있다. 이러한 도를 문학이론에 적용시켜 해석한 것은 유협의 창신[創新]이다. 필자는 유협이 말한 자연의 도는 무위를 내용으로 하는 순수한 도가의 '도'와 일정한 거리가 있고, 인의를 내용으로 하는 순수한 유가의 '도'와도 차이가 있다고 생각한다. 유협의 도에는 유불도 삼가의 의미가 모두 섞여 있는데, 그중에서도 유가와 도가에서 긍정하는 도의 의미가 비교적 많은 비중을 차지한다. 사실 순수한 도가의 무위자연론은 문의 작용과 효용을 중시하는 유협의 문론과 배치된다. 도가는 기본적으로 반문反文의 입장을 취한다. 오히려 유가 철학이 도가 철학에 비해 상대적으로 숭문崇文의 입장을 취한다. 그렇다고 유가가 숭도崇道보다 상대적으로 숭문의 입장을 취하는가? 결코 그렇지 않다. 비록 유가 철학이 도가에 비해 상대적으로 숭문의 입장을 취하지만, 유협의 생각은 문도겸중文道兼重이고, 문의 기능에서 창작과 수사 등의 문학적 가치를 긍정한다. 뿐만 아니라 유협은 문은 반드시 객관적 현실을 드러내야 한다고 생각했는데, 현실을 대표할 수 있는 개념으로서 유협은 자연의 도를 제시한 것 같다.

필자가 보기에 유협의 문도론에서 '자연'은 유가와 도가를 연계시키는 고리라고 할 수 있을 것 같다. 분명 유협은 유가의 성인과 경서를 근거로 문학이론을 정립한다. 유협이 유가의 성인과 경서를 문학이론의 표준으로 수용한 것은 당시 문풍과 밀접한 관련이 있다. 그는 당시 변려문처럼 화려하기만 하고 아무런 내용이 없는 형식적 유미주의 문풍에 대하여 대단한 불만을 갖고 있었다. 만일 문학이 이처럼 관상觀賞과 유희의 기능으로만 작용한다면 문학의 역량은 감소될 수밖에 없다. 때문에 유협은 정치와 사회 그리고 문화 각 방면에 걸친 유가의 이성적 역할을 긍정하여 문학이론의 표준으로 삼은 것이다. 그러나 유협은 유가의 도를 원론적으로는 정치·경제·군사·문화 등 각 방면에 적용해야 한다고 했지만, 그는 문학의 각도에서 출발하여 유가의 경전이 갖고 있는 문학성과 문학적 체계 등을 집중 부각시키고 있다. 이것이 바로 유협이 유가의 도와 성인 그리고 경서를 중시한 까닭이다.

그렇다면 왜 유협은 유가의 도에 노장의 자연을 첨가하여 이해하는가? 문학이란 작가가 우주와 세계뿐만 아니라 사회·인생·정치 등을 언어로 표현한 것이다. 다시 말하면 문학은 반드시 객관적인 현실을 근거로 표현되어야 하고, 아무리 화려한 수사가 가미되어도 현실과 괴리된 것이라면 역시 공허한 문에 불과하다. 필자는 유협의 문학이론에서 객관적 현실은 곧 자연이라고 생각한다. 다시 말하면 자연은 본래 노자 철학에서 유래한 것으로 '자연이연自然而然'의 의미이지만, 유협은 자연을 만사만물의 본래 모습으로 이해했다. 성인은 먼저 이러한 객관적 현실인 자연을 올바르게 관찰하고, 자연의 도를 체찰하며, 다시 날카로운 예술적 수사법을 이용하여 모든 사람에게 유효하게 적용될 수 있는 작품을 탄생시킨다. 그것이 바로 경전이다. 때문에 성인의 저작인 경서는 공허하지 않은 것이다. 이렇게 본다면 경전 중에 수록되어 있는 내용, 즉 노장에서 부정적인 태도를 취한 예의의 규범도 '자연의 도'에서 기인한 것이라고 할 수 있다. 따라서 유가와 도가에 대한 유협의 이해는 유가·도가의 본래면목과 일정부분 출입이 있는데, 그것이 바로 유협의 창의적 견해이기도 하다.

유협 문도론의 사상적 배경으로서 불교가 제시되기도 한다.[46] 『문심조룡』과 불교의 관련성에 대해서도 학자들의 의견은 서로 다르다. 혹자는 유협이 불교의 교리를 근거로 『문심조룡』을 지었다고 하고, 혹자는 비록 유협과 불교의 관련성은 긍정할 수 있지만, 『문심조룡』의 내용에 대한 불교의 영향은 극히 미소하다고 하며, 혹자는 아무런 관련도 없다고 한다.[47] 필자는 기본적으로 유협과 불교의 관련성은 부정할 수 없는 사실이지만,[48] 과연 『문심조룡』에 수록되어 있는 유협 문도론에 불교 사상이 영향을 끼쳤는지에 대해서는 회의적이다. 사실 『문심조룡』에 반야般若와 원통圓通 등의 불교 용어가 보인다.[49] 그러나 문도론과는 본질적 관련이 없다.

유협 문도론의 사상적 성향을 올바르게 파악하려면 두 가지 측면을 검토해야 할 것이다. 하나는 객관적인 요소이고, 다른 하나는 주관적인 요소이다. 객관적인 요소로서는 당시의 정치적 배경과 사상의 변이 등이 있을 것이고, 주관적 요소로는 유협 개인의 기질적인 성향과 추구하

46 김학주는 『중국문학사』에서 『문심조룡』의 저자인 유협도 불교와 관계가 밀접했다고 주장한다. 그러나 필자는 유협의 일생 혹은 그의 학술에서 불교가 차지하고 있는 분량과 『문심조룡』에 내재되어 있는 문도론에서 불교의 분량은 다른 차원에서 이해할 필요가 있다고 생각한다.

47 배득렬, 「文心雕龍對擧概念研究」, 18쪽.

48 유협의 생평만을 보면, 불교가 차지하고 있는 분량은 결코 유가와 도가에 뒤지지 않는다.

49 반야般若는 한 차례, 원통圓通은 두 차례 출현한다.

는 이상일 것이다. 정치적 배경에 대해서는 이미 해설을 했다. 사상적인 변이로서는 유불도 삼교 융합의 조류를 들 수 있다. 또 한 가지는 위진 시대 관리 선발에서 시험이 효렴孝廉 등의 전통적인 주제를 근거로 출제되었고, 당시 도가와 불교는 경세주의적 경향보다는 염세주의 혹은 출세주의적 경향으로 흘렀기 때문에 출사에 강한 뜻을 둔 유협은 유가의 경전을 탐독하지 않을 수 없었을 것이다. 주관적 요소로서는 출사에 대한 유협의 이념과 문장을 통하여 자신의 이름을 전하고자하는 의지, 그리고 이러한 뜻을 성취함에 있어 장애 요인이었던 불우한 자신의 처지에 대한 실망 등이 복잡하게 작용을 했을 것이다.

필자는 이러한 두 가지 요인이 작용했음에도 불구하고 유협의 문도론에 지대한 영향을 끼친 것은 유가와 도가라고 생각한다. 유협에 있어 불교의 영향은 그의 불우한 환경과 당시 유불도 삼교 합류라는 시대적 사상 조류에서 찾아야 할 것이다. 유협이 사족士族 혹은 서족庶族[50] 출신인가에 대해서 통일된 견해는 없지만, 가풍은 유가 사상이 주도한 것만은 사실이다. 그러나 남조, 송宋·제齊·량梁 삼대에 유불도는 합류하는 모습으로 흘렀다. 비록 유가가 독존의 지위는 상실했지만, 정치와 교유 그리고 형정刑政은 여전히 유가 이념이 중심이었고, 유가 경전은 당시 지배계급의 필독서였다. 또한 당시 귀족들이 비록 불교에 지대한 관심을 가진 것은 사실이지만, 유불도 삼교겸수三教兼修를 외쳤고, 유불도에 대해 '서로 가는 길은 다르지만, 목적은 동일하다[殊道而同歸]'는 인식을 가졌다. 유협의 불교에 대한 수용과 이해는 이 차원을 벗어나지 않을 것이다.

---

50 사족은 동한과 위진 시대 사대부 가문이고 서족은 일반 집안 출신을 지칭한다.

2) 유협의 문학이론에서 문과 도의 관계 – 원도·징성·종경을 중심으로 –

앞에서 유협이 긍정한 도의 성격에 관한 대강적 의미를 밝혔다. 필자는 「원도」 편의 도는 분명 자연의 도이지 결코 인의를 내용으로 하는 유가식의 도는 아니라고 생각한다. 그렇다고 유협이 제시한 자연의 도가 순수한 도가적 의미의 무위자연을 지칭하는가? 반드시 그렇지는 않은 것 같다. 도가에서 긍정하는 무위자연의 도와 유가의 인·의·예는 대립적 관계로 놓여 있다. 『도덕경』「38장」에 다음과 같이 기술되어 있다.

> 가장 좋은 덕은 스스로 덕이라고 자처하지 않기 때문에 그 덕이 항상 보존되고, 가장 좋지 않은 덕은 스스로 덕이라고 자처하기 때문에 덕의 본래성을 상실한다. 가장 좋은 덕은 인위적으로 하지 않아도 이루어지지 않음이 없고, 가장 좋지 않은 덕은 인위적으로 하지만 이루어지지 않음이 있다. 가장 좋은 인은 인위적으로 하지만 목적의식이 없고, 가장 좋은 의는 인위적으로 하면서 항상 어떤 기준이나 목적의식을 수반한다. 가장 좋은 예는 인위적으로 하여도 모든 것이 뜻대로 호응해주지 않은 것이 많다. 그러면 호응해주지 않은 것을 강제로 끌어당겨 따르도록 한다. 그러므로 도가 상실되었을 때 그 다음의 덕이 나오고, 그 덕의 작용이 상실되었을 때 그 다음으로 인이 나오고, 인의 작용이 먹혀 들어가지 않을 때 의가 나오며, 의마저도 통하지 않으면 예가 나온다. 무릇 예라는 것은 충신의 끝에서 나온 것이고, 세상을 혼란스럽게 하는 우두머리이다. 지식이라는 것도 도의 겉만을 알면서도 도를 아는 것처럼 하여 세상 사람을 우매하게 하는 앞잡이가 된다. 그러므로 대장부는 후한 곳에 거처하고, 경박한 곳에 거처하지 않으며, 실질에 거처할뿐 허망한 곳에 거처하지 않는다. 성인은 가식적인 것을 버리고 실질적인 것을 취한다.[51]

『도덕경』에서 비록 "도가 상실되었을 때 그 다음의 덕이 나온다[失道而後德]"라고 했지만, 도와 덕을 상하 개념으로 볼 수 없다는 것이 학계의 일반적인 중론이다. 따라서 이 구절은 "도, 즉 가장 좋은 덕[上德]이 상실되었을 때 그 다음의 덕이 나온다"라고 해석하는 것이 옳다. 도와 덕은 동일 경지라고 할 수 있지만, 도와 인·의·예의 관계는 그렇지 않다. 도·덕 그 아래가 인이고, 그 다음 아래가 의이며, 맨 마지막이 예이다. 심지어 『도덕경』에서는 "예라는 것은 충신의 끝에서 나온 것이고, 세상을 혼란스럽게 하는 우두머리이다"라고 한다. 노자가 무위를 강조하고 인위를 부정한 것은 주지의 사실이다. 그러나 가장 인위적인 것이라면 법령일텐데 노자는 법령에 대해서는 언급하지 않고 오히려 공자를 비롯한 유가에서 긍정한 예를 세상 혼란의 주범으로 인식했다.

반면 유협은 비록 도를 자연의 도로 규정했지만 '종경'을 긍정했다. 종경에서 경전은 유가에서 긍정하는 육경이 대표적이다. 육경의 주된 내용은 인의와 예의이다. 유협은 육경의 예의규범도 성현이 자연의 도를 올바르게 체찰하여[本乎道] 아름다운 언어로써 표현한 것으로 인식한다. 다시 말하면 유협은 육경을 성현에 의하여 이루어진 완전한 문학작품으로 이해한다. 이처럼 경전과 예의의 내용에 대한 긍정적 입장을 취한 유협의 사유 그리고 숭문의 태도는 도가의 무위자연과 상당한 거리가 있다.

이제 방향을 전환하여 유가 철학에서 긍정하는 육경과 자연의 도[自然之道]의 관계를 보자. 공자는 『논어』에서 의와 예가 인으로부터 출현된

---

51 『道德經』「38章」, "上德不德, 是以有德, 下德不失德, 是以無德. 上德無爲而無不爲, 下德有爲而有不爲. 上仁爲之而無以爲, 上義爲之而有以爲. 上禮爲之而莫之應, 則攘臂而扔之. 故失道而後德, 失德而後仁, 失仁而後義, 失義而後禮. 夫禮者, 忠信之薄, 而亂之首, 前識者, 道之華, 而愚之始. 是以大丈夫, 處其厚不居其薄, 處其實不居其華, 故去彼取此."

다고 직접적으로 언표하지는 않았지만, 의와 예의 근거를 도덕의지인 인에서 찾는다.

> 인이 어찌 멀리 있는가? 내가 인을 실천하고자 하면 인은 그 자리에서 발현되는 것이다.[52]

> 인의 실현은 나에게 달려있는 것이지 남에게 의지할 필요가 있는가?[53]

공자에 의하면, 인은 자신의 자각주체를 떠나서 존재하는 외적인 규범이 아니다. 때문에 '자신의 자각주체가 인이라는 가치를 실현하려는 의식을 보이면 그곳에서 인은 드러나는 것이다.' 이러한 인의 실현은 타인에 의지할 필요가 없다. 오로지 자각주체의 도덕적 각성에 의지할 뿐이다. 공자는 이러한 인이라는 자각주체로서 예의 합리성 여부를 판단한다. 먼저 공자는 정당과 합리의 의미를 가진 의를 제시하고, 예의 실질 내용이 바로 의라는 합리성에 의하여 결정됨을 강조한다.

> 마로 모자를 짜는 것이 예법이지만 지금은 무명실로 짜니 검소해서 좋다. 나는 대중들이 하는 것을 따를 것이다. 대청 아래에서 절을 하는 것이 예법이지만 지금 사람들은 대청 위에서 절을 하고 있으니 거만하게 보인다. 비록 일반 사람들이 하는 것에 위배되지만 나는 대청 아래에서 절을 할 것이다.[54]

---

52 『論語』「述而」, "仁遠乎哉, 我欲仁, 斯仁至矣."

53 『論語』「顔淵」, "爲仁由己, 而由人乎哉."

이곳에서 공자는 정당성과 합리성으로써 예의 존숭 여부를 결정한다. 모자를 쓰는 것은 예법이지만, 예법은 전통적인 관습이나 의식을 무조건적으로 따르는 것이 아니라 일정한 합리성과 정당성을 갖추어야만 한다. 대청 위에서 절하는 것도 공자의 인심이 거만하다[비합리]고 판단하였기 때문에 대청 아래에서 절하는 전통을 따른 것이다. 공자에 의하면, 예의의 합리성과 정당성 여부는 인이라는 도덕주체에 의해 결정된다. 즉 예의규범에 대한 인심[선의지 혹 도덕 자유의지]의 자율성을 나타내는 구절은『논어』에 많다.

> 사욕을 극복하고 예로 회복하는 것이 인이다. 어느 날 사욕을 극복하여 예를 회복하면 천하는 나의 인으로 돌아올 것이다.[55]

> 사람으로서 인하지 못하면 어떻게 예를 할 것인가?[56]

복례는 인의 회복이고, 인의 회복은 곧 복례이다. 또한 인하지 못한 사람은 정당성·합리성의 자각 의식을 발현할 수 없기 때문에 합리적인 생활 규범을 세울 수가 없다. 때문에 '인도 회복하지 못했는데 어떻게 합리적인 예를 정립할 수 있다고 하는가'라고 한 것이다.

『논어』에 수록된 인·의·예 삼자의 관계를 보면, 예의를 주요 내용으

---

54 『論語』「子罕」, "麻冕, 禮也. 今也純, 儉, 吾從衆. 拜下, 禮也. 今拜乎上, 泰也. 雖違衆, 吾從下."

55 『論語』「顔淵」, "顔淵問仁, 子曰, 克己復禮爲仁. 一日克己復禮, 天下歸仁焉."

56 『論語』「八佾」, "人而不仁, 如禮何."

로 수록하고 있는 육경의 근원은 인이라는 도덕의지일 것이다. 만일 유협이 충실한 유가 철학자라면 '本乎道'에서 도는 인을 내용으로 하는 인도仁道이고, 성현은 인도를 체현하는 인한 사람[仁人]이며, 경전은 인도를 언어로써 기록한 인한 문장[仁文]일 것이다. 그런데 어떻게 육경의 근원에 자연이라는 개념을 추가할 수 있겠는가? 따라서 자연의 도와 성현 그리고 경전의 관계를 유기적으로 연계시킨 유협의 문도관은 유가와도 일정한 출입이 있다. 유협의 원도론은 앞으로는 양웅과 다르고, 뒤로는 한유의 문이명도·문이관도와도 다르며, 도학가의 문이재도와는 더더욱 다르다는 사실을 분명하게 인식해야 한다.

곽소우는 유협의 『문심조룡』에 실려 있는 「원도」·「징성」·「종경」은 한 대 양웅으로부터 나온 것이라고 한다.[57] 그렇지만 두 사람이 긍정하는 도에 대한 개념이 완전히 동일한 것은 아니다. 필자는 먼저 「원도」와 「징성」 그리고 「종경」에 대한 유협의 종합적 해설을 소개한 후에 개별적인 내용을 서술하겠다.

> 복희에서부터 공자에 이르기까지 태고의 성인들은 전장제도를 창립했고, 공자는 선현들의 유훈을 찬술했는데, 어떤 것도 자연의 도라는 근본정신에 근거하여 문장을 이루지 않은 것이 없었고, 또 자연의 도의 신묘한 원리에 근거하여 교화를 세우지 않음이 없었다. 그들은 하도와 낙서를 본받았고, 시초와 귀갑을 사용하여 점을 쳤으며, 천문을 관찰하여 천지만물의 변화원리를 궁구했고, 인문을 살펴서 교화를 완성했다. 그런 후에 비로소 국가를 다스릴 수 있었고, 올바른 법령을 제정할 수 있었으며, 각종 사업

57 郭紹虞, 『中國文學批評史』「上」, 74쪽.

> 을 전개하여 고서에 실려 있는 문사와 의리를 발양광대시켰다. 이로써 알 수 있듯이 자연의 도는 성인에 의해 문장으로 나타났고, 성인은 문장을 통하여 자연의 도를 발현했다. 그렇기 때문에 그 이치는 어느 곳에도 통하여 막힘이 없었고, 매일 사용하여도 부족함이 없었다. 『역경』에서는 "천하를 움직이는 것은 문사에 있다"고 했다. 문사가 천하를 움직일 수 있는 것은 그것이 자연의 도에 부합하기 때문이다. 총괄적으로 말하면, 자연의 도의 근본정신은 정묘하기 때문에 마땅히 자연의 도의 신묘한 도리에 입각하여 교화를 세워야 한다. 고대 성인들은 이러한 자연의 도를 밝게 드러냈고 이것을 근거로 윤리도덕을 창현했다. '하도'는 문자의 형체를 드러냈고, '낙서'는 문장의 풍모를 드러냈다. 성인은 천문을 관찰하여 문장을 이루고, 백성들은 이를 본받아 배운다. [58]

이곳에서 유협은 도와 성인 그리고 경서[文]의 관계를 명확하게 표현한다. 그는 먼저 문의 근거를 도에서 찾는데, 이는 문학의 근거가 바로 형이상의 도에 있음을 긍정한 것이다. 유협에 의하면, 도는 객관사물의 원리·법칙·규율이고, 성인은 객관사물을 올바르게 인식하여 문으로 표현한 경서의 저자이며, 문은 성인에 의하여 기록된 객관적인 사물의 원리에 대한 문자적 표현이다. 유협은 분명 "자연의 도는 성인에 의해 문장으로 나타났고, 성인은 문장을 통하여 자연의 도를 발현했다[道沿

58 『文心雕龍』「原道」, "爰自風姓, 暨於孔氏, 玄聖創典, 素王述訓, 莫不原道心以敷章, 研神理而設教, 取象乎河 · 洛, 問數乎蓍龜, 觀天文以極變, 察人文以成化. 然後能經緯區宇, 彌綸彝憲, 發揮事業, 彪炳辭義. 故知道沿聖以垂文, 聖因文以明道, 旁通而無滯, 日用而不匱. 易曰, 鼓天下之動者存乎辭. 辭之所以能鼓天下者, 乃道之文也. 贊曰, 道心惟微, 神理設教. 光采元聖, 炳耀仁孝. 龍圖獻體, 龜書呈貌. 天文斯觀, 民胥以效."

聖以垂文, 聖因文以明道]"고 했다. 도와 문 그리고 성인의 관계는 도가 본이고, 문은 도의 현현이며, 성인은 도와 문의 매개자로서 경서의 저자이다. 유협은 이곳에서 성인이라는 중간 매개자를 문도와 동일하게 중시했는데, 이는 문에 대한 저자의 주관적인 창작 가치를 긍정하려는 유협의 의도를 표현한 것이다.

『문심조룡』에 '도' 자의 출현은 48차례이지만, 출현하는 모든 '도' 자가 문도론의 도와 직접 관련 있는 것은 아니다. 곽소우는 "「원도」 편에서 말하는 도는 자연의 도를 가리켜 말한 것이고, 「종경」 편에서의 도는 유가의 도를 가리켜 말한 것이다…문심조룡에서 말하는 도는 이 두 가지 의미라고 해도 무방하다"라고 말한다.[59] 그러나 두려균은 『문심조룡문학이론연구화역석文心雕龍文學理論研究和譯釋』에서 유협이 사용하는 도를 '전문적 의미로서의 도[專用義]'와 '일반적 의미로서의 도[普通義]'로 구분한다.[60] '전문적 의미로서의 도'는 다시 자연의 도와 유가의 도로 나뉘고, '일반적 의미로서의 도'는 도리·방법·길[途徑] 등을 지칭한다.[61] 이

---

59 郭紹虞, 「中國文學批評理論中'道'的問題」, 『照隅室古典文學理論文集』下篇. 35-36쪽(장수열, 「유협의 원도론」, 『중국문학연구』 제 8집, 한국중문학회, 1990, 9쪽 재인용). 그러나 「原道篇」의 '도' 자가 모두 자연지도自然之道의 의미로만 사용되고, 「종경편」의 '도' 자가 유가의 도로 사용되는가에 대해서는 분석이 필요하다.

60 杜黎均, 『文心雕龍文學理論研究和譯釋』, 北京出版社, 1981, 49-51쪽(배득렬, 「文心雕龍對擧概念研究」, 60쪽 재인용).

61 장수열은 도의 주요 의미를 다음과 같이 종합적으로 분석하여 해설했는데, 필자는 장수열의 주장을 약간 수정하여 다음과 같이 정리해보겠다.

1. 전문술어로 기본상 문학예술의 근원인 自然之道

"이것이 바로 자연의 도의 문채인 것이다[此蓋道之文也]「原道」"·"『문심조룡』의 저술은 자연의 도를 본원으로 한다[蓋文心之作也, 本乎道]「序志」"·"말이 확립되면 문이 밝아지는데, 이것이 자연의 도이다[言立而文明, 自然之道也]「原道」"·"자연의 도는 묘사하기 어려워 정교한 언어로도 완전하게 표현하기 어렵다[神道難摹, 精言不能追

외에 다수의 학자들이 『문심조룡』에 출현하는 '도' 자의 의미를 상세하게 분류하여 분석하고 있지만, 필자는 단지 자연의 도와 유가의 도 두 가지 의미로만 사용되는 '도' 자에 초점을 두고서 유협 문도론의 종지宗旨를 이해할 것이다.

유협은 「원도」 편 첫 번째 단락에서 자연의 도와 문채의 관계 그리고 문의 중요성을 다음과 같이 해설한다.

> 문장의 작용은 참으로 위대하다. 그것이 천지와 함께 태어났다고 하는 것은 어째서인가? 흑색과 황색이 섞이어 하늘은 둥글고 땅은 방형이라는 서로 다른 형상으로 되었고, 해와 달은 마치 두 개의 둥근 구슬을 매달아 놓아 하늘의 아름다운 경상景象을 드러내며, 산천은 빛나는 꽃 문향의 비단으로 대지의 질서 정연함을 펼친다. 이것은 모두 자연의 도로부터 펼쳐진 문채이다. 고개를 들어 위에서는 하늘의 빛남을 관찰하고, 고개를 숙여 아

其極]「誇飾」".

2. 전문술어에서 파생된 의미로서 自然之道를 체현하는 유가 · 성인 · 경전의 도
"경은 항구불변의 지고한 진리를 서술한 것으로 영원히 없어지지 않은 위대한 가르침이다[經也者, 恒久之至道, 不刊之鴻敎也]「宗經」" · "정도를 위배하고 경전을 왜곡한 정도가 이미 심했다[乖道謬典, 亦已甚矣]「正緯」".
3. 보통적인 의미로서의 일반적인 방법
"문장을 만드는 방법은 정확한 해석에 의거하는 것과 정확한 원리를 천명하는 것일 뿐이다[若夫立文之道, 惟字與義]「指瑕」" · "시언의 방법은 사라졌고, 용기의 제도는 오래도록 존재하지 않는다[然矢言之道蓋闕, 庸器之制久論]「銘箴」".
4. 제자들의 학설
"제자의 저작은 그들의 사상을 탐구하고 의미를 전개한 것이다[諸子者, 入道見志之書]「諸子」".
5. 도가
"정시 년간에 이르러 도가 사상이 성행했다[及正始明道]「明詩」" · "장자는 도가를 찬술하여 높이 날았다[莊周述道以翺翔]「弟子」".

> 래에서는 땅의 아름다움을 살피는데, 천지의 높고 낮음은 이미 정해져 있기 때문에 하늘과 땅이라는 두 형태가 생기게 된 것이다. 오로지 사람만이 총명한 지혜가 있어 천지의 변화에 참여할 수 있으니 이를 삼재三才라고 한다. 사람은 오행의 빼어남이고, 천지의 마음이다. 마음이 생기니 말이 확립되고, 말이 확립되니 아름다운 문채가 있는 문장이 나타난다. 이 모두는 자연의 도로부터 나타난 것이다.[62]

여기에서 유협은 문장의 위대한 작용을 긍정한다. 유협에 의하면, 자연은 본래 그 자체로 아름다움을 갖고 있다. 천지와 일월 및 산천 모두 예외가 아니다. 아름다움은 이미 자연에 정해져 있기 때문에 인위적인 작위 활동을 통하여 억지로 구성할 필요가 없다. 천지만물 중에서 인간은 오행의 빼어남이고, 천지의 마음이다. 이는 유가 철학에서 사람을 천지만물에서 가장 영명한 존재로 인식하는 것과 궤적을 같이 한다. 사람은 천지의 마음이다. 천지의 마음이 올바르게 발동하면 천지를 올바르게 형용하는 말이 성립되고, 말이 성립되면 아름다운 문채를 갖춘 문장이 나타난다. 다시 말하면 마음은 천지 자연의 도를 올바르게 인식해야만 비로소 마음이 천지 만물의 본래적 아름다움을 가감 없이 드러내게 되어 문장을 갖추게 되는 것이다.

이 단락 속에 유협 문도론의 총 규결이 담겨져 있다. 자연의 도는 문의 근거이고, 천지만물 중에서 가장 영명한 존재인 인간은 천지만물의

---

62 『文心雕龍』「原道」, "文之爲德也大矣, 與天地並生者何哉. 夫玄黃色雜, 方圓體分, 日月疊璧, 以垂麗天之象. 山川煥綺, 以鋪理地之形, 此蓋道之文也. 仰觀吐曜, 俯察含章, 高卑定位, 故兩儀既生矣. 惟人參之, 性靈所鍾, 是謂三才. 爲五行之秀, 實天地之心, 心生而言立, 言立而文明, 自然之道也."

화육과 변화에 참여할 수 있으며, 그 본래의 형상을 인식할 수 있기 때문에 언어와 문자로써 아름다운 형상을 묘사하니 그것이 바로 경전인 것이다. 자연의 도는 원도이고, 삼재 중의 하나인 인간, 즉 성인의 인식과 성문成文은 징성이며, 문장은 종경이다.

이처럼 유협은 첫 단락에서 도를 '자연의 도[自然之道]'로 규정하면서 도의 자연성을 강조하지만, 이 단락 마지막에서는 인문의 필요성을 드러낸다.

> 그러므로 형체를 갖춘 사물에는 필연적으로 문채가 있고, 성음이 있으면 필연적으로 절주節奏가 있다. 이처럼 의식이 없는 사물에도 풍부한 문채가 갖추어져 있는데, 빛나는 심령을 갖춘 사람이 저술한 문장에 문채가 없을 수 있겠는가?[63]

유협의 문도론에서 유가와 도가 두 성분이 조화롭게 배치되어 있음을 어렵지 않게 발견할 수 있다. 첫 단락에서 도를 자연의 도로 규정하였다. 유협이 자연성을 긍정한 것은 도가에서 긍정하는 무작위[無爲]의 자연과 본질적으로 일치한다. 그러나 노자는 비록 도에 따른 성인의 작위[실제로는 무위의 덕이다]에 대해서는 긍정하지만, 문채에 대해서는 예와 동일하게 취급한다. 즉 반문反文의 입장을 취한다. 그렇지만 유협은 '의식이 없는 사물에도 본래의 문채가 갖추어져 있는데, 하물며 삼재 중의 하나인 인간의 저술인 문장에 문채가 없을 수 있겠는가'라고 하면서 숭

---

63 『文心雕龍』「原道」, "故形立則章成矣, 聲發則文生矣. 夫以無識之物, 鬱然有采, 有心之器, 其無文歟."

문崇文의 입장을 드러낸다. 우주에 인문은 필연적인 것임을 적극적으로 긍정한 것이다. 이는 분명 도가와 다른 유가적 의식이다.

유협은 「원도」 편 두 번째 단락에서 인류 문명에서 문의 근원과 최초의 문 그리고 문의 발전을 다음과 같이 해설한다.

> 인문의 기원은 태극에서부터 시작되었는데, 자연의 신묘한 이치를 가장 잘 표현한 것은 『주역』 괘상이 시작이다. 복희가 먼저 팔괘를 그리고 그 다음 공자가 십익을 찬술했다.…공자가 옛 성인을 계승하여 더욱 빼어나게 육경을 정리하여 집대성했다.[64]

이곳에서 유협은 문의 기원을 태극에서 찾고, 문의 최초 표현을 팔괘라고 한다. 공자는 이전 성현들이 표현한 문을 정리하여 집대성한 사람이다. 『주역』의 팔괘는 문의 시작이고, 공자의 문은 집대성이다. 서로 동일한 문이지만, 문의 형태는 다르다. 이는 유협이 비록 문이 도에 의하여 결정되지만 시대적 배경[정치·사회·문화 등]의 변화에 따라서 문의 형태 역시 변화함을 긍정한 것이다. 「시서」 편에서 다음과 같이 말한다.

> 시대가 여러 차례 바뀌고, 질박한 문풍과 화려한 문풍도 시대에 따라 변했으니 고금 이래 문학의 발전 상황을 기술할 수 있지 않겠는가? 옛날 요임금 시대에는 좋은 덕이 넘쳐 시골의 노인네가 '제왕의 힘이 나에게 어떤 작용을 하는가'라는 노래를 불렀고, 교외의 어린아이들은 '자기도 모

---

64 『文心雕龍』「原道」, "人文之元, 肇自太極, 幽贊神明, 易象惟先. 庖犧畫其始, 仲尼翼其終…至若夫子繼聖, 獨秀前哲, 熔鈞六經."

> 르는 사이에 군주의 법도를 따르게 된다'는 노래를 불렀다. 이어서 순임금 시대에는 정치가 번영하고 백성이 편안해지니 순임금이 「남풍시」를 지었고, 신하들은 「경운가」를 노래했다. 이런 작품들이 아름다움을 다 표현하는 것은 무엇 때문인가? 마음이 즐거웠기 때문에 시가의 음조 역시 안락한 것이다.…그러나 혼군인 유왕과 여왕 시대에 「판」·「탕」의 시에는 혼군들에 대한 분노가 담겨있고, 평왕 시대에는 왕실이 쇠락하자 「칠리」의 노래에는 애처로움이 담겨져 있었다. 이로써 보면 시가에 나타나는 문채와 정감은 시대에 따라서 변화됨을 알 수 있는데, 이는 바람이 위에서 불면 파도가 아래에서 움직이는 것과 마찬가지이다.[65]

문이 비록 도를 근본으로 삼지만, 시대에 따라 변화한다는 것은 문과 현실이 불가분리의 관계에 있음을 강조한 것이다. 문이 변할 수 있다는 것은 창작의 가치를 긍정하는 것과 동일하다. 유협은 이러한 창작활동에 하나의 규율을 제시하는데, 그것이 바로 통변通變이다. 그에 의하면, 문의 변화에는 일정한 규율로서 통변이라는 것이 있는데, 통변의 내용은 바로 "당대의 추세를 살펴 빼어난 문학 작품을 창작하려면 반드시 고대의 작품이 이룩한 창작의 법칙을 참고해야 한다"[66]는 것이다. 유협은 문의 변화에서 고루하게 도에 근거할 것만을 주장하지 않았다. 오로지 도만을 강조한다면 시대의 변화에 따른 문의 응변은 한계가 있을 수밖

---

65 『文心雕龍』「時序」, "時運交移, 質文代變, 古今情理, 如可言乎. 昔在陶唐, 德盛化鈞, 野老吐何力之談. 郊童含不識之歌. 有虞繼作, 政阜民暇. 薰風詠於元後, 爛云歌於列臣. 盡其美者何. 乃心樂而聲泰也…幽厲昏而板·蕩怒,平王微而黍離哀. 故知歌謠文理, 與世推移, 風動於上, 而波震於下者也."

66 『文心雕龍』「通變」, "望今制奇, 參古定法."

에 없다. 따라서 문이 비록 도에서 벗어나서는 안 되지만, 이전의 문학 작품에서 드러난 창작의 법칙을 본받아 신선한 변화를 시도해야만 비로소 문의 발전이 이루어진다는 것이다.

유협의 문도론에서 핵심 내용은 「원도」와 「종경」 편에 수록되어 있다. 「원도」는 도를 대변하고, 「종경」은 문을 대변한다. 그러나 유협은 양자를 직접 연결하지 않고 중간에 「징성」 편을 첨가하여 「원도」와 「종경」을 연결한다. 유협은 다음과 같이 말한다.

> 문장은 반드시 성인에서 검증해야 하고, 성인을 살펴봄에 있어서는 반드시 경서를 근본으로 삼아야 한다.[67]

그렇다면 유협은 왜 반드시 징성을 해야 한다고 주장하는가? 유협에 의하면, 도는 천지만물과 모든 일[萬事]에 선천적으로 내재되어 있다. 도를 선천적으로 품수하고 있다는 것을 유가의 측면에서 해석하면, 천지만물은 나의 평가와 관계없이 선천적으로 본래적 가치를 갖추고 있다는 도덕적 가치론 의미일 것이다. 그러나 유협의 의도에 따라서 이해하면, '천지만물이라는 객관적인 현실은 그 자체적으로 지극한 아름다움을 갖추고 있기 때문에 객관적인 현실을 떠나서 문을 성취할 수 없다'로 해석해야 할 것이다. 또 오로지 인간만이 오행五行의 빼어남을 얻어 자연의 도를 체찰할 수 있고, 그것을 문으로 성취할 수 있다. 이러한 유협의 견해를 원론적인 입장에서 말하면, 굳이 징성을 강조할 이유가 없게 된다. 왜냐하면 인간이라면 누구나 객관적인 현실에서 자연의 도를 인식할 수

67 『文心雕龍』「徵聖」, "是以論文必徵於聖, 窺聖必宗於經."

있고, 그것을 문으로 완성할 수 있기 때문이다. 그러나 현실은 절대 그렇지 않다. 오직 성인만이 자연의 도를 올바르게 인식할 수 있다. 일반인도 자연의 도를 인식할 수 있지만, 성정의 치우침으로 말미암아 원만무애한 문을 표현할 수 없기 때문에 그 객관성을 담보할 수 없게 된다. 따라서 객관적인 현실에서 규율·원리·법칙 등을 인식해야 함을 강조하기 위해서는 성인을 제시하지 않을 수 없게 된다. 때문에 "자연의 도는 성인에 의해 문장으로 나타났고, 성인은 문장을 통하여 자연의 도를 발현했다. 그렇기 때문에 그 이치는 어느 곳에도 통하여 막힘이 없었고, 매일 사용하여도 부족함이 없었다.…성인은 천문을 관찰하여 문장을 이루고, 백성들은 이를 본받아 배운다"[68]고 한 것이다.

그렇다면 징성의 성인은 유가적 성격의 성인인가? 아니면 도가적 성격의 성인인가? 오로지 자연의 도만을 고려한다면, 도가적 성인에 가깝다. 그러나 뒤에 나오는 종경을 보면, 또 유가적 성인에 가깝다. 왜냐하면 유협이 비록 경전을 문학적인 작품으로 이해한다고 할지라도, 『시경』·『서경』·『예기』·『춘추』·『주역』 등의 경전은 유가적 질서 규범인 예의가 핵심 내용이기 때문에 유협의 문도관은 「징성」 편과 「종경」 편에서는 유가적 가치관으로 전이되는 느낌을 받는다. 때문에 "문장을 지을 때는 이처럼 번잡함과 간략함같은 서로 다른 체제, 은미함과 드러냄이라는 서로 다른 표현 방법을 서로 다른 시기에 따라서 압축하고 확장

---

68 『文心雕龍』「原道」, "爰自風姓, 暨於孔氏, 玄聖創典, 素王述訓, 莫不原道心以敷章, 研神理而設教, 取象乎河·洛, 問數乎蓍龜, 觀天文以極變, 察人文以成化. 然後能經緯區宇, 彌綸彝憲, 發揮事業, 彪炳辭義. 故知道沿聖以垂文, 聖因文以明道, 旁通而無滯, 日用而不匱. 易曰, 鼓天下之動者存乎辭. 辭之所以能鼓天下者, 乃道之文也. 贊曰, 道心惟微, 神理設教. 光采元聖, 炳耀仁孝. 龍圖獻體, 龜書呈貌. 天文斯觀, 民胥以效."

하면서 적응하고 변통하여 사용해야 한다. 오로지 주공과 공자의 문장을 징험의 표준으로 삼으려면 이러한 표현 방법을 사용하여 문장을 지을 때 반드시 스승이 있을 것이다"[69]라고 한 것이다.

마지막으로 종경에 관한 유협의 입장을 해설하겠다. 중국 고대 문헌 분류법은 경經·사史·자子·집集이다. 그중에서 '경'이 첫 번째[首]의 위치에 놓여 있다. '경' 자에 대한 견해는 다양하지만, 서한 이래 학자들은 '경'은 성인이 지은 것으로 만세의 법이 되고, 오경은 오상五常이라고 주장했다. 경이란 본래 서간書簡을 엮은 명주 끈을 가리키던 것이 후대에 오면서 서적의 의미가 된 것에 지나지 않는다. 이는 '경'이란 항상 읽는 책 혹은 상도常道·상리常理의 의미를 반영한 것이다.[70] 유협 역시 "경은 항구불변의 지고한 진리를 서술한 것으로 영원히 없어지지 않은 위대한 가르침이다"[71]라고 하여 경전을 상도와 상리를 서술한 서적으로 인식한다.

그러나 유협 당시는 도가와 불교가 성세를 이룬 시기이다. 그렇다면 '유협은 육조 시대가 도가와 불교 세력의 발전으로 말미암아 유가적 이념이 쇠퇴한 시대임에도 불구하고, 왜 역설적으로 유가의 유물인 경전을 추존[宗]하는 입장을 취하는가'라는 의문이 당연히 들 것이다. 필자는 그 이유를 다음 몇 가지로 분석한다.

첫째, 당시 부화浮華한 문풍에 대한 경종이다. 앞에서도 누차 서술한 바와 같이 육조 시대의 문학은 도로부터 독립을 이루고, 창작과 비평 방

---

69 『文心雕龍』「徵聖」, "故知繁略殊形, 隱顯異術, 抑引隨時, 變通適會, 徵之周孔, 則文有師矣."

70 김원중, 「유협의 경전문학론에 관한 검토」, 『중어중문학』 제 26집, 한국중어중문학회, 2000, 389쪽.

71 『文心雕龍』「宗經」, "經也者, 恒久之至道, 不刊之鴻教也."

면에서 빼어난 성과를 이루었지만, 역작용도 적지 않았다. 대표적인 것이 바로 내용보다는 형식에 치중된 유미주의의 만연이고,[72] 전통의 상리常理를 무시한 채 오로지 새로움만을 추구하는 문학 형태가 성행했다. 당시 문풍에 대하여 유협은 다음과 같이 말한다.

> 급하게 새로운 것을 배우려고 하는 사람은 기이한 기교를 추구하다가 올바름을 잃게 된다. 이러한 시류에 따르면서 되돌아오지 못하면 문장의 체제와 규격은 무너지게 된다. 이러한 생각을 갖고 있는 작가들이여 자세하게 생각해보면 안 되는가?[73]

> 후대에 이르러 성현과의 시간이 멀어지자 문장의 체제와 규격이 무너졌고, 작가들은 신기한 것만을 좋아하고, 아무런 내용도 없는 괴이한 문사만을 추구했으니, 이는 화려한 깃털에 다시 색채로써 장식을 하는 것과 같고, 비단 혁대에 꽃무늬를 수놓는 것과 같으니, 이는 문장이 근본으로부터 더욱 멀어지는 것이다. 틀림없이 잘못된 길로 들어가 절제함이 없게 될 것이다.[74]

유협은 당시 문풍을 문장의 체제와 규격을 잃어버린 부염浮艶의 문장이라고 생각했다. 그는 외화外華의 수사에 대하여 부정적 태도를 취하

---

72 당시에는 남녀 간의 애정을 노래한 화려한 시들이 많았다.

73 『文心雕龍』「定勢」, "新學之銳, 則逐奇而失正. 勢流不反, 則文體遂弊. 秉茲情術, 可無思耶."

74 『文心雕龍』「序志」, "而去聖久遠, 文體解散, 辭人愛奇, 言貴浮詭, 飾羽尚畫, 文繡鞶帨, 離本彌甚, 將遂訛濫."

지는 않았다. 그러나 문심文心에는 내용이 있어야 하고, 내용은 혁신적인 것이 있어야 하지만 반드시 전통에 근거한 창신을 해야 한다고 생각했다.

둘째, 경전에 대한 유협의 문학적 인식이다. 유협은 "하늘[天]·땅[地]·인간[人] 삼재를 아우르는 불변의 교훈을 서술한 책을 경전이라고 한다. 경은 항구불변의 지고한 진리를 서술한 것으로 영원히 없어지지 않은 위대한 가르침이다. 그렇기 때문에 천지를 형상화하고, 귀신을 본받으며, 사물의 질서에 참여하고, 사람들의 강기를 제정하며, 성령의 심오한 경지를 통찰하고, 문장의 진수를 지극히 드러내고 있다"[75]고 한다. 여기에서 유협은 경전을 자연의 도와 인륜뿐만 아니라 문장의 진수를 표현한 것이라고 인식한다. 때문에 그는 또 "성현의 저술과 글을 총칭하여 문장이라고 한다"[76]고 한 것이다. 이는 분명 경전에 대한 새로운 해석이다.

셋째, 유협은 경전을 성현의 저작으로 인식하고, 각각의 경전에는 문학에서 본받아야 할 특수한 풍격이 있다고 생각했다. 유협은 문장[경전]에는 번잡과 간략이라는 서로 다른 체제가 있고, 은미한 것과 드러나는 것 등의 서로 다른 방법[77]이 있기 때문에 『시경』·『서경』·『역경』·『춘추』·『예기』 등에는 서로 다른 문풍이 있다고 생각했다. 각각의 경전에 서로 다른 문풍이 존재한다면, 서로 다른 문풍의 종합을 통하여 새로운 문풍 창조가 가능하다.

---

75 『文心雕龍』「宗經」, "三極彝訓, 其書曰經. 經也者, 恒久之至道, 不刊之鴻教也. 故象天地, 效鬼神, 參物序, 制人紀, 洞性靈之奧區, 極文章之骨髓者也."

76 『文心雕龍』「情采」, "聖賢書辭, 總稱文章."

77 『文心雕龍』「徵聖」, "故知繁略殊形, 隱顯異術."

넷째, 유협은 문을 통하여 도를 전수하려고 했는데, 이는 유협만의 독창적 견해가 아니다. 이는 사실 공자에서부터 비롯되었다. 공자는 "주나라는 하와 은 두 왕조의 문을 본받았으니, 찬란하구나! 그 문이여! 나는 주나라의 문을 따르고자 한다"[78]고 했다. 이곳에서 문이 반드시 유협의 문장과 일치하는 것은 아니지만, 문을 인용한 것은 공자와 유협이 서로 일치한다. 유협은 비록 당시에 유가보다는 도가와 불교가 성행했지만 중국 지식인 심중에 공자가 차지하고 있는 분량은 누구와 비교할 수 없을 정도로 지대했기 때문에 공자의 도 전수 방식을 도입한 것이다.

마지막으로 유협은 종경을 해야만 하는 6가지 당위성을 다음과 같이 해설한다.

> 문장은 반드시 경전을 본받아야 하는데, 6가지 장점이 있기 때문이다. 첫째, 감정이 깊어 거짓이 없다. 둘째, 풍격이 맑아 섞임이 없다. 셋째, 일이 진실하여 거짓됨이 없다. 넷째, 내용이 솔직하여 잘못된 것을 받지 않는다. 다섯째, 문체가 간략하며 번잡하지 않다. 여섯째, 문사가 화려하지만 음란하지 않다.[79]

「종경」 편의 주지主旨는 중도경문重道輕文이 아니다. 단지 당시에 지나치게 중문경도重文輕道의 태도를 취하고 있는 문풍을 교정하고자 함이다. 다시 말하면 현상의 아름다운 미를 올바르게 인식하고 표현하려면

---

78 『論語』「八佾」, "子曰, 周監於二代, 郁郁乎文哉, 吾從周."

79 『文心雕龍』「宗經」, "故文能宗經, 體有六義. 一則情深而不詭, 二則風清而不雜, 三則事信而不誕, 四則義貞而不回, 五則體約而不蕪, 六則文麗而不淫."

반드시 현상의 근원인 도에 대한 인식이 선재되어야 한다는 것이다. 도는 성현의 저작인 경전에 수록되어 있기 때문에 성현이 부재하더라도 경을 통하여 도를 올바르게 인식할 수 있고 현현할 수 있다. 유협에 의하면, 경전은 다른 문장에 비해 우월한데, 위에서 소개한 여섯 가지 당위성[六義]이 바로 그 우월성의 내용이다. 대부분의 문학 연구 종사자들이 유협이 제시한 육의六義를 문학작품이 갖추어야 할 요소와 내용 그리고 특성이라고 주장한다. 그러나 필자는 이것과 함께 경전에 대한 유협의 주관적인 인식, 그리고 전통의 문을 근거로 새로움을 지향하려는 유협 자신의 온고이지신溫故而知新 이념을 표현한 것이라고 생각한다.

文道論

IV

당송 고문가 문도론

Ⅳ. 당송 고문가 문도론

필자는 당 대 고문가의 대표자인 한유의 문도론을 서술하기 전에 한 가지 가설을 제시해보고자 한다. 만일 당송 시대에 한유·유종원·구양수·소식 등의 고문가 그리고 주돈이·장재·정호·정이·주희 등 도학가의 복고주의 문론이 출현하지 않았다면 문학비평이론은 어떻게 전개되었을까? 아마 문학비평이론은 유협의 『문심조룡』이 문학이론으로서 정점을 이루고, 이를 근거로 문학의 외형적인 체계와 구조 그리고 창작 및 수사 등 다양한 방면으로 극단적인 발전을 이루었을 것이라고 추측한다. 즉 유협의 『문심조룡』은 종합적 성격의 문학비평이론이기 때문에 『문심조룡』과 같은 규모의 문학이론이 출현하기보다는 『문심조룡』의 이론이 다양하게 세분화되어 극점을 지향했을 것이다.

도로부터 문의 일탈이 문장의 부화浮華 현상을 필연적으로 수반하는 것은 아니지만, 문장의 부염화浮艶化 현상을 초래할 가능성은 매우 농후하다. 실제로 한유가 출현하기 전까지, 육조 문학의 화염무실 현상은 지속되었고, 비록 한유가 고문운동을 전개하여 복고주의를 주창했지만, 한유 당시에 복고운동은 두드러진 성과를 나타내지 못했다. 북송 초에 구양수가 등장하여 다시 고문운동을 전개한 이유는 바로 한유의 고문운동이 별다른 효과를 보이지 못했기 때문이다. 이처럼 고문운동에 의해 문과 도는 다시 합일 관계로 정립되고, 문이명도文以明道·문이관도文

以貫道·문여도구文與道俱·문이재도文以載道로 분화 전개된다. 고문가와 도학가 문도론이 대부분 중도경문重道輕文 혹 도본문말道本文末의 입장을 취하면서 문풍의 부화 현상을 방지하는 효과를 보였지만, 도에 의한 문의 종속은 필연적으로 문의 창작활동을 억압하여 문의 생기를 제한하는 역작용이 있을 수밖에 없었다. 도로부터 문의 일탈과 문도합일은 이후에도 지속되어 현대에 이르렀지만, 아직도 문과 도[철학과 문학] 사이에는 미묘한 긴장감이 흐르고 있다.

당송 고문가의 문도론은 한유로부터 시작된다. 한유 역시 유협과 마찬가지로 원도原道를 내세우지만, 그가 긍정한 도의 성격은 유협과 근본적으로 다르다. 앞에서 해설한 바와 같이 유협의 도는 '유가도 아니고 도가도 아닌' 비도비유非道非儒 혹은 '유가와 도가가 각각 절반인' 반도반유半道半儒의 성격을 보인다. 유협이 긍정한 '자연의 도[自然之道]'는 도가에 가깝지만, 징성과 종경은 유가에 가깝다. 따라서 필자는 유협의 도를 유도겸전儒道兼全보다는 '비도비유' 혹은 '반도반유'에 가깝다고 생각한다. 그러나 한유 문도론에서 문은 작품의 형식이고 도는 작품의 내용이지만, 작품의 본질로서 도는 완전히 유가의 도일 뿐 도가 혹은 불가와 전혀 관련성이 없다. 즉 한유가 긍정한 도는 공자·맹자·순자·양웅으로 전승되는 유가의 도이다. 필자는 먼저 한유의 도통道統과 문통文統을 해설하고, 다음 고문운동의 정치적 배경과 문학적 배경을 서술한 후에 '문이명도'를 중심으로 한유 문도론을 해설하겠다.

1. 한유의 고문운동과 문도론

한유는 당 대를 대표하는 문학가임과 동시에 사상가였으며, 정치가였다. 유학 부흥의 전단계라고 할 수 있는 고문운동이 한유에 의하여 본격적으로 전개되었고, 그의 고문운동은 이후 중국 학술 방향을 결정하는 중요한 역할을 한다. 때문에 송 대 구양수는 "도를 창현하고, 문에도 능한 사람으로서 한유만한 사람이 없다"[1]고 하면서 중국 학술계에서 한유의 지위를 높게 평가한다.

1) 한유의 도통道統과 문통文統

문과 도에 동일하게 정통 의미의 '통統' 자를 첨가하여 '도통'과 '문통'이라고 표현한 것에는 긍정적 의미와 부정적 의미가 모두 포함되어 있다. 긍정적 의미로는 도와 문의 전통을 긍정함으로서 근원을 밝히고, 이것을 근거로 발전 방향을 제시할 수 있다는 것을 들 수 있고, 부정적인 의미로는 '통'에서 벗어난 도와 문은 신성한 의미의 도가 아니고, 문이 아니게 된다는 것을 들 수 있다. 이는 도와 문에 대한 패권주의적 규정이다. 한유에 의해 정식으로 제기된 도통과 문통에는 이 두 가지 의미가 모두 포함되어 있다.

사실 도통설과 문통설의 기원은 한유가 아니라 맹자와 왕충이다.[2] 그

---

1 『歐陽修全集』「卷72 · 居士外集卷22, 讀李翱文」, "有道而能文者, 莫若韓愈."

2 『孟子』「盡心下」, "孟子曰由堯舜至於湯, 五百有餘歲. 若禹皐陶則見而知之, 若湯則聞而知之. 由湯至於文王, 五百有餘歲. 若伊尹萊朱則見而知之, 若文王則聞而知之. 由文王至

러나 이는 도통과 문통의 개념적 의미의 기원일 뿐이다. 도통과 문통이 본격적으로 사용된 송 대의 도통과 문통은 모두 한유로부터 비롯된 것이다. 북송의 유개柳開가 「응책應責」에서 "우리의 도는 공자·맹자·양웅·한유의 도이고, 우리의 문은 공자·맹자·양웅·한유의 문이다"[3]라고 한 것을 보면 송 초 고문가들은 한유를 도통과 문통의 전승자[4]로 인식했음을 알 수 있다.

그러나 이 당시에는 '도통'과 '문통'이라는 용어를 정식으로 사용하지 않았다. 도통과 문통은 후대에 명명된 것이다. 도통은 남송 시대에 이원강李元綱의 『성문사업도聖門事業圖』에 기술되어 있는 '전도정통傳道正統'에서 비롯되었고, 문통은 명明의 아곤茅坤과 황종희黃宗羲 등이 고전古文을 '문장정통文章正統'으로 보고서 한유와 구양수를 '문장정통'이라고 한 데에서 비롯되었다. 다시 말하면 문도합일과 함께 문통이니 도통이니 하는 것은 문과 도에 대한 선현들의 논평을 후인들이 평가한 것이다. 따라서 정통과 비정통에 대한 견해는 후인들에 따라서 얼마든지 다를 수 있다. 그렇지만 문통과 도통의 통일을 주장한다는 점은 일치한다.

본래 문과 도가 완미完美한 통일을 이루는 것이 유가가 추구하는 이상

於孔子, 五百有餘歲. 若太公望散宜生則見而知之, 若孔子則聞而知之. 由孔子而來, 至於今百有餘歲."·『論衡』「超奇」, "文王之文在孔子, 孔子之文在仲舒, 仲舒旣死, 豈在長生之從與."

3 『河東集』「卷1」, "吾之道, 孔子孟軻揚雄韓愈之道, 吾之文, 孔子孟軻揚雄韓愈之文."

4 한유 문도론은 맹자보다는 순자를 계승한 것이고, 인성론은 맹자 성선설과는 전혀 성격이 다른 성삼품설性三品說이다. 비록 성에 대한 표현에 성악과 성삼품이라는 차이가 있지만 원론적인 측면에서 말하면, 순자와 한유가 긍정한 성은 모두 자연적 본성일 뿐 도덕 본성은 아니다. 그렇다면 한유는 마땅히 순자를 도통의 중심으로 삼았어야 하는데 오히려 맹자를 도통의 핵심으로 내세웠다.

의 경지인데, 유학의 흥망성쇠에 따라서 문과 도가 분리되기도 하고, 합일하기도 했기 때문에 문통과 도통의 합일도 나타나게 된 것이다.[5] 비록 도통과 문통의 명명이 후대에 이루어진 일이지만, 고문가뿐만 아니라 도학가들도 한유를 도통의 전승자로 인식한 이유는 무엇인가? 다음 한유에 대한 정이의 평가에서 그 이유를 엿볼 수 있다.

> 한유 역시 근래의 호걸지사이다. 「원도」 안에 수록된 말들에 비록 문제가 있기는 하지만 맹자 이후 큰 식견을 가지고 도를 찾아 구한 사람은 한유밖에 없다. 그는 '맹자만이 순일'하고, '순자나 양웅은 유가의 도를 선택하여 노력했지만, 완전하지는 못했다'고 단언했다. 비록 그의 말이 상세하지는 않지만 빼어난 식견이 없었다면 어찌 (공맹으로부터) 천여 년 이후에 이처럼 명쾌하게 단언할 수 있었겠는가?[6]

정이는 한유의 도덕철학 의리에 대해서 전면적으로 긍정의 태도를 취하지 않는다. 이점은 주희 역시 마찬가지이다. 그러나 이곳에서 정이는 한유를 근래 보기 드문 호걸지사로 평가한다. 호걸지사라고 평가한 것에는 최소한 두 가지 의미가 담겨져 있다. 하나는 당시 불교에 대한 한유의 배척이고,[7] 다른 하나는 도통의 근원을 공자·맹자에서 찾았다는

---

5 양광석, 「고문가와 도학가의 문학관」, 『유교사상연구』 제 22집, 한국유교학회, 423쪽.

6 『二程遺書』, 「卷25」, "韓愈亦近世豪傑之士. 如原道中言語雖有病, 然自孟子而後, 能將許大見識尋求者, 才見此人. 至如斷曰, 孟氏醇乎醇. 又曰, 荀與楊擇焉而不精, 語焉而不詳. 若不是佗見得, 豈千餘年後便能斷得如此分明也."

7 불가에 대한 유학자의 비판은 당 대 한유에 의하여 본격적으로 시작되었다. 불가에 대한 한유의 비판은 다음 네 가지로 요약할 수 있다.

점이다. 때문에 대만의 역사학자인 전목 역시 "송학을 연구하려면 반드시 당 대에서 시작해야 하고, 창려 한씨를 우두머리로 삼아야 할 것이다"라고 하였다.[8] 그렇다면 한유는 왜 도통에서 순자를 배제했을까? 아마 천인상감설天人相感說에 대한 서로 다른 입장 때문인 것 같다. 한유는 다음과 같이 말한다.

> 역사를 쓰는 사람은 사람에게 화를 당하지 않으면 하늘의 징벌이 있을 것이니, 어찌 두려움이 없이 가볍게 역사를 기술할 수 있겠는가?[9]

첫째, 불가는 이적夷狄의 가르침이지 선왕의 가르침이 아니다.
둘째, 불가는 윤리를 저버리고 인간의 상정常情과 이치를 배역背逆했다.
셋째, 불가는 길흉화복의 인과응보설로써 사람의 마음을 어둡게 한다.
넷째, 불가는 윤회생사설輪廻生死說로써 사람의 마음을 미혹하게 한다.
필자는 한유가 불가에 대하여 객관적인 이해를 배제한 채 이처럼 극단적 평가를 한 것에 어느 정도 동정할 수는 있다. 이러한 불가에 대한 비판 태도는 조선의 유학자도 마찬가지이다. 학봉[鶴峯-金誠一]의 기록에 의하면 이황 역시 불가에 대하여 "내가 불가 서적을 읽고 그 잘못된 점을 비판하고자 하나 물을 건너는 자가 처음에는 얕고 깊은 지를 시험해보고자 하다가 마침내 물에 빠지는 일이 있는 것처럼 될까 두려워 그렇게 하지 못할 뿐이니, 학자는 마땅히 성현의 글만 읽고 그것을 이해하기만 하면 되므로 이단의 문자는 전혀 몰라도 방해가 되지 않는다"고 했다(신귀현, 「이퇴계의 전습록논변과 육왕학에 관한 비판」, 『퇴계학연구』「제 8집」, 단국대학교 퇴계학연구소, 1994, 5쪽 재인용). 주희에 의하면, 한유 당시의 학술은 불가와 도가가 현학顯學이었던 것 같다. 그중에서도 도가처럼 중국의 자생적 학문이 아닌 불가에 대한 적대적 감정이 심했을 것이라는 것은 어렵지 않게 짐작할 수 있다. 그러나 한유와 정호 그리고 이황의 의식구조는 바로 객관적으로 그것의 이론을 이해하려고 하지도 않고 지레 놀라는 마음으로 경계하는 것이다. 이러한 심태心態를 가지고서 어떻게 타자 학술 사상에 대하여 경중을 논하고 비판을 할 수 있겠는가? 송 대 유학자들의 불가에 대한 언설은 그 정도 상에 경중의 차이는 있지만, 내용과 추세는 거의 일치한다.

8 錢穆, 『中國近三百年學術史』, 北京: 中華書局, 1987, 1쪽.

9 『韓昌黎集』「文外集上卷 · 答劉秀才論史書」, "夫爲史者, 不有人禍, 則有天刑. 豈可不畏懼而輕爲之哉?"

> 하늘은 해·달·별의 주인이고, 땅은 초목과 산천의 주인이며, 사람은 오랑캐와 금수의 주인이다. 주인이면서 포악하게 하는 것은 주인의 도를 얻지 못한 것이다. 그렇기 때문에 성인은 모두 인으로 보고서 가까운 것은 돈독하게 하면서 멀리 있는 것을 받든다.[10]

천인상감설은 한 대 동중서董仲舒에 의하여 정립된 학설인데, 이것은 인간을 포함한 천지만물을 하나의 유기체적 관점으로 인식하는 것이다. 따라서 인도[인륜]와 천도[자연] 사이에 범주의 분류가 없다. 다시 말하면 행위계[가치계]와 존재계[사실계]가 분리되어 있지 않다. 천도는 인도에 영향을 미치고, 인도 역시 천도에 영향을 끼친다. 따라서 군주가 포악한 정치를 하면 자연계 질서에 영향을 끼쳐 가뭄과 기근 그리고 홍수 등의 재앙을 수반한다고 한다. 한유의 관점은 동중서의 천인상감설과 매우 유사하다.

그러나 순자는 하늘[天-존재계]과 사람[人-행위계]을 완전 분리한다. 순자가 중시하는 문제는 사회 문제 혹은 정치 문제였다. 순자는 이러한 사회 문제와 정치 문제의 핵심과 해결책을 객관적인 사실천, 즉 자연의 변화에서 추구하지 않았다. 때문에 순자는 "하늘의 변화와 운행은 일정한 궤도가 있는데, 이러한 도는 요임금 때문에 보존되는 것도 아니고, 걸왕 때문에 없어지는 것도 아니다"[11]라고 한 것이다. 순자에 의하면, 윤리와 사회 그리고 정치 등의 문제는 자연이라는 객관적인 하늘에 속한 문제

---

10 『韓昌黎集』「卷1·原人」, "天者, 日月星辰之主也. 地者, 草木山川之主也. 人者, 夷狄禽獸之主也. 主而暴之, 不得氣爲主之道矣. 是故聖人一視而同仁, 篤近而擧遠."

11 『荀子』「天論」, "天行有常, 不爲堯存, 不爲桀亡."

가 아니라 인간의 문제인 것이다. 이것이 하늘과 사람 영역의 구별[天人之分]인데, 이는 과학정신의 발현이라고 할 수 있다.

또 순자는 "하늘은 만물을 낳고 사람은 그것을 완성한다[天生人成]"고 한다. 순자에 있어서 하늘[天]은 인격천[주재천]도 아니고 도덕천도 아니다. 하늘은 자연천으로서 우주 만물의 변화 법칙을 지칭한다. 그러므로 천도는 단지 우주만물을 생성하는 사실적인 존재 혹은 원리에 불과할 뿐이고, 이러한 자연을 다스리고 완성하는 것은 인간의 책임이다. 인간은 무엇을 근거로 객관적인 사실 즉 자연을 다스릴 수 있는가? 바로 인간에게는 변별력과 여러 무리들을 조화시킬 수 있는 능력, 즉 마음[心]이 있기 때문이다.

그런데 한유는 순자와 달리 '하늘의 징벌'이라는 표현을 한다. 비록 한유가 순자학에 대하여 전면 부정적인 태도를 취한 것은 아니지만,[12] 천인관계에 대한 순자와의 이견은 후에 순자가 도통의 계열에서 탈락하게 된 결정적 요인으로 작용하게 된다.

사실 한 대에는 맹자보다 순자가 더욱 추존되었다. 당시에는 반맹존순反孟尊荀의 학풍이었다. 문도론에서도 순자와 양웅 그리고 유협이 하나의 계통을 이룰 뿐 맹자의 자리는 없다. 이러한 유학의 전승 계보가 한유에 이르러 공자와 맹자의 도통으로 정립된다. 순자가 문도의 도통 계보에서 빠진 것이다.

공자가 죽은 후 여러 제자들이 공자의 언행을 기록한 것이 없지는 않지만,

12 『韓昌黎集』「卷1 · 進學解」, "孟軻好辯, 孔道以明, 轍環天下, 卒老于行. 荀卿守正, 大論是弘, 逃讒于楚, 廢死蘭陵. 吐辭爲經, 擧足爲法, 絶類離倫, 優入聖域, 其遇於世何如也."

오로지 『맹자』만이 공자가 전한 도의 근본을 얻었다. 그러므로 나는 젊어서 즐거운 마음으로 『맹자』를 읽었다.…성인의 도를 추구하려면 반드시 『맹자』로부터 시작해야만 한다.[13]

이 도는 어떤 도인가? 이것은 나의 도이며, 노자와 불교의 도가 아니다. 요임금이 이것을 순임금에게 전하고, 순임금이 이것을 우임금에게 전했다. 우임금은 탕임금에게 전하고, 탕임금의 도는 문왕과 무왕·주공에게 전해졌다. 문왕과 무왕 그리고 주공의 도는 공자에게 전해졌고, 공자는 맹자에게 전했다. 맹자가 죽자 그 전통을 얻지 못했다. 순자나 양웅은 유가의 도를 선택하여 노력했지만, 완전하지는 못했다.'[14]

한 대까지 요·순·우·탕·문·무·주공·공자의 도통은 제왕을 비롯한 치자治者들에게 별 무리 없이 수용되었지만, 맹자 학설은 혁명설 때문에 크게 추존되지 못했다.[15] 비록 당대에 한유가 맹자를 도통의 중심으로 정립시켰지만, 사실 한유를 비롯한 몇 사람의 주장에 불과했다.

---

13 『韓昌黎集』「卷4·送王秀才序」, "自孔子沒, 群弟子莫不有書, 獨孟子之傳, 得其宗. 故吾少而樂觀焉.…求觀聖人之道, 必自孟子始."

14 『韓昌黎集』「卷1·原道」, "斯道也, 何道也. 日斯吾所謂道也, 非向所謂老與佛之道也. 堯以是伝之舜, 舜以是伝之禹, 禹以是伝之湯, 湯以是伝之文武周公, 文武周公伝之孔子, 孔子伝之孟軻. 軻之死, 不得其伝焉. 荀與揚也, 擇焉而不精, 語焉而不詳."

15 맹자는 '군주의 지위는 바꿀 수 있다[革命說]'고 하였고, '민중은 귀하고 군주는 가볍다[民貴君輕]'는 주장을 했다. 비록 맹자 철학이 한유를 시작으로 송명 시대에 이르러 유가 학술의 주류로서 자리 잡았지만, 맹자의 지위는 제왕들에게 환영받지 못했다. 특히 명 태조인 주원장은 『맹자』에서 혁명설을 서술한 문구를 삭제하기도 했고, 심지어 맹자의 신위마저도 성묘聖廟에서 쫓겨 날 위기에 처하기도 했다. 청조에서도 맹자에 대한 처우는 크게 달라지지 않았다.

북송의 정호와 정이 시대에 이르러 심성 학문에 대한 논의가 정밀해지자 비로소 맹자 철학이 중시되기 시작했다.[16] 이후 주희가 『논어』·『맹자』·『대학』·『중용』을 『사서四書』로 편찬하였고, 주희와 대립한 육구연이 자신 학문 연원을 맹자 철학에서 찾았으며, 왕수인 역시 양지 철학의 근원을 맹자 철학으로 삼으면서 성즉리를 주장하는 정주의 리학이나, 심즉리를 주장하는 육왕의 심학을 막론하고 『맹자』는 그들이 이론을 정립할 때 근거로 삼은 가장 중요한 경전 중의 하나로 승격되었다. 이러한 모든 것은 한유로부터 시작되었다고 해도 과언이 아니다.

2) 한유 고문운동의 정치적 배경과 문학적 배경

한유 고문운동은 순수한 학술[유학]의 부흥운동이었는가? 이점에 대해서 대다수 전문 연구가들이 회의적인 시각을 보인다. 유개영劉開榮은 당 대 소설의 발흥과 고문운동의 관계를 서술하면서, 한유가 제창한 당 대 고문운동은 단지 정치상의 간판이었고, 실질적으로는 문체의 혁신운동을 통하여 동지를 규합, 즉 자신의 정치적 목적을 달성하기 위함에 불과했다고 한다.[17] 유개영의 표현에 약간 지나침이 있는 것은 사실이지만, 한유 고문운동에 정치적인 배경이 있음을 부정하기는 어려울 것 같다. 필

16 唐君毅, 『中國哲學原論』「原道篇」, 홍콩 新亞研究所, 1973. 211쪽.

17 劉開榮, 『唐代小說研究』, 北京: 商務印書館, 1947, 15쪽(趙殷尙, 「唐代古文運動的政治意義」, 『동아인문학』 제 9집, 동아인문학회, 2006, 28쪽 재인용). 한유 이전에도 정치의 변혁과 고문운동을 연계하여 추진한 사람이 없는 것은 아니었다(예: 羅宗强). 그러나 한유처럼 신선한 내용을 제시하지 못했다. 때문에 고문운동을 통한 정치개혁 선구로 한유를 든 것이다.

자는 이곳에서 한유 고문운동의 배경을 두 방면에서 해설하고자 한다. 하나는 정치적 배경이고, 다른 하나는 학술적 배경이다.

먼저 정치적 배경을 해설하려면 한유 당시 정치 환경에 대한 개괄적 소개가 필요하다. 한유 고문운동의 정치적 배경은 안사의 난[安祿山과 史思明]에서부터 시작된다. 안사의 난은 당조의 전성기였던 현종의 치세[開元의 治][18]에 발생했다.[19] 이 난으로 말미암아 당조는 분열되었지만 오히려 분열은 새로운 시대를 열 준비의 시작이었다. 안사의 난을 계기로 당 왕조는 율령을 정비했고, 토지제도인 균전제均田制와 수취제도인 조용조租庸調는 양세법兩稅法으로 통합되었다. 양세법은 토지 소유에 대한 국가의 제한을 없앤 것으로 후에 당 왕조가 재정을 확충함에 있어 제도적 기반이 되었다. 또 이 시기에 강남을 중심으로 농업이 발달했을 뿐만 아니라[20] 상공업 역시 국가의 간섭이 축소되어 운하를 통한 비약적인 발전을 한다. 이처럼 사회는 역동적으로 변화를 진개하고 있는데 반해 중국 왕조의 고질적 병폐인 환관들의 전횡과 중앙정부의 무능으로 말미암아 정치가 시대의 변화에 적응하지 못했다. 이후 끊임없는 당쟁은 강남 지방을 강타한 황소黃巢의 난을 계기로 붕괴의 길로 들어선다.

한유는 이처럼 당 대 사회의 불안정한 시기에 활동한 사람이다. 성당

---

18 당 현종은 두 개의 연호가 있다 하나는 개원開元이고, 다른 하나는 천보天寶이다. 개원의 시대는 현종의 치세 시기이고, 천보는 난세 시기이다. 따라서 개원지치開元之治라고 할 뿐 천보지치天寶之治라는 말은 없다.

19 안사의 난 발생의 원인은 여러 가지가 있지만 대표적인 것으로 황실의 부패와 균전제均田制의 파괴, 그리고 부병제府兵制의 붕괴를 든다.

20 새로운 품종의 개발, 농기구의 발전, 적극적인 개간과 간척 그리고 관개시설의 정비로 말미암아 농업 생산력이 크게 신장되었다.

盛唐 시대가 끝나고, 중당中唐 시기 문인들은 당시 국가 위기에 대하여 불안을 느끼고서 정치 개혁을 추진했지만, 정치적인 조치만으로는 당시 당 왕조의 혼란한 정국과 당쟁을 혁파할 수 없었다. 때문에 강한 우환의식을 소유한 유학자를 중심으로 새로운 방식을 통하여 쇠퇴해가는 당 왕조의 정치적 형국을 바꾸어보려는 노력을 전개했는데, 고문운동은 그중 한 가지 방법이었다.

한유의 고문운동은 유가 철학과 궤적을 함께한다. 한유는 「원도」에서 "이 도는 어떤 도인가? 이것은 나의 도이며, 노자와 불교의 도가 아니다. 요임금이 이것을 순임금에게 전하고, …문왕과 무왕 그리고 주공의 도는 공자에게 전해졌다"고 했다. 한유에 의하면, 유가 성현의 전승이 바로 도의 전승이며, 이것이 바로 도통이다. 이 도통의 도가 문의 근본이니 실제로 한유가 긍정하는 문학[창작을 포함하여]은 반드시 유가의 도를 근본으로 하여 표현되어야 한다.

한유는 이러한 문도관계를 문학작품에만 적용하지 않고 당시 정치계와 종교계에도 동일하게 적용시킨다. 고문 회복은 곧 구질서 회복과 같은 의미인데, 구질서는 다름 아닌 유학의 도통이고, 도통은 다름 아닌 성왕들에 의하여 전승된 도의 계보이다. 따라서 구질서 부흥은 과거로의 회귀가 아니라 올바른 질서의 재정립과 같은 것이다. 이러한 한유의 고문운동은 시대의 혼란에 대한 강한 우환의식을 소유한 문사들에게 호응을 얻기도 했지만, 광범위하게 확장되지는 못했다.

다음 고문운동의 문학적 배경을 살펴보자. 유협의 문도론 이전 문도관계는 철저한 중도경문重道輕文이었다. 유협 시대에 이르러 문과 도가 수평적 관계를 유지하여 문도겸중文道兼重의 문도론을 제시했지만, 통일된 이념으로써 안정된 정치 환경을 제시하지 못했던 육조 시대의 상황에서 필연성은 없지만 문이 도로부터 일탈로 전개될 가능성은 매우 농후했고, 실제로 문은 도로부터 완전히 일탈되었다. 문의 부화현상 그리고 형식적 유미주의의 극단화 등은 유협 이전에도 성행했고, 유협 이후에도 여전히 유행되고 있었다. 다시 한유에 의하여 당시 변려문의 화염무실을 극복하자는 고문운동이 전개되었지만, 이는 한유 개인의 창신이 아니라 오랫동안 지속적으로 출현했던 해묵은 과제였다.[21] 유협과 한유가 다르다면, 그들이 긍정하는 도의 성격에 차이가 있다는 것뿐이다. 사실 문에 관한 유협과 한유의 기본적 태도는 약간 경중의 차이는 있지만, 본질적으로는 동일하다고 할 수 있다. 그러나 유협의 도에는 도가와 유가의 성격이 혼재되어 있지만, 한유의 도는 순수한 유가의 도이다.

도를 중심으로 한 한유 문학관은 당시 정치와 학술 양 방면에 상당한 경종을 울렸다. 그는 유가 정치 이념을 근거로 당시 쇄락해가는 만당晩唐의 정치 국면을 만회하고 강력한 중앙정권의 힘을 도모하려고 했다.[22]

---

21 이장우에 의하면, 고문운동의 시작은 육조 중엽에 북방 이민족들이 한족을 지배하면서부터 시작되었다고 한다. 북방 이민족들은 한자에 능하지 못했을 뿐만 아니라 당시에 성행한 4·6 변려문체에 대한 지식이 부족했기 때문에 변려문을 반대하는 경향을 보였다고 한다(이장우, 「한유문연구서설」, 『중국문학보』 3집, 단국대학교 중어중문학과, 1976, 1쪽). 비록 한유가 고문운동을 전개했지만, 이에 대한 회응은 적었다. 그후 200년 이후 송 초 고문운동은 화염무실한 문풍에 대한 반동에서 비롯되었다. 현대에는 이러한 논쟁이 없는가? 절대 그렇지 않다. 이 화두는 이후에도 지속적으로 등장할 것이다. 반면 전목은 "당 대의 고문운동은 마땅히 당 대의 고시古詩운동으로 거슬러 올라가야 한다"고 한다(錢穆, 「雜論唐代古文運動」, 『中國學術思想史論叢』 第4, 臺北: 東大圖書, 1978, 16쪽). 고시운동은 한유의 고문운동보다 약 50년 전에 전개된 것으로 진자앙陳子昂으로부터 시작되어 이화李華·소영사蕭穎士 등이 전승한다.

22 당 왕실은 만당 시기에 이르자 번진藩鎭의 세력이 크게 강화되어 중앙 정권의 세력이 이를 극복하지 못했다. 번진의 할거는 안사의 난과 밀접한 관련이 있다. 당 왕조는 안사의 난이 발발하자 그들의 세력 확대를 방지하기 위하여 중국 내 각지에 절도사를 두고서 다수의 병력을 지휘토록 했다. 번진의 수는 내지와 변경을 합쳐 약 50개 정도가 생겨났다.

이러한 정치적 목적은 한유 문도론의 현실적 의미를 반영한 것이다. 비록 한유 고문운동이 정치에 끼친 영향은 제한적이었지만, 당시 학자들의 주목을 받고, 후대에 높은 평가를 받은 것은 그러한 한유의 정치 개혁 시도가 신선했을 뿐만 아니라 그것이 언급하는 대상이 정치와 문학 그리고 사회 전반을 포함하고 있었기 때문이다. 한유가 내세운 도는 전통적인 유가의 정치 원리 즉 고도古道이다. 그는 고도에는 민본과 군신 간의 관계 등이 모두 합리적인 질서로 구성되어 있다고 생각했다. 또한 전통적인 유가의 고도는 고문으로 이루어졌기 고도의 부활을 위해서는 고문을 제창하지 않으면 안 되었다. 다시 말하면 고도 회복이 목적이라면 고문 제창은 수단이라고 할 수 있다. 또한 이러한 고문을 회복함으로써 당시 오로지 형식적인 유미주의만을 탐미하는 변려문에 타격을 줄 수 있었고, 또 도가와 불교에 대한 비평이라는 일거양득의 효과를 볼 수 있었다.

3) 한유의 문도론

앞에서 밝힌 바와 같이 한유는 사상가였고, 문학이론가였으며, 시인이었다. 중국 사상사 측면에서 보면, 한유는 도통 이념을 정립한 인물이고, 문학사에서는 고문운동을 전개하여 새로운 문풍을 조성한 개혁가이다. 따라서 중국 고대 철학사와 문학사 두 방면에서 그가 차지하고 있는

이러한 번진 체제는 안사의 난 이후에 140년 동안 지속되었고, 당 왕실은 두 차례의 순지화順地化[번진을 당의 통치 체제로 끌어들이려는 노력]가 진행되어 어느 정도의 성과를 이루지만 만족스러운 결과는 아니었다.

위상은 상당히 높다고 할 수 있다. 그가 세운 업적은 다음 몇 가지로 요약할 수 있다.

첫째, 문과 도의 통일을 이루어 당시 형식주의적 유미주의로 흘러가는 문풍을 배격하면서 현실에 회응回應하려는 문풍을 정립하려고 했다.

둘째, 산문체인 고문을 주창하여 고문을 정통 문체로 인식하게 했다.

셋째, 그는 산문 작가로서 산문체를 사용하여 문학작품을 저술했을 뿐만 아니라 산문 문학의 수준을 향상 발전시켰다.

넷째, 한유는 유가 사상의 계승자로서의 역할에 충실했다. 당시 학술계 주도권은 도가와 불교, 특히 불교의 선종이 차지하고 있었다. 이러한 사상계 흐름에서 도가와 불교를 비평하면서[23] 유가 사상을 중국 철학의 정통 지위에 안착시키려고 노력했다.[24] 때문에 한유를 송명리학의 선구자로 평가하기도 한다.[25]

---

23 노사광은 비록 한유가 유가 철학의 계승을 자임하면서 도가와 불가를 비평했지만, 불경에 대한 지식도 부족했고, 이론을 수립하려는 능력도 충분하지 못했기 때문에 도가와 불교에 대한 비평은 사상계에 별다른 영향을 끼치지 못했다고 한다(勞思光, 『新編中國哲學史』 上三, 臺北: 三民書局, 1987, 22쪽). 이점에 대해서는 풍우란 역시 동일한 태도를 취한다(馮友蘭, 『中國哲學史新編』, 臺北: 藍燈文化事業股分有限公司, 1991, 322쪽). 기본적으로 도가와 불교에 대한 한유 비평은 불교 입장에서 보면 사실과 거리가 있다. 그러나 이러한 부족점은 오로지 한유에게만 해당하는가? 필자는 이점에 관하여 관심을 갖고 송명 도학자와 한국 성리학자들의 도가와 불교에 대한 비평의 진상을 분석해보았는데, 그들의 이해는 일관되게 한유와 동일한 입장을 취하고 있었다. 주희와 육구연 및 왕수인 역시 예외가 아니다.

24 박경실, 「한유 산문의 문도관 연구」, 『중어중문학』 제 14집, 한국중어중문학회, 1992, 36쪽 참고.

25 풍우란에 의하면, '한유는 단지 도학[宋明理學] 수립의 조건을 창조했을 뿐이다. 철학사 입장에서 보면 도학 창시자로서의 위상을 차지하지는 못한다.'(馮友蘭, 『新編中國哲學史』. 326쪽). 주희도 한유가 유가의 도통을 새롭게 정립한 공로에 대해서는 긍정하지만, 유가의 도를 올바르게 인식했는가에 대해서는 회의적인 입장을 보일 뿐만 아니라 한유

주지하고 있는 바와 같이 한유 문도론은 '문이명도'와 '문이관도'[26]로 요약할 수 있다. 즉 문의 역할은 도를 밝히는데 있다. 그렇다면 그가 말

를 비롯한 고문가[구양수와 소식 등]들의 근본적인 취지는 문에 있을 뿐 도에 있지 않다고 한다[『朱子語類』「卷137」, "韓退之及歐蘇諸公議論, 不過是主於文詞, 少間卻是邊頭帶說得些道理, 其本意終自可見.]"

26 한유의 문도론을 문이관도文以貫道로 해설하기도 한다. 그러나 문이관도는 한유의 문인인 이한李漢의 말이다. 이한은 『韓昌黎集』「序」에서 "문은 도를 꿰뚫는 도구이니 이 도에 대한 지극한 인식을 하지 않고서 지극한 경지에 이르는 사람은 없다[文者貫道之器也. 不深於斯道, 有至焉者, 不也]"고 했다. 이는 비록 도에 중점을 두었지만, 문의 작용과 가치를 함께 중시하는 한유 문도론을 정확하게 대변하고 있는 말이다. '문이관도'는 후에 도학가는 물론이고 고문가들에게도 비판을 받는다.[물론 한유 문도론이 비평만을 받은 것은 아니다. 구양수를 비롯하여 한기韓琦・이구李覯・소순蘇洵 등은 한유를 존숭하는 학자에 속하고, 사마광과 왕안석 그리고 소식과 정이 및 주희 등은 비판자에 속한다.] 주희는 한유가 유가 문도론의 기본 방향과 일치하는 '문이관도'를 내세웠지만 그가 실제로 주력한 부분은 도에 대한 체득인 궁리가 아닌 문의 창작이었다고 이해한다. 때문에 주희는 "한유가 첫 번째로 중시하는 것은 문장의 형식과 표현을 배우는 것이고, 두 번째로 도리를 궁구하는데 관심을 가졌기 때문에 어딘지 친근함이 들지 않는다[韓文公第一義是去學文字, 第二義去窮究道理, 所以看得不親切.『朱子語類』「卷137」]"고 한다. 주희는 문도일체를 주장했지만 궁극적인 목적은 도의 체현이었기 때문에 궁리보다는 문의 창작에 힘쓴 한유를 긍정하기 어려웠던 것이다. 사실 문자적 표현만 보면 '문이관도'는 문과 도를 둘로 나누면서, 양자의 본말관계를 전도시켰다는 오해를 받을 수도 있다. 주희는 "도는 문의 근본이고, 문은 도의 지엽이다. 오로지 그 근본이 도에 있기 때문에 문으로 드러나는 것이 도이다[道者, 文之根本. 文者, 道之枝葉. 惟其根本乎道, 所以發之於文皆道也.『朱子語類』「卷139」]"라고 하여 도와 문의 본말 관계를 분명히 함과 동시에 일체 관계도 함께 드러낸다. 반면 문이관도에서는 문이 도를 꿰는 주체이고, 도는 문에 꿰여지는 대상이 되기 때문에 주객 대립의 관계로 형성된다는 것이 주희 입장이다. 때문에 주희는 "문으로써 도를 꿴다고 하면 그것은 도리어 본을 말로 삼고, 말을 본으로 삼는 것이니 어찌 옳겠는가?[若以文貫道, 却是把本爲末, 以末爲本, 可乎?『朱子語類』「卷139」]"라고 비평한다. 사실 주희가 이처럼 한유를 비평한 것은 한유의 문도론보다는 한유의 실제 행적 때문이다. 한유는 문이명도文以明道를 주장하여 고도를 회복할 것을 주창했지만, 실제로는 문을 중시하여 문에 상당한 분량의 역할을 부여했다. 이러한 한유의 행적은 주희로 하여금 도를 문에 의하여 꿰여지는 대상으로 전락시켰는 의혹을 불러일으켰다. 그러나 한유의 '문이관도'에 대한 주희의 비평이 지나치다는 견해도 있다. 혹자는 '문이관도'는 기본적으로 문도일체와 본질적으로 다르지 않고, 주희가 그들에 대하여 엄중한 비평은 한 것은 실제보다 과장된 것이며, 도학가의 입장에서 고문가의 이론을 평가했기 때문이라고 지적한다(莫礪鋒, 『朱熹文學理論研究』, 115쪽 참고).

하는 문은 어떤 의미를 갖고 있고, 구체적인 작용은 무엇인가? 한유는 다음과 같이 말한다.

> 그 업은 독서하고 문장을 저술하는 것으로, 요순의 도를 칭송하는 것이다.…독서하는 책은 모두 성인의 말씀을 기록한 서적으로 양주와 묵자 그리고 불교와 노자의 학술은 마음에 들어오지 않았다. 저술은 모두 육경의 종지宗旨를 요약하여 문장으로 이루는 것이다.[27]

이곳에서 한유는 "양주와 묵자 그리고 불교와 노자의 학술은 마음에 들어오지 않았다"는 점을 분명하게 밝히고 있다. 따라서 한유에서 있어 '문이명도'는 바로 유가의 도를 밝히는 것이다. 유가의 도는 육경에 서술되어 있기 때문에 문장을 저술함에 있어서는 반드시 육경의 종지를 올바르게 파악하여 싣어야 하고, 그 다음에 이러한 문을 통하여 자신의 덕성을 순화하고, 백성의 마음을 교화하는 것이다.

> 독서하는 것을 학문으로 인식하고, 말을 엮는 것을 문으로 삼는다.…학문은 도를 이룰 뿐이고, 문장은 리를 이룰 뿐이다.[28]

한유에 의하면, 말을 엮는 것[纘言]이 문인데, 문은 반드시 도리를 실어야 한다. 문에 도가 내재되어 있다면 문은 사실상 도의 현현인 것이다.

---

27 『韓昌黎集』「卷3 · 上宰相書」, "其業則讀書著文, 歌頌堯舜之道…所讀皆聖人之書. 楊墨釋老之學無所入於其心. 其所著皆約六經之旨而成文."

28 『韓昌黎集』「卷4 · 送陳秀才彤序」, "讀書以爲學, 纘言以爲文.…蓋學所以爲道, 文所以爲理耳."

이상과 같은 한유의 문론을 보면 이전의 순자·양웅과 차이점이 보이지 않는다. 그러나 약간 차이점도 보인다.

> 혹자가 물었다. "문장을 지을 때는 무엇을 본받아야 하는가?" 나는 반드시 조심하는 태도로 "마땅히 옛날 성현을 본받아야 한다"고 말했다. 말하였다. "옛날 성현이 저술한 서적은 지금 온전하게 갖추어져 있는데 그 사辭가 서로 다르다. 마땅히 무엇을 본받아야 하는가?" 나는 반드시 조심하는 태도로 "그 뜻을 본받아야 하지 그 사辭를 본받는 것이 아니다"라고 말했다.[29]

한유는 "그 뜻을 본받아야 하지 그 사辭를 본받는 것이 아니다"라고 했다. 이는 문장을 지을 때 문자적 표현을 모방하는 것이 아니라 성현 말씀의 종지宗旨를 올바르게 체득하여 자신의 주관적인 문사文辭로써 도를 드러내야 함을 강조한 것이다. 이로부터 창작의 중요성은 필연적으로 대두될 수밖에 없다. 이처럼 한유는 문으로써 도를 밝혀야 함을 기본 주장으로 삼지만, 고문에 대한 무비판적인 모방과 답습이 아니라 주관적인 체득을 통한 창의를 강조했다.

> 만일 성인의 도가 문을 사용하지 않는다면 그만이지만, 문을 사용한다면 그 창의적인 능력을 숭상해야 한다. 능력이란 다름이 아니라 스스로 확립하여 (다른 것을) 모방하지 않을 수 있도록 하는 것이다.[30]

문장에 성인의 도를 실을 수 있는 것, 즉 고문을 통하여 고도古道를 실

---

29 『韓昌黎集』「卷3·答劉正夫書」, "或問: '爲文宜何師?' 必謹對曰: '宜師古聖賢人.' 曰: '古聖賢人所爲書具存, 辭皆不同, 宜何師?' 必謹對曰: '師其意, 不師其辭.'"

현할 수 있는 능력은 반드시 숭상해야 할 것이다. 그러나 그것에만 그쳐서는 안 된다. 반드시 자신의 주관적인 인식을 통하여 시대정신에 부합하게 성인의 언설을 혁신해야 한다. 이것이 바로 한유가 긍정하는 창의創意이다.

그렇다면 훌륭한 창의를 이루기 위해서는 어떤 조건이 필요한가? 한유는 '기성언의氣盛言宜'[31]를 제시하였는데, 이것 역시 도덕수양 경지이다. 한유가 말한 '기성'은 도덕수양 경지로서 맹자가 말한 호연지기浩然之氣가 이에 해당한다고 할 수 있다. 한유는 사람에게 이러한 호연지기와 같은 기가 충만하면 작가의 발언과 저술 그리고 말의 장단과 고저 등 모든 것이 순조로울 것이라고 생각했다. 원론적인 입장에서 보면, '기성'과 '언의'는 덕과 복이 일치해야 하는 것처럼 합일해야 한다. 그러나 현실에서 '기성'과 '언의'는 미필연적 관계이다. 이것과 공자가 말한 "덕성을 갖춘 사람은 반드시 말을 잘하지만, 말을 잘한다고 해서 반드시 덕성을 갖춘 것은 아니다"[32]는 동일한 의미이다.

한유는 이로부터 더 나아가 작가의 내실內實과 외표外表의 관계를 다음과 같이 해설한다.

> 무릇 문이라는 것은 반드시 그 가운데에 있어야 한다. 때문에 군자는 그 실實에 조심한다. 그 '실'의 아름다움과 추함은 나타남에 있어 숨길 수가 없

---

30 『韓昌黎集』「卷3 · 答劉正夫書」, "若聖人之道, 不用文則已. 用則必尚其能者. 能者非他, 能自樹立不因循者是也."

31 『韓昌黎集』「卷3 · 李翌書」.

32 『論語』「憲問」, "有德者必有言, 有言者不必有德."

> 다. 뿌리가 깊으면 줄기가 무성하고, 형체가 크면 소리가 웅장하며, 행동이 엄격하면 말이 신속하고, 마음이 순수하면 기질이 온화하다. 마음이 밝은 사람은 의심이 없으며, 한가로운 사람은 여유가 있다. 사람이 몸을 온전하게 갖추지 못하면 성인이 될 수 없는 것처럼, 문장 역시 수사가 부족하면 아름다운 문장이 될 수 없다.[33]

한유에 의하면, 하나의 문장에서 가장 중요한 것은 문장 내용의 선과 악이다. 문장 내용의 선과 악은 문사의 표현으로 숨길 수 없다. 따라서 문장 내용이 선이면, 문사의 표현은 아름답고 온화하며, 문장 내용이 악하면 문사의 표현 역시 거칠다. 이는 마치 "뿌리가 깊으면 줄기가 무성하고, 형체가 크면 소리가 웅장하며, 행동이 엄격하면 말이 신속하고, 마음이 순수하면 기질이 온화하다. 마음이 밝은 사람은 의심이 없으며, 한가로운 사람은 여유가 있는 것"과 같은 이치이다. 따라서 군자는 반드시 먼저 그 '실'에 조심해야 한다. 그렇다면 한유가 강조하는 '실'은 무엇을 지칭하는가? 필자는 맹자의 호연지기에 도가 내재되어 있는 것처럼 이곳에서 '실' 역시 작가의 '기성' 속에 내재되어 있는 도를 지칭한다고 생각한다.

그러나 여기에서 우리는 한유의 마지막 말에 주의를 기울여야 한다. 한유는 "사람이 몸을 온전하게 갖추지 못하면 성인이 될 수 없는 것처럼, 문장 역시 수사가 부족하면 아름다운 문장이 될 수 없다"고 했다. 사

---

33 『韓昌黎集』「卷2·答尉遲生書」, "夫所謂文者, 必有諸其中. 是故君子愼其實. 實之美惡, 其發也不揜. 本深以末茂, 形大而聲宏, 行峻而言厲, 心醇而氣和, 昭晳者無疑, 優遊者有餘, 體不備不可以成人, 辭不足不可以成文."

람에 있어서 도덕성이 내용이고, 신체는 외표이다, 문장에서는 도가 내용이고, 문사가 외표이다. 그런데 한유는 사람이 몸을 온전하게 갖추지 않으면 성인이 될 수 없는 것처럼 문장도 수사가 부족하면 좋은 문장이 될 수 없다고 했다. 하나의 좋은 작품에서 문과 도는 두 개의 기본적인 요소이기 때문에 어느 것도 결손 되어서는 안 된다. 한유는 작품의 내용과 함께 형식도 중시했다. 그러나 설령 빼어난 형식을 갖추었다고 할지라도 도를 담지 않는다면, 그 문장은 허문虛文에 불과하다. 문과 도에 관한 한유의 입장은 유협과 마찬가지로 병중並重이라고 할 수 있다.

그렇다면 한유에 있어 도를 담은 문은 어떤 작용을 하는가? 한유는 다음과 같은 방식으로써 문의 작용을 간접적으로 표현한다.

> 만물은 자신의 평온함을 얻지 못하면 소리 내어 운다. 초목은 소리를 내지 못하지만, 바람이 그것을 움직이면 소리가 난다. 물은 소리가 없지만, 바람이 불어 흔들면 소리가 난다.…사람이 말을 하는 것도 마찬가지이다. 어찌할 수 없는 상황에 이른 후에 말을 하게 된다. 그 노래에는 생각이 있고, 그 울음에는 회한이 있다. 무릇 입에서 나와 소리가 되는데, 그것에는 모두 평온하지 못함이 있다.…사람에 있어서도 마찬가지이다. 사람의 소리 중에서 정묘한 것이 말이 되는데, 문사는 말 중에서도 정묘한 것이다.[34]

여기에서 한유는 "만물은 자신의 평온함을 얻지 못하면 소리 내어 운

34 『韓昌黎集』「卷4 · 送孟東野序」, "大凡物不得其平則鳴. 草木之無聲, 風撓之鳴. 水之無聲, 風湯之鳴…人之於言也, 亦然. 有不得已者而後言. 其歌也有思, 其哭也有懷. 凡出乎口以爲聲者, 其皆有弗平者乎.…其於人也, 亦然. 人聲之精者, 爲言. 文辭之於言, 又其精也."

다"고 했는데, 사람 역시 예외가 아니다. 만물의 평온함이란 무엇인가? 추상적으로 말하면 『대학』에서 말한 '득기정소得其正所'일 것이다. 즉 그 사물이 마땅히 얻어야 할 올바른 위치를 얻었을 때 비로소 평온함을 느낄 것이다. 물고기는 물을 얻어야 하고, 초목은 대지를 얻어야만 평안함을 얻을 수 있다. 그렇다면 사람의 평온함은 무엇인가? 적어도 한유처럼 출세지향적인 사람이라면 자신의 뜻을 성취했을 때 비로소 평온함을 얻을 것이다. 한유의 정치적 현실은 그리 순탄하지 않았다. 한유는 불공정한 대우와 배척으로 말미암아 심리적 평온감을 얻지 못하여 마음이 분노로 가득찼다. 이처럼 내심이 평온하지 않은 감정은 창작활동을 통하여 밖으로 표현되는데, 이것이 바로 "어찌할 수 없는 상황에 이른 후에 말을 하게 된다"는 말의 의미이다. 이처럼 마음의 평온하지 않은 감정이 바로 문예 창작의 원동력이다. 굴원의 시가詩歌 창작이 대표적인 예이다.

그러나 한유는 한탄에 그치지 않았다. 그는 문장을 통하여 당시의 부패한 현실 정치를 신랄하게 비평했을 뿐만 아니라 이러한 사회고발을 통하여 문의 사회적 작용과 효용성을 강조하고자 했다. 이는 분명 문학에 대한 현실참여 의식을 요청한 것이다. 한유가 문장을 통하여 현실 정치를 비평한 곳은 많다. 그는 불공정한 인사 제도를 비평했고, 군주의 무능 그리고 관리의 가렴주구를 비평하기도 했다. 이러한 문을 통한 현실참여 정신은 사실 공자에서부터 비롯된 유가 문론의 근본정신이다.[35]

35 『論語』「陽貨」, "子曰, 小子何莫學夫詩. 詩可以興, 可以觀, 可以群, 可以怨, 邇之事父, 邇之事君, 多識於鳥獸草木之名." 이곳에서 공자가 말한 '원怨'의 대상이 구체적으로 무엇인지는 알 수 없다. 연인을 수도 있고, 부모일 수도 있으며, 악정을 펼치는 위정자일 수도 있고, 불합리한 사건이나 사물들도 이에 포함될 것이다. 한대의 「毛詩序」의 "上以風

이상은 한유가 주장한 문의 의미와 작용, 그리고 문이명도를 중심으로 한 한유 문도관계에 대한 서술이다. 한유에 있어서 도는 내용이고, 문은 형식[수단·통로·도구]이다. 문이명도, 즉 문을 통하여 도를 드러낸다는 의미인데, 한유는 문이명도론을 주장하면서 '문장을 다듬어 도를 밝혀내야 한다'는 수사이명도修辭以明道를 제시한다.

> 군자는 어떤 관직이 있더라도 그 위치에서 죽을 각오로 일을 해야 하고, 어떤 관직도 얻지 못하면 문장을 다듬어 도를 밝혀내야 한다.[36]

'문장을 다듬어 도를 밝혀내야 한다[修辭以明道]'는 말을 표면적으로만 보면 유협과 특별히 다를 것은 없다. 그러나 '수사이명도'에는 도를 효율적으로 실현하고자 하는 한유의 예리한 통찰이 담겨져 있다. 한유의 주 관심은 유가의 도[古道]를 고문으로 표현하고, 이를 내적인 인격과 문학뿐만 아니라 사회 전반에 확산 적용시키는 것에 있었다. 이때 한유는 문장 내용이 당연히 중요하지만, 내용을 드러내는 문장의 형식이 내용을 규정한다는 것을 직감했다.[37] 따라서 한유는 문장의 내용인 유가의 도를 가장 효율적으로 표현할 수 있는 방식을 모색했는데, 그것이 바로 유가의 경서와 관련된 주소체註疏體였다. 한유가 주소체를 선택한 이유는 크게 세 가지이다.

化下, 下以風刺上"라고 했는데, 한유의 문을 통한 현실 참여 정신은 공자와 『시경』에서 비롯된 것이라고 할 수 있다.

36 『韓昌黎集』「卷2·爭臣論」, "君子居其位, 則思其官, 未得其位, 則思修其辭, 以明其道."

37 박영희, 「한유의 원도편 재조명」, 『중국어문학논집』 제 81호, 중국어문학연구회, 2013, 390-391쪽 참고.

첫째, 가장 본질적인 것으로, 유가 경서의 내용을 가장 잘 담아낼 수 있는 방식이 바로 주소체인데, 당시 유가의 경서에 대한 독서 경험이 있는 지식인이라면 이러한 주소체에 길들여져 있었기 때문에 주소체를 크게 유행시킴으로서 유가의 도를 홍양할 수 있다고 생각한 것이다.

둘째, 당시 크게 성행하고 있는 도가·불가와 다른 독창적인 방식이 요청되었다.

셋째, 변려문의 습속을 없앨 수 있는 문체가 요청되었다.

다음은 문이명도에 관한 한유의 주장이다. 문이명도의 형식적 구조는 한유에게서 시작된 것이 아니다. 유협의 '도연성이수문道沿聖以垂文, 성인문이명도聖因文以明道'[38]가 먼저이다. 그러나 유협의 도는 자연의 도이기 때문에 '도연성이수문道沿聖以垂文, 성인문이명도聖因文以明道' 구절은 "자연의 도는 성인에 의해 문장으로 나타났고, 성인은 문장을 통하여 자연의 도를 발현했다"고 해석해야 할 것이다. 이는 분명 한유와 다르다. 한유는 문과 도의 관계에서 먼저 중도경문의 입장을 취한다.

> 옛사람을 그리워하지만 만날 수 없으니 옛 도를 배우고 아울러 문사에 통하고자 한다. 문사에 통하려는 목적은 본래 뜻을 옛 도의 추구에 두고 있기 때문이다.[39]

> 내가 옛 것에 뜻을 둔 것은 그 문사가 좋아서일 뿐만 아니라 그 도를 좋아

---

38 『文心雕龍』「原道」.

39 『韓昌黎集』「卷5·題哀辭後」, "思古人而不得見, 學古道則欲兼通其辭. 通其辭者, 本志乎古道者也."

하기 때문이다.[40]

이곳에서 한유는 자신이 고문에 뜻을 둔 목적은 고문 자체를 좋아하는 것도 있지만, 그보다도 심층적인 목적은 고도, 즉 유가의 도를 천명하는 데 있음을 명확하게 밝히고 있다. 그런데 한유는 고도와 고문에 대한 경중을 표현함에 있어서는 수평적인 균형을 잃지 않으려고 노력한다.

나는 옛 도에 뜻을 두었지만, 또 고문의 언사를 매우 좋아한다.[41]

한유는 먼저 유가의 도를 천명함에 진정한 목적이 있음을 밝히고, 또한 비록 문이 도를 천명하는 형식이지만, 자신이 고문의 언사를 매우 좋아한다는 입장을 분명하게 밝힌다. 이는 한유의 문이명도가 중도경문의 입장을 취하지만, 문도병중이라는 수평적 균형감을 잃지 않고 있음을 보여주는 것이다. 이러한 한유의 태도는 송 초의 고문가들에게는 전적으로 수용되어 계승되지만, 구양수와 소식 등의 고문가와 주돈이·이정·주희 등의 도학가들에게는 비평과 함께 부분적으로 수용 발전된다.

2. 송 초 고문운동의 특색

한유에 의하여 유가의 고도가 일시적으로 회복되려는 조짐을 보였지만,

---

40 『韓昌黎集』「卷3·答李秀才書」, "愈之所志於古者, 不惟其辭之好, 好其道焉爾."

41 『韓昌黎集』「卷3·答陳生書」, "愈之志在古道, 又甚好其言辭."

그러한 학술적 기풍은 오랫동안 지속되지 못했다. 한유의 고문정신은 만당晩唐과 오대五代를 거치면서 다시 쇠퇴했고, 북송 대에 이르러 다시 부활된다. 북송 고문운동 부활 배경에는 당시 문풍의 부화와 형식적 유미주의 그리고 정치계급 변화라는 객관적 사실이 자리 잡고 있다.

문풍의 부화와 형식적 유미주의의 대표적 사례는 서곤체西崑體의 유행이다. 서곤체는 송 대 초기에 당말唐末 이상은李商隱의 시풍을 모방한 한시체漢詩體이다. '서곤'이라는 명칭은 양억楊億·유균劉筠·전유연錢惟演 등 17인[혹 5인]이 황제[眞宗]의 장서비각臧書秘閣에서 주고받은 시를 모은 『서곤수창집西崑酬唱集』에서 유래했다. 서곤체는 문의 고유 기능 중의 하나인 교화에는 별 관심을 보이지 않고 문인 귀족에 내재되어 있는 미적 의식만을 드러내 창작을 취미생활화 하고, 또 이것으로써 문인 귀족들 교유의 방편으로 삼고자 한 것이다. 서곤체 문장으로 명성을 드러낸 시인들은 모두 우아한 도[雅道]를 숭상했고, 또 문장을 아름답게 꾸미고 염려艶麗한 시구를 추구하면서 이전 시인 작품 속에서 표현된 법도法度와 전고典故를 모방하려고 했다.[42]

서곤체 유행과 송 초 정치계급 환경은 매우 밀접한 관련을 맺고 있다. 송 태조 조광윤은 부하들에게 옹립되어 황제 지위에 오르게 되었다. 이때 송 조정에 입조한 오대십국五代十國 출신의 문인 귀족들은 대부분 서곤체 문장에 익숙한 사람들이었다. 이들이 조정의 고위직을 차지하자 문단에 상당한 영향력을 행사했고, 또 이들과 교유를 통한 관계官界 진출을 노린 문인들은 앞 다투어 그들의 문장을 학습하고 모방하려고 했

42 이영주, 「북송시문 혁신운동과 구양수」, 『중국문학』 제 12집, 한국중국어문학회, 1984, 58쪽 참고.

다.[43]

이처럼 서곤체 유행은 문풍과 정치계급이라는 두 가지 배경을 갖고 있지만, 서곤체에 대한 반발로 나타난 고문운동 역시 문풍 개혁과 정치 질서 개혁이라는 두 방향으로 전개된다. 먼저 정치 개혁으로는 과거제도를 통하여 등장한 중소지주들의 두각을 들 수 있다. 송 초에 조광윤이 정국을 완전하게 장악하지 않은 상태에서 송조에 협조하면서 고위직을 차지하고 있는 사람들은 대부분 대지주 세족계급이었다. 이들은 송 초 관계官界를 지배하면서 각종 특권을 향유했고, 화려한 현실 생활을 아름다운 서곤체 문장으로 치장하면서 인생을 소요하고 있었다. 송의 정국이 안정되자 문벌귀족 세력들은 개혁 대상으로 몰릴 수밖에 없었고, 이때 등장한 사람들이 바로 과거제도를 통하여 입조한 중소지주계급이었다.[44] 당시 중소지주계급 출신의 과거 합격자들은 황제의 문인우대 정책

43 비록 송 초에 고문운동이 전개되어 서곤체의 문장을 반대했지만, 그 영향력은 크지 않았다. 구양수와 매요신梅堯臣이 등장하면서부터 서곤체 기세가 비로소 위축되기 시작한다. 그러나 구양수와 왕안석 등도 서곤체 영향을 받은 것은 사실이다. 특히 구양수는 만년에 서곤체 형식과 기교를 취하여 시를 짓고 서곤체 작가와 작품을 찬양하는 등 사실상 서곤체 가치를 인정하고 그들과 타협하는 태도를 취했기 때문에 서곤체 폐단을 일소하지 못했다(김계태, 「북송 고문운동 전개 과정상 소식의 지위」, 『중국어문학논집』 제 28호, 중국어문학연구회, 2004, 373쪽).

44 국가가 관장하는 과거제도가 송 대에 처음 시작된 것은 아니다. 수와 당 대에도 있었지만, 당시에는 귀족들이 일반 평민 자제들에 비해 상당히 우월한 지위에 있었기 때문에 평등한 성격의 과거제도는 아니었다. 또한 귀족 자제들은 은음恩蔭 등의 경로를 통하여 관리로 임용되는 길이 있었기 때문에 송 대 과거제도와는 기본 성격이 달랐다. 송 대에는 조광윤에 의하여 처음에는 1회 수 십 명의 합격자가 수백 명으로 확대되었고, 특히 진사과 출신들이 정계의 주류를 형성했다. 뿐만 아니라 973년 태조가 전시殿試를 정착하면서 과거시험 합격자는 황제의 문하생이라는 성격을 갖게 되었다. 이는 과거 합격자와 시험관 사이에 사제관계가 형성되도록 만들어 정계에서 파벌을 형성하는 것을 방지하고 황제에 대한 충성을 보장하기 위한 방법이었다(신성곤·윤혜영, 『한국인을 위한 중국사』, 205쪽 참고). 후에 구양수가 고문운동을 효율적으로 전개하면서 당시에 상

에 부응하면서 진취적이고 혁신적인 기상을 드러냈는데, 이는 당시 지식인들의 시대정신 표현이었다.

송 왕조 이전 수·당 그리고 오대 문화는 귀족주의와 문벌주의였고, 특성은 전통[위진으로부터 시작된 전통]에 입각한 형식주의라고 할 수 있다. 그러나 송 대에 들어서 이러한 귀족주의와 문벌주의 문화는 해체된다. 과거제도를 중심으로 지식인, 즉 새로운 사대부 계급이 출현했고, 송 왕조에서는 이들 계급으로써 기존의 계급을 대체했다. 송 왕조는 초기부터 강력한 문치주의를 표방했기 때문에 당시 과거제도를 통하여 입조한 신흥 사대부 계급들은 국가와 민족의 존망에 대해 강한 책임의식을 갖고 있었다. 송 왕조 역시 사대부들의 이상을 만족시켜주기 위하여 상당히 포용적이고 관용적인 정치원칙을 제시했다. 대표적인 것이 바로 사대부 관료들의 간권諫勸 보장이었다. 사대부 계급들은 간권을 통하여 시대에 대한 자신들의 책임의식을 표출했다. 비록 당 대에도 문인들의 활동은 활발했지만, 송 대처럼 국가와 민족 그리고 민중의 안위에 대하여 강한 책임의식을 갖고 관직에 임하지는 않았다. 송 대 지식인들은 지식인으로서의 존재 가치를 천하의 문제에서 찾았는데, 그것은 바로 국가의 안위와 민생의 해결이었다. 이러한 사대부들의 개혁정신은 당시 문풍 정화에도 영향을 끼쳐 귀족들의 전유물인 서곤체 문장을 배격하고 문학의 복고적인 혁신운동을 개진했다. 이것이 바로 정치질서 개혁에서 나타난 고문운동의 부활이다.

이러한 정치질서 개혁 배경에서 일부 진보주의적 문인들도 서곤체의

당한 추종자들을 규합할 수 있었던 것은 바로 시험관[구양수]과 합격자의 사승관계 형성 때문이었다.

폐단에 대하여 각성하면서 부화부염浮華浮艶한 문풍을 개혁하려는 의지를 보였다.[45] 이때 복고주의 문풍을 주창한 대표적 학자는 유개柳開·왕우칭王禹偁·석개石介·목수穆修·손복孫復 등이었다.[46] 한유와 유종원은 공자와 맹자를 크게 추존하면서 고문운동을 전개했지만, 송 초 고문운동가들은 공자와 맹자보다는 대부분 한유를 추존하면서 한유 문도관에 동의하는 입장을 취한다.[47]

유개는 송 초 고문운동에서 가장 유력한 학자 중의 하나였다. 유개는 비록 고문운동을 전개했지만, 내용적으로 보면 상당한 도학자적 기풍을 가진 사람이었다. 또 그는 초명初名을 견유肩愈으로 했고, 자를 소원紹元으로 지었는데, 이것만 보더라도 한유와 유종원에 대한 그의 존경심이 어떠했는지를 짐작할 수 있다.[48] 유개는 다음과 같이 말한다.

문장은 도를 전하기 위한 고기잡이 통발 같은 것인데, 그렇다면 통발을 함

---

45 형식적 유미주의 문풍에 대한 개혁이 송 초에 시작된 것은 아니다. 변려문을 비롯한 형식주의 문장은 위진 때부터 유행했고, 비록 유협에 의하여 문도의 균형을 조정하려는 노력이 있었으며, 또 한유의 고문운동을 통한 개혁운동도 있었지만, 형식주의적 문풍은 상당한 세력을 형성하면서 공고하게 지속되고 있었다. 이러한 문풍은 교화나 풍속 변화 그리고 원자[怨刺-비판과 풍자] 등의 실용성을 외면한 취미 중심의 문학사조였다. 따라서 이러한 수사와 취미중심주의으로 흐르는 문풍의 조류에 대하여 저항을 시도한 학자들이 줄곧 출현했다. 대표자로는 배자야裴子夜[梁]·이악李諤[隋]·이백약李百藥[唐]·위징魏徵[唐]·왕통王通[唐]·유면柳冕[唐] 등이 있었다.

46 이중 석개와 손복은 고문운동가임과 동시에 도학의 선구로도 알려져 있다.

47 유개는 한유의 문장이 공자의 취지와 부합하고, 그 작용은 맹자와 양웅을 뛰어넘는다고 한다[『河東集』「卷11·昌黎集後序」, "先生於詩作文章, 諷頌·規戒·答論·文說, 淳然一歸於夫子之旨, 而言之過於孟子與揚雄遠矣.]

48 견유肩愈의 愈는 한유韓愈의 愈이고, 소원紹元의 元은 유종원柳宗元의 '元' 자를 취한 것이다.

부로 만들어서야 되겠는가? 통발이 불량하면 좋은 고기를 잡을 수 없다.… 여자가 용모가 덕보다 우선인 것을 싫어하고, 덕이 용모보다 우선인 것을 싫어하지 않은 것처럼 문장은 문사가 그 안에 담긴 도리보다 화려한 것은 싫어하고, 도리가 문사보다 아름다운 것을 싫어하지 않는다.[49]

"문장은 문사가 그 안에 담긴 도리보다 화려한 것은 싫어하고, 도리가 문사보다 아름다운 것을 싫어하지 않는다"는 표현은 한유의 '문이명도'보다도 더욱 강한 중도경문의 입장이다. 좀 더 정확하게 표현하면 도를 근본으로 삼고 문을 말로 삼는 것이다[道本文末]. 즉 도는 목적이고, 문은 수단인 것이다. 유개는 한유와 마찬가지로 고도를 전수함에 있어서는 부화한 문체가 어울리지 않으니 사용해서는 안 된다고 주장한다. 비록 공자의 유학이 도가와 묵가에 비해서 숭문의 입장을 취하지만, 위진남북조에서부터 시작된 문풍과 비교하면 당연히 질박質朴에 해당한다. 따라서 부화하고 미려美麗만을 추구하는 문체로서는 질박의 도를 온전하게 드러낼 수 없는 것이다. 유개는 이로부터 한 걸음 더 나아가 문장은 교화를 돕는 역할을 해야 함을 강조하는데, 이는 전통 유가 입장과 완전 일치하는 것이다.

예전에는 도덕 인의로써 백성을 가르쳤는데, 지금도 도덕 인의로써 백성을 가르쳐야 한다. 지금과 옛날이 어찌 다르겠는가? 옛날에 백성을 가르치는 자가 지위를 얻으면 말로써 그들을 교화시켰는데, 이러한 가르침의 말

49 『河東集』「卷5」, "文章爲道之筌也. 筌可以妄作乎. 筌之不良, 獲斯失矣…女惡容之原於德, 不惡德之原於容也. 文惡辭之華於理, 不惡理之華於辭也."

을 얻으면 백성들이 그것을 좇았다. 혹 그가 지위를 얻지 못하면 글로 남겨 전수하여 성인의 도가 잘 시행되도록 했다.[50]

여기에서 유개는 문장을 짓는 목적을 명도明道와 함께 교화, 즉 치용致用에 두고 있다. 작문의 목적은 유가 성인의 도를 드러내고, 그것으로써 백성들을 교화시키는 데 있는 것이다. 따라서 도를 전수하는 도구인 문장이 문장 본연의 목적을 망각하고서 문장의 화려함만을 추구해서는 안된다. 유개에 있어서 도를 담을 수 있는 문장은 바로 한유와 같은 고문인 것이다.[51]

왕우칭 역시 유개와 동일한 입장을 취한다.

대저 문이란 도를 전하고 마음을 밝히는 것이다. 옛날 성인은 부득이하여 경서를 남겼다. 또한 사람들은 마음을 하나로 하여 도의 경지에 이를 수 있으니 수신하면 허물이 없을 것이고, 조정에 나아가 군주를 섬기면 공적을 세우게 될 것이다. 만일 조정에 나아가지 못하여 지위를 얻지 못하면 마음에 간직한 바를 밖으로 밝힐 수가 없어 도를 마음에 품고 있어도 후세에 전할 수가 없을까 두려워 말을 남기게 되는 것이다. 그런데 이 말도 쉽게 없어질까 두려워 문을 남기게 되는 것이다.[52]

---

50 『河東集』「卷1」, "古之教民, 以道德仁義. 今之教民, 亦以道德仁義. 是今與古, 胡有異哉. 古之教民者, 得其位則以言化之, 是得其言也, 衆從之矣. 不得其位, 則以書於後, 傳授其人, 俾知聖人之道易行."

51 유개는 이처럼 송 초 고문운동에 선구자적인 역할을 담당했지만, 도를 지나치게 협의적 의미[유가의 도]로 국한시키고 문의 객관적 가치를 홀시했으며, 또한 창작면에서도 특별한 업적을 이루지 못했다는 것이 중론이다.

왕우칭에 의하면, 전도명심傳道明心, 즉 도를 전하고 마음[사상]을 밝히는 것이 문의 존재 이유이고, 목적이다. 왕우칭이 말하는 도는 유가의 도이기 때문에 도의 내용은 윤리강상의 예의일 것이다.[53]

석개 역시 도를 인의로써 규정하고, 화려한 문사로써는 인의의 도를 전할 수 없음을 결연하게 말한다.

> 문장 짓는 것을 배움에 있어서는 반드시 인의를 근본으로 삼아야 한다. 지나치게 심약한 장구나 지나치게 꾸민 문자 그리고 이익의 유혹에 빠져 세상의 추세를 따르는 행위는 설령 죽는다고 할지라도 지금까지 해본 적이 없다.[54]

당시에 유개와 왕우칭에 의해 고문운동이 전개되었지만, 서곤체의 유행에 별다른 영향을 끼치지 못한 것 같다. 때문에 석개는 유개의 고문운동을 계승하면서 가장 격렬하게 서곤체를 비평했다. 그는 서곤체의 대표적 문장가인 양억楊億에 대해서 '화려한 문장으로 기교만 부려 성인의 경전을 깎아 내리고 성인의 도를 좀먹었다'[55]고 강하게 비판한다. 또한

---

52 『小畜集』「卷18」, "夫文, 傳道而明心. 故聖人不得已而爲之也. 且人能一乎心至乎道, 修身則無咎, 事君則有立, 及其無位也, 懼乎心之所有不得明乎外, 道之所畜不得傳乎後, 於是乎有言焉. 又懼言之易泯也, 於是乎有文焉."

53 차상원에 의하면, 유개와 조상은 고문운동 중에서 도의 운동을 겸했고, 석개와 손복은 고문운동 중에서 교教의 운동을 겸하여 모두가 순수한 문학운동은 아니었다. 비교적 순수한 문학운동에 속하는 자는 북송의 왕우칭 · 목수 등을 들 수 있다.(車相轅, 「송 대 고문운동의 이론과 비평」, 『서울대학교 논문집』 제 13집, 1967, 7쪽).

54 『徂來石先生全集』「上范思遠書」, "學爲文, 必本仁義. 凡淫碎章句, 淫巧文字, 利誘勢逐, 寧就於死, 曾不肯爲."

문도 관계에서는 중질경문重質輕文으로써 중도경문重道輕文의 태도를 드러낸다.

> 양의는 문장의 몸이고, 삼강은 문장의 형상이며, 오상은 문장의 바탕이고, 구주는 문장의 수이며, 도덕은 문장의 근본이고, 예악은 문장의 꾸밈이며, 효제는 문장의 아름다움이다. 공업은 문장의 얼굴이고, 교화는 문장의 밝음이다. 형정은 문장의 벼리이고, 호령은 문장의 소리이다.[56]

석개가 문의 근본으로 삼고 있는 도는 유가의 도, 그중에서도 삼강오상 등의 윤리강상에 속한 협의적 의미의 도이다. 석개가 문도에서 도를 오로지 유가적 성격으로만 규정한다면 화려한 문풍의 서곤체는 도를 전도하기 위한 수단 혹은 도구로 수용되기 어려울 것이다.[57]

송 초 고문운동의 또 한 가지 특성은 한유에 의하여 시작된 도통관의 확립이었다. 유개는 "우리의 도는 공자·맹자·양웅·한유의 도이고, 우리의 문은 공자·맹자·양웅·한유의 문이다"[58]라고 하면서 도통 재확립을 통하여 자신의 고문운동이 유가의 도통과 문통의 적통임을 자임하고 있다. 유개가 한유를 도통의 적장자로 긍정한 것만을 보아도 송 초 고문운동의 중심 이념은 선진의 공맹 철학보다는 당 대의 한유에게서 유래

---

55 『徂徠石先生全集』「卷5」.

56 『徂徠石先生全集』「卷5」, "兩儀文之體也, 三綱文之象也, 五常文之質也, 九疇文之數也, 道德文之本也, 禮樂文之飾也, 孝悌文之美也, 功業文之容也, 敎化文之明也, 刑政文之綱也, 號令文之聲也."

57 사실 도가의 도 혹은 묵가의 도를 받아들인다고 해도 서곤체와 같은 문체는 더더욱 수용되기 어려울 것이다.

한 것임을 알 수 있다.

유개와 왕우칭 그리고 석개를 비롯한 많은 학자들이 고문운동을 활발하게 전개했지만, 서곤체라는 문장의 유행과 비교해 보면 그들의 고문운동은 실패했다고 평가할 수 있다. 그 이유로는 다음 몇 가지 사항을 들 수 있다.[59]

첫째, 한유 학술에 대한 지나친 숭상을 들 수 있다. 그러나 그들은 한유 문도 입장을 온전하게 계승한 것도 아니었다. 왜냐하면 한유가 도의 내용을 유가의 인의로 규정했고, 문이명도를 주장했으며, 형식적으로는 도본문말道本文末의 입장을 표방한 것 같지만, 실질적으로는 문의 작용을 도와 거의 동일하게 인식했다. 다시 말하면 송 초 고문가들은 한유의 도통에는 정통했을지 몰라도 문통에 대해서는 온전한 이해가 부족했다.

둘째, 서곤체라는 문학사조의 성세를 들 수 있다. 당시 서곤체를 중심으로 한 문학사조의 성세는 대단한 것이었다. 변려문 유행이 오랜 기간 동안 지속된 것처럼 서곤체 문학사조 역시 몇 사람의 비평으로 와해되기를 기대하는 것은 무리이다. 즉 서곤체에 대한 비평과 유효한 대안이 지속적으로 전개되어야만 소기의 성과를 이룰 수 있을 것이다. 그러나 송 초 고문운동은 구양수와 소식 그리고 도학가들로 이어지는 고문운동의 준비 단계라는 평은 할 수 있다.

셋째, 송 초 고문운동가들의 정치적 지위와 문단의 지위가 높지 않았다. 이점은 후에 구양수의 지위와 문단에서의 위치를 비교하면 확연하

---

58 『河東集』「卷1」, "吾之道, 孔子 · 孟軻 · 揚雄 · 韓愈之道. 吾之文, 孔子 · 孟軻 · 揚雄 · 韓愈之文."

59 이곳에서 첫 번째 사항을 제외한 나머지 세 가지는 이영주, 「북송시문혁신운동과 구양수」, 62쪽을 참고하여 수정했다.

게 드러난다.

넷째, 송 초 문학 개혁론자들의 문학 이론에 설득력이 부족했고, 사작寫作 능력이 당시 유명한 서곤체 문장가를 넘지 못했다는 점을 들 수 있다. 한유는 이론과 함께 월등한 창작 능력을 발휘했다. 반면 송 초 고문가들은 이론과 창작 능력에서 유효한 수준에 이르지 못했다.

3. 구양수의 고문운동과 문도론

앞에서 이미 밝힌 바와 같이 당 대에 한유와 유종원을 중심으로 변려문 폐해를 일소하고자 고문운동을 전개했지만, 변려문은 당시 문인들에게 너무 익숙해져 있었고 깊숙하게 체화體化된 상태였기 때문에 별다른 실효를 거두지 못했다. 이러한 한유의 노력은 송 초에 이르러 시문 혁신운동으로 다시 한 번 나타나게 된다. 이때 주된 대상 문체는 서곤체였다. 그러나 송 초 고문가들은 정치적 지위가 높지 못했고, 문단에 대한 영향력도 크지 않았으며, 그들의 필력 역시 높은 수준에 이른 것은 아니었다. 따라서 송 초 고문운동 역시 예비 단계일 뿐 성숙한 단계라고 평가할 수는 없다. 성숙 단계는 중기 구양수에 이르러 진입하게 된다.

1) 송 대 고문운동에서 구양수의 지위

일반적으로 송 대 고문운동을 크게 3단계로 구분한다.

첫 번째 단계, 10세기 후반부터 10세기 말까지로서 고문운동을 처음 제창한 시기이다. 유개·왕우칭·석개·목수 등이 대표자이다. 유개는 문장이 도보다 화려해서는 안 됨을 역설했고, 왕우칭은 '문은 도를 전하고 마음을 밝혀야 한다[傳道明心]'는 고문이론을 제창했으며, 석개는 서곤체의 문장은 경전의 가치를 폄하할 뿐이라고 지적하면서 가장 혹독하게 서곤체를 비평했다.

두 번째 단계, 11세기 초부터 11세기 중엽까지인데 이때 매요신梅堯臣·소순흠蘇舜欽·구양수 등의 고문가가 출현했다. 이들은 정치적 지위와 문단 영향력을 이용하여 서곤체와 태학체太學體의 문학사조를 비평하면서 효과적으로 고문운동을 전개했다.

세 번째 단계, 11세기 중엽부터 11세기 말까지인데 소식이 대표자이다.[60] 소식은 이전 유풍遺風을 일소하고, 문과 도를 수평적 관계로 인식했으며, 도 역시 유가의 도로만 한정하지 않았다. 따라서 송 대 고문운동의 진정한 완성기는 소식이라고 할 수 있을 것이다.[61]

구양수의 초기 시문 혁신운동은 한유의 도통 관념과 문장 이론에 대한 긍정으로부터 시작되었다. 그는 우연한 기회에 한유의 문장을 접한 후에 깊은 감명을 얻었고, 과거시험을 통하여 조정에 입조한 후 정계와

---

60 소식에 대한 고문가와 도학가의 평가는 현격하게 다르다. 소식이 도로부터 문의 일탈을 주장하지는 않았지만, 도에 의한 문의 종속에 대해서는 반대한다. 소식의 '문여도구文與道俱'가 이에 해당하는 대표적인 문도론이라고 할 수 있다. 그러나 도학가는 기본적으로 '문이재도文以載道'를 근본으로 하고, 문에 대하여 '상문'이 아닌 '상용'의 입장을 취하기 때문에 고문가들에 대하여 부정적인 평가를 하기도 한다. 특히 정이와 주희는 소식의 '문여도구'에 대하여 부정적인 입장을 취한다.

61 김계태, 「북송 고문운동 전개 과정상 蘇軾의 지위」, 360쪽 참고. 필자는 김계태의 견해에 반대하지 않는다. 그러나 소식을 고문운동의 완성으로 보는 것은 어디까지나 문학의 시각이라는 점이다. 문과 도의 일체, 그리고 문은 도를 실어야 한다는 도학가의 재도載道 입장에서 보면, 소식의 문도론은 오히려 도로부터 문의 일탈로도 인식될 수 있다. 즉 송 대 고문운동 완성에 대해서는 두 가지 서로 다른 관점이 있을 수 있다.

문단의 영수가 되자 한유 문장을 크게 선양했다. 뿐만 아니라 구양수는 비록 정도상의 차이는 있지만, 기본적으로 '유가의 도를 보위하면서 불가를 배척한다[衛儒僻佛論]'는 한유의 입장을 받아들여 유가의 도를 정통 지위에 놓는다. 그러나 불교에 대한 배척은 한유처럼 극렬하지 않았다. 불교에 대한 한유의 이해는 불교의 본래모습과 한참이나 거리가 있다. 물론 송명 도학가의 불교에 대한 이해 역시 마찬가지이다. 또 한유는 유가의 도가 전해지지 않은 이유를 불교의 성행에서 찾았지만, 구양수는 그 원인을 불교에서 찾지 않고 현실 정치의 문란 그리고 유가의 시대정신 부재에서 찾았다.

중국은 한 대 이래로 모든 정치와 교육 이념은 유가가 제공했다. 그러나 위진 이후 유가의 이념은 정치 안정에 별다른 공헌을 기여하지 못했다. 이러한 정치와 교육 이념 부재가 바로 불교 홍성의 주된 원인이었다. 따라서 유가의 정교政敎 이념이 시대에 올바르게 적용되면 왕성이 바로잡히고, 예교도 안정되어 '군주는 군주답고[君君]', '신하는 신하다우며[臣臣]', '아비는 아비답고[父父]', '자식은 자식답다[子子]'라는 질서가 올바르게 확립될 것이며, 민생도 안정될 것이다. 이러한 상황이 도래하면 불교는 자연스럽게 소멸될 것이라는 것이 구양수의 판단이었다.

구양수는 당시 시문時文에 대한 비평을 통하여 한유의 학술정신을 계승하려고 했다. 유개와 왕우칭 그리고 석개 등에 의하여 초기 고문운동이 전개되었지만, 서곤체에 대한 타격은 크지 않았다. 또 당시 과거시험은 시문이나 서곤체 혹은 태학체를 이용하여 시부詩賦를 지어야 했기 때문에 구양수 역시 시문과 서곤체에 상당한 지식을 갖고 있었다. 구양수는 이때 서곤체에 대한 인상을 다음과 같이 말하고 있다.

천성[天聖-송 仁宗] 연간에 나는 진사에 합격했다. 이때 나는 학자들이 자구의 성률과 대우에만 힘을 쏟고 아무 내용도 없는 글을 시문이라고 칭하면서 서로 자랑하는 것을 보았다.[62]

구양수는 이때부터 이미 서곤체와 태학체의 시문時文에 대하여 작가의 주관적인 생각이 결여된 형식주의적 문학이라고 평가한 것이다. 시문에 대한 그의 인상은 지속적으로 악화되었는데, 시문에 대한 다음 평가를 보면 곧 알 수 있다.

당시 천하 학자들은 양억과 유균의 문장만을 배우고서 그것을 시문이라고 한다. 시문에 능숙한 사람은 과거에 합격하여 명성을 얻고 세인들에게 칭송을 받았지만, 어느 누구도 한유 문장을 말하는 사람은 없었다.[63]

이른바 시문이라는 것은 경전을 파헤치기만 하고, 이것을 옮겨 저것과 짝을 지어서 경솔하고 가볍게 만들었다. 오로지 세상 사람들이 자신의 문장을 좋아하지 않을까만 걱정할 뿐 옛 성인들처럼 탁연한 기상으로 자신의 말을 세우지를 못했다.[64]

---

62 『歐陽修全集』「卷43 · 居士集卷43, 蘇氏文集序」, "天聖之間, 予擧進士于有司, 見時學者務以言語聲偶擿裂, 號爲時文, 以相誇尙."

63 『歐陽修全集』「卷73 · 居士外集卷23, 記舊本韓文後」, "是時天下學者楊 · 劉之作, 號爲時文, 能者取科第, 擅名聲, 以誇榮當世, 未嘗有道韓文者."

64 『歐陽修全集』「卷47 · 居士集卷47, 與荊南樂秀才書」, "所謂時文者, 皆穿蠹經傳, 移此儷彼, 以爲浮薄. 惟恐不悅于時人, 非有卓然自立之言如古人者."

구양수에 의하면, 당시 시문은 오로지 형식적인 성률聲律과 대우對偶 등에만 관심을 가졌기 때문에 옛날 성인이 탁연하게 자신의 주관적인 이론을 정립하는 기상이 결여되어 있다고 생각했다. 구양수는 과거시험에 합격하고 과거시험을 주관하는 지공거知貢擧에 오르자 당시 유행하던 태학체[65]를 강력하게 배척했다.[66]

구양수가 송 초의 유개·왕우칭·석개 등과 달리 고문운동을 유효하게 전개할 수 있었던 원인으로 두 가지 사항을 들 수 있다. 하나는 지공거라는 고위관직이고, 다른 하나는 송 태조부터 시행된 시험관과 합격자의 사제관계 형성이다. 지공거는 과거시험을 관장하는 직책이다. 구양수는 지공거의 지위에 있으면서 시문을 배척했기 때문에 재야에서 활동하면서 고문운동을 전개하는 것과는 천양지차였을 것이다. 구양수가 태학체로 작성된 답안을 모두 불합격시키자 과거에 응시하려고 한 사람들은 모두 고문을 학습하게 되었고, 고문으로 이루어진 것이 바로 유가의 경전이었기 때문에 자연스럽게 유가 학술을 접하게 되는 일석이조의 효과를 볼 수 있었다.

다른 하나의 원인은 시험 출제자인 지공거와 과거급제자의 명분상 사제관계가 성립되는 송 왕조의 정책이다. 소식과 소철蘇轍 그리고 증공曾

---

65 태학체는 구양수 당시에 문단에 유행하던 문체의 일종이다. 태학체의 대표자는 유휘劉煇였는데, 많은 사람들이 유휘의 문장을 모방하고 괴이한 문구 지어내기를 좋아했다. 서곤체와 마찬가지로 형식미를 추구했지만, 고문古文에서 변형되었다는 것이 특징이다. 태학체는 지나치게 복고에 치우쳐 경전의 외형만을 모방하고, 어려운 문사 표절을 일삼는 등 기괴하고도 난삽한 문풍을 조장했다.

66 구양수가 과거시험에서 태학체로 문장을 쓴 사람들을 모두 불합격시키자 그들은 구양수가 퇴청하기를 기다렸다가 웅성거리면서 욕을 하면서 저항하기도 했다. 『歐陽修全集』「卷155·附錄卷2, 四朝國史本傳」.

輩 등이 바로 이러한 경우에 해당한다. 뿐만 아니라 구양수는 시문 혁신운동을 전개하면서 자신과 뜻이 일치하는 문인들을 많이 후원했는데 대표자가 바로 매요신과 소순흠이었다. 매요신과 소순흠은 구양수 고문운동에 참여하면서 시문의 교화 작용을 크게 중시했다. 또한 구양수는 소순蘇洵과 왕안석王安石 등도 추천하여 관리로 발탁했다. 이들은 구양수와 비록 약간의 차이는 보였지만, 고문운동이라는 큰 축에 대해서는 공감대를 형성하면서 서로 지원했다.

구양수는 지공거라는 고위관직과 학문적인 명성 그리고 그를 따르는 일군의 수재 문인들로 말미암아 문단의 맹주가 된다. 사실 구양수가 문단의 맹주로 군림하는 데는 이러한 외적인 요인만 있는 것은 아니었다. 구양수는 산문의 대가였는데, 스스로 질박한 문풍을 계발하여 문인들의 공감대를 끌어내기도 했다. 이처럼 구양수의 고문운동은 혁혁한 결과를 초래했지만, 그의 고문운동을 완성 단계라고 평가하지는 않는다. 그 이유는 다음과 같다.

첫째, 구양수의 문도관계이다. 구양수는 한유를 추존한 왕개와 왕우칭 그리고 석개의 고문운동을 계승했기 때문에 구양수에 있어서 도는 유학의 도였고, 문은 유학의 도를 현현하는 형식일 뿐이었다. 비록 한유에 비해 문도관계, 그리고 도가와 불가에 대한 태도가 약간은 느슨하고 완곡했지만 기본 입장은 동일했다.[67]

---

67 김계태는 한유부터 구양수까지 재도載道·명도明道·관도貫道·전도傳道 등의 이론이 갖고 있는 문제점을 다음 세 가지로 요약하여 설명한다. 첫째, 문학은 일종의 관념적인 사물로서 사회생활이 사람들의 생각을 통해서 반명된 결과이다. 따라서 물질적인 생활과 존재가 먼저이고, 의식은 그 다음이다. 그렇다면 문학은 전통적인 도에 의하여 규정되어지는 것이 아니라 객관적인 사회생활에서 나와야 한다. 둘째, 문학이 사회생활의 반영이라면 문학의 변화의 원인은 시대의 현실생활 중에서 찾아야 한다. 따라서 문학과

둘째, 창작방면의 모순이다. 구양수는 산문에 일가견을 이루었는데, 그의 산문은 평이하고 자연스러운 풍모를 보여 산문 평론가들로부터 높은 평가를 받았다. 그러나 도에 대한 지나친 선입관념을 보여 현실생활을 제대로 반영하지 못한 상투적인 내용의 작품을 쓰기도 했다.[68]

필자는 이것 외에 북송 초에 고문운동과 함께 존재했던 도학가의 활동도 하나의 원인이었다고 생각한다. 북송 초 당시 학술의 주도권은 여전히 불교, 그중에서도 선종에 있었다. 이러한 선종에 학술 주도권 논쟁은 도학가의 몫이었다. 물론 학술 주도권은 남송의 주희와 육구연의 주륙지변朱陸之辨[69]을 기점으로 완전하게 유학으로 넘어오지만, 주돈이·

역사·각 시대의 현실 생활을 분리해서는 안 된다. 셋째, 유가의 도가 문학을 통하여 현현되고, 문은 도를 근거로 교화 작용을 한다면, 그것은 작자의 역량으로 해 나가는 것이다. 필자는 김계태의 견해에 대하여 대부분 동의한다. 물론 문학이 도와 분리되어 현실의 사회생활 반영을 목적으로 삼는 것에는 반대하지만, 고대 경서의 내용만으로는 현실의 사회생활을 결코 반영할 수 없다는 것이 필자의 입장이다. 따라서 문이 현실을 반영해야 한다면, 도 역시 시대정신에 맞게 제시되어야 할 것이다. 문의 교화 작용 역시 마찬가지이다. 교화는 작자가 문을 통하여 독자의 심령을 자극하고, 변화를 이끌어내는 것이다. 이러한 교화에 당연히 표준이 있어야 하고, 그 표준을 유가의 도에서 찾을 수는 있다. 그러나 오로지 경서와 같은 경직된 곳에서만 그 구체적인 실례를 찾아야 한다고 주장해서는 안 될 것이다.

68 김계태, 「북송 고문운동 전개 과정상 蘇軾의 지위」, 360-364쪽 참고.

69 주희와 육구연의 논쟁, 즉 주륙지변朱陸之辨에 대한 학술사적인 평가는 여러 방면에서 논의할 수 있다. 그중에서 필자는 주륙지변을 계기로 학술 주도권이 불교에서 유가로 완전하게 전이했다는 것, 그리고 학술 논쟁 대상이 유가와 불교에서 유가와 유가로 바뀌었다는 점을 주륙지변의 의의로 든다. 이후 주륙지변은 주희와 육구연 둘만의 문제가 아니라 후에 거대한 철학 사상의 조류를 탄생시켰고, 그 조류는 송 대에만 그치지 않고 원·명·청, 심지어 현대의 신유가 사상에도 영향을 끼치고 있다. 주륙지변은 주희와 육구연 두 사람만의 논쟁이라고 할 수도 없고, 또 그 당시의 철학적 논쟁이라고만 규정할 수도 없다. 명 대의 진건은 『학부통변』「자서」에서 주륙지변을 "수백년 동안 해결되지 않은 일대의 공안이다[明·陳建, 『學蔀通辨』「自序」, "數百年未了底大公案." 新北: 廣文書局. 1971]"라고 했다. 주륙지변은 원·명·청 대를 거치면서 중국 유가 철학 발전에 하

장재·정호와 정이 등 걸출한 도학자의 출현은 당시 세인들의 상당한 관심을 받았다. 이들 역시 고문가와 동일하게 문도론을 견지했기 때문에 문과 도의 관계, 그리고 문론에 대해서는 고문가와 대립적 관계를 형성했다. 그중 정이와 소식 간의 낙촉당쟁이 대표적인 사례이다. 또한 송 초기까지 학술계 주도권을 장악했던 불교는 한 말에서 송 초까지 750년 동안 정치안정에 별다른 이념적 역할을 하지 못했다. 그러나 송 초부터 시행된 문치주의는 사대부의 기상을 고양했고, 유가의 정치적 이념으로 무장된 도학자들은 강한 우환의식을 고양하면서 송 왕조 안정에 기여하려는 자세를 갖는다. 이러한 도학자들의 부각은 구양수의 고문운동이 잠시 주춤하면서 활력을 상실해가자 '문이재도'로써 당시 문도론를 주도해나갔다.

2) 구양수의 문도론

앞장에서 서술한 바와 같이 구양수 문도론은 비록 정도상 차이는 있지

나의 실마리를 제공했고, 또한 발전의 방향을 제시했다. 원 대에는 주희와 육구연의 대립을 화회和會하려는 움직임이 있었고, 명 대에는 왕수인이 등장하여『朱子晚年定論』을 내놓자 그것에 대한 격렬한 쟁론이 나타났다. 주희 학문을 따르는 학자들은 육구연의 학문을 광선狂禪이라고 비난했고, 육구연의 학문을 따르는 자들은 반대로 주희의 학문을 속학俗學이라고 비평했다. 이러한 학문 조류는 청 대를 거쳐 현대 신유가들에까지 연속되어 주희를 송명유학의 대종大宗 혹은 정통으로 이해하는 일군의 학자들이 있고, 반대로 육구연과 왕수인을 선진유학의 공자와 맹자의 도덕정신 정수精髓를 계승한 정종正宗으로 이해하고, 주희를 오히려 별자지종[別子之宗-牟宗三]으로 이해하는 일군의 학자들도 있다. 따라서 주륙지변을 남 송 시대에 발생한 단순한 역사의 한 학술적 사건으로만 이해해서는 안 되고, 중국 유학의 근본성과 기초성을 언급하고 계발한 학술적 사건으로 이해하는 것이 타당하다. 다시 말하면 주륙지변과 주륙 학술의 이동異同은 시공을 초월한 보편적 의미를 갖는 학술적 일대 사건인 것이다.

만 기본적으로 한유와 동일한 궤적을 유지한다. 필자는 먼저 구양수가 긍정한 도와 문의 의미를 서술하고, 다음 문과 도의 지위와 관계를 서술하겠다. 구양수는 자신이 존숭하는 도가 유가의 도임을 다음과 같이 주장한다.

> 군자는 학문을 함에 있어 반드시 도를 실천함에 힘을 써야 한다. 도를 실천하려면 반드시 옛 것에서 찾아야 한다. 옛 것을 알면 도에 밝아지는데, 그 후에 몸으로써 도를 실천하고, 구체적인 세상 일에 시행하며, 또 문장으로 드러내어 후세 사람들이 믿도록 해야 한다.…그 도는 주공·공자·맹자 등이 힘써 실천하고 실행하였던 그것이다. 그 문장은 육경에 실려 있는 것인데, 지금까지 진실함을 얻을 수 있었던 것은 바로 육경의 내용이 도였기 때문이다.[70]

구양수는 자신이 담당하려는 도가 주공·공자·맹자로 이어지는 유가 성인들의 도임을 분명하게 밝히고 있다. 또한 성인의 도가 실려 있는 서책이 경전인데, 경전이 지금까지도 진리를 전할 수 있었던 원인은 바로 경전에 실려 있는 내용이 성인들이 제창한 도였기 때문임을 강조한다. 또 범중엄范仲淹의 신도비를 지을 때에 "육경의 종지를 통달했고, 문장을 지어 학설을 세울 때에도 반드시 인의를 근본으로 했다"[71]는 말로써 간

---

70 『歐陽修全集』「卷67·居士外集卷17, 與張秀才棐第二書」, "君子之於學也務爲道, 爲道必求知古, 知古明道, 而後履之以身, 施之於事, 而又見於文章而發之, 以信後世. 其道, 周公·孔子·孟軻之徒常履而行之者是也. 其文章, 則六經所載至今而取信者是也."

71 『歐陽修全集』「卷21·居士集卷21, 資政殿學士戶部侍郎文正范公神道碑銘」, "大通六經之旨, 爲文章, 論說必本於仁義."

접적으로 자신의 도가 인의를 내용으로 하는 유가의 도임을 밝히고 있다. 그러나 구양수는 비록 옛 것에서 도를 찾아야 한다고 했지만, 옛 것에 대하여 무조건적인 신뢰를 보이지는 않았다. 그는 "옛 것에 얽매인 자는 학자들의 근심거리이다"[72]라고 하면서 옛 것만을 모방하여 그것으로써 괴이한 문장을 꾸며대는 것에 대해서도 경계한다.

성현의 도가 육경에 실려 있다면 도를 추구하기 위해서는 육경을 먼저 학습해야 하고, 이를 근거로 작문해야 한다. 그렇다면 왜 세상 사람들은 도를 추구하면서도 진정한 도를 얻지 못하는가?

> 배우는 사람들이 처음부터 도를 배우지 않은 것은 아니지만 지극한 경지에 이른 사람은 드물다. 이는 도가 사람으로부터 멀리 떨어져 있는 것이 아니라 배우는 사람들이 무엇에 빠졌기 때문이다. 대체로 문사를 사용함에 있어 표현하기 어려운 것을 즐겨하며, 남의 이목을 쉽게 즐겁게 해줄 수 있는 문사로 자족한다.…세상 사람들은 왕왕 어떤 것에 빠져 있다가 한 차례라도 자신의 문장에 정교한 곳이 있게 되면 나의 배움은 이것으로써 족하다고 말한다. 심한 경우에는 세상의 온갖 일을 내버려두고서 관심을 갖지 않으면서 나는 문인이니 문장을 짓는 것을 직분을 삼을 뿐이다라고 말한다. 이것이 도를 추구하면서도 지극한 경지에 이르지 못한 까닭이다.[73]

---

72 『歐陽修全集』「卷129 · 筆說卷1, 駟不及舌說」, "泥古之士, 學者患之也."

73 『歐陽修全集』「卷47 · 居士集卷47, 答吳充秀才書」, "夫學者未始不爲道, 而至者鮮焉, 非道之於人遠也, 學者有所溺焉爾. 蓋文之爲言, 難工而可喜, 易悅而自足. 世之學者往往溺之, 一有工焉, 則曰, 吾學足矣. 甚者至棄百事不關於心, 曰吾文士也, 職於文而已. 此其所以至之鮮也."

구양수는 여기에서 두 가지 점을 하나로 종합하여 강조한다. 먼저 도는 구체적인 일[實事]과 격리되어 있지 않다는 것이고, 다른 하나는 부정적인 측면에서 당시 학자들의 작문 행태를 비평하는 것이다. 도는 본래 구체적인 일에 내재되어 있기 때문에 '실제적인 일에 즉卽해서 도를 밝혀야 한다.' 그럼에도 불구하고 당시 학자들은 도를 추구하면서 실사에서 추구하지 않고 오로지 문장의 기교만을 부리면서 그것이 곧 문사의 직분이라고 생각했다. 구체적인 일을 버리고서 문장의 기교만을 중시한다면 그 문장은 틀림없이 공허한 문장으로 전락하게 될 것이다. 구양수에 의하면, 아름다운 문장은 문장에 대한 재능도 있어야 하지만, 구체적인 일을 두루 경험하면서 사회 전반에 걸쳐 다양한 지식을 갖추고 시대의 병폐에 대한 인식을 올바르게 했을 때 비로소 문장이 충실해진다는 것이다.

구양수가 긍정하는 실사實事의 도는 유가의 도이다. 유가의 세계관은 입세주의入世主義이다. 『중용』「1장」에서 "도는 잠시라도 사람들의 생활과 떨어질 수 없는 것이다. 만일 떨어질 수 있는 것이라면 도가 아니다"[74]라고 했다. 인생의 구체적인 실사와 격리된 채 현묘玄妙한 경지에서 도를 추구해서는 안 되고, 문장 역시 현실 속에 내재되어 있는 도를 반영하지 않고 사람들의 주목만을 끄는 몇 개의 구절만으로 화려하게 꾸민다면 그것이 바로 허문虛文이고, 공언空言에 불과할 것이다. 때문에 구양수는 실사와 실리를 수록하고 있는 육경에 대한 학습을 강조한다.

> 배우는 사람은 반드시 경전을 배워야 한다. 경전을 배울 때는 경전에 담겨져 있는 의미를 추구해야 한다. 의미를 얻으면 마음이 안정되고, 마음이

---

74 『中庸』「1章」, "道也者, 不可須臾離也. 可離, 非道也."

안정되면 도가 순일해진다. 도가 순일해져 마음속에 꽉 차게 되면 그것이 밖으로 발현되어 빛나는 문장이 된다.[75]

"도가 순일해져 마음속에 꽉 차게 되면 그것이 밖으로 발현되어 빛나는 문장이 된다"는 것을 보면 문장의 수련 조건이 바로 도에 대한 올바른 인식임을 알 수 있다. 이러한 견해는 한유와 일치하지만, 육조 시대의 유협과 비교해보면 문의 지위와 작용이 상당히 축소되고 위축되어 있음을 알 수 있다. 유협은 도를 자연의 도[自然之道]로 규정하고, 현상의 모든 것을 담아 도를 결코 자연의 질서[현실세계 원리]와 격리시키려고 하지 않았다. 반면 구양수의 이러한 주장은 문을 마치 도의 부속물처럼 취급한다는 인상을 주기도 한다. 사실 도의 순일과 문장의 빛남 사이에는 필연적 관련성이 없다. 그러나 구양수는 태학체를 비판하면서 '문장이 담고 있는 도가 뛰어나면 문장의 표현이 어렵지 않게 지극한 경지에 이를 수 있다[道盛文至]'[76]고 한다. 이는 공자가 말한 "덕성을 갖춘 사람은 반드시 말을 잘한다[有德者必有言]"와 같은 주장이다. 사실 공자가 "덕성을 갖춘 사람은 반드시 말을 잘한다"라고 표현했지만, 덕德은 언言의 필요조건도 아니고, 충분조건도 아니다. 즉 양자 사이에는 엄격한 논리적 관련성이 부재하다. 즉 인품과 문품 사이에 논리적 필연성이 존재하지 않는다. 구양수의 주장은 도학자들에게는 수용될 수 있지만 문과 도의 수평적 균형을 강조하는 고문가들에게는 수용되기 어려울 것이다.

---

75 『歐陽修全集』「卷69 · 居士外集卷19, 答祖擇之書」, "學者當師經, 師經必先求其意, 意得則心定, 心定則道純, 道純則充於中者實, 中充實則發爲文者輝光."

76 『歐陽修全集』「卷47 · 居士集卷47, 答吳充秀才書」, "道勝者, 文不難而自至也."

'도성문지道盛文至'는 다양하게 해석할 수 있다. 먼저 '작품속의 담긴 사상이 훌륭하면 문장도 좋아진다'로 해석할 수도 있고, '작자가 도에 대한 인식이 올바르면 문장의 표현도 아름다워진다'로도 해석할 수 있다. 필자는 두 번째의 해석을 따를 것이다. 필자는 구양수의 문도론을 분석하면서 문의 독립성에 관하여 주목했다. 구양수는 분명 원론적인 입장에서는 중도경문의 입장을 취한 것 같다. 그렇다면 구양수가 문의 독립성을 말살했는가? 차상원은 구양수와 도학가의 차이를 논하면서 도학가는 중도경문했지만, 구양수는 적도위문籍道爲文했다고 한다.[77] 즉 도학가는 문을 도구로 보고, 구양수를 포함한 고문가는 도를 수단으로 보았다는 것이다. 필자는 '도를 빌려서 문장을 짓는다[籍道爲文]'에 대해서 어느 정도 공감한다. 그렇다고 전면적으로 동의하는 것은 아니다. 즉 차상원처럼 고문가들이 도를 수단으로 인식했다는 것에 대해서는 동의하지 않는다. 소식의 문도론에서도 도와 문은 병중의 관계로 놓여있지 결코 목적과 수단의 관계로 정립되어 있는 것은 아니다.

필자는 구양수 문도론을 중도경문으로 규정하기는 어려울 것 같다고 생각한다. 왜냐하면 구양수는 문식의 작용과 기능을 중시했고, 문의 독립성에 대해서도 상당히 긍정적인 입장을 취하기 때문이다.

> 나는 말에 꾸밈이 없으면 멀리 전해지지 못한다는 말을 들었다. 군자는 학문을 함에 있어 말에는 사실을 담고, 문장에는 꾸밈이 있는데, 말에 실려 있는 일이 진실해야 하고, 문장이 올바르게 수식되어 있을 때 비로소 후세

77 車相轅, 「송 대 고문운동의 이론과 비평」, 14쪽.

에 전해질 수 있다.[78]

구양수는 공자가 말했다고 전해지는 '언지무문言之無文, 행이불원行而不遠'을 근거로 문에 대한 자신의 견해를 드러내고 있다. 구양수는 분명 아무런 내용 없이 문장의 꾸밈과 형식에 대한 집착은 단호하게 반대하지만, 내용을 제대로 전달하기 위해서는 문 자체에 수식이 필요함을 긍정했다. 그가 말한 문장의 수식은 사실 문의 예술성에 대한 긍정 표현이라고 할 수 있다. 이러한 구양수의 태도는 한유는 물론이고 송 초 고문가들과 비교해 볼 때 도에 대한 편협한 치우침을 상당히 극복하고 있는 문도론임을 보여주고 있다.

자신의 몸을 수양하는 사람은 그 얻은 바가 없을 수 없지만, 사업을 시행함에 있어서는 성공하기도 하고 성공하지 못하기도 한다. 언사로 표현함에 있어서도 어떤 사람은 잘 표현하지만, 어떤 사람을 잘 표현하지 못하기도 한다. 또 사업으로는 잘 시행하지만 언사로는 표현하지 못하는 경우도 있다. 『시경』·『서경』·『사기』에 전해지는 사람들이 어찌 모두 언사에 능한 사람들이겠는가? 자신의 몸을 잘 수양했다고 할지라도 사업으로 드러내지 못한 경우도 있고, 언사로도 드러내지 못한 경우가 있을 수 있다.[79]

---

78 『歐陽修全集』「卷68·居士外集卷18, 代人上王樞密求先集序書」, "某聞傳曰, 言之無文, 行而不遠, 君子之所學也, 言以載事, 而文以飾言, 事信言文, 乃能表見於後世."

79 『歐陽修全集』「卷44·居士集卷44, 送徐無黨南歸序」, "修於身者, 無所不獲, 施於事者, 有得有不得焉. 其見於言者, 則又有能有不能也. 施於事矣, 不見於言可也. 自詩·書·史記所傳, 其人豈必皆能言之士哉. 修於身矣, 而不施於事, 不見於言, 亦可也."

구양수의 이 말은 매우 합리적이다. 수양공부와 군자의 인품 사이에는 논리적 필연성이 존재한다. 인욕을 버리면 상대적으로 천리는 그만큼 보존된다. 마찬가지로 천리를 보존하면 그만큼 인욕도 사라진다. 그러나 구체적인 사업에는 주관적인 의지로는 어찌할 수 없는 객관적인 제한이 비일비재하다. 그것이 바로 운명이다. 때문에 구양수는 "사업을 시행함에 있어서는 성공을 하기도 하고 성공을 하지 못하기도 한다"고 한 것이다. 문장을 짓는 일도 마찬가지이다. 언사와 문사에 능한 사람이 있는가 하면 능하지 못한 사람도 있다. 때문에 "언사로 표현함에 있어서도 어떤 사람은 잘 표현하지만, 어떤 사람을 잘 표현하지 못하기도 한다"고 한 것이다. 구양수가 이곳에서 표현한 것 중에서 가장 중요한 내용은 마지막 부분이다. "자신의 몸을 잘 수양했다고 할지라도 사업으로 드러내지 못한 경우도 있고, 언사로도 드러내지 못한 경우가 있을 수 있다." 『좌전』에 의하면, 몸을 수양하는 것은 입덕立德이고, 사업을 성취하는 것은 입공立功이며, 문장을 성취하는 것은 입언立言이다.[80] 이것이 삼불후三不朽인데, 구양수는 이 세 가지 일 사이에 필연성이 존재하지 않음을 긍정한 것이다. 입덕을 했다고 해서 입언을 필연적으로 하는 것은 아니다. 역으로 말하면 입언한 사람이 반드시 입덕한 사람이 아닐 수도 있는 것이다. 그렇기 때문에 그는 "군자는 학문을 하면서 어떤 사람은 사업으로 드러내기도 하고, 어떤 사람은 문장으로 드러내기도 하는데, 이 두 가지를 겸하기가 어렵다는 것에 걱정한다"[81]고 했다.

---

80 『左傳』「襄公 24年」.

81 『歐陽修全集』「卷43 · 居士集卷43, 薛簡肅公文集序」, "君子之學, 或施之事業, 或見於文章, 而常患於難兼也."

이상의 구양수 언설을 보면, 그가 도와 격리된 문장을 찬양하지는 않았지만, 최소한 문의 독립적 위상을 부정하지는 않은 것 같다. 따라서 구양수의 문도론은 상대적으로 느슨한 중도경문에 해당할 뿐 중도폐문重道廢文은 절대 아니다.

4. 소식의 고문운동

앞에서 이미 서술한 바와 같이 소식의 고문운동은 다수의 중국 문학연구 종사자들에게 고문운동의 성숙기로 평가받는다. 소식의 고문운동을 완성기 혹은 성숙기로 평가하는 것에 대하여 도학가[송명리학자]는 당연히 부정적인 견해를 보일 것이다. 왜냐하면 문을 재도載道의 도구로 인식하는 도학자들에게 있어 문과 도의 수평적 지위를 부여하고, 상용보다는 상문의 입장을 취하며, 더더욱 중요한 것은 도를 유가에만 한정시키지 않고 도가와 불가의 도까지 확장하는 소식의 문도관은 결코 수용되기 어려울 것이다.

1) 소식 고문운동의 특색

소식의 대표적 문학이론은 문여도구설文與道俱說이다. 즉 '문과 도를 함께 갖추어야 한다'는 것이다. 이론의 형식적 틀만 보면 여타 다른 문학이론가와 마찬가지로 문도합일이고, 유협과 비슷한 문도병중이다. 그러나 소식의 문학이론은 유협이나 주희처럼 정교한 체계를 갖추고 있지 않을 뿐만 아니라, 특별한 시론詩論도 없다. 즉 소식은 어떤 체계적이고 계통성을 갖춘 문학이론 비평가는 아니었다. 그는 이론적으로는 '문과 도의 합일'을 내세웠지만 실질적으로는 문도합일에 충실하기보다는 오히려 문의 창작에 상대적으로 진력한 문인이었다. 즉 소식은 시詩·사詞·산문散文 방면에서 송 대를 대표하는 문인이었고, 문단의 영향력도 대단했다. 뿐만 아니라 서예와 문인화文人畵 방면에서도 뛰어난 재능을 보였다. 또 소식은 당시 왕안석의 신법당과 정쟁을 벌인 구법당의 일원이기도 한 정치가였다.[82]

학자들에 따라 약간의 차이는 있지만 소식의 시는 지금까지 2400 수 정도가 전해진다. 그의 시는 칠언고체七言古體가 특히 뛰어난데, 이는 그의 호방한 성격 때문인 것 같다. 왜냐하면 격률格律과 대우對偶의 제약이 엄격한 근체시近體詩보다는 격식이 비교적 자유로운 고체시古體詩[83]에 자신의 시정詩情을 의탁하기가 적합했다고 생각했을 것이다. 사詞는 현재 350 수 가량 전해지는데, 작품 수는 많지 않지만 중국문학사에서 그의 '사'는 큰 의미를 갖는다. 왜냐하면 소식 이전의 '사'는 대부분 남녀의 연정, 이별과 슬픔 등 완약婉約한 정서를 표현했다면, 소식은 '사'의 제재題

82 구양수 시대에 사대부들의 간권이 크게 신장되었고, 범중엄范仲淹·구양수歐陽修·한기韓琦·부필富弼·사마광司馬光 등의 인재가 배출되자 국정은 크게 안정되었다. 그러나 사대부들의 간권 신장은 이념의 다양성을 수반했고, 이로 말미암아 학파간의 대립이 발생하였으며, 사대부간의 파벌이 조성되어 정쟁이 발생하게 되었다. 왕안석과 사마광을 중심으로 신법당과 구법당의 정쟁, 그리고 구법당 안에서의 소식을 중심으로 한 촉당蜀黨과 정이를 중심으로 한 낙당洛黨의 정쟁이 있게 되었다. 전자가 정치 당쟁이라면, 후자는 학술 당쟁이다.

83 일반적으로 중국의 고전시가는 그 체재에 따라 고체시와 근체시로 구분한다. 당 대 이전의 시가는 고체시이고, 당 대에 새롭게 등장한 시가는 근체시로 분류한다. 모든 구의 글자 수에 따라 오언五言과 칠언七言 그리고 잡언雜言으로 분류한다. 그중 잡언은 글자가 일정하지 않지만, 오언과 칠언은 다시 오언고체五言古體, 칠언고체七言古體, 오언근체五言近體, 칠언근체七言近體로 분류한다.

材를 회고懷古·영물詠物·기사記事·설리說理 등 다양한 방면으로 확대시켰을 뿐만 아니라 수준도 제고시켰기 때문이다.[84]

소식의 고문운동은 구양수와 마찬가지로 산문을 통하여 전개된다. 소식 당시에도 태학체가 만연하고 있었다. 그는 태학체가 지배하고 있는 문단의 현실에 대하여 개혁의 필요성을 절감한다. 소식은 구양수에게 다음과 같은 내용의 서신을 보낸다.

> 오대 이후로 문교文教가 쇠락하고, 풍속이 건전하지 못하는 등 날로 타락하고 있다.…이에 걸출하고도 문풍이 비교적 질박한 문인들을 선발하여 내용은 결핍된 채 오로지 형식에만 치중하고 미사여구로 가득 찬 문장들을 배격함으로써 양한의 뒤를 계승하고 더 나아가 삼대의 본래 모습을 회복하고자 했다. 그러나 사대부들은 이러한 천자의 뜻을 올바르게 인식하지 못하고 오히려 한쪽에 치우쳤다. 그들은 지나치게 심오하고 어려운 것만을 추구하여 실제적인 일과 맞지 않는 지경에 이르게 되었다. 뿐만 아니라 지나치게 기이한 표현만을 사용하니 읽을 수조차도 없게 되었다. 서곤체 문풍이 초래했던 폐단을 아직 일소하지 못했는데 새로운 폐단이 다시 생겨났다.[85]

소식이 지적한 구폐舊弊는 서곤체이고, 새롭게 일어난 신폐新弊는 태

---

84 이영주, 「소식 시론 연구」, 『중국문학』 11호, 한국중국어문학회, 1984. 8쪽 참고.

85 『蘇東坡全集』「續集. 卷11」, "自昔五代之餘, 文教衰落, 風俗靡靡, 日以塗地…於是招來雄俊魁偉敦厚樸直之士, 罷去浮巧輕媚叢錯采綉之文, 將以追兩漢之餘, 而漸復三代之故. 士大夫不深明天子之心, 用意過當, 求深者或至於迂, 務其者怪僻而不可讀, 餘風未殄, 新弊復作."

학체이다. 태학체의 폐단 역시 서곤체와 크게 다르지 않다. 소식에 의하면, 태학체의 주 관심은 '심오하고 어려운 것만을 추구하고', '지나치게 기이한 표현만을 추구한다'에 있다. 태학체는 경서에서 어렵고 난삽한 부분에 어떤 특별한 의미가 있는지에 대해서는 별다른 관심을 보이지 않고 그것을 인용하여 문장의 외면만을 심오한 것처럼 꾸미려고 했다. 때문에 결국 성현의 도에는 이르지 못하고 공언空言과 허언虛言만이 넘쳐나는 지경에 이르고 말았다.

소식은 태학체를 비평함과 동시에 경서에 대한 무조건적인 추종보다는 경서를 자신의 주관적인 판단을 근거로 세상의 구체적인 일로 표현할 수 있어야 함을 주장한다. 즉 경서를 실용성의 입장에서 파악할 것을 주문한다.

> 신이 듣기로는 뜻을 말로 표현하면서 뜻을 완전하게 드러냈으면 말을 멈춘다고 합니다. 이것이 천하에 가장 지극한 말입니다. 한마디 말로써 나라를 흥성하게 할 수 있고, 삼일을 두고 이야기를 해도 그칠 수 없는 것이 있습니다. 한마디 말일지라도 나라를 흥성하게 할 수 있다면 그 말이 적다고 하여 불필요하게 말을 첨가해서는 안 됩니다. 삼일을 두고 말을 하여도 그칠 수 없는 것이라면 많다고 하여 한마디 말이라도 함부로 떼어내서는 안 됩니다. 예전에는 말이 뜻을 다 드러냈으면 따로 다른 말을 세우지 않았습니다. 또 자신이 믿을 수 있는 말을 했을 뿐 맹목적으로 다른 사람의 말을 모방하지 않았습니다.[86]

---

86 『蘇東坡全集』「應詔集. 卷1」, "臣聞有意而作, 意盡而言止者. 天下之至言也, 蓋有以一言而興邦者, 有三日言而不輟者, 一言而興邦, 不以爲少而加之毫毛. 三日言而不輟, 不以爲多而損之一辭. 古之言者, 盡意而不求於言. 信之而不役乎人."

소식은 문장을 짓는 목적은 경전에 있는 기이하고 난해한 구절을 모방하고 엮어서 남들의 이목을 끌기 위함이 아니라 국가의 홍성에 도움을 줄 수 있는 실용성에 있음을 강조한다. 실제적인 문장을 쓸 수 있으려면 객관적인 경전을 모방함에 그쳐서는 안 되고, 경전에 기록되어 있는 내용을 자신의 시대정신을 근거로 주관적으로 이해해야만 비로소 세상에 도움을 줄 수 있는 실용성의 문장을 사작寫作할 수 있다는 것이다. 이곳에서 소식은 문장을 통하여 현실참여 의지를 밝히고 있는데, 이러한 현실참여 의식은 이미 소년시절부터 가져왔던 이상이었다.[87]

소식 고문운동의 첫 번째 과제가 태학체 폐단을 일소하는 것이라면, 두 번째 과제는 중도경문의 입장을 수정하는 것이었다. 송 초에 고문운동이 부활했지만, 기본 기조는 여전히 한유의 중도경문이었다. 그러나 중도경문의 문도관이 소식 당시에 성세를 이룬 것은 한유와 송 초의 고문가 그리고 구양수가 중도경문의 입장을 취했기 때문만은 아니다. 송 왕조는 한족 출신이 황제였기 때문에 개방주의보다는 수구주의적 태도를 취했다. 수구주의적 정책은 대체로 민족주의를 수반하는데, 이러한 정치적 배경에서 성리학자[도학가]들은 불교에 빼앗긴 학술 주도권을 회복하기 위하여 불교와 사상적 이념 논쟁을 전개함과 동시에, 전통적인 문도관에 입각한 문이재도설을 체계화하여 고문가와 대립했다. 소식을 비롯한 당시 고문가들은 한편으로는 태학체[서곤체 포함]와 대립했고,

---

87 소식은 젊은 시절부터 천자를 보필하여 요순 시대와 같은 태평성대를 구현하겠다는 정치적인 포부를 갖고 있었다. 이러한 애국애민정신은 그의 저작에 다수 출현한다. 소식의 현실참여 의식은 사상적으로는 도가와 불가의 영향이 아니라 유가 철학의 영향이다. 유가 철학은 소식에게 득의得意했을 때의 포부에 영향을 주었을 뿐만 아니라, 득의하지 못했을 때 홀로 저작에 열중하고, 예술에 정진하면서 안빈낙도安貧樂道하는 태도에도 영향을 준다.

다른 한 편으로는 도학가와 문의 위상과 작용에 대하여 쟁론했다. 사실 고문가의 대항마로서 태학체보다는 도학가의 문이재도론이 더욱 버거웠다. 왜냐하면 당시 도학자들은 누구보다도 국가와 민족 존망에 우환의식을 갖고서 한 편으로는 철학적 이념을 제시했고, 다른 한 편으로는 실천을 통하여 우국애민憂國愛民의 정신을 표방했기 때문에 지식인들에게 그 이념이 빠른 속도로 전파되었다.

고문운동가의 입장에서 보면, 도학가의 문이재도는 고문운동에 큰 장애물이었다.[88] 소식은 도학가의 문이재도에 극도의 반감으로 가졌는데, 그중에서도 정이의 작문해도作文害道에 극한 반감을 갖고서 정쟁을 했다. 이것이 바로 유명한 낙촉당쟁洛蜀黨爭이다. 뿐만 아니라 신법당의 영수인 왕안석은 문의 효용을 오로지 정치와 교육에만 제한시켰기 때문에 문의 본래적 가치인 심미성과 형식 등의 중요성을 경시하게 되었다. 소식은 이처럼 문이 정치와 교육의 시녀로 출가한 것에 대해서도 동탄하면서 문학창작의 자유를 주장했고, 또 도와 정치 및 교육으로부터 문의 해방을 강조했다. 그는 왕안석을 다음과 같이 비평한다.

> 문의 쇠락이 지금보다 심한 적은 없었는데, 그 원인은 왕안석으로부터 시작되었다. 왕안석의 문장이 나쁜 것은 아니다. 그러나 왕안석은 사람들이 자기와 같게 되기를 바라는데, 이것이 문제이다. 공자 때부터 사람들

88 소식의 문도론에는 유가와 도가 및 불교 사상이 모두 내재되어 있다. 소식 문도론은 기본적으로는 유가에 바탕을 두고 있다. 단지 유가에만 국한되지 않고 도가와 불교를 비롯한 제가諸家의 사상을 두루 섭렵하고 취할 것이 있으면 취하고, 버려야 한다면 취하지 않았다[取其取, 捨其捨]. 그러나 정이를 비롯한 도학가 사상에 대해서는 극도의 반감을 표출한다. 즉 그는 당시 도학과 공자의 유학을 분리하여 이해한 것 같다.

이 공자 자신과 같아지기를 바라지 않았다. 안연의 인仁과 자로의 용勇은 서로 바뀌지 않는 것이다. 그러나 왕안석은 자신의 학술로 세상을 통일하려고 한다. 비옥한 땅의 공통점은 만물을 낳고 성장시키는 곳에 있지 자라는 것을 모두 똑같게 하는 것에 있지 않다.[89]

이곳에서 소식은 왕안석의 의도를 비판하면서 공자의 '군자는 조화로움을 추구하고 획일을 추구하지 않지만, 소인은 획일을 추구하고 조화로움을 추구하지 않는다'는 "화이부동和而不同과 동이불화同而不和"[90] 정신을 소개한다. 사람들이 자기의 뜻에 따르게 하는 것은 일견 보기에는 통합 정신인 것 같지만, 차이성을 존중하지 않고 획일성만을 추구하는 태도야말로 소통의 가장 큰 장애 요소이다. 소식은 왕안석의 문장 자체는 나쁘지 않지만, 왕안석은 문장을 통하여 천하 사람들의 뜻을 하나로 하려고 한다고 비판한다. 왕안석은 문을 정치와 교육의 수단으로 활용했는데, 그렇다면 왕안석에 대한 소식의 비판은 충분한 근거가 있는 것이다.

2) 소식의 '문여도구文與道俱'

중국 문학 연구자들은 소식의 고문운동을 완성기에 해당한다고 평가한다. 비록 도학자 입장에서 보면 이견이 없지는 않겠지만, 문학계 입장에

---

89 『蘇東坡全集』「卷49 · 答張文潛縣丞書」, "文字之衰, 未有如今日者也, 其源實出於王氏. 王氏之文, 未必不善也. 而患在於好使人同己. 自孔子不能使人同, 顏淵之仁, 子路之勇, 不能以相移. 而王氏欲以其學同天下. 地之美者同於生物, 不同於所生.

90 『論語』「子路」, "子曰, 君子和而不同, 小人同而不和."

서 본다면 소식의 고문운동은 구양수와 이전 송 초 고문가 그리고 한유와 비교할 때 훨씬 성숙한 면모를 보인다. 그 대표적 원인으로 다음 세 가지를 들 수 있다.

첫째, 태학체를 비롯한 당시 형식적 유미주의 문장에 대한 설득력 있는 비평이다.

둘째, 문과 도를 주종 혹은 본말 관계로 설정하지 않고 상호 수평적 지위를 부여하여 문의 독립성을 확보했다.

셋째, 문도에서 도를 유가의 도로만 제한하지 않았다.

필자는 이 중 두 번째와 세 번째에 소식 문도론의 진정한 가치가 내재되어 있다고 생각하지만, 그 중에서도 세 번째 사항이 더더욱 중요하다고 생각한다.

사실 문과 도의 지위 설정은 한유에서 송 초의 유개·왕우칭·석개, 다시 구양수 시대로 오면서 주종 혹은 본말 관계는 약간 느슨한 형태로 전개된다. 소식 시대에 이르러 문과 도 양자가 수평적 지위를 확보하는 것은 문도관계 변화의 당연이면서 필연의 귀속처라고도 할 수 있다. 그러나 고문운동이 한유에서 송 초 그리고 구양수로 전개되면서 도의 의미는 거의 변하지 않았다. 고문운동에서 도는 유가의 도였고, 육경에 실려 있는 도였다.[91] 소식에 이르러 이러한 유가 중심의 도 제한이 무너진 것이다.

앞에서 소식은 왕안석에 대하여 '자기와 같게 하려 한다'고 비평한다.

---

91 도가와 불가의 도에 대한 한유와 송 초 고문가 그리고 구양수의 태도는 약간 다르다. 한유와 송 초 고문가들이 배척의 태도를 취했다면 구양수는 소식처럼 적극적으로 포용하지는 않지만, 그렇다고 배척하는 태도도 취하지 않았다.

이러한 소식의 화이부동和而不同 정신은 도론道論에도 그대로 적용된다. 소식에 의하면, 문에는 반드시 현실에 대한 작가의 주관적인 사상과 감정이 담겨져 있어야 한다. 문의 내용은 작가가 현실에서 생활하면서 작가의 사상적 경향 그리고 자신만의 고유한 감정과 인식이어야 한다는 것이다. 문에 대한 소식의 이러한 태도는 문의 내용을 어떤 추상적인 것에 의하여 획일적으로 규정하지 않으려는 의지 표현이다. 작가가 처해 있는 시대적 상황이 다르고, 설령 동일한 시대적 배경이라고 할지라도 이에 대한 작가의 평가와 인식은 얼마든지 다를 수 있다. 거기에 작가의 특수한 감정이 개입되면 문의 표현은 다양한 모습으로 표현될 수밖에 없다. 때문에 소식은 어떤 추상적인 도에 집착하고서 현실에 대한 자신의 독립적인 판단과 감정을 갖추지 못한다면 훌륭한 작품을 쓸 수 없다고 생각했다.

이러한 문에 대한 소식의 입장은 자연스럽게 문의 내용인 도의 범주를 해체하는 상황에 이른다. 그렇다고 소식이 유가의 도와 경전의 내용을 부정하고 홀시했다는 것은 결코 아니다. 단지 유가의 도에 의하여 제한된 도의 범주를 풀어서 개방한 것에 불과하다. 소식은 잠수를 비유로 삼아 시대정신에 부합하지 않은 중도경문의 고루함을 비평한다.

> 세상에서 도를 말하는 사람들 중에서 어떤 사람은 자기가 본 것만을 근거로 해석하고, 어떤 사람은 보지도 않았는데 자기 마음대로 판단하는 사람도 있다. 이 모두는 도를 추구하는 올바른 방법이 아니다.…남방에 잠수할 줄 아는 사람이 많은 것은 그들이 날마다 물과 함께 생활하기 때문이다. 7세가 되면 물을 건널 수 있고, 10세가 되면 물 위에 뜰 수 있으며, 15세가 되면 잠수할 수 있다. 그들이 잠수를 잘하는 것은 우연히 그렇게 된 것이

> 아니라 물의 원리를 얻었기 때문이다. 매일 물과 함께 생활하면 15세 때 물의 원리를 깨닫게 된다. 태어나서 물을 본 적이 없는 사람은 장년이 되어도 배를 타면 무서워한다. 북방의 용감한 사람이 잠수를 할 줄 아는 사람에게 잠수하는 방법을 묻고서 그가 말한 방법에 따라서 물에서 시도를 하면 물에 빠지지 않은 사람이 없다. 실제 생활에서 배우지 않고 힘써 도를 추구하는 것은 북방 사람들이 잠수하는 방법을 배우는 것과 같다.[92]

소식의 비유가 시사하고 있는 점은 다양할 것이지만, 필자는 다음 두 가지로 요약하여 이해한다. 소식은 먼저 "어떤 사람은 자기가 본 것만을 근거로 해석하고, 어떤 사람은 보지도 않았는데 자기 마음대로 판단하는 사람도 있다. 이 모두는 도를 추구하는 올바른 방법이 아니다"라고 했다. 자기가 본 것만을 근거로 해서 해석하면 객관성이 결여될 수 있다. 즉 논리적으로 말하면 자신과 같은 경험 혹은 같은 견해를 갖고 있는 사람에게만 그 문이 유효하게 적용될 수 있다. 따라서 당연히 주관성의 한계를 벗어날 수 없다. 또 어떤 사람은 보지도 않고서 마음대로 해석하기도 한다. 이러한 해석이 바로 허언虛言이고 공언空言이다.

소식은 마지막 구절에서 "실제 생활에서 배우지 않고 힘써 도를 추구하는 것은 북방 사람들이 잠수하는 방법을 배우는 것과 같다"고 했다. 이곳에서 소식이 말한 북방사람은 바로 전통적인 유가 경전만을 고집하

92 『蘇東坡全集』「卷64」, "故世之言道者, 或卽其所見而名之, 或莫之見而意之, 皆求道之過也…南方多沒人, 日與水居也, 七歲而能涉, 十歲而能浮, 十五而能沒矣. 夫沒者豈苟然哉. 必將有得於水之道者. 日與水居, 則十五而得其道, 生不識水, 則雖壯見舟而畏之, 故北方之勇者, 問於沒人而求所以沒, 以其言試之河, 未有不溺者也. 故凡不學而務求道, 皆北方之學沒者也."

고서 모든 진리를 경전에서 찾는 사람이다. 소식은 결코 경전의 가치를 부정하지 않았고, 또 경전에 수록되어 있는 유가의 도를 배척하지도 않았다. 도는 추상적인 원리이다. 추상적인 원리는 반드시 현실에 적용되어 구체화되었을 때 비로소 진정한 도의 가치를 발현하는 것이다. 북방의 용감한 사람이 잠수하는 원리를 배웠지만, 잠수를 하지 못한 것은 바로 추상적인 원리만을 습득했을 뿐 현실의 다양함을 간과했기 때문이다. 잠수에는 분명히 하나의 원리가 있다. 그러나 하천에서 잠수하는 경우, 호수에서 잠수하는 경우, 물살이 센 곳 등 특수한 상황이 얼마든지 있다. 만일 오로지 잠수 원리만을 습득하고서 다양한 경험이 없다면 잠수는 틀림없이 실패할 것이다. 이는 유가의 경전에 수록되어 있는 도만을 인식하고서 현실을 간과한다면 그것이야말로 『논어』에서 자로가 말한 '세상 물정을 모르는 답답함', 즉 우迂[93]일 것이다. 소식은 고문운동 개창자인 한유마저도 이러한 과오를 범했다고 비평한다.

> 한유는 성인의 도를 좋아하면서 단지 그 명목만을 좋아했을 뿐 그 내용의 실질에 대해서는 즐기지 못했다. 왜 그런가? 그는 도를 지극히 높은 경지에서만 논했고, 공자와 맹자를 지나치게 추존한 반면 양주나 묵자 그리고 불가와 노장에 대해서는 지나치게 엄격하게 배척했기 때문이다. 그의 노력을 보면 도의 경지에 이르지 못했다고 할 수는 없지만 도리에 대한 그의 논의는 정묘하지 못했을 뿐만 아니라 지리하고 혼란스러워 때로는 자신의 말이 모순을 이루는데도 그것을 알지 못했다.[94]

---

93 『論語』「子路」, "子路曰, 有是哉. 子之迂也. 奚其正."

94 『經進東坡文集史略』「卷8」, "韓愈之於聖人之道, 蓋亦知好其名矣, 而未能樂其實, 何者?

소식의 비판은 한유가 도를 올바르게 이해하지 못했다는 곳에 있지 않다. 오히려 도를 유가의 도에만 제한시켜 이해하고 있는 한유의 편협함을 지적한 것이다. 소식은 현상의 세계는 이처럼 광활하고 인생의 번잡함은 언설로 표현할 수 없을 정도로 복잡한데, 어찌 이 다양한 세계에 흐르고 있는 만사의 진리를 유가로만 제한시킬 수 있는지에 반대한 것이다.

소식은 유가의 정교[文教] 혹은 교화[治化] 혹은 예악형정 중심의 도론에서 탈피하여 노장의 자연 그리고 불교의 선까지 확대했다. 이전 고문운동가들은 사작寫作을 통하여 오로지 유가의 도를 선양하려고 했지만, 사상과 문학 그리고 예술방면의 변화에 응변할 수 있는 통로를 찾지 못하고 진부한 상태로 머물고 있었다. 따라서 소식은 산문의 목적을 문이명도, 즉 이전처럼 유가의 도를 선양한다는 차원에만 제한하지 않았다. 소식의 도는 유가를 포함한 도가와 불가,[95] 더 나아가 현실의 모든 것을 포괄하는 진정한 의미의 무한자였다. 따라서 소식은 도가 현실의 모든 것을 포괄하는 것처럼 작가는 우주에서 느꼈던 모든 것을 문을 통하여

其爲論甚高, 其待孔子孟軻甚尊, 其距楊墨佛老甚嚴, 此其用力, 亦不可謂不至也. 然其論至於理而不精, 支離蕩佚, 往往自叛其說而不知."(진영희, 「북송 고문가들의 도와 문에 대한 견해 소고」, 『중국어문학』 제 15집, 영남중국어문학회, 1988, 96쪽 재인용).

95 소식이 도를 유가의 도에 제한시키지 않은 것은 개인의 호방한 기질 그리고 당시 문풍의 편협함에 대한 실망도 작용을 했을 것이다. 이것과 아울러 소식은 일찍이 장자와 선禪에 대하여 상당한 매력을 느꼈다. 소식의 동생 소철이 쓴 묘지명에 "소식이 『장자』를 읽은 후에 깊게 탄식[喟然]하면서 '나는 예전에 마음속에 어떤 선입견이 있었는데 그것을 말할 수 없었다. 지금 『장자』를 보니 내 마음을 얻은 것 같다'고 했다"는 내용만 보아도 장자 철학에 대한 소식의 심득과 희열을 어렵지 않게 알 수 있다. 또 소식은 송 대에 '이선유시以禪喩詩'의 기풍을 개창한 사람이다. 선에 대한 심득을 시의 창작과 풍격에 반영했다는 것은 선에 대한 그의 인식이 상당한 경지에 이르렀음을 보여준다.

표현할 수 있다고 생각했다.[96]

이처럼 도가 우주만물을 모두 포괄하고, 문 역시 우주내의 현실세계에서 느꼈던 모든 것을 표현할 수 있다면 도와 문의 관계는 주종 혹은 본말이 아니라 수평적 지위에 놓이게 된다. 소식은 도와 문을 체용의 관계로 설정하고서 체용 모두를 본으로 인식한다.

> 내가 듣기에 인재는 지모와 술수를 뒤로 하고, 식견과 도량을 앞으로 내세운다고 한다. 문장은 화려한 채식의 꾸밈을 끝으로 삼고, 체용을 근본으로 삼는다.[97]

소식에 의하면, 체용은 도와 문이다. 이곳에서 소식은 문장은 체용을 근본으로 삼고, 꾸밈을 말로 삼는다고 했다. 체와 용이 근본이라는 것은 도와 문 사이에 어떤 가치론적 층차가 존재하지 않음을 의미한다. 도학가의 문이재도는 물론이고 한유와 구양수의 문이명도 역시 도를 근본으로 보고, 문을 말엽으로 인식한다. 소식은 결코 문을 구양수처럼 도를 전하고 마음을 밝히는[傳道明心]의 도구로만 인식하지 않았다. 이는 중도重道를 근본으로 한 전통 유가 문도론으로부터 탈피하여 문과 도에 대해 동등한 지위를 새롭게 부여한 것이라고 할 수 있다. 문을 도와 함께

---

96 고문가 문도론은 대부분 주희에 의해 비판받는다. 그중에서도 소식의 문도론에 대하여 가장 실랄하게 비평한다. 그렇지만 주희는 "소동파의 문장이 실제적이라[作文字須是靠實. 『朱子語類』「卷139」]"고 했고 고문가들이 중시한 문학 형식에 대해서도 일정부분 긍정하면서 그들의 문학 형식을 모방할 것을 강조하기도 했으며, 제자들에게 당송 고문가 작품을 독성하기를 권장하기도 했다.

97 『蘇東坡全集』「答喬舍人啓」, "某聞人才以智述爲後, 而以識度爲先. 文章以華采爲末, 而以體用爲本."

근본으로 삼는다는 문여도구설은 소식의 독창적인 견해로 소식 산문이론의 근본이다.[98]

필자는 소식의 '문여도구'에는 문과 도를 분리시킨다는 혐의가 있을 수 있지만, 오히려 문과 도의 관계를 더욱 밀착시키는 측면도 있다고 생각한다. 소식에 의하면, 도는 문이 없으면 설령 도에 대해서 온전한 체득을 했다고 할지라도 마음속에서 그려질 뿐 표현될 수가 없다. 문 역시 마찬가지이다. 문에 사상이라는 내용이 없으면, 문은 단지 허언 혹은 공언에 불과하다. 때문에 소식은 "시문을 지을 때는 반드시 뜻한 바가 있어야 한다[有爲而作]"고 한 것이다. 이처럼 도는 문이라는 존재를 예설하지 않고서는 현현될 수 없기 때문에 문의 표현에도 일정한 수양이 필요하다. 그것이 바로 사달辭達이다.

> 사물에는 본래 이치가 있는데, 그것을 알지 못하는 것이 문제이다. 설령 안다고 하더라도 말과 글로 온전하게 표현해 내지 못하는 것이 문제이다. 문장이라는 것은 온전하게 표현해 내야 한다.[99]

---

98 주희는 이러한 소식의 주장에 대하여 본말전도 혹은 중문경도重文輕道라고 비평한다. 그러나 필자의 견해는 주희와 다르다. 물론 소식이 주장한 '문여도구'는 문과 도를 독립적 지위에서 함께 중시하는 것이어서 문과 도를 분리했다는 혐의를 벗기 어렵다. 때문에 문을 도의 현현으로 이해하면서 문도합일 혹은 일체를 주장하는 주희의 엄중한 비평이 따를 수밖에 없다. 그러나 주희는 문과 도를 함께 중시한 사람이다. 즉 문의 존재 가치를 적극적으로 긍정한 사람이다. 그렇다면 오로지 도만을 중시할 뿐 문의 가치를 부정하는 정이에게도 소식과 같은 차원의 비평이 있어야 한다. 주희의 문도일체 입장에서 보면 '작문해도'를 주장한 정이의 견해가 소식보다 더욱 편향적인데도 불구하고 정이에 대한 비평 정도는 소식의 그것과 비교가 되지 않을 정도로 약하다. 필자는 주희가 리理보다는 정情의 측면에서 학문의 가치 유무를 평가했다는 점을 지적한다.

99 『蘇東坡全集』「卷58」, "固物有是理, 患不知之. 知之患不能達之於口與手. 所謂文者, 能達是而已."

소식이 말한 '사달'은 단순한 문장의 꾸밈[文飾]이 아니다. 문은 객관적인 사물의 미묘한 형상을 반영할 뿐만 아니라 도라는 추상적인 존재도 왜곡 없이 드러내야 한다. 따라서 정확한 인식을 근거로 평이하면서도 아름다운 문사로 전달하는 것이 '사달'의 관건이다.

사실 소식의 문도론에서 주안점은 도통에 있는 것이 아니라 문통에 있다. 소식이 기본적으로 갖추고 있는 문학의 현실 반영과 실용성 그리고 평이하면서도 자연스러운 문풍은 구양수를 계승하지만, 그는 도에 대한 유가의 제한을 풀고, 문 역시 유가의 효용론이라는 도구적 가치에서 탈피시켜 도와 문 그리고 천지만물이라는 삼자의 관계를 수평적으로 정립하려는 시도를 시종일관 펼쳤다. 소식의 문도론은 분명 당송 고문운동의 극점이다. 그러나 소식 이후는 도학가들에 의한 문이재도의 문도관으로 전향된다.

文道論

V

송 대 도학가 문도론

V. 송 대 도학가 문도론

960년 조광윤에 의하여 오대십국五代十國이라는 장기간 혼란과 무질서 역사가 막을 내리고 송 왕조가 새롭게 탄생한다. 조광윤은 한족 출신 장군이었기 때문에 이민족이 수립한 왕조와는 달리 민족주의적 성격을 표방하면서, 한 편으로는 전대 왕조와 차별화를 시도하고, 다른 한편으로는 송 왕조의 정통성을 확립하려고 했다. 송명유학宋明儒學 혹은 송명리학宋明理學 혹은 신유학新儒學이라고 불리는 송 대 도학은 이러한 시대적 배경에서 탄생되었다.

춘추 말기 시대 공자에 의하여 유학이 탄생했지만, 한 대 이전에 유가는 통치의 중심 이데올로기로 등장한 적이 없었다. 법가 사상을 중심 이데올로기로 삼은 진 왕조가 몰락하고, 초와 한의 쟁패를 거쳐 한 왕조가 등장하자 육가陸賈가 문치주의를 주장하고 동중서董仲舒가 유학을 천거하면서 유가 철학은 비로소 제가 학술을 누르고 이데올로기 중심에 자리 잡고, 더 나아가 독존[獨尊-獨霸]의 지위를 확보한다. 이때부터 유학은 정교, 즉 정치와 제도 및 형정의 법도 그리고 교육 이념까지 완전하게 장악한다.

유학의 독패는 양한[서한과 동한]을 끝으로 막을 내리고 위진 시대를 시작으로 도가와 불가, 그중에서도 불교의 한 종파인 선종이 수·당 대를 거치면서 학술계 주도권을 거의 장악하였고, 유학은 단지 형정과 윤상倫常의 규범에서만 그 역할을 할 뿐이었다. 비록 당 대에 한유와 유종원이 고문운동을 전개하면서 유학 부활을 주창했지만 그 세가 미미하여 종교는 물론이고 학술에서도 중심적 지위를 회복하지 못했다. 혹자는 이 시기 유학이 현학화玄學化되었다고 주장하기도 하고, 또 이 시기 학술을 유가와 도가 그리고 불교의 병존이라고도 하지만, 종교와 학술에서 주도권은 선종이 장악하고 있었음은 부정할 수 없다. 이러한 유불도 병존, 그리고 선종의 학술 주도권은 송 대에 이르러 변화를 보이기 시작하고, 남송 시기 주희와 육구연의 학술논쟁[朱陸之辨]을 끝으로 학술 주도권은 유학으로 다시 귀속된다.

일반적으로 북송 도학가의 문도론을 '문이관도'·'문이명도'·'문여도구'의 고문가 문도론과 대비시켜 '문이재도'로 표현한다. 물론 문이재도가 북송 유학자의 개인적 성향에 따라서 표출된 견해일 수 있지만, 북송 도학가들이 일관되게 문이재도를 주장한 것을 보면 결코 그 원인을 유학자 개인의 성향에서만 찾을 수는 없을 것 같다. 문이재도에는 분명 어떤 역사적 배경에서 생성된 시대정신이 내재되어 있다. 따라서 필자는 먼저 북송 유학의 시대적 과제 그리고 흔히 북송을 대표하는 다섯 명의 유학자, 즉 북송오자北宋五子로 일컬어지는 주돈이·장재·정호·정이·소옹의 사상을 간략하게 소개한 후에 주돈이의 문이재도론을 시작으로 북송 도학의 문도론을 전개할 것이다.

1. 북송 도학의 시대적 과제

북송 유학의 시대적 과제는 송 왕조 초기 국제적 정세와 밀접한 연관이 있다. 한과 당 왕조가 동아시아 제국에 대해 항상 월등한 지배권을 행사했던 것은 아니지만, 제국으로서 위용을 갖추고 주변국을 통제할 수 있는 외교력과 군사적 역량은 충분히 갖추고 있었다. 그러나 송 왕조는 탄생과 동시에 서북과 동북 지역 등 주변국에 대하여 한 차례도 지배권을 행사하지 못했다. 주변국을 속국으로 부리지 못한 것은 물론이고, 심지어 군사력만을 비교한다면 그들과 수평적 지위를 유지하기에도 힘들었다. 서쪽에서는 티베트와 관련이 있는 탕쿠트 세력[西夏]이 감숙성을 중심으로 세력을 공고히 했고,[1] 동쪽에서는 거란의 요遼[2]가 연경[燕京-北京]까지 위협했지만 송의 군사력으로는 거란을 북경 밖으로 몰아내는 것도 불가능했다. 송이 서하와 요 등에게 취할 수 있는 방법은 화친을

---

1 서하는 티베트계통의 부족으로서 서북방의 오르도스 지역과 감숙성을 주 무대로 삼고 있었다. 원래는 사천성 서북부에 거주했으나 돌궐과 토번에 복속되면서 감숙 지역에 정착하게 되었다. 당 대에 황소의 난이 일어났을 때 탕쿠트는 당의 절도사가 되었고 이때 이씨 성을 하사받는다. 이후 오대를 거치면서 사실상 독립왕국을 건설했고, 송 대에 이원호李元昊라는 영걸이 출현하면서 여러 부족을 통합하여 1039년에 대하大夏라는 왕국을 건설했다. 송 왕조에서는 이들을 서하西夏라고 칭했다.

2 요는 거란족[키타이]의 왕조로서, 동몽골 시라무렌강 유역에 거주하던 유목민으로서 4세기 이후에 모습을 보이기 시작했고, 당의 세력이 쇠퇴하면서 이 지역의 패자로 등장했다. 10세기 초에 야율아보기가 등장하면서 8대 부족으로 나뉘어져 있던 부족을 통합하여 세력을 급속하게 신장시킨다. 이후 대요大遼를 건국했고, 주변국으로 세력을 확장하여 발해를 멸망시키고 다시 남하해 중국 서북지역인 연운십육주를 획득한다. 요 왕조는 성종 때 고려를 복속시키고, 다시 송과 전쟁을 일으켰지만 승패를 보지 못하고 전연澶淵의 맹약을 맺기도 한다. 후에 금과 송 연합군에 의하여 멸망당하지만 일족인 야율대석이 중앙아시아로 도주해서 서요西遼 제국을 건설한다.

통하여 상당액의 돈을 지불하면서 평화를 얻는 것뿐이었다.[3]

송 왕조가 외환에 처한 것은 송의 의지와는 관계없이 주어진 운명과도 같은 것이었다. 그러나 이러한 외적인 원인 외에 내적인 원인도 있었다. 조광윤은 송 왕조 이전 혼란의 근본적 원인을 하극상에서 찾았고, 하극상의 주체적 집단을 무인으로 규정하였다. 따라서 그는 모든 군사력을 황제 1인에 귀속시키기 위하여 당시 상당한 군사력을 소유하고 있었던 번진藩鎭들을 무력화시키는 방편으로 그들의 군권을 회수함과 동시에 무인이 아닌 문관들에게 지휘권을 주었다. 뿐만 아니라 지방 절도사 역시 문관으로 대체했다. 이러한 문관 중시 정책은 일정부분 군사력의 약화를 초래할 수밖에 없었지만, 그것이 송 왕조 외환의 근본 원인은 아니었다.

송 왕조는 조광윤 시대부터 중앙과 지방의 균형을 유지하려고 노력했으며, 문관을 중심으로 정치가 진행되었기 때문에 황제 1인의 독재보다는 신료들과 정기적으로 정견을 교류하기도 했고, 황제의 견해에 반대한다고 하여 사형을 처하는 폭력도 행사하지 않았다. 뿐만 아니라 이전 왕조에서 혼란의 핵심이었던 외척의 발호도 없었고, 왕안석과 사마광의 신법·구법의 당쟁이 발생하기 이전에는 특별한 당쟁도 없었다. 이처럼 송 왕조는 이전 왕조와는 다른 세련된 정치를 구사했다. 이러한 송 왕조 정치 형태는 외적으로 공자와 맹자를 시작으로 내세운 유가의 인정仁政 혹은 왕도정치 이념에 상당한 근접한 것이었다.

일반적으로 한 대를 유학의 치평 시대라고 하지만, 한 말부터 유학의

---

3 패트리샤 버클리 저, 이동진·윤미경 역, 『사진과 그림으로 보는 케임브리지 중국사』, 시공사, 2001, 151-152쪽 참고.

권위는 무너지기 시작했고, 그후 위진남북조와 수당 그리고 오대십국까지 중국 문화와 학술의 주류는 도가와 불교가 담당하였다. 그러나 수당 양 대를 제외한 기타 시기는 잦은 왕조 교체라는 엄청난 혼란의 연속이었다. 이러한 정치적 혼란에 과연 도가와 불교는 어떤 역할을 담당했는가? 사실 도가와 불교에는 지금이라는 시대 그리고 우리가 살고 있는 공동체라는 무대를 관장할 수 있는 적극적인 이념이 부재하다. 양주楊朱에서부터 시작된 은자隱者적 성격, 노자가 내세운 무위자연의 정치이념, 그리고 장자의 무통無統의 통치, 불교의 사리적捨離的 세계관으로부터 공동체에 대한 적극적 치평 이념을 도출하기 어렵다. 이러한 도가와 불교의 근본 성격은 약 750년 동안의 혼란기에 그대로 재현되었는데, 바로 잦은 왕조의 교체라는 전대미문의 혼란에 아무런 효용성을 발휘하지 못했다는 사실이 이점을 증명한다.

중국 역사에서 이민족이 아닌 한족 왕조의 출현은 대부분 강한 민족주의 이념을 수반하고, 문화 역시 개방보다는 국수주의적 성격을 보이는 것이 일반적인 현상이다. 송 왕조 역시 예외가 아니었다. 그들은 한편으로는 중화라는 문화의 우월성을 강조하기 위하여 중화사상을 강하게 표현하는 이데올로기를 요청하였고, 다른 한편으로는 우리가 살고 있는 지금이라는 세계를 긍정하면서, 비록 현재는 비합리적[無道]으로 존재하지만 올바른 질서를 부여하면 합리적 세계로 전환될 수 있다는 공동체 의식을 갖고 있었다. 이러한 왕조의 요청에 부응 할 수 있는 이데올로기로는 유가의 이념이 적격이다. 당 대에 비록 고문가를 중심으로 유학의 부흥을 주창했지만, 왕실에서 유가를 적극적으로 요청하지 않았기 때문에 왕실은 물론이고 민중의 지지 역시 열렬하지 않았다. 그러나 송 대에 민족주의는 시대의 요청이었기 때문에 이에 부응하면서 등장한 도학의 세는 당 대의 그것과는 비교할 수 없을 정도로 강하고 굳셌다.

송 왕조의 문관우대 정책은 군사력 약화라는 역작용도 수반되었지만, 문관들로 하여금 국가와 민족에 대한 사명감을 불러일으키는 긍정적인 역할도 했다. 이전 왕조보다도 특화된 권력을 부여받은 사대부들은 그들에게 부여된 권리에 합당한 의무의식으로서 강한 사회적 책임감과 민족의 역사적 사명의식을 자각한다.[4] 당시 송 초의 난제는 크게 두 가지였다. 하나는 탕쿠트와 거란 그리고 여진 등의 이민족 침입이었고, 다른 하나는 재정난이었다. 군사적 문제는 왕조의 노력으로 송 초에 어느 정도 대안을 마련했지만 막강한 군사력을 유지하기 위한 재정의 문제는 왕안석의 신법이 출현하기 전까지 송 왕조의 가장 큰 고민이었다. 이러한 이중적 난제는 자연스럽게 사대부들의 우환의식과 사명의식을 고취

---

4 노사광은 송 대에 유학 등장의 외연적 조건으로 다음 두 가지 점을 든다. 첫째, 송 왕조의 문치주의 정책이다. 둘째, 사대부 계급의 책임의식이다. 송조는 개국 초기부터 혼란을 수습하는 방편으로써 상당히 포용적이고 관용적인 정치 원칙을 견지했다. 이러한 포용 정책은 간권의 신장으로 나타났고, 간권의 신장은 사대부 계급의 장엄한 책임의식으로 표출되었다. 사대부 계급의 책임의식은 두 방면으로 전개되었는데, 하나는 사대부 계급의 시대에 대한 책임의식이고, 다른 하나는 민중들의 기대에 부응하면서 즐거운 마음으로 그것을 실현하려는 책임의식이다. 비록 당 대에도 문인들의 활동이 활발했지만 송 대처럼 지식인들이 민생과 국가의 안위 문제에 책임의식을 갖고 관직에 임하지는 않았다. 송 대 지식인들은 자신이 지식인으로서 인정받으면 천하의 문제에 관심을 가졌고, 관직에 나가면 민생과 국가의 안위를 위하여 자신의 주장을 과감히 개진했다. 천하와 국가에 대한 책임의식은 문화정신으로 표현되어 도덕 문화정신을 다시 건립하려고 했고, 예악과 형벌의 적극적인 조치를 하려고 했다. 이러한 지식인의 책임의식과 우환의식은 송 대 이전은 물론이고 이후에도 찾아볼 수 없는 현상이었다. 또한 송조는 문치주의를 표방했기 때문에 국력이 약화되었다. 북방의 요遼와 금金의 압력은 왕실뿐만 아니라 사대부 계급에 대한 우환의식을 불러일으키기에 충분했다. 태종은 요를 정벌하다가 패했다. 결국 요와 금의 세력에 북송이 멸망당하자 우환의식은 현실로 나타났다. 송나라 사람들은 외인들의 압력에 두려움을 가졌고, 이 두려움은 지식인들에게는 우환의식으로 작용했다. 우환의식은 곧 사대부 계급의 책임감을 고취시켰으며, 시대에 대한 사명감을 불러일으키는 원인을 제공하게 되었다(勞思光, 『新編中國哲學史』「三上」, 72-75쪽 참고).

시켰을 뿐만 아니라 그에 상응한 대안을 요구하게 되었다.

필자는 송 대 사대부들이 국가와 민족에 대한 사명의식을 활발하게 표출할 수 있었던 내부적인 원인으로 다음 두 가지를 든다. 하나는 과거제도이고, 다른 하나는 불교와 도가를 대체할 수 있는 이데올로기 출현의 요구였다. 수와 당 대에도 과거제도가 있었지만, 수와 당의 문화는 귀족주의와 문벌주의였다. 때문인지 실질적인 내용보다는 외적인 형식주의와 전통을 내세웠다. 이러한 귀족주의와 문벌주의 문화는 송 대에 이르러 해체되고, 아무런 내용도 없는[無實] 형식주의 문화 역시 타파된다. 송 왕조에서는 과거제도의 문을 일반인들에게까지 확장하자 과거시험 합격자와 준비생을 중심으로 새로운 계층이 형성되었는데, 이들이 바로 사대부였다. 송 왕조는 이들 계급으로써 기존의 귀족 계급을 대체했다. 이처럼 송 왕조에서 사대부 계급을 중시하자 수험생들의 자질이 뛰어났음은 물론이고, 그들을 선발하는 과거제도의 운용 역시 상당히 철저해졌다. 예를 들어 시험관과 시험생의 사승 관계 혹은 기타 관계의 영향을 배제하기 위하여 시험생 답안지는 시험관에게 직접 제출되지 못하고 필경사들이 시험지를 다시 베낀 다음 그 위에 번호를 적었기 때문에 시험관은 오로지 번호만을 알 수 있었고 누구의 답안지인지 전혀 알 수 없었다.

송 대에 과거제도는 관리로 등용될 수 있는 거의 유일한 통로였다. 과거제도에 합격한 사람만이 조정의 중요한 정책에 관여할 수 있었다. 이 때문인지 과거제도를 통하지 않고도 정계에 진출할 수 있었던 고위관료와 공신의 자녀들도 과거시험을 선택하는 것이 일반적인 추세였다. 만일 과거제도가 아닌 다른 방법을 통하여 관계에 진출했다면 거의 대부분 지방 관료에 머물렀고, 승진에도 일정한 제한을 두었다.

과거제도는 구양수 시대에 이르러 그 내용이 크게 변화된다. 그는 내용 없는 서곤체와 태학체 등의 답안을 지양하고 유가의 도를 지향하면서 고문운동을 전개한다. 구양수의 고문운동 영향은 오로지 문학자들에게만 제한되지 않았다. 왕안석과 사마광 그리고 소식 등의 문학자는 물론이고 주돈이·장재·정호·정이 등의 도학자 역시 중도경문이라는 고문운동의 보호 아래에서 배출된 인물이었다. 그중에서도 왕안석은 당 대 이래 과거시험의 주된 형식이었던 시부詩賦 중심으로 관료를 선발했던 것을 없애고 유가 경전에서 중시한 도를 중심 내용으로 관료를 선발했다. 당시 도학가들은 오로지 수사와 화염무실한 기교만을 일삼는 서곤체와 태학체[5]를 문장지학文章之學이라고 불렀고, 심지어 그들을 이단으로 폄하하기도 했다.

당 대에 한유에 의하여 불교 배척운동이 전개되었지만 그 세는 매우 미미했고, 실질적인 영향은 거의 없었다. 송 대에 이르러 실질적인 모습으로 나타난다. 한족 출신의 송 왕조 등장은 그동안 이민족에 의하여 지배되었던 중국 지식인들의 민족주의를 크게 고취시켰는데, 이러한 현상으로 말미암아 나타난 것이 바로 중국이라는 토양에 뿌리를 두지 않은 외래문화에 보수주의적 태도를 취하는 것이었다. 그중에서도 대표적인 것이 바로 불교였다. 고문가와 도학가를 중심으로 한 민족주의 학자들은 불교를 조상을 섬기지 않고 한갓된 귀신만을 섬기는 야만인의 종교라고 비난했다. 불교는 당시 중국뿐만 아니라 동아시아 전체에 가장 성대하게 유행된 종교였다. 유학의 등장과 발전에 불교의 타파는 반드시

---

5 변려문·서곤체·태학체 그리고 명 대 과거시험의 기본 형식이었던 팔고문에는 표절의 성분이 많았다.

전제될 수밖에 없는 역사적 문화적 현실이었다.

또한 불교는 중국 내륙에도 영향을 끼치고 있었지만 티베트와 탕쿠트 그리고 거란과 여진 등의 이민족이 모두 열광적인 불교도였기 때문에 불교에 대한 공격은 곧 이민족 문화에 대한 반대와 동일한 의미를 가졌다. 반대로 유학의 도에 대한 긍정은 민족문화에 대한 긍정이었고, 민족문화의 우월성 표현의 방편이었다.

송 대 도학자들은 단지 구호만으로는 불교에 대한 유학의 우월성을 확보할 수 없음을 분명하게 자각하고 있었다. 그들은 크게 두 방면으로 유학의 우수성을 전개했다. 하나는 현실 긍정주의적 태도와 입세주의적 세계관을 강조함으로써 불교와 차별화를 시도하는 것이었다. 비록 불교에서 공즉시색空卽是色 색즉시공色卽是空을 주장하였지만, 당시 도학자들은 불교의 본질을 색보다는 공에서 찾았다. 이러한 불교에 대한 도학가의 인식이 온전한 것은 아니지만, 불교의 외형적 모습 역시 현실에 대한 도피와 은둔으로 나타났기 때문에 불교에 대한 그들의 인식이 완전하게 잘못되었다고 할 수도 없다.

송 왕조는 이민족의 침입과 재정난이라는 두 가지 난제를 갖고 있었기 때문에 이러한 난국을 해결해야 한다는 의무와 소명의식을 가진 사대부들에게 불교와 도가의 학술은 대안으로서 충분하지 못했다. 즉 현실도피와 무위자연의 은둔주의적 사상으로서는 국가나 민족에 대한 적극적인 사명감과 책임의식을 도출하는 것이 무리였다. 송 대 사대부의 시대정신과 역사의식은 국가 정체성을 다시 확립하고 민중의 가치관과 윤리관을 새롭게 정립하여 국가와 사회를 위한 합리적인 윤리강상의 도리를 확립하는 것이었다. 때문에 도학가는 물론이고 고문가들 역시 자연스럽게 유학의 도를 중시했고, 유학을 실학實學[6]이라고 규정하면서 불교·도가와 차별화했다.

다른 하나는 유학의 부족성에 대한 철저한 인식이었다. 유학은 본래 심성론 중심이었다. 그러나 불교의 중국 유입 이후 중국의 사상계는 그 관심의 영역이 상당히 넓어졌다. 그중 대표적인 것이 바로 존재에 관한 형이상학의 등장이었다. 물론 『역전』과 『중용』에 형이상학적 성분이 없는 것은 아니지만, 선진 유학에서 중점은 존재론이 아니라 도덕실천이 가능한 내적인 근거와 방법론, 즉 심성론과 공부론에 있었음은 부정할 수 없는 사실이다. 그러나 불교의 중국 유입 이후, 유식학을 중심으로 존재에 관한 문제, 즉 형이상학이 활발하게 논의되기 시작했다. 형이상학이 당시 학술의 중심 주제였다는 것은 북송 유학 태동기 때 『논어』와 『맹자』가 아닌 『중용』과 『역전』이 중심 경전이었다는 사실로도 증명할 수 있다.

일반적으로 송명유학, 즉 북송 도학은 주돈이를 시작으로 삼는데, 주돈이 철학의 중심은 『논어』와 『맹자』의 심성론이 아니라 『중용』과 『역

---

6 주희와 육구연 모두 실학정신을 강조하지만, 두 학자가 사용하는 실학이라는 개념이 완전히 동일한 것은 아니다. 주희의 실학 정신은 치지와 격물에서 극명하게 드러난다. 주희 철학에서 치지는 반드시 현실에 기반을 둔 도리의 탐구이다. 즉 치지는 즉물이궁리卽物而窮理이고, 즉사이명도卽事以明道이다. 리, 즉 도는 인격을 수양하고 공동체의 가치를 실현하는 근거이다. 따라서 주희는 인의예지를 실리實理로 규정하고, 이를 근거로 정립한 학문을 실학實學이라고 규정했다. 이러한 입장에서 보면, 출가와 현담을 중시하는 노장이나 불가의 학문은 허무의 학문으로 규정될 수밖에 없다. 반면 육구연의 실학은 비록 노장과 불교의 학문에 대한 차별화이기도 하지만, 주요 논적 대상은 주희 철학이다. 육구연은 심즉리를 주장하여, 리는 본심을 근본으로 하기 때문에 '실리'이고, 이러한 '실리'를 근본으로 하여 이루어진 행위를 '실행實行'이라고 하며, 이러한 '실리'와 '실행'을 연구하는 학문을 '실학'이라고 칭했다. 육구연은 주희 철학과 도가 및 불가 철학을 모두 의론議論·허설虛說·허견虛見이라고 배척했다.

전』의 형이상학이다. 이는 주돈이 이전부터 불교의 영향으로 유학자들도 존재에 관한 문제에 관심을 보였고, 『중용』과 『역전』을 중심으로 우주론과 형이상학을 탐구했기 때문이다. 주돈이뿐만 아니라 장재 소옹도 마찬가지이다. 엄격하게 말하면 『논어』와 『맹자』가 정식으로 학술의 주된 관심사로 부각된 것은 정호가 시작이다.

유가 형이상학은 순수한 사변적 성격의 형이상학이 아니라 도덕실천을 통하여 대상과 감응하고, 대상에 존재 의미를 부여하며 천지만물과 일체를 이루는 도덕형이상학 혹은 실천형이상학이다. 공자와 맹자 그리고 순자는 심신의 수양을 통하여 덕성인격을 완성하는 도덕 그리고 인정과 왕도정치를 통한 치국의 문제에 치중했기 때문에 우주론과 형이상학은 그리 크게 부각되지 못했다. 심성론의 명제는 '마땅히 어떻게 해야 하는가'이고, 도덕형이상학의 명제는 '마땅히 이렇게 해야 하는 까닭은 무엇인가'이고, '마땅히 그렇게 존재해야 하는 근거는 무엇인가'이다. 전자가 소당연所當然이고, 후자는 소이연所以然이다.

노사광은 송명리학은 형이상학 계통 혹은 우주론 계통 구조 속에 공맹 심성론을 안치하려는 것으로, 이는 처음 시작부터 공맹 철학과 근본적인 거리가 있다고 주장한다.[7] 그러나 필자의 생각은 다르다. 비록 『논어』와 『맹자』에 형이상학적 성분이 희미한 것은 사실이지만, 학술의 기본적 성격을 잘 분석해보면 형이상학으로 확대될 수밖에 없는 성질을 갖고 있다. 공자의 인과 맹자의 심성은 분명 도덕주체이다. 그러나 그것의 실현 범위는 인류라는 범주에 제한을 받지 않는 무한의 도덕실체이다. 때문에 『중용』에서는 이를 근거로 성기成己와 성물成物을 주장하였

7 勞思光,『新編中國哲學史』「三上」, 76쪽.

고, "성誠은 만물의 시작과 마침이다. 진실 되지 않으면 존재하지 않는 것이다"[8]라고 한 것이다. 도덕주체는 안으로 수렴을 통하여 자신의 순수성을 보존하고, 다시 실천을 통하여 자신을 밖으로 확충한다. 확충에는 실천의 대상이 없을 수 없는데, 이 도덕주체의 실천 대상이 바로 만물이기 때문에 그 영역은 천도와 일치한다. 유가 철학에서는 천도의 본질을 생생불식生生不息의 창조성으로 규정한다. 즉 생화生化가 바로 하늘[天-天道]이 하늘로서 존재할 수 있는 본질이며, 이 생화를 떠나서는 천도의 의미를 발견할 수 없다. 『주역』의 "천지의 위대한 덕은 생이다"[9]가 바로 이점을 증명해준다. 천도의 가치는 바로 무한의 생생生生 작용에 있다. 공자를 시작으로 유가 철학자들은 도덕실천 대상을 만물로 확장하고, 범위를 우주로 확장하려는 의지를 표현한다. 공자는 "하늘이 나에게 생덕을 내리셨다"[10]고 하였는데, 이는 곧 생생을 본질 작용으로 하는 천도의 실현을 자신의 임무로 삼으려는 공자의 의지 표현이다. 즉 공자에서부터 도덕형이상학 규모가 맹아되었고, 맹자와 『중용』의 시기를 거쳐 유가의 도덕형이상학 규모는 구체적으로 체계화된다.

이상 서술한 바와 같이 북송 도학의 출현에는 당시 송과 이민족의 국제 관계, 그리고 이에 대한 송 왕조의 대처 방안, 뿐만 아니라 새로운 정치 주체들의 등장과 이에 대한 당시 지식인들의 역사적 사명의식 등 복잡한 내외 문제들이 자리 잡고 있다.

---

8 『中庸』「25장」, "誠者物之終始, 不誠無物."

9 『周易』「繫辭下」, "天地之大德曰生."

10 『論語』「述而」, "天生德於予."

2. 북송 도학의 대표 학자와 사상

일반적으로 주돈이·장재·소옹·정호·정이를 북송오자라고 칭한다.[11] 북송오자를 포함하여 송명유학자 모두 공통적으로 공맹 철학 정신으로 회귀를 주창했다. 그러나 그들이 내세운 철학 사상이 공맹 철학과 상부했는가에 대해서는 일단의 설명이 필요하다. 왜냐하면 공자와 맹자 그리고 순자로 대표되는 선진 유학의 경전은 『논어』와 『맹자』 그리고 『순자』에 불과한데, 주돈이와 장재 철학 등에서는 공자와 맹자 철학의 심성론 요지가 선명하게 발견되지 않기 때문이다. 혹자는 『시경』과 『서경』 그리고 『역경』 등도 선진 유학의 대표적 경전이라고 주장할 수 있지만 과연 그 경전들이 유가 철학의 전속물이었는가에 대해서는 전문학자들의 견해가 일치하지 않을 것이다. 양한 시대에 우주론 중심 철학이 유행하자 『역전』과 『중용』이 높은 시위를 차지하게 되었으며, 그후 송초에 이르기까지 도교를 중심으로 한 상수 등의 역학이 유학 속에 침투되기도 했다.

주돈이의 호는 렴계濂溪이고, 자는 무숙茂叔이다. 송 진종眞宗 원년[1017년]에 태어나 신종神宗 6년[1073년]에 죽었다. 주돈이 철학의 연원과 사승 관계는 고증할 수 없다. 비록 주돈이를 송명유학의 시작으로 인식하지만, 주돈이와 장재 철학에서는 공맹 철학의 심성론이 분명하게 드러나지 않는다. 주돈이 철학은 『태극도설』과 『통서』가 대표한다. 비록 『태극도설』은 도교의 도를 역학으로 해설한 것이고, 『통서』는 『주역』

11 사실 필자는 소옹을 과연 철학자의 범주에 넣어야 할 것인지에 대하여 강한 의문을 갖고 있다.

과 『중용』 철학을 근본으로 한 것이어서 아직은 공맹 철학 정신에 접근하지 못한 상태이지만, 분명한 것은 송명리학의 개창자로서 주돈이를 든다는 사실이다.

주돈이 철학의 핵심은 『통서』에 내재되어 있지만, 중국 철학 발전사에서 오히려 『통서』보다는 『태극도설』이 더 주목을 받았다. 중국 철학 발전사에서 주돈이의 『태극도설』에 관한 이설異說만큼 다양한 것도 없을 것이다.[12] 이렇게 다양한 학설이 출현하게 된 가장 근본적인 이유는 바로 『태극도설』에 출현하는 '무극無極과 태극太極' 그리고 '태극과 음양陰陽' 및 '동정動靜'에 관한 이해가 상이하기 때문이다. 후에 주희와 육구연이 『태극도설』에 등장한 무극과 태극에 관하여 논변을 벌였을 만큼 학술사에 끼친 영향이 크다.[13] 『통서』는 『중용』에 출현한 성誠이 주요

12 전적의 진위 문제에 관한 의론이 가장 많은 고전은 아마 『상서』와 『도덕경』 그리고 『태극도설』일 것이다.

13 주희는 『태극도설』을 주돈이의 대표작으로 긍정하고, 『태극도설』의 가치도 긍정한다. 『태극도설』에 출현하는 무극과 태극을 도체道體의 양면으로 이해했다. 무극은 도체의 '특정한 형체가 없다[無形狀]'·'특별한 고정된 장소에 놓여져 있지 않다[無方所]'·'특별한 소리도 없고 냄새도 없다[無聲無臭]'는 뜻을 형용하는 형태사形態辭이고, 태극은 도체의 실체사實體辭이다. 무극과 태극 사이에는 선후가 없다. 주희는 '무극이태극無極而太極' 중의 '이而' 자를 선후 관계를 나타내는 것으로 해석하지 않고 동일 관계로 해석했다. "무극이면서 태극인 것은 '而' 자에 차서가 없기 때문이다[無極而太極, 此而字, 無次序故也. 『朱子語類』「94권, 周子之書」]". 주희에 의하면, 태극 위에 무극이라는 실체가 독립되어 존재하는 것이 아니다. 무극은 태극의 존재 양태를 나타내는 형용사이고, 태극은 무극의 실재성을 나타내는 실체사이다. 또한 태극은 리로서 형이상자이다. 태극은 일동일정一動一靜의 소이연지리所以然之理이며, 음양은 기 즉 동정의 당체當體로서 형이하자이다. 육구연은 『태극도설』을 진정한 주돈이의 작품으로 간주하지 않았다. 육구연은 주희의 해석에 반대하면서 '무극이태극無極而太極'을 노자의 "유는 무에서 생한 것이다[有生於無]"의 의미로 이해했다. 또한 주돈이의 다른 저작인 『통서』 전편全篇에 '무극'이라는 두 자가 출현하지 않고, 이정자도 '무극'을 언급하지 않았음을 근거로 "주돈이[周子]가 한 것이 아니다. 그렇지 않으면 혹시 학문이 아직 완성되기 전에 한 것일 것이

개념이지만, 『역전』 철학 사상도 함께 내재되어 있다. 『통서』의 핵심 개념인 誠은 『중용』의 誠과 마찬가지로 형용사 의미보다는 실체 의미로 사용된다. 즉 『통서』에서 誠은 천도천명 그리고 性과 동일한 도덕가치 실현의 본체이고, 천지만물의 생생불식生生不息을 주도하는 천도 그 자체인 것이다.

장재의 호는 횡거橫渠이고, 자는 자후子厚이다. 송 진종 4년[1020년]에 태어나 신종 10년[1077년]에 죽었다. 주돈이보다 3살 적다. 그는 학문은 비교적 늦은 나이에 시작했으나 도량과 수양 경지는 빼어났다고 한다. 정호와 정이는 그의 외조카였으나 어느 날 그들과 역의 도리를 논하면서 그들의 경지가 높자 자신의 부족감을 느끼고서 제자들로 하여금 이정자二程子에게 배울 것을 권하고서 강의를 그만두었다고 한다.

장재 철학을 일반적으로 기氣 철학의 선구 혹은 대표라고 한다. 이러한 평가는 그의 대표 저작인 『서명西銘』과 『정몽正蒙』에 잘 나타나있다. 『서명』의 내용은 간략하다. 먼저 천지 만물과 사람은 다 같이 한 몸이라는 것을 강조한다.

> 하늘을 아버지라고 일컫고, 땅은 어머니라 일컫는다. 나는 여기서 아득하게 작지만 하늘 땅과 한데 섞여져 그 가운데 있다. 하늘과 땅에 가득 찬 것은 나의 몸이고, 하늘과 땅을 이끌고 가는 것은 나의 본성이다. 백성은 나의 동포이고, 만물은 나의 짝이다."[14]

다. 그렇지 않으면 혹시 타인의 문장을 전한 것일 것이다[非周子之所爲, 不然, 或是其學問未成時所作. 不然, 則或是傳他人之文. 『宋元學案』「卷12, 濂溪學案下」]"라고 했다.

14 『西銘』, "乾稱父, 坤稱母, 予玆藐焉, 乃混然中處, 故天地之塞吾其體, 天地之帥吾其性. 民

이 내용을 보면 장재는 천지를 부모로 삼고 있음을 알 수 있다. 이는 모든 생명이 음양의 조화 원리로써 이루어졌다는 의미이다. 천지에는 수많은 질료들이 꽉 차있다. 질료는 기에 해당한다. 나의 몸은 이 기로써 이루어졌다. 그리고 내 몸의 활동 방향은 성性이다. 모든 생명체들이 천지를 부모로 삼고, 천지의 기로써 몸을 이루고 있기 때문에 모든 사람은 나의 동포나 마찬가지이고, 만물은 비록 사람과 형체가 같지 않더라도 천지를 근본으로 삼기 때문에 나의 짝인 것이다. 이러한 장재의 만물일체설은 실제로 『역전』과 『중용』 사상을 근본으로 한 것이다. 또한 성性은 나의 활동 방향이기 때문에 한 인간으로서 자신의 존재 가치를 충분히 발휘하려면 성性의 내용을 드러내 밝혀야 한다. 성性의 실현은 일종의 의무인 것이다.[15]

장재 철학의 핵심은 『정몽』에 내재되어 있다. 『정몽』에는 태화太和와 태허太虛 그리고 기氣 세 개념이 출현하는데, 서로 다른 존재가 아니다. 장재는 "태화에서 도라고 하는 것은 그 가운데 떴다가 가라앉고, 오르고 내리고 하면서 움직임과 고요함이 서로 감응하는 성품을 포함하고 있다. 만물을 생성시키는 원기 왕성한 인온絪縕이 서로 움직여 이기기도

吾同胞, 物吾與也."

15 그러나 『서명』의 내용은 너무나 간결하기 때문에 의혹을 품은 사람이 있었다. 정호와 정이의 제자인 양시楊時는 정이에게 올리는 글에서 '서명의 글은 거의가 너무 지나치다'고 했다. 그는 장재의 만물일체설을 묵자의 겸애와 혼동했다. 유가에서는 마땅히 만물일체설을 주장해야 한다. 도덕 실천의 무궁하기 때문에 천지가 바로 실천의 대상이다. 따라서 천지 속의 모든 존재를 자신의 도덕 의식 범위 내에 귀속시키는 것은 당연하다. 맹자가 말한 '만물이 모두 나에게 갖추어져 있다[萬物皆備於我]'도 동일한 의미이다. 만물일체는 일종의 의식이며, 성인의 경지라고 할 수 있다. 유가 철학에서는 비록 만물일체를 주장하지만 실천에서 원근 친소 관계를 긍정한다. 즉 사랑에는 차별이 없지만 사랑의 실천에는 차서가 있다는 것이다.

하고 지기도 하며, 굽히기도 하고 펴지기도 하는 시작이 생기게 된다"[16] 고 한다. 이곳에서 태화는 모든 존재 생성 변화의 총체를 가리켜 한 말이다. 태화는 본체의 실체사가 아니다. 천지의 생화를 묘사하여 태화라고 표현한 것이다. 즉 형용사인 것이다. 따라서 태화 외에 본체 개념이 나와야 하는데, 그것이 바로 태허와 기이다. 또 "태허는 모양이 없으며, 기의 본체이다. 그것이 모이고 그것이 흩어지는 변화의 객형일 뿐이다. 지극히 고요하여 느낌이 없는 것은 성품의 깊은 근원이다"[17]라고 한다. 이곳에서는 본체와 현상 관계를 성명하고 있다. 본체는 태허로서 아무런 모양이 없다. 태허와 기는 실제로 동일자이다. 기의 본래 모습은 무형이지만, 이 기가 모이고 흩어져서 구체적인 형상을 이룬다. 그러나 형상은 영원한 것이 아니기 때문에 잠깐의 형상, 즉 객형客形이다.

장재 철학에서 본체는 기이다. 태허는 기의 본체사本體辭이고, 태화는 기의 형태사形態辭이나. 천지의 모든 현상은 기로써 이루어지고, 또 흩어져 기의 본래 모습은 무형상의 상태로 돌아간다. 이것이 바로 태허이다. 또 태허는 기의 원형이다. 태허의 기가 흩어지고 모이는 이합취산離合聚散 활동을 통하여 객형을 이루지만, 천지만물을 이루는 전체 기의 조화에는 한 치의 어그러짐도 없다. 이것이 바로 태화이다.

장재 철학에서 기는 비록 무형이지만 없는 것 즉 무無, 혹 공空은 아니다. 이곳에 바로 장재 철학의 근본 의도가 담겨져 있다. 송명리학의 대표적인 학문 논적은 불교이다. 불교의 세계관은 공空을 근본으로 한다. 장재는 기라는 실유實有로써 불교의 '공' 관념과 도가의 '무' 관념을 동시

---

16 『正蒙』, "太和所謂道, 中涵浮沈升降, 動靜相感之性, 是生絪縕相盪, 勝負屈伸之始."

17 『正蒙』, "太虛無形, 氣之本體. 其聚其散, 變化之容形爾. 至靜無感, 性之淵源."

에 극복하고자 한 것이다. 불교에서는 모든 현상 존재의 자성自性을 부정한다. 즉 현상의 모든 존재는 공간적으로도 독립성이 없으며, 시간적으로도 영원성이 없다. 모두 관계와 관계로써 이루어졌다. 따라서 어느 한 관계를 단절하면 그 존재는 존재할 수 없게 된다. 때문에 현상은 무가치한 허환虛幻에 불과하다.

그러나 유가에서는 현상의 존재 가치를 긍정한다. 현상의 존재는 그 자체적으로 합목적적으로 존재할 수 있는 가치를 가지고 있을 뿐만 아니라, 비록 현상이 객형일지라도 그 객형을 구성하고 있는 기는 실제 존재이다. 따라서 현상은 결코 무가치한 허환이 아니다. 도가에서는 '유는 무로부터 나왔다[有生於無]'는 것을 긍정한다. 송명리학자들은 도가의 '무'를 불가의 '공' 관념과 유사하게 이해한다. 따라서 모든 존재가 없는 것, 즉 '무'로부터 생성되었고, 다시 '무'의 세계로 귀환한다는 것은 송명리학자들로서는 받아들일 수 없는 세계관이다. 또한 '유생어무有生於無'를 긍정하면 현상과 본체의 단절을 초래한다고 생각했다. 장재는 현상이 수명을 다하여 흩어진다고 할지라도 다시 기의 본래 형태인 무형상의 모습으로 회귀하는 것이기 때문에 세계는 결코 없는 허환이 아니라는 것이다. 이러한 본체관과 현상관은 확실히 유가 철학을 도불道佛 철학과 차별화 할 수 있는 세계관이다.

소옹의 자는 요부堯夫이다. 죽은 후에 강절康節이라는 호가 내려졌기 때문에 후에 강절 선생이라고 칭했다. 소옹은 1011년에 태어나 1077년에 죽었다. 소옹 사상의 특성은 두 가지로 요약할 수 있다. 그는 의리학자가 아니라 상수象數학자였다. 상수는 유가의 의리보다는 도교의 의리에 가깝다. 또 소옹의 특색은 공자의 『논어』에 나오는 증점曾點처럼 소요학자였다. 즉 자연주의 철학자였다. 그는 역법을 중시하여 수로써 우주의 진행 과정과 나이를 계산했다. 이것이 바로 원회운세元會運世이다.

역법에 의하면 1년은 12개월이고, 1개월은 30일이고, 1일은 12시진時辰으로 되어 있다. 때문에 1년에는 12개월과 360일 그리고 4,320시진이 있다. 소옹은 이 역법의 해를 소년小年이라고 여겼다. 왜냐하면 소년은 단지 1년의 수에 불과하기 때문에 그 이상의 해에 대해서는 설명할 수 없다. 소옹은 우주의 역법은 이 소년 외에 대년大年이 있다고 생각했다. 그러나 대년의 과정 역시 소년의 12와 30의 수 원리는 동일하다. 즉 12와 30의 부단한 교체인 것이다. 그는 12시진을 1일로, 30일을 1개월로, 12개월을 1년으로, 30년을 1세世로, 12세를 1운運으로, 30운을 1회會로, 12회를 1원元으로 계산했다. 이 1원이 바로 대년이다. 1원은 12회이고, 360운이며, 4320세이며, 12만 9600년이다.

그러나 '원'은 우주의 종말이 아니다. 이 '원'도 다시 12와 30의 교체를 통하여 다시 대년 이상의 대년으로 발전하는 것이다. 1원이 종말을 고하면 새로운 원이 출현한다. 우리나라의 신흥 종교, 특히 증산도에서는 세계를 양과 음으로 나눈다. 양은 선천이고, 음은 후천이다. 즉 양의 세계는 하나의 원이 종말을 고하고, 새로운 원이 출현하는데, 이 원의 세계가 바로 음이라는 것이다. 증산도의 개벽설開闢說에는 소옹의 원회운세 세계관이 반영되었다.

소옹에 의하면 1원의 종말은 있지만 다시 새로운 세계가 출현하기 때문에 우주의 연변은 무한한 것이다. 현재의 시간은 무한한 우주 역사의 한 시각에 불과하다. 이러한 소옹의 우주관은 정통 유가보다는 음양가 혹은 도교에 유사하기 때문에 발전 역시 유가와는 다르게 진행되었다.

정호의 호는 명도明道이고, 자는 백순伯淳이다. 송 인종仁宗 원년[1032년]에 태어나 신종 8년[1085년]에 죽었다. 정호는 북송을 대표하는 유학자이다. 송명리학에서 정호가 차지하고 있는 위치는 대단히 중요하고, 그의 철학 사상과 지혜는 일반사람들이 미치기 어려운 고상한 경지이다. 그러나 주희가 정이의 학설을 계승하여 이른바 정주程朱 철학을 완성한 후에 정이에 비해 정호의 철학은 상대적으로 부각되지 못했다. 일반적으로 정주 철학이라고 칭하지만, 정주는 대체적으로 정이와 주희를 지칭한다. 주희는 정호의 인격과 조예에 대해서는 칭찬을 했지만 철학 사상에 대해서는 직접 비평하지 않고 '너무나 높다[太高]' 혹은 '한데 뒤섞여져 보기가 어렵다[渾淪難看]'고 했다. 이는 실제로 정호 학설에 대한 불만의 표시이지만 정호의 인품과 위치가 높았고, 자신 철학의 종사宗師인 정이의 친형이었기 때문에 감히 직접 비평하지 못했을 뿐이다.

정호는 다음과 같이 말한다.

> 대개 하늘에 실려 있는 것은 소리도 없고 냄새도 없다. 그 본체를 역이라고 하고, 그 조리를 도라고 하며, 그 작용을 신이라고 한다. 그 명령이 인간에 있으면 성이라고 한다. 이 성에 따르는 것을 도라고 하고, 이 도를 수양하는 것을 교라고 한다.…형이상은 도이고, 형이하는 기器이다. 반드시 이렇게 말해야 한다. 그릇도 도이고, 도 역시 그릇이다.[18]

"그 본체를 역이라고 하고, 그 조리를 도라고 하며, 그 작용을 신이라고 한다"는 말은 모두 하늘에 실려 있는 형이상의 본체를 설명한 것이

18 『二程全書』「卷1」, "蓋上天之載, 無聲無臭. 其體則謂之易. 其理則謂之道. 其用則謂之神. 其命於人, 則謂之性. 率性則謂之道. 修道則謂之教.…形而上爲道, 形而下爲器, 須着如此說. 器亦道, 道亦器." 이 구절이 비록 누구의 말이라고 명확히 기록되어 있지 않지만 어맥을 살펴보면 정호의 말이 분명하다.

다. '역'과 '도' 및 '신'은 본체의 서로 다른 명칭이다. 이곳에서 우리가 유념해야 할 것은 정호가 본체를 역으로 설명하고, 그 작용을 신으로 설명했다는 점이다. 역은 본래 적감寂感의 실체로서 그 내용은 생생이다. 따라서 역으로 본체를 설명했다는 것은 정호가 형이상의 본체를 오목불이於穆不已의 작용을 가진 역동적 실체로 이해하고 있음을 나타내준다. 때문에 그 작용을 신으로 설명한 것이다.

이러한 본체관은 주희와 다르다. 주희는 신을 기의 범주에 포함시켜 결과적으로 본체에서 역동성을 탈락시켰다. 또 "그 명령이 인간에 있으면 성이라고 한다. 이 성에 따르는 것을 도라고 하고, 이 도를 수양하는 것을 교라고 한다"는 말을 보면 형이상의 본체와 인간의 본성이 서로 다른 존재가 아님을 나타내준다. 때문에 "이 성을 따르는 것이 도이다"고 한 것이다. 이는 『중용』의 천명지위성天命之謂性을 근거로 한 것이다.

혹자는 정호가 현상과 본체 혹은 도와 음양을 개념적으로 분별하지 않았다고 주장한다. 이러한 주장의 근거가 바로 정호가 말한 "그릇도 도이고, 도 역시 그릇이다[器卽道, 道卽器]"라는 구절이다. 그러나 정호는 "형이상은 도이고, 형이하는 기器이다"라고 하여 도와 기 혹은 형이상자와 형이하자를 엄격히 분별했다. 따라서 형이상과 형이하의 불분不分 혹은 현상과 본체의 불분이 정호 철학의 특색이라는 평은 적절하지 않다. 풍우란은 '정호를 육구연 심학의 선구로 이해하고서, 또 육구연도 주희와의 논변에서 도와 음양를 구분하지 않았음을 근거로 도와 음양을 구분하지 않는 것은 심학의 특징이다'라고 주장했다. 그러나 정호가 육구연 철학의 선구인지에 대해서도 토론의 여지가 있지만, 도와 음양을 나누지 않는 것을 심학의 특징이라고 주장하는 것은 큰 문제이다. 심학자들은 근본적으로 우주론에 대한 관심과 이해가 부족했기 때문에 리기론에 대한 그들의 주장은 논의할만한 가치가 별로 없다. 이점은 왕수인도 마찬가지이다.

정호 철학의 대표로서 「식인識仁」을 든다. 정호는 「식인」 편 첫 구절에서 "배우는 자는 반드시 먼저 인을 알아야 한다. 인자는 만물과 혼연하게 동체를 이룬다. 의·예·지·신 모두 인이다"[19]고 했다. 정호는 이곳에서 '만물과 혼연하게 동체를 이룬다'는 것으로 인을 해석했다. 만물과 동체를 이루는 인은 범인의 인이 아니라 성인의 인이다. 만물과 일체를 이루는 인은 초월의식의 표현이다. 즉 실천을 통하여 주체의 무한 의의를 드러낸 것이다. 인과 천도는 무한자라는 측면에서 동질성을 확보할 수 있다. 따라서 인이 바로 천도이고, 천도가 바로 인이라고 할 수 있다. 또한 정호는 '의·예·지·신도 모두 인이다'라고 하여 도덕 규범에 대한 의지의 입법성을 긍정했다. 이는 공맹의 인의내재설과 일치하는 것으로, 이곳에 이르러 정호가 공맹 철학 정신으로 원만히 회귀했음을 발견할 수 있다.

정이의 호는 이천伊川이고 자는 정숙正叔이다. 송 인종 2년[1033년]에 태어나 휘종徽宗 1년[1107년]에 죽었다. 정호가 54세의 일기로 세상을 마친 반면 정이는 74까지 장수했다. 형인 정호와 함께 활동했기 때문에 정호와 함께 이정자二程子라고 불린다. 후세에 정호를 대정자大程子, 정이를 소정자小程子라고 불렀다.

정이의 사상은 주희 이전에는 정호와 구분되지 않았다. 그러나 주희가 정이의 리기론과 격물치지 및 거경궁리설을 계승한 후에 정호와 구분되어 세상에 소개되었다. 혹자는 주희가 북송오자의 철학 사유를 종

---

19 『二程全書』「卷二上」, "學者須先識仁. 仁者, 渾然與物同體, 義禮知信, 皆仁也."

합적으로 계승했다고 하지만, 실제로 주희가 전면적으로 계승한 사람은 정이 한 사람이다. 정호가 리와 기 혹은 도와 기를 엄격하게 분리하지 않았다면 정이는 정호와는 달리 엄격한 분석적인 사유 방식을 전개한다. 그는 다음과 같이 말한다.

> 한번 음이 되고 한번 양이 되는 것을 도라고 한다. 도는 음양이 아니라, 한번 음이 되고 한번 양이 되는 까닭이 도이다.[20]

> 음양을 떠나면 도가 없다. 음과 양으로 바뀌는 도리가 도이고, 음양은 기이다. 기는 형이하자이고, 도는 형이상자이다.[21]

음양 자체는 기, 즉 형이하자이고, 도는 형이상자로서 음과 양을 교착交錯하게 하는 원리이다. 일음일양은 도의 운행이다. 동動하여 양을 생하고, 동이 극에 이르면 다시 정靜으로 되고, 정하면 음을 생하고, 정이 극에 이르면 다시 동으로 된다. 한 번 동하고 한 번 정하는 것은 도의 원리에 의하여 운행되기 때문에 불란不亂하게 지속될 수 있다. 이것이 바로 도의 규율성이다.

또 정이는 "도와 성은 일자이다"[22]하여 성性과 도[理]를 동일하게 인식하였는데, 이것이 주희 성즉리의 전범이다. 그는 "성性은 곧 리이며, 이

---

20 『二程全書』「卷3」, "一陰一陽之謂道. 道非陰陽也, 所以一陰一陽, 道也."

21 『二程全書』「卷15」, "離了陰陽更無道. 所以陰陽者, 是道也. 陰陽, 氣也. 氣是形而下者, 道是形而上者."

22 『二程全書』「卷25」, "道與性一也."

른바 리라는 것이 바로 성性이다. 천하의 리는 그 유래를 밝혀보면 선하지 않은 바가 없다"[23]고 한다. 정이에 의하면 성性은 곧 리이다. 즉 맹자가 말한 성선의 성性이다. 리는 도덕 규범을 지칭하기 때문에 선하지 않음[不善]이 있을 수 없다. 정이는 이러한 성性은 요순같은 사람에서부터 길거리 사람들까지 모두 동일한 성性이라고 한다.[24] 성性은 사람의 존재 근거, 인의의 도덕 본성으로서, 성性의 실현을 통하여 인생의 이상을 실현할 수 있다.

정이의 격물치지와 거경함양은 주희 도덕철학의 근본이다. 주희는 정이의 격물설을 근거로 유명한 격치보전格致補傳을 지었다. 정이는 "함양하는데는 반드시 경을 써야 하고, 배움에 나가게 하는 것은 치지에 있다"[25]고 했다. 정이는 주체의 자각 성찰을 통하여 실천의 방향을 세우려고 하지 않고, 치지를 통하여 천하 사물에 내재되어 있는 리를 파악하여 실천 방향을 정립하려고 했다. 정이에 의하면, 모든 사물에는 하나의 공통점이 있다. 그것은 바로 모든 사물에 소이연지고所以然之故와 소당연지칙所當然之則이 있다는 것이다. 다시 말하면 모든 사물에 각각 그 리가 있는 것이다. 예를 들면 불에는 뜨거운 까닭이 있고, 물에는 차가운 까닭이 있다. 그리고 군신간에는 인과 경敬이라는 리가 있으며, 부자간에는 자애라는 리가 있다. 때문에 앎의 기능을 갖추고 있는 심의 인식 작용을 확충하여 궁리해야 한다. 그러나 격물궁리를 통하여 지지知至의 경지에 이르려면 구체적으로 어떤 일에서부터 착수해야 하는가? 정이는

---

23 『二程全書』「卷22上」, "性卽理也. 所謂理性是也. 天下之理, 原其所自, 未有不善."

24 『二程全書』「卷18」, "性卽理也. 理則自堯舜至於塗人, 一也."

25 『二程全書』「卷18」, "涵養須用敬, 進學則在致知."

"성인의 도리는 정밀과 거침의 차별이 없다. 물 뿌리고 쓸고 응대하는 일에서부터 정밀한 의리에 이르고 신의 경지에 들어가기까지 모두 단지 하나의 리로서 관통된다"[26]고 하여 궁리의 활동을 통하여 리에 대한 지식이 적습되면 어느 날 확 트여 활연관통할 수 있다고 한다.

정이 철학에서 심과 성은 주객 대립의 관계로 정립되어 있다. 심은 인식의 주체이고, 성은 인식의 대상이다. 비록 심은 성을 인식할 수 있지만, 본래의 작용을 상실하면 성의 본래 모습을 인식할 수 없다. 때문에 정이는 이 심에 거경 공부를 주문한다. 정이에 의하면, "경은 사특함을 물리치는 방법이다[敬是閑邪之道]."[27] 격물치지가 밖에서 도리를 파악하는 것이라면, 경은 안으로 자신을 수렴하여 마음을 바로 잡는 것을 가리킨다. 그래서 정이는 '경으로써 안[마음]을 올바르게 한다[敬以直內]'고 했다. 다시 말하면 먼저 경으로써 마음이 편향되지 않아야만 치지하여 궁리할 수 있고, 또 궁리하여 실천할 시에 외물에 교폐되지 않을 수 있다. 즉 경은 치지궁리의 선결 공부이면서, 병진竝進의 공부라고 할 수 있다.

3. 북송 도학가의 문도론

송 대 고문가와 도학가의 입장을 대립적 입장에서만 서술하면 고문가는 '문'을 중시하고, 도학가는 '도'를 중시하는 것처럼 보인다. 그러나 이 차이는 단지 상대적 경중일 뿐이고 실제로는 모두 '도'를 중시한다. 다시

---

26 『論語集注』「子張」, "聖人之道更無精粗, 從洒掃應對, 與精義入神, 貫通只是一理."

27 『二程全書』「卷18」

말하면 한유를 시작으로 유종원·구양수·소식 등 고문가들과 주돈이·정이를 중심으로 한 도학가 모두 '도'라는 공통분모에 대해서는 별다른 이견이 없다.[28] 단지 도와 상대적으로 문의 지위 그리고 역할 및 가치에 대하여 다른 태도를 취할 뿐이다. 필자는 북송 유학의 문도론을 주돈이의 '문이재도'와 정이의 '작문해도'를 중심으로 서술할 것이다.

1) 주돈이의 문이재도文以載道

일반적으로 문이명도·문이관도·문여도구와 대립적인 입장에서 문이재도를 도학가의 문도론이라고 하지만, 사실 '명도'와 '재도' 그리고 '관도'는 모두 고문운동과 관련이 있는 문도관이다. 당 대 한유와 유종원으로부터 시작된 1차 고문운동은 위진 시대부터 시작된 변려문 중심의 문단에 대한 도전이었다. 비록 1차 도전은 성공적인 수확을 거두지 못했지만 그 여운은 송 대로 이어져 구양수와 소식 그리고 도학가들에 의한 2차 고문운동에서 결실을 맺고, 다시 남송 주희 시대에 이르러 완결을 보게 된다. 고문운동은 문체와 문풍 그리고 문학 언어에 대한 개혁운동일 뿐만 아니라 사상계에도 상당한 영향을 끼친다. 특히 산문 중심의 고문운동은 경전 중시로 이어졌고, 중국 역대로 애독되어온 경전은 대부분 유가 철학과 밀접한 관련이 있었기 때문에 고문운동과 유학의 부흥은 자연스럽게 결부되어 함께 전면에 등장하게 된다.

문도론에 관한 이론에서 문이재도만큼 그 의미가 폭넓게 적용되는 이론은 없을 것이다. 우선 문이재도론을 공간적인 측면에서 보면, 동아시

---

28 소식만이 도를 유가의 도에 제한하지 않는다.

아는 물론이고 유교 문화권 나라에서 문학과 예술은 거의 대부분 문이재도론에 의하여 지배되었다고 할 수 있다. 특히 조선은 성리학 중심 국가였기 때문에 문이재도론은 조선후기까지 문학계에 크게 영향을 미친다.

앞에서 이미 밝힌 바와 같이 문이재도는 중국 문학 비평사에서 신神과 기氣 그리고 '시언지詩言志'와 함께 가장 자주 회자되는 용어이다. 특히 송 대 이후 동아시아의 지배적 이데올로기가 유가였기 때문에 유가 문학론의 중심이었던 문이재도의 영향은 그 어떤 것보다도 지대했다. 이러한 이유 때문인지 문이재도론의 적용 범위는 학자마다 달랐고 그 쓰임 역시 출입이 상당히 광범위했다. 문이재도의 쓰임은 다음 삼단계 범위로 사용되었다.

첫째, 가장 광의적인 입장에서 문이재도는 상용과 상문에서 상용 태도를 취하는 유가적 문도론을 총괄적으로 가리키는 용어로 사용되었다.

둘째, 범위를 약간 줄이면, 문이재도는 관도와 명도 등 당송 고문가와 대비되는 도학가 문도론으로 사용되었다.

셋째, 가장 협의적인 의미로 문이재도는 주돈이 개인의 문도론이다.

필사는 이곳에서 문이재도론을 주돈이 한 사람에게만 적용하지 않으려고 한다. 반면 작문해도는 정이의 대표적 주장이기 때문에 정이 한 사람에게만 적용할 것이다.

도학가의 문이재도 의미를 명확하게 규정하려면 먼저 도학가들이 비판하고 있는 고문가의 문이관도 혹은 문이명도와의 차이성을 엄격하게 해설해야 한다. 왜냐하면 문이명도[貫道 포함]와 문이재도의 차이에 관해서는 어떤 사람들은 엄격하게 구분하여 사용하기도 하고, 어떤 사람들은 구분하지 않으려는 경향을 보이기도 하기 때문이다. '문으로써 도를 밝혀야 한다[文以明道]'와 '문으로서 도를 꿰뚫어야 한다[文以貫道]' 그리고 '문은 도를 실어야 한다[文以載道]'는 명제를 분석해보자. 주어는 모두 '문'이고, 목적어에 해당하는 것이 '도'이다. 그러나 주체와 객체의 관계로 분석하면 미묘한 의미 차이가 나타난다. 문이관도와 문이명도에서 주체는 문이고 객체는 도이다. 즉 문이라는 주체가 대상인 도를 밝히는 것이고, 그것의 본질을 꿰뚫는 것이다.

반면 '문이재도'에서는 문이 비록 주체이지만 이 주체의 존재 가치는 도라는 객체[대상]를 실었을 때 발휘된다. 그러나 문이명도와 문이관도에서는 문이 도를 밝힐 수 있고 뚫을 수 있으며, 또 밝혀야 하고 뚫어야 하지만 반드시 그것에 의하여 문의 역할과 지위가 결정되는 것은 아닌 것 같다. 다시 말하면 문이명도와 문이관도가 도를 경시하는 것은 결코 아니지만 문의 주체성이 상대적으로 부각되는 것은 사실이다. 여기에서 좀 더 나아가 말하면, 도는 반드시 문을 빌려 혹은 의지하여 드러나는 것이라고 할 수도 있다. 이렇게 문의 주체성이 부각되고 상대적으로 도가 대상 혹은 객체로 전락하면 도본문말道本文末의 입장을 취하는 유가 철학자들의 불만이 없을 수 없을 것이다. 때문에 후에 주자는 '문은 본래 도로부터 유출되는 것인데[文從道出], 어찌 반대로 문이 도를 밝히고 꿰뚫는다고 하는가'라고 비평한다. 반면 문이재도에서 문은 수단 혹은 도구이고, 도는 이 도구에 실려야할 내용이다. 도를 실어야 할 문이 도를 담지 못한다면 본래의 존재 목적[합목적]을 실현하지 못한 것이기 때문에 문으로서 가치가 없는 것이다.

곽소우는 "관貫과 재載는 비록 글자 한 자의 차이지만 그 의미는 서로 같지 않다. 관도는 '도는 반드시 문을 빌려서 드러나는 것이다'이고, 재도는 '문은 반드시 도를 근거로 완성되는 것이다'의 의미이다. 양자에서 경중의 차이는 분명하게 드러난다"[29]고 한다. 물론 소식은 예외이지만 한유를 시작으로 고문가들이 내세우는 도는 유가 철학에서 긍정하는 성인의 도이다. 따라서 도 측면에서 말하면 문이관도와 문이재도의 차이는 별로 논할 것이 없다. 오로지 문에서 그 차이가 확연하게 드러날 뿐이다. 문이관도와 문이명도처럼 문의 주체성이 부각되면, 자연스럽게 주체인 문에 의하여 객체인 도가 결정되는 것이라고 주장할 수 있다. 도가 주어진 것이 아니라 문에 의하여 결정된다면 문이라는 주체가 결정할 수 있는 대상의 범위는 확장될 수밖에 없을 것이다. 즉 도가 유가의 도에 제한되지 않고 도가와 불가의 도로도 확장될 수 있다. 왜냐하면 도는 결정되는 것일 뿐 도가 문을 결정하는 것은 아니기 때문이다. 그러나 문이재도처럼 처음부터 도를 유가의 도로서 결정하면 문에 의하여 도가 바뀔 가능성은 전무하다. 왜냐하면 문은 유가의 도를 실어야 하고, 담았을 때만 비로소 존재의 의미를 확보할 수 있기 때문이다.

이러한 문이재도론은 근대적 의미의 문예론 출현과 함께 심각한 비평에 직면한다. 그 이유는 자명하다. 그들은 문이재도론 때문에 문학이 독립적 영향을 확보하지 못하고 유교 학술에 종속되었다는 것이다. 그러나 필자의 견해는 다르다. 분명 문이재도론이 문학의 독립성을 적극적으로 긍정하지 않은 것은 사실이지만, 과연 중국 학술 발전사에서 문학의 독립성 부재가 전적으로 문이재도라는 하나의 문도론 때문일까? 또 과연 북송 이후 문학이 분과학문으로서 독립적 영역을 확보하지 못했는가? 실상은 그렇지 않다. 도학자의 문이재도론과 별개로 문학은 고유의

---

29 郭紹虞, 『中國文學批評史』「上」, 10쪽. 양광석은 문이관도와 문이재도가 엄격하게 구분되어 사용된 것은 곽소우가 양자의 차이를 설명함에서부터 시작되었다고 한다(양광석, 「고문가와 도학가의 문학관」, 『유교사상연구』 제 22집, 한국유교학회, 2005, 419쪽).

영역을 확보했고, 다양한 장르를 통하여 문학의 심미성을 한껏 표현했다. 이러한 상황은 조선에서도 마찬가지였다. 문이재도론을 견지한 당시 사대부 계급들은 유학자임과 동시에 문인이었다. 또 그들은 관직에 나가면 숙세제민叔世濟民이라는 유학의 이상을 품고서 외왕外王 사업 실현에 앞장섰지만, 은거하면 마치 은자들처럼 산천을 벗 삼아 은유자적하면서 도가적 풍미를 즐겼고, 문인으로서의 취향도 마음껏 발현했다.

문이재도는 주돈이 『통서』「문사文辭」에 출현한다. 그 내용은 다음과 같다.

> 문은 도를 싣는 도구이다. 수레바퀴와 끌채를 아무리 잘 치장해도 사람들이 그것을 사용하지 않는다면 그것은 쓸모없는 장식에 불과하다. 하물며 빈 수레라면 어떻겠는가? 문사는 예藝이고, 도덕은 실제 내용이다. 그 실제 내용을 돈독히 한 사람이 예가 있어 그것을 글로 기록하여, 아름다우면 사랑을 받고, 사랑을 받으면 전해진다. 현자가 그것을 배워서 지극함에 이르면 그것이 곧 가르침이 된다. 그러므로 '만일 말에 꾸밈이 없다면 그 말은 멀리 가지 못할 것이다'고 말한 것이다. 그러나 불현자는 부모와 형이 돌보아 주고 스승이 채찍으로 면려해주더라도 스스로 배우지 않으니, 억지로 하여도 따르지 않는다. 도덕에 힘쓸 줄 모르고 단지 문장과 말만을 능사로 삼는 것은 단지 재주에 불과할 따름이다. 아! 그 폐단이 오래되었구나.[30]

---

30 『通書』「文辭」, "文, 所以載道也. 輪轅飾而人弗用, 徒飾也, 況虛車乎. 文辭, 藝也. 道德, 實也. 篤其實而藝者, 書之, 美則愛, 愛則傳焉. 賢者得以學而至之, 是爲教. 故日言之無文, 行而不遠. 然不賢者, 雖父兄臨之, 師保勉之, 不學也, 强之不從也. 不知務道德, 而第以文辭爲能者, 藝焉而已. 噫. 弊也, 久矣."

주돈이는 이곳에서 "문은 예藝이다"라고 했다. 이는 문이재도에서 문이 협의적 의미의 문학에 그치지 않고 모든 문예 활동 전반을 포괄한 광의적 의미의 '문'임을 나타내고 있다. 주돈이가 말한 문이재도는 분명 효용론의 입장에서 말한 것이다. 그는 효용이라는 관점에서 문의 가치를 논하고, 이를 근거로 당시 문단의 문풍을 교정하려고 했다. 다시 말하면 주돈이의 문이재도는 순수한 문학비평 이론만이 아니라 하나의 시대정신 표현이라고도 할 수 있다.

주돈이의 문이재도를 올바르게 이해하기 위해서는 위 문장의 말을 주의 깊게 분석해야 한다. 그는 "수레바퀴와 끌채를 아무리 잘 치장해도 사람들이 그것을 사용하지 않는다면 그것은 쓸모없는 장식에 불과하다. 하물며 빈 수레라면 어떻겠는가"라고 했고, 또 "그 실제 내용을 돈독히 한 사람이 예藝가 있어 그것을 글로 기록하여, 아름다우면 사랑을 받고, 사랑을 받으면 전해진다"고 했다. 처음 구절의 요점은 '치장'과 '사용' 그리고 '빈 수레'에 있다. 수레바퀴와 끌채를 치장하는 이유는 무엇인가? 즉 문에 수사와 기교를 부리는 이유는 무엇인가? 그 이유는 도를 잘 실어 더욱 좋게 전달하기 위함이다. 그런데 문에 수사를 아무리 잘 해도 그것이 도를 전달하는 도구로 사용되지 않는다면 수사는 아무런 의미를 갖지 못한다. 이는 분명 주돈이가 문장의 수사와 기교를 반대하지 않음을 표현한 것이다.

또 주돈이는 "하물며 빈 수레라면 어떻겠는가"라고 말했다. 주돈이가 말한 빈 수레는 무엇을 의미하는가? 앞 구절에서 이미 '치장은 했지만 사용하지 않는다면 무슨 소용이 있겠는가'라고 했기 때문에 '빈 수레'라는 말의 의미가 '사용하지 않음'에 있지 않다는 것은 그리 어렵지 않게 도출할 수 있다. 따라서 '빈 수레'는 사용하지도 않고 치장도 안 된 수레라고 이해해야 할 것이다. 다시 말하면 '아무리 잘 꾸몄지만 사람이 타지 않는다면 무슨 소용이 있겠는가? 하물며 치장도 하지 않고 사람도 타지 않은 수레라면 더 말할 필요가 있겠는가'로 이해하는 것이 타당하다. 이를 문장으로 표현하면, 문장에 수사적 기교도 없고 도 역시 실려 있지 않은 경우이다. 주돈이에 의하면, 문은 물건을 싣는 수레와 같은 도구이지만 수식할 수 있다. 그 이유는 도의 전달에 있어 수식이 효용성이 있기 때문이다. "그 실제 내용을 돈독히 한 사람이 예藝가 있어 그것을 글로 기록하여, 아름다우면 사랑을 받고, 사랑을 받으면 전해진다"는 주돈이의 말은 바로 이를 의미한다.

문에 대한 주돈이의 입장은 다음 문장에서 더욱 분명하게 드러난다.

> 문이 도를 싣는 것은 마치 수레가 물건을 싣는 것과 같다. 그러므로 수레를 제작하는 사람은 반드시 바퀴와 끌채를 잘 치장하고, 문장을 짓는 사람은 반드시 그 말을 잘 수식한다. 그렇게 한 이유는 모든 사람들에게 사랑받아 사용되게 하고자 함이다. 그러나 내가 그것을 잘 꾸며도 사람들이 사용하지 않는다면 그 치장은 헛된 꾸밈이 되니 실實에 아무런 도움이 되지 못한다. 그러므로 물건을 싣지 않은 수레와 도를 싣지 않은 문은 아무리 아름답게 꾸민다고 할지라도 무슨 소용이 있겠는가?[31]

주돈이는 수레와 끌채를 치장한 것을 긍정한 것처럼 도를 전달하는 문

31 『通書』「文辭」, "文所以載道也. 猶車所以載物, 故爲車者必飾其輪轅, 爲文者必善其詞說, 皆欲人之愛而用之. 然我飾之而人不用, 則猶爲虛飾, 而無益於實, 況不載物之車, 不載道之文, 雖美其飾, 亦何爲哉."

역시 수식할 수 있고, 수식할 필요성도 있음을 긍정한다. 그러나 아무리 수식이 아름다워도 도를 싣지 않는다면 수식은 별다른 의미를 갖지 못한다. 주돈이는 앞에서 "그 실제 내용을 돈독히 한 사람이 예藝가 있어 그것을 글로 기록한다[篤其實而藝者書之]"고 했고, "만일 말에 꾸밈이 없다면 그 말은 멀리 가지 못할 것이다[言之無文, 行而不遠]"는 『좌전』의 말을 인용한 것만 보아도 그가 문의 수식을 부정하지 않았음을 알 수 있다.

그렇다면 문과 도의 관계에서 주돈이가 취한 입장을 어떻게 이해할까? 또 그가 이렇게 말한 의도는 무엇인가? 먼저 문과 도의 관계에 대한 주돈이의 입장을 규정해보자. 필자는 앞에서 주돈이가 문이 도를 싣는 도구이지만, 문의 수식과 기교를 부정하지 않았음을 강조했다. 그렇다면 문과 도의 관계에 대한 주돈이의 기본 입장을 문도겸중文道兼重이라고 해야 하는가? 아니면 도본문말道本文末이라고 해야 하는가? 필자가 보기에 아무리 주돈이가 문의 수식을 긍정했다고 할지라도 문과 도를 수평적으로 놓고서 양자를 겸중했다고 말하기를 어려울 것 같다. 홍광훈의 지적처럼 주돈이가 도덕과 문사를 동시에 제시한 것은 두 가지 중요성을 함께 강조하기 위함이 아니라 두 가지의 경중과 우선 순위를 비교하기 위함이라고 보는 것이 타당하다.[32] 단지 주돈이가 문과 도의 경중 관계를 비유로써 약간 느슨하게 표현했을 뿐이다.

다음 그가 이렇게 말한 의도는 무엇인가? 주돈이는 『통서』「제34」에서 "저 문사만을 중시하는 사람들은 참으로 비루하다"[33]고했다. 이는 앞에서 말한 '사람이 타지 않은 수레' 그리고 '도를 싣지 않은 문장'과 같은

32 홍광훈, 「전통유가의 문학이론에 대한 송대 도학가의 이견」, 83쪽.

33 『通書』「第34」, "彼以文辭而已者, 陋矣."

의미이다. 주돈이에 의하면, 본래 문의 목적은 도를 실어 전달하는 것에 있다. 문에 수식이 필요한 것은 도의 전달에 유용성을 제고하기 위함이다. 그는 효용론의 입장에서 문을 긍정할 뿐 문의 심미성과 예술성에 대해서는 적극적으로 언급하지 않는다. 주돈이가 긍정하는 도는 유가 철학에서 긍정하는 성인의 도이다. 때문에 학자들은 안으로는 유가의 성인들이 내세우는 도의 진정한 의미를 파악해야 하고, 밖으로는 세련된 문화적 소양과 문장의 기예를 통하여 성인의 도를 민중의 생명에 자연스럽게 침투될 수 있도록 해야 한다. 전자가 내성이라면, 후자는 외왕에 속한다. 이것이 바로 바람직한 학자의 길이다. 당시 학자들은 외적인 기교의 문사 기능만을 배양할 뿐 도덕이라는 실實의 가치를 도외시했다. 그는 이러한 태도야말로 학자의 근본적인 폐단이라고 생각하고서, 문장에 꾸밈이 있어야 하지만 그것의 존재 목적은 도를 전달하기 위함이라는 사실을 문단과 학계에 선포한다. 도가 실려 있지 않은 문은 문으로서 존재 가치가 없다. 즉 문장은 도덕을 전달하고 표현했을 때 비로소 그 존재가치가 드러난다.

주돈이의 문이재도는 유명한 애련설愛蓮說[34]에도 나타난다.

> 연못과 땅 위의 꽃 중에 사랑스러운 것이 매우 많지만, 진의 도연명은 유독 국화를 사랑했고, 이연의 당 왕조 이후 세상 사람들은 목단을 사랑했다. 나는 유독 연꽃을 사랑한다. 진흙탕에서 피어나지만 물들지 않고, 맑은 물로 씻어도 요염하지 않으며, 가운데는 텅 비어 통하지만 겉은 곧고,

34 「애련설」이라는 단편은 주돈이 나이 47세에 강서江西 건주虔州 통판通判으로 재임하면서 지은 것이다.

> 넝쿨을 짓지도 않고 가지를 뻗지도 않으며, 향기는 멀리 갈수록 더욱 맑아지고, 꼿꼿하고 깨끗하게 우뚝 서 있으니, 멀리서 바라볼 수는 있지만 함부로 희롱할 수 없다. 나는 국화는 꽃 중의 은일자이고, 목단은 꽃 중에 부귀한 것이며, 연꽃은 꽃 중의 군자이다고 생각한다. 아! 국화를 사랑하는 사람을 도연명 이후에 들어본 적이 적은데, 나처럼 연꽃을 사랑하는 사람은 누구일까? 목단을 사랑하는 사람이 많은 것은 당연하다.[35]

도연명은 국화를 사랑했고, 당 조 이후 사람들은 목단[모란]을 좋아했지만 자신은 연꽃을 사랑한다고 한다. 도연명은 전원시인으로서 은일자隱逸者의 대명사이다. 명리와 작록 등에 얽매이지 않고 자연 속에서 유유자적하면서 삶의 유희를 구가한다. 반면 목단은 부귀를 상징한다. 모란은 부귀를 흠모하는 세인의 마음을 상징한다. 그런데 주돈이는 국화도 아니고 목단도 아닌 연꽃을 좋아한다. 즉 도연명처럼 은일을 추구하지도 않고 세인들처럼 부귀영화를 쫓지도 않으면서 연꽃처럼 맑고 순수함을 망실하지 않는다는 것이다.

주돈이가 연꽃을 사랑하는 이유는 다음과 같다. 연꽃이 혼탁한 진흙 속에서 나오지만 혼탁함에 물들지 않는다[出淤泥而不染]. 가운데는 텅 비어 통하지만 겉은 곧다[中通外直]. 넝쿨과 가지를 이리저리 뻗지도 않는다[不蔓不枝]. 그렇지만 그 향기는 멀리 퍼지면 퍼질수록 더욱 맑다[香遠益清]. 꼿꼿하고 깨끗하게 우뚝 서 있다[亭亭淨植]. 진흙의 혼탁함에 물들

35 『周濂溪集』「卷3」, "水陸草木之花, 可愛者甚蕃. 晉陶淵明獨愛菊, 自李唐來, 世人甚愛牡丹. 予獨愛蓮之, 出淤泥而不染, 濯清漣而不妖. 中通外直, 不蔓不枝, 香遠益清, 亭亭淨植, 可遠觀而不可褻玩焉. 予謂菊花之隱逸者也. 牡丹花之富貴者也. 蓮花之君子者也. 噫! 菊之愛, 陶後鮮有聞. 蓮之愛, 同予者何人. 牡丹之愛, 宜乎衆矣."

지 않는다는 것은 세속에 살면서도 군자의 기상을 잃어버리지 않는다는 것이고, 가운데는 텅 비어 통하지만 겉은 곧다는 것은 사심이 없음을 말한 것이며, 넝쿨과 가지를 이리저리 뻗지 않는다는 것은 명예와 관직을 추구하기 위하여 이리저리 뛰어다니지 않는다는 의미이다. 그런데도 그 향기가 멀리까지 전해지니 그를 흠모하는 사람들이 많다.[36] 이곳에서 연꽃의 강건함과 순수함 그리고 분망하지 않음은 바로 주돈이 자신의 인격임과 동시에 유가의 이상적 인품이며, 문도론에 비유하면 질박한 도를 지칭한다. 문장의 실질 내용인 도가 연꽃처럼 충실하다면 별다른 수식과 기교 없이도 멀리 전해져 교화 작용을 충실하게 담당할 수 있다.

주돈이의 문이재도 그리고 문에 대한 기본 태도는 졸부拙賦에 가장 잘 나타나있다.

> 어떤 사람이 말했다. "사람들이 당신을 졸박하다고 합니다." 내가 말했다. "기교에 대해서 부끄럽게 여깁니다. 또한 나는 이 세상에 기교가 너무 많은 것이 걱정입니다." 그리고 나는 스스로 기뻐하면서 다음과 같이 말했다. "기교가 많은 사람은 말이 많고, 졸박한 사람은 말이 없다. 기교가 많은 사람은 스스로 수고스럽지만 졸박한 사람은 한가하다. 기교가 많은 사람은 해를 끼치지만 졸박한 사람은 덕을 쌓는다. 기교가 많은 사람은 흉하지만, 졸박한 사람은 길하다. 오호라! 천하가 졸박하게 되면 형벌과 정령이 사라진다. 윗사람들은 편안하고 아랫사람들은 순하다. 기풍은 맑아지고 폐단은 사라진다.[37]

---

36 소현성, 「주돈이의 문학과 사상 그리고 그 경계」, 『중국학보』 제64집, 한국중국학회, 2011, 428쪽 참고.

이 짧은 졸부라는 문장에는 문이재도 그리고 문에 대한 그의 기본 태도가 잘 서술되어 있다. 왜 주돈이를 졸박하다고 평가하는가? 그 이유는 꾸밈[巧]이 없기 때문이다. 주돈이는 자신은 잘 꾸미지 못할 뿐만 아니라 기교를 부리는 것에 대하여 부끄럽게 생각한다고 했다. 그렇기 때문에 세속 사람들은 주돈이를 졸박하다고 평가한 것이다. 그러나 주돈이는 오히려 자신의 졸박함에 대하여 자부심을 갖는다. 그는 졸拙과 교巧를 대비시키면서 한편으로는 질박한 자신 생명의 숭고한 가치를 드러내고, 다른 한편으로는 위선과 폐단의 실상을 부각시켜 사람들로 하여금 진실한 생명 가치의 소재가 어디에 있는지 분명하게 제시하고 있다.

꾸밈은 그의 인생 태도뿐만 아니라 문과 도에도 동일하게 적용할 수 있는데, 문식이 바로 이에 해당한다. 물론 앞에서 주돈이가 수레에 치장을 하는 것에 대하여 부정적인 입장을 취하지 않았기 때문에 졸부에서 비록 기교에 대하여 부정적인 언사를 사용하여 배척한 느낌을 받을지라도 문의 문식 기능과 가치에 대한 전면적인 부정으로 인식할 필요는 없을 것 같다.

2) 정이의 작문해도作文害道

작문해도作文害道 혹은 완물상지玩物喪志라는 표현을 접하면 가장 먼저 생각나는 사람이 정이이다. 물론 정이는 분명 작문해도와 완물상지라는

37 『周濂溪集』「卷3. 拙賦」, "或謂予曰, 人謂子拙. 予曰, 巧竊所恥也. 且患世多巧也. 喜而賦之曰, 巧者言, 拙者默. 巧者勞, 拙者逸. 巧者賊, 拙者德. 巧者兇, 拙者吉. 嗚呼. 天下拙, 刑政徹. 上安下順, 風清弊絕."

표현을 했다. 그러나 필자는 작문해도와 완물상지는 문과 도에 관계에 대한 고문가와 도학가의 대립, 즉 낙촉당쟁으로 번질만큼 격렬한 대립에서 나온 말이지 결코 문에 대한 전면적인 부정은 아니라고 생각한다.

필자는 이곳에서 다음 한 가지 점에 관하여 분명하게 해설하고자 한다. 필자가 지금까지 송명 도학가를 포함한 유가 문도관에 관한 선행연구를 살펴보니 문의 가치에 대한 입장은 크게 두 가지였다. 하나는 도학가를 포함한 유가 철학 종사자들이 문의 가치를 부정하지 않는다는 것이고, 다른 하나는 그들이 문의 가치를 부정한다는 것이다. 이러한 외면적 주장만을 보면 이 두 입장이 완전 반대인 것 같지만 실상은 전혀 그렇지 않았다. 도학가들이 문의 가치를 중시한다는 주장은 대부분 문의 효용성 입장을 취한다. 반면 도학가들이 문의 가치를 부정한다는 주장은 대부분 문의 독립성 입장을 취한다. 만일 문의 효용성을 내세운다면 비록 정도 차이는 있을 수 있지만 어느 누구도 문의 가치를 부정하지 않을 것이다. 그러나 도학가 중에서 문의 독립성을 긍정한 사람이 있는가? 북송오자뿐만 아니라 송명유학의 대표적 학자 어느 누구도 문의 절대적 독립에 대해서는 부정적인 태도를 취한다. 따라서 도학가들의 문에 대한 태도는 하나의 입장으로 통일되어 있다고 해도 크게 틀리지는 않을 것 같다. 즉 효용성 측면에서는 정도상의 차이는 있지만 모두 긍정적 태도를 취하고, 문의 독립성에 대해서도 역시 정도상의 차이는 있지만 모두 부정적인 태도를 취한다.

만일 송명 도학가들이 문의 효용적 가치마저 부정하여 문 혹은 문학부정론의 입장을 취했다면, 그들 학술에서 문은 무의미한 존재일 것인데 왜 그들에게 하나의 '문도론'이라는 이론이 존재한다는 말인가? 다시 말하면 그들에게 하나의 문학이론이 존재한다면 그것은 곧 그들의 학술에서 문이 일정한 역할을 담당하고 있으며, 모종의 지위를 차지하고 있음을 반증한다. 실제로 지금까지 전해지고 있는 도학가의 시 편 수는 주돈이가 33수, 장재 80수, 그리고 정호 69수 심지어 작문해도를 주장한 정이도 6수가 전해진다. 1400여 수가 전해지는 주희 그리고 600여 수가 전해지는 왕수인의 학술에서 과연 문은 어떤 역할을 담당하고 어떤 지위를 차지하고 있다고 해야 할까?

이처럼 도학가 학술에서 문이 모종의 역할을 담당하고 또 일정한 지위를 차지하고 있는 것은 분명한 사실이지만, 총괄적으로 말하면 문에 대한 도학가의 긍정은 대부분 효용에 집중되어 있다. 또 이러한 효용론은 송 대 도학가에 의하여 정립된 것이 아니라 공자로부터 전해지는 유학의 일관된 입장이다.

앞에서 서술한 바와 같이 주돈이의 '문은 도를 실어야 한다'는 문이재도가 문의 효용성을 강조하는 가장 대표적인 이론이다. 장재도 예외가 아니다. 그는 "성인의 정이 문사에 보인다고 한 것은 성인의 정이 사람을 교화하는데 있기 때문이다"[38]고 한다. 장재에 의하면, 성인의 정감은 문사에 표현되지만 그것의 목적은 사람들을 교화하는 곳에 있다. 따라서 문사가 교화라는 효용성을 발휘하지 못하면 그것은 곧 '불필요한 말[閑言詞]'에 불과하다. 실제로 장재는 한유의 문장은 교화와 본질적 관련이 없기 때문에 한언사에 불과하다고 혹평하였다.[39] 이러한 효용주의 관점은 주희를 거쳐 명 대의 유학자에게까지 일관되게 나타난다.

필자는 정이 역시 비록 작문해도라는 극단적 주장을 했지만 그 말이

---

38 『橫渠易說』「卷3, 繫辭下」, "聖人之情, 見乎辭, 聖人之情, 存乎教人而已."

39 『經學理窟』「自道」, "韓愈又只尙閑言詞."

문의 효용성마저도 부정한 것은 아니라고 생각한다. 다음은 정이의 문도관에 대한 분석과 해설이다.

> 물었다. "문장을 짓는 것은 도를 해칩니까?" 말했다. "해친다. 무릇 문장을 지으면서 생각을 전일하게 하지 않으면 글이 잘 되지 않을 것이고, 생각을 전일하게 하면 또 생각이 그곳에 속박되니, 어떻게 천지와 더불어 생각을 크게 할 수 있겠는가? 『서경』에서는 외물을 즐기다가 뜻을 잃게 된다고 했다. 문장을 짓는 것 역시 외물을 즐기는 것이다. 여여숙[여대림]은 시에서 '학문이 원개 정도의 수준에 도달하면 병통이 되어 버리고, 문장이 사마상여의 수준에 이르면 사람들을 즐겁게 하는 배우가 되어 버린다. 홀로 공자의 문하에서 일삼는 바 없이, 다만 안회가 추구했던 마음을 가지런히 하는 심재를 얻고자 노력할 따름이네'라고 했다. 이 시는 매우 좋다. 옛날에 학문하는 사람들은 오로지 성정을 함양하는 것에만 힘썼고 그 밖의 것을 배우지 않았다. 지금 문장을 짓는 사람들은 오로지 장구의 수식에만 힘을 쓰면서 남의 이목만을 즐겁게 하려고 한다. 남들을 즐겁게 하는데 힘을 쓴다면 그것이 광대가 아니고 무엇이겠는가?" 물었다. "옛 사람들도 문장을 짓는 것을 배웠습니까?" 말했다. "사람들은 육경을 보고서 성인 역시 문장을 지었다고 생각할 뿐 성인이 마음속에 품고 있는 바가 밖으로 표현되면 그것이 저절로 훌륭한 문장이 된다는 점에 대해서는 모른다. 이른바 '덕성을 갖춘 자는 반드시 말을 잘한다'는 것이 이것이다." 물었다. "자유나 자하가 문학 방면에 빼어났다고 하는데, 무엇 때문입니까?" 말했다. "자유나 자하가 붓을 잡고 문장을 짓는 것을 배웠겠는가? 이를테면 '천문을 관찰하여 사시의 변화를 고찰하고, 인문을 관찰하여 천하의 질서를 이룬다"[40]는 것이 어찌 지금의 사장詞章 문장과 같은 것이겠는가?[41]

이곳에 표현된 정이의 말만을 보면, 정이는 확실히 작문 자체를 반대하고 있는 것 같다. 즉 작문하는 것은 도를 배양함에 있어서 방해가 될 뿐만 아니라 심지어 해치기도 한다는 것이다. 정이는 작문하는 것을 완물상지라고 했는데, 이는 곧 작문이 인간의 내적인 성정과는 전혀 관계 없는 외물을 완농하는 것에 불과하다는 것이다. 정이가 작문을 반대하는 이유는 여러 가지이다. 하나는 '문장을 훌륭하게 지으려면 생각을 전일하게 하지 않으면 안 되는데, 생각을 전일하게 하면 또 생각이 작문하는 것에 속박되니 천지와 더불어 생각을 크게 할 수 없다'는 것이다. 다음은 '옛날 사람들은 자신의 성정 수양에 힘을 썼지만 지금 사람들은 남의 이목만을 즐겁게 하려고 장구에만 힘을 쏟는다. 남을 즐겁게 하는 사람들은 광대인데, 왜 작문에 힘을 쏟으면서 광대가 되려고 하는가?' 마지막으로 '옛 성현들도 글을 남겼다. 때문에 사람들은 성현의 문장만을 보고서 성현들도 작문을 배웠다고 생각하는데, 실제로는 그렇지 않다. 성현들은 자신의 성정을 원만무애하게 완성하니 그것이 밖으로 표현되어 지절로 훌륭한 문장을 이루는 것이다. 이러한 성현의 문장과 내적인 수양이 전제되지 않은 지금의 사장은 완전히 다른 차원인 것이다.' 이상의 내용을 보면, 정이는 작문하는 것과 도를 추구하는 것, 또 문과 성정을 완

---

40 『周易』「否卦」彖傳 참조.

41 『二程遺書』「卷18」, "問, 作文害道否. 曰, 害也. 凡爲文, 不專意則不工, 若專意則志局於此, 又安能與天地同其大也. 書云玩物喪志, 爲文亦玩物也. 呂與叔有詩云, 學如元凱方成癖, 文似相如始類俳. 獨立孔門無一事, 只輸 一作惟傳. 顔氏得心齋. 此詩甚好. 古之學者, 惟務養性情, 其佗則不學. 今爲文者, 專務章句, 悅人耳目. 旣務悅人, 非俳優而何? 曰, 古者學爲文否? 曰, 人見六經, 便以爲聖人亦作文, 不知聖人亦一作只攄發胸中所蘊, 自成文耳. 一作章. 所謂有德者必有言也. 曰, 游·夏稱文學, 何也. 曰, 游·夏亦何嘗秉筆學爲詞章也. 且如觀乎天文以察時變, 觀乎人文以化成天下, 此豈詞章之文也."

전혀 다른 별개, 심지어 대립적인 것으로 간주하여 병존이 불가하다고 주장한 것처럼 보인다. 그러나 정이의 다음 말은 느낌이 약간 다르다.

> 어떤 사람이 물었다. "시를 배워도 됩니까?" 말했다. "이미 시를 배우기 시작했으면 반드시 노력을 기울여야만 시인의 격에 합당할 것이다. 그런데 이미 노력을 하게 되면 성현의 일에 심하게 방해가 될 것이다. 옛 사람의 시에 '다섯 개의 글자를 읊어 완성하느라고 일생 동안 마음을 썼다'고 했고, 또 '애석하구나, 일생 동안의 마음이 이 다섯 글자 위에 다 쓰였다'라고 했는데, 이 말은 매우 타당하다." 선생께서는 일찍이 다음과 같이 말했다. "왕자진이 약을 보내 온 적이 있는데 나는 그에게 답을 보내지 않았다. 내가 평소에 시를 짓지 않은 것은 내가 스스로 시를 짓는 것을 금지하기 때문에 짓지 않는 것이 아니라 시와 같은 쓸데없는 말을 하지 않기 위해서이다. 오늘날 시에 뛰어나다고 칭송되는 사람 중에 두보만한 이가 없을 것이다. 그는 '꽃 속에 숨은 나비들 보일 듯 말듯 보이고, 물을 스치는 잠자리는 느릿느릿 노니네'라고 했는데, 이런 쓸데없는 말을 해서 무엇 하겠는가? 나는 그래서 평소에 시를 짓지 않는다. 이제 왕자진에게 감사하는 시를 보낸다."[42]

정이는 "다섯 개의 글자를 읊어 완성하느라고 일생 동안 마음을 썼다"

---

42 『二程遺書』「卷18」, "或問, 詩可學否. 曰, 旣學時, 須是用功, 方合詩人格. 旣用功, 甚妨事. 古人詩云吟成五箇字, 用破一生心. 又謂可惜一生心, 用在五字上. 此言甚當. 先生嘗說, 王子眞會寄藥來, 某無以答他, 某素不作詩, 亦非是禁止不作, 但不欲爲此閒言語. 且如今言能詩無如杜甫, 如云 穿花蛺蝶深深見, 點水蜻蜓款款飛, 如此閒言語, 道出做甚. 某所以不嘗作詩. 今寄謝王子眞."

와 “애석하구나, 일생 동안의 마음이 이 다섯 글자 위에 다 쓰였다”라는 옛사람의 시 구절을 인용하여 ‘시를 배우게 되면 노력을 해야만 하고, 그런데 노력을 하게 되면 그 일이 끝이 없어 결국 성현의 인격을 성취함에 크게 방해가 됨을 비유하고 있다.

다음 두보 시에 대한 정이의 감상은 작문에 대한 태도를 매우 분명하게 대변하고 있다. “꽃 속에 숨은 나비들 보일 듯 말듯 보이고, 물을 스치는 잠자리는 느릿느릿 노니네”는 두보의 「곡강이수曲江二首」 중의 두 번째 수의 경련頸聯 구절이다. 문인의 심미적 시각에서 보면, 이 구절은 잠시 일상에서 벗어나 자연의 물상을 음미하면서 나오는 여유로움의 정취이다. 그러나 정이는 문에는 반드시 도가 실려야 하는데, 이러한 시 구절의 내용은 도와는 하등의 관련이 없기 때문에 쓸데없는 말, 즉 한언어閑言語로 취급한 것이다.

정이가 다른 도학가에 비해 학술 구분이 엄격한 것은 사실이다. 그는 당시 학술을 세 종류로 구분한다.

> 옛날의 학자는 하나였는데, 지금의 학자는 셋이다. 이단은 그 안에 포함되지 않는다. 하나는 문장의 학이고, 다음은 훈고의 학이며, 마지막은 유자의 학이다. 만일 도를 추구하고자 하면 유자의 학을 버리고서는 추구할 수 없다.[43]

정이가 문장의 ‘학’을 학술로 인정하고, 이단과 구분했다는 점은 문학

43 『二程遺書』「卷18」, “古之學者一, 今之學者三, 異端不與焉. 一曰文章之學, 二曰訓詁之學, 三曰儒者之學. 欲趨道, 舍儒者之學不可.”

의 '학'에 대한 정이의 부분적인 긍정을 표현한 것이다. 그러나 도를 내용으로 하는 유가 학술과 구분함으로서 문장의 학술이 자신의 도덕생명과는 비본질적 관계에 있음을 분명히 하고 있다.

그렇다면 정이의 작문해도·작문방사作文妨事·완물상지만을 근거로 정이가 문학 부정의 태도를 취했다고 단정할 수 있는가? 필자는 그렇게 생각하지 않는다. 앞의 인용문에서도 밝히고 있듯이 정이는 '문장에 심취하면 문장 짓는 일에 속박될 수밖에 없어 자연스럽게 완물상지의 지경에 이를 위험이 있고, 또 일단 시 짓는 것을 배우게 되면 그 일에 노력할 수밖에 없을 것이며, 이처럼 작시와 위문의 일에 노력하면 성현의 인품을 도야함에 전념하지 못해 마땅히 해야 할 구도의 사업에 방해가 될 수 있다고 생각한 것이다. 그러나 작문과 위문爲文이 성현 사업 완성에 방해가 되지 않는다면 그래도 반대할 것인가? 정이는 당연히 반대하지 않을 것이다. 때문에 그는 "내가 평소에 시를 짓지 않은 것은 내가 스스로 시를 짓는 것을 금지하기 때문에 짓지 않는 것이 아니다"라고 한 것이다. 비록 두보의 시가 세상에 전혀 도움을 주지 않은 것은 아니겠지만, 정이의 눈에 두보의 시는 그저 형식주의 혹은 유미주의에 함몰된 언어의 유희에 불과한 것으로 보였던 것이다. 당연히 정이는 문장의 독립성을 반대했고, 문에서 추구하는 미적 가치도 그리 중시하지 않았다. 그렇다고 문에 대한 전면적인 부정인가? 그가 『어록』에 표현한 것은 당시의 말초적이고 감각적며 형식적이고 유미주의적인 문장, 즉 세상의 교화에 전혀 도움이 되지 않은 문장에 대한 비평으로 보아야 할 것이다. 다시 말하면 도를 싣지 않은 문장, 도를 함양함에 전혀 도움이 되지 못하는 문장이 그의 비판 대상이다.

4. 낙촉당쟁洛蜀黨爭

당쟁이라면 대부분 서로 다른 이데올로기 혹은 이해 관계에 놓인 집단 간의 대립과 반목이지만, 북송 철종 시기에 벌어진 정이의 낙洛 세력과 소식의 촉蜀 세력 간의 정쟁은 이런 것들과는 전혀 다른 소재를 가지고서 논쟁을 벌인 아주 희한한 당쟁이다. 뿐만 아니라 정치적인 측면에서 보면 정이와 소식은 모두 사마광이 이끄는 범구법당 일원이었다. 이 때문인지 주희도 "소식과 왕안석은 신법을 가지고서 쟁론을 벌였지만 소식과 정이는 도대체 무엇을 가지고서 쟁론을 했는가"[44]라고 말한 적이 있다.

1) 낙촉당쟁의 정치적 배경

송 신종神宗이 왕안석을 재상으로 등용하여 신법을 전개하였고, 왕안석은 신종의 기대에 부응하면서 상당한 실효를 거두었지만 신종이 죽고 철종哲宗이 즉위하자 어린 황제의 후견인으로 선인태후宣仁太后가 집정하면서 신법당을 배제하고 구법당의 영수인 사마광을 재상으로 임명하였으며 구법당의 일원을 요직에 배치했다.[45] 1년 후에 사마광이 죽자 이때에 본격적으로 정이의 낙학과 소식의 촉학이 당쟁을 전개하기 시작했다. 낙촉당쟁의 내용을 정확하게 이해하기 위해서는 정이와 소식 간의 주요 논쟁 주제와 학술의 차이를 분석해야 하지만, 이러한 논쟁이 일어

---

44 『朱子語類』「卷130」, "東坡與荊公固是爭新法. 東坡與伊川是爭箇甚麼."

45 이 시기를 원우경화元佑更化라고 칭한다.

나게 된 전조에 대해서도 약간의 해설이 필요하다. 따라서 필자는 먼저 간략하게 신종과 철종 그리고 실질적으로 북송의 마지막 황제인 휘종徽宗 때까지 전개되었던 송 대 가장 유명한 정치 당쟁인 구법당과 신법당의 정쟁 역사를 간략하게 서술한 후에 낙촉당쟁의 주요 내용을 해설하겠다.

앞에서 서술한 바와 같이 송 초에는 외척의 발호도 없었고, 황제의 독단도 그리 많지 않았던 그런대로 유가식의 왕도정치 유형에 근접한 정치를 실현하고 있었다. 송 왕조는 전대 왕조들과 비교하면 상당히 도덕적으로 숭고한 이념을 실현했던 왕조였다. 그러나 당파라는 불안 요소는 어찌할 수 없었다. 외척 등과 같은 정치적 세력이 부재하자 신료들은 서로 연합세력을 결성하여 반대세력을 숙청하기도 했고, 세력을 확대하여 황제에게 영향력을 행사하기도 했다. 이러한 신료들의 당쟁은 신종 황제가 왕안석을 등용하여 정부개혁을 단행하도록 전권을 부여하면서 최고조에 달했다.

왕안석의 신법은 11세기 후반부터 시작되었다. 신법을 시행하게 된 주된 이유는 세수 증대를 통한 재정의 회복이었지만, 이것 외에 행정과 사회 개혁도 포함되었다. 송 왕조는 과거제도를 통하여 등용된 관료들에 대한 급료, 그리고 서하와 거란 그리고 금과의 전쟁에 대비한 군대 증원 때문에 군사비로 엄청난 비용을 소비했다. 송 인종 시기에 군대 수가 약 120만 명으로 증원되었지만 북방 이민족과 비교할 때 군사력은 형편없이 열악한 상태였다. 이러한 국가의 난제들을 해결하기 위하여 21세의 나이로 즉위한 젊은 황제 신종은 왕안석을 중용하여 전반적인 개혁을 단행했다. 왕안석은 재정을 개편하는 과정에서 토지세를 평가하는 지지 기반을 바꾸었을 뿐만 아니라 특별 공물세 징수와 운송을 위한 방전균수법方田均輸法을 도입했고, 농민들에게 낮은 이율로 대출해주어 농민들이 지주에게 예속되는 것을 막았다. 이것이 바로 청묘법靑苗法이다. 또 노역 의무를 화폐조세로 전환하는 면역법免役法을 도입했다. 이것 외에도 보마법保馬法·보갑법保甲法·장병법將兵法·창법倉法·삼사법三舍法 등 다양한 신법을 제정하여 재정수지를 적자에서 흑자로 전환시켰을 뿐만 아니라 지방 재정도 함께 충실해지는 효과를 거두었다.[46]

그러나 신법을 추진하는 과정에서 보수적인 사대부 세력이 급격한 사회와 제도 변화에 거부감을 드러냈고, 지주와 자본가들의 지지도 부족했다. 게다가 이러한 반대 세력을 예상했음에도 불구하고 광범위한 개혁을 실시하면서 관료 내부의 충분한 의견을 수렴하지 못하고 오히려 양적으로만 자신의 세력을 확대하려고 했다. 왕안석은 반대파들에 대하여 포용보다는 배척하는 태도를 취하여 그들을 대부분 관직에서 내쫓았다.

당시에 사마광을 필두로 부필富弼·한기韓琦·문언박文彦博 등이 구법당의 주요 인물이었다. 정이의 형인 정호와 소식의 동생인 소철은 처음에는 왕안석의 신법을 지지했지만 여러 가지 문제점들이 나타나자 구법당으로 전향한다. 이처럼 신법에 많은 문제점들이 출현했지만, 왕안석에 대한 신종의 신뢰가 너무나 두터웠기 때문에 신종 생존 당시에 구법당의 반대는 별다른 효력을 발휘하지 못했다.[47]

---

46 왕안석의 신법에는 공功만이 있었던 것이 아니라 과過도 상당했다. 왕안석 신법의 문제점은 바로 가장 중요한 역점 사항 중의 하나였던 농민 생활에 별다른 효과를 보이지 못했다는 것이다. 그 때문인지 왕안석 초기에는 대다수 농민들이 신법에 찬성했지만, 중기에 들어서면서부터 대부분의 농민들도 신법을 반대하는 입장에 서게 된다.

47 왕안석에 대한 평가는 평가의 주체에 따라서 극명하게 다르다. 주로 사대부 계층으로부터는 전통을 파괴하여 결국 나라를 멸망으로 이끌었다는 부정적 평가를 받지만, 소상인과 소농민들로부터는 당시의 사회적 위기를 극복하려고 했던 진보적 정치가라는 긍정

그러나 신종이 죽고 나이 어린 철종이 즉위하자 선인태후가 섭정을 했고, 선인태후는 사마광을 재상으로 임명함과 동시에 구법당의 주요 인물을 전면에 배치했다. 철종 시대에는 구법당이 당연히 우세했다. 그러나 철종이 요절하고 후사가 없자 정치에는 별관심이 없고 놀기만을 좋아하는 휘종이 즉위하였다. 이때 구법당과 신법당의 당쟁은 황제의 조정 노력에도 불구하고 다시 격화되었다. 휘종 당시 신법당의 채경蔡京이 재상이 되었고, 그가 16년 동안 재임하면서 구법당을 무자비하게 탄압했다.

당시 상황을 정치적 당파와 학술적 당파 그리고 문과 도에 관한 고문가와 도학가 등의 범주로 구분하면 각자의 영역이 함께 교집합을 이루기도 하고, 때로는 전혀 다른 정파나 학파에 포진되기도 한다. 우선 정치적 당파로 구분하면, 왕안석과 사마광을 영수로 하는 신법당과 구법당이 있고, 학술적 당파로 구분하면 정이를 수뇌로 하는 낙학과 소식을 영수로 하는 촉학, 그리고 왕안석의 신법을 추종하는 신학新學이 있다. 또 고문가와 도학가의 구별이 있는데, 구양수와 소식 그리고 왕안석 등이 고문가에 속한다면, 주돈이와 장재 그리고 정호와 정이는 도학가에 속한다. 문과 도의 관계로 보면, 문이재도를 취하는 학자는 주돈이·장재·정호·정이 등의 도학가이고, 문이명도와 관도를 취하는 대표적 학자는 구양수이다. 상용과 상문의 입장에서 논하면 소식을 제외한 대부분의 학자들이 상용의 입장을 취하고,[48] 소식은 문과 도를 함께 중시되어야 한다는 문여도구를 주장하여 상대적으로 상용과 상문을 겸중하는 입장을 취한다. 때문에 비록 낙학과 촉학이 정치적인 당파에서는 상대방을 비난하면서 정반대 입장을 견지하는 것 같지만, 실제로는 서로 교

적 평가를 받는다.

집합을 이루는 부분이 많기 때문에 극단적인 배척 관계로 이해해서는 안 될 것이다.

2) 낙촉당쟁의 발생 과정과 주요 논점

필자는 낙촉당쟁을 다음 몇 가지 소재를 근거로 전개할 것이다. 먼저 발생 시기와 과정 그리고 시대적 상황을 간략하게 언급하고, 다음 당쟁 주제를 예禮·두 사람이 추구하는 도의 차이·인성[性]·정情 등을 중심으로 소개한 후에 문에 대한 두 학자의 가치 인식 차이를 해설할 것이다.

역사적 사건 발생에는 이상하게도 많은 우연적 요소들이 개입한다. 낙촉당쟁 발생도 예외가 아닌 것 같다. 소식의 부친은 소순蘇洵이고, 동생은 소철이다. 소순과 소식 그리고 소철은 유명한 당송 8대가에 속한다. 참으로 대단한 문인 집안이다. 정이의 부친은 정향程珦이고, 형은 정호이다. 북송 유학사에 정향의 지위는 없지만 정이와 더불어 정호는 이정자二程子로 불리면서 남송 주희의 성리학으로 이어지는 중심적 역할을 담당하였던 대유大儒이다. 송 인종仁宗 가우嘉佑 원년에 소순은 소식과 소철 두 아들을 데리고 개봉에 도착하여 과거시험에 응시한다. 같은 해 정향도 자신의 두 아들 정호와 정이를 데리고 개봉에 도착한다. 소식과 소철은 모두 등과하지만 정호와 정이는 먼저 국자감國子監에서 수학하고 나중에 정호만 등과한다. 소식과 소철 그리고 정호와 정이는 낙촉

---

48 왕안석은 물론이고 사마광 역시 문도관계에 대해서는 소식과 동일한 입장을 취하지 않는다. 왕안석은 문의 가치를 정치와 교육에까지 확장하여 효용론의 범위를 도학자들보다 더욱 넓게 적용한다.

당쟁이 본격화 될 때까지 개봉에 머물면서 각자 문호를 세우고 자신의 학술을 전개한다.[49]

낙촉당쟁을 이해할 때 한 가지 주의할 사항은 낙당과 촉당 그리고 낙학과 촉학의 차이를 좀 더 명확하게 해야 할 것 같다. 비록 낙당과 촉당이건, 아니면 낙학과 촉학이건 모두 도와 문이라는 학술을 근거로 발생한 것이지만, 낙당과 촉당은 정치적 색채가 농후하고, 낙학과 촉학은 학술적 측면이 강하다. 때문에 낙당과 촉당에서는 두 당파가 상대방의 차이성을 절대 용인하지 않았지만, 낙학과 촉학은 학술적 의미의 집단을 의미하기 때문에 상호간의 차이에 대하여 비교적 관용적인 입장을 취하기도 한다.

또 정이가 『역전』에 대한 해설서[『이천역전伊川易傳』]을 저작하고, 소식 역시 『동파역전東坡易傳』을 저술했기 때문에 두 학파 간의 사상적 차이를 소재로 논쟁이 있을 수 있었겠지만, 이에 관한 두 학파의 논쟁은 거의 없다. 아마 정이는 소식을 유학자가 아닌 단지 하나의 문사文士로만 취급한 것 같다. 이점은 후에 전조망全祖望 등이 『송원학안』을 편찬하면서 소순과 소식 및 소철 학술을 「학안」으로 표시하지 않고 「촉학략蜀學略」이라고 표시한 것만 보아도 유학자들이 소식 학술을 유학의 정통으로 간주하지 않았음을 알 수 있다.[50]

---

49 정호와 정이의 학술을 이정자二程子로 통칭하면서 구분하지 않지만, 두 사람 학술에는 큰 차이가 있다. 낙촉당쟁에서는 정호의 역할은 크게 드러나지 않는다. 그 이유는 정호의 성격이 본래 원융무애하여 다른 사람과 논쟁하는 것을 별로 좋아하지 않은 이유도 있지만, 낙촉당쟁이 사마광이 죽은 후에 발생했고, 얼마 지나지 않아 정호 역시 53세로 죽었기 때문에 정호의 역할이 별로 없었던 것 같다.

50 이상의 내용은 왕수조王水照의 「論洛蜀黨爭的性質和意義」(『河北師院學報』, 石家庄: 河北師範学院, 1995, 第1期)를 참고했음.

또 낙촉당쟁에서는 낙학과 촉학이 주체이지만, 당시에 오로지 두 학파의 학술만이 존재했던 것은 아니다. 낙학과 촉학 그리고 왕안석의 신법을 추종하는 신학新學이 존재했고, 낙학과 촉학, 심지어 신학까지 융합하려는 학자들의 움직임도 있었다. 그리고 낙학과 촉학 및 신학은 서로 다른 지역에서 흥기한 당시 세 가지 서로 다른 학술이었다. 또한 정호와 정이를 주축으로 하는 낙학이 신법당과 구법당이라는 두 범주에서는 당연히 구법당에 속하지만, 신법에 대한 견해는 사마광과 완전하게 일치하는 것도 아니었다. 정이의 형인 정호는 처음에는 신법에 우호적이었지만 후에 구법당으로 귀의한다. 정이 역시 정치와 학술 등 포괄적인 입장에서는 사마광의 구법당과 궤적을 함께 했지만, 사상가로서의 입장이 뚜렷했기 때문에 모든 것을 사마광과 함께 하기는 어려웠을 것이다. 이에 대한 학자들의 견해는 매우 다양하다.

낙촉당쟁에 관한 기록은 『송사기사본말宋史紀事本末』「卷45」에 수록되어 있다. 신종이 죽고 1085년에 철종이 즉위했지만, 당시 철종 나이가 10세였다. 이때 선인태후 고씨高氏가 섭정을 하면서 신법을 철폐하고 신법당의 대신을 축출했다. 구법당의 영수였던 사마광이 재상으로 등용되었고, 소식은 한림학사翰林學士로 임용되었으며, 정이는 숭정전설서崇政殿說書로 임용되었다. 두 사람 모두 당시 황제였던 철종을 위하여 봉직했다. 낙촉당쟁은 정이와 소식으로 종식된 것은 아니지만,[51] 일반적으로 1086년 사마광이 죽은 시기부터 선인태후 고씨가 죽은 1093년까지 7년 동안의 당쟁이라고 한다. 아마 이 시기에 두 학파의 차이점이 모두 나타났고, 가장 격렬하게 진행되었던 것 같다.

---

51 정이와 소식 이후 두 학파의 쟁론은 지속되었는데, 대부분 촉학에 의한 낙학의 공격보다

이 시기에 소식은 이미 문단의 영수로 칭해졌으며, 정이는 도학의 대표 인물로 추앙되어 조정 내외의 신망이 두터웠다. 정이는 주로 경연經筵을 담당했는데, 당시 정이를 따르는 사람들이 상당했고, 소식은 한림원을 중심으로 따르는 사람들이 많았다. 정이와 소식의 관직은 그리 높은 직위가 아니었고, 실권도 없었다. 그렇지만 두 사람의 직위와 당시 명성을 비교해본다면 소식이 정이보다 우위를 점하고 있었다. 또한 소식은 선인태후의 비호를 받았기 때문에 철종 초기 성세는 소식이 우위를 점했다고 할 수 있다. 그러나 정이에 대한 당시 조정 대신들의 신뢰도 상당히 높았다. 『연보』의 "여신공[공저]이 재상이 되자 모든 일을 처리하면서 의문이 나면 반드시 정이에게 물었다. 인재들을 등용함에 있어 소식과 소철은 정이가 힘을 발휘하고 있다고 의심하면서 비방했다"[52]는 기록만을 보아도 당시 조정 관리들의 정이에 대한 존중이 어떠했는지를 짐작할 수 있다.

정이의 경연 그리고 소식의 한림원 강의에 많은 사람들이 모이게 된 것은 두 사람 학술의 빼어남 때문이었다. 이러한 학술적 세를 근거로 낙학[낙당]과 촉학[촉당]이 성립한 것이다. 낙당과 촉당이 정치적인 세력이라고 할지라도 그 내부는 도를 중시하는 리학자와 심미를 중시하는 문인들로 구성되었기 때문에 학술적 색채의 정치계파였던 것이다. 낙당에

는 낙학에 의한 촉학의 공격으로 진행되는 추세였다. 왜냐하면 당시 북송은 사실상 마지막 황제인 휘종 시대에 멸망했고, 그 뒤를 이어 남송이 양자강 이남에서 건국되자 도학을 중심으로 더욱 강화된 우환의식을 표출했다. 즉 당시 정치와 교육의 중심은 도학자였지 문학자가 아니었다. 촉학에 대한 낙학의 공격은 주희 시대에 이르러 가장 종합적이면서 체계적으로 진행된다.

52 『二程外書』「卷11」, "呂申公爲相, 凡事有疑, 必質於伊川. 進退人才, 二蘇疑伊川有力, 故口詆之云."

는 정이를 중심으로 한유韓維·왕암수王岩叟·주광정朱光庭·가이賈易·두순杜純·왕적王覿 등의 인물이 좌우로 포진했고, 촉당에는 소식을 중심으로 소철蘇轍·여도呂陶·고림顧臨·호종유胡宗愈·공문중孔文仲·범백록范百祿·황정견黃庭堅·진관秦觀 등이 좌우익을 담당했다.

한유는 정이와 함께 유가의 도를 신봉하는 친구였고, 주광정과 가이는 정이의 문인이었으며, 왕암수와 왕적 그리고 두순은 한유와의 관계가 매우 좋은 사람으로 정이의 입장에 동조하였다. 낙학에서 여도와 공문중은 소식의 입장에 동조하는 사람들이었고, 황정견과 진관은 소식의 문인이었으며, 고림과 호종유 및 범백록 등은 학술이 소식과 관련이 있는 사람들이었다.[53]

정이와 소식은 사마광이 죽자 예禮에 관한 문제로 충돌하기 시작했고, 여러 차례 크고 작은 대립이 연속적으로 발생했으며, 두 학파간의 대립은 갈수록 격렬하게 전개되었다. 결국 정이가 철종 2년에 숭정전설서직에서 파직되어 서경국자감西京國子監으로 이직되었고, 소식도 철종 4년에 항주 지방관으로 쫓겨남으로서 일단락되었지만 그 여진은 계속되었다. 주지하는 바와 같이 소식과 정이 대립의 내면에는 학술적 문제가 내재되어 있다. 그중에서 가장 핵심적인 문제는 두 사람이 추구하는 도가 다르다는 것이었다[道不同].

정이와 소식이 추구하는 도는 두 방면으로 나누어 해설할 수 있다. 하나는 유가의 도와 유가에 제한받지 않은 도이고, 다른 하나는 성[性-理]의 도이고, 또 다른 하나는 정情을 포괄하는 도이다. 유가의 도[性]가 정이에 해당하는 것이라면, 유가의 도에 제한받지 않은 도와 정을 포괄하는 도

53 粟品孝,「試論洛蜀會同」,『西南師範大學學報』第 3期, 重慶: 西南大學, 1997. 92쪽.

는 소식에 해당한다. 정이는 도학자로서 유학의 도를 수호함을 자신의 임무로 삼는다. 정이는 "맹자는 사람의 본성은 선하다고 했는데, 이는 옳다"[54]고 하면서 맹자 성선설을 절대적으로 수용한다.[55] 또 선한 본성이 곧 리 자체이기 때문에 모든 시비선악의 근거는 바로 자신에게 내재된 성에서 찾아야 한다. 이 본성이 바로 도덕의 본원이고, 강상의 윤리를 제정하는 최후의 근거이다. 때문에 정이는 성을 근거로 제정된 예를 대단히 중시한다.

정이의 학술에서 크게 돋보이는 것은 거경과 격물궁리이다. 정이는 형인 정호와 달리 외면적인 정제엄숙整齊嚴肅을 대단히 중시했다. 정이는 내적으로는 공경의 마음을 갖고, 외적으로는 정제엄숙의 기상을 유지하여 항상 마음이 사욕에 의해 흐려지는 것을 방지하려고 노력했다. 정이는 이러한 공경의 마음을 유지하기 위한 방편으로서 전통적인 유가의 예법을 대단히 중시했다.[56] 정이와 소식의 감정이 악화되어 서로 공격하게 된 첫 번째 시발점은 예로부터 비롯되었다.

---

54 『二程遺書』「卷1」, "孟子言人性善, 是也."

55 정이가 과연 맹자 성선설의 본래적 의미를 완전하게 이해하고서 수용했는지에 대해서는 의문이 없지 않다. 왜냐하면 맹자가 비록 '성이 곧 심이고[性卽心], 심이 곧 리이다[心卽理]'라고 언표하지는 않았지만, 맹자는 심선心善을 근거로 성선性善을 증명했고, "군자가 긍정하는 성은 인의예지인데, 인의예지의 성은 심을 근본으로 한다[君子所性, 仁義禮智根於心]"라고 하여 사실상 심즉성心卽性과 심즉리를 긍정한다. 때문에 맹자 철학에서는 도덕 시비선악의 판단 표준을 밖에서 찾지 않고 자신의 마음에서 찾는다[求其放心]. 반면 정이는 성즉리와 성선을 긍정하지만 거경과 격물치지를 공부론의 본질로 삼기 때문에 성과 심이 일자의 관계로 놓인 맹자의 성론과는 본질적으로 다르다.

56 『이정유서』를 읽다보면 한 가지 난제 봉착한다. 주희에 의하여 정호와 정이의 사상 차이가 드러나기 전에는 그저 이정자라고 하여 두 사람의 사상 차이가 부각되지 않았다. 정호와 정이 사상은 주희에 의해 편찬된 『이정전서』 25권에 수록되어 있는데, 그중 1권에서 10권까지는 두 선생의 말[二先生語]이라고 표기되어 있고, 제 11권에서 14권은 정

사마광이 죽자 사마광의 상례에 대하여 정이는 전통적인 유가의 예법을 엄격하게 준수할 것을 요구했고, 소식은 이에 대하여 사람의 보편적인 정감과 위배[不近人情]된다고 비평했다. 또 정이가 "곡을 했으면 그날에는 노래를 부르지 않는다[子於是日哭則不歌]"는 공자의 말을 근거로 사마광의 상례를 진행할 것을 요청하자 소식이 이에 대하여 힐난하면서 조롱했고, 또 '채소를 먹을 것인가? 아니면 고기를 먹을 것인가[食素食葷]' 등에 대해서는 이견을 보였는데, 이 모든 문제가 바로 예법에 관한 것이었다.

정이는 입조하여 경연을 할 때 공경이라는 예를 모든 사람에게 균등하게 요구했다. 예법에 대한 정이의 태도는 태자와 황제에게도 예외를

호의 말로서 이정의 조기 제자인 유질부劉質夫 한 사람이 기록했다. 제 15권에서 25권은 정이의 말로서 대체로 정호 사후에 정이 혼자 학문을 강의할 때 문인들이 기록한 것이다. 11권에서 14권과 제 15권에서 25권까지는 문제가 없으나 제 1권에서 10권에 수록되어 있는 내용이 문제이다. 그중 제 3권에는 사상채謝上蔡가 정호와 정이의 말을 구분하여 표기한 곳이 몇 군데 있고, 제 2권의 여여숙呂與叔이 기록한 부분에는 소수 문장만 끝 부분에 명[明-明道-정호] 혹은 정[正-正叔-정이] 자를 표기하여 정호와 정이의 말을 분별했다. 나머지 각 권에는 가끔 백순[伯淳-정호] 선생의 말 혹은 정이 선생의 말이라고 표기되었을 뿐, 대부분의 구절에 대하여 누구의 말이라고 표기되어 있지 않다. 그러나 정호와 정이의 사상 차이, 그리고 두 학자의 관심 분야에 대하여 분명한 지식을 갖고 있으면 그리 어렵지 않게 구별할 수 있다.
첫째, 제 1권에서 10권까지의 내용은 대부분 정호와 정이 젊은 시절의 강의 내용이다. 이때의 주도적 인물은 형인 정호였지 정이가 아니었다. 따라서 정호의 말이 훨씬 더 많다.
둘째, 정호는 성격이 온화하고 활달하여 대부분 원융적인 입장에서 말을 한다. 즉 개념적 분석 작업을 별로 좋아하지 않고 깨달은 각자覺者의 경지에서 말하기를 좋아한다. 반면 정이는 정제엄숙과 거경궁리를 통하여 일보일보 전진하는 점교적漸教的인 표현이 많다. 따라서 문자 내용이 비교적 가볍고, 속기가 없으면 대부분 정호의 말이다. 이것과 상대적인 내용이라면 정이의 말이라고 단정해도 크게 빗나가지는 않을 것이다.
셋째, 정호는 간접적인 예화나 시 구절을 인용하여 학생들로 하여금 스스로 깨우치게 한다. 반면 정이는 논리가 엄격하고 분석적인 표현이 많다.
넷째, 예법에 관한 상세한 설명, 그리고 전통적인 유가의 예법[古禮]에 대한 자세한 고증과 해설은 대부분 정이의 말이라고 간주해도 별 무리가 없다.

두지 않았다. 그는 좌강坐講과 전강殿講을 취했는데, 이는 강의자가 서서 강의하는 것이 아니라 위[殿上]에서 앉아서 강의하는 것이다. 이렇게 함으로서 한편으로는 강의자의 지위를 올바르게 확립하고, 다른 한편으로는 황제를 비롯하여 강의를 경청하는 모든 사람들로 하여금 공경이라는 예법을 배양하게 하였다. 이러한 정이의 예법 중시에 대하여 고림과 여도 및 공문중을 중심으로 한 소식의 촉당에서는 황제를 존중하지 않는 태도라고 비난했고, 정이 역시 이들의 비평에 대하여 '강의자 홀로 서서 강의하는 것은 예법에 위배되는 것이다[講者獨立, 於禮爲悖]'고 하면서 촉당의 사람들을 '도에 무지한 사람이다'라고 반격했다.

정이의 예법 중시 태도는 조정에만 적용된 것이 아니었다. 그는 문인들에게 강의하면서도 그들의 의관이 정제되어 있지 않으면 강의를 시작하지 않았을 정도로 매우 엄숙한 유가식의 예법을 고집했다.[57] 정이의 예법 중시 입장에 동조하는 낙당의 입장에서 보면, 소식을 비롯한 촉당의 인물들은 '감정에 따라서 함부로 희노애락을 표현하는[喜努任情]' 사람들이고, 그들의 학문에 대해서는 경박하다[習爲輕浮]고 평가할 것이다.

도의 적용 범위에 대해서도 양자의 입장은 확연하게 차이가 난다. 정이는 "오늘날의 학자들은 세 가지 병폐를 지니고 있다. 첫째는 문장에 빠지는 병폐이고, 둘째는 훈고에 이끌리는 병폐이며, 셋째는 이단에 미혹되는 것이다. 참으로 이 세 가지 병폐를 벗어난 사람은 장차 어디로 귀의할 것인가? 반드시 도의 세계로 향해 갈 것이다."[58] 이곳에서 정이

---

57 양시[楊時-龜山]와 사량좌[謝良佐-上蔡]는 본래 정호의 제자였는데, 정호가 일찍 죽자 정이에게서 수학했다. 정호의 성정은 본래 온화하고 활달했기 때문에 제자들과 강의 역시 특별한 형식을 강조하지 않았다. 그러나 정이는 정호와는 반대로 엄격한 형식주의자였기 때문에 양시와 사량좌가 정이에게 수학할 때 상당한 어려움이 있었다고 한다.

가 말한 도는 다름 아닌 유가의 도, 인의예지를 내용으로 하는 공맹 학술 전통에서 긍정하는 도이다. 그가 문장에 빠지는 것을 병폐라고 했으니 이것만을 근거로 정이가 문학의 가치를 전면적으로 부정했다고는 할 수 없지만 문학의 독립적 가치에 대해서는 결코 긍정적인 입장을 취하지 않았음이 분명하다. 이처럼 정이는 유가의 도 외에 도가와 불가의 도를 수용하지 않는다. 그러나 앞에서 이미 해설한 바와 같이 소식이 긍정하는 도에 유가의 도가 포함되는 것은 당연한 사실이지만 도를 유가에만 한정시키지 않고 도가와 불교에 대해서도 긍정적인 태도를 취한다. 즉 소식의 도에는 유불도 삼교의 도가 원융적으로 통합되어 있다.

성과 정에 대한 정이와 소식의 견해는 그들 문도론 성격 결정에 핵심적 역할을 담당한다. 혹자는 정이는 성을 중시하고, 소식은 정을 중시한다고 이분법적 사고를 할 수 있지만, 문과 도의 관계처럼 성과 정에서도 성은 두 사람이 중시하는 공통분모이다. 단지 정에 대하여 어떤 태도 혹은 어떤 가치를 부여하는가의 차이가 있을 뿐이다.

고래로 '정'에 대하여 유가 철학의 입장은 정면적으로 긍정하는 태도를 취하지 않는다. 재미있는 현상은 정에 대한 태도는 선진 철학보다는 근대정신이 출현한 송명리학에서 더욱 부정적인 태도를 취한다는 점이다. 성은 도덕이성이고, 정은 정욕의 근원생명이다. 도덕이성과 정욕의 대립적 시각은 공동체의 구성과 동시에 탄생했을 것이고, 문명사회로의 진입에서 이 문제는 정正과 반反의 대립을 지속적으로 전개했을 것이다. 중국 철학에서도 예외가 아니다. 선진 제자 철학 모두 정욕의 문제에 관

58 『二程遺書』「卷18」, "今之學者有三弊. 一溺於文章, 二牽於訓詁, 三惑於異端. 苟無此三者, 則將何歸. 必趨於道矣."

하여 직간접적으로 언급했지만, 그중에서도 도덕이성과 정욕의 문제를 가장 활발하게 논의한 학파는 유가이다.

공자는 "개인의 사사로운 욕망을 극복하여 예로 회귀함이 인을 실천하는 것이다"[59]라고 한다. 극기克己와 복례復禮에는 두 가지 의미가 있다. 하나는 '개인의 사사로운 욕망을 극복하여 예로 회귀하는' 인격의 완성이고, 다른 하나는 극기와 복례를 통하여 정치 안정을 도모하는 것이다. 극기는 개인의 사사로운 욕망을 극복하는 것으로, 자신에게 부여된 선천적인 감성욕망을 절제하는 것에서부터 시작된다. 그 방법으로써 공자는 "예가 아니면 보지 말고, 듣지 말며, 말하지 말며, 행동하지 말라"고 했다.[60] 그렇다고 공자가 정욕 생명의 발산을 전면적으로 부정한 것은 아니다. 그는 "밥은 정교한 것을 싫어하지 않고, 회는 가늘게 썬 것을 싫어하지 않았다"[61]고 하여 맛을 추구하는 것은 인간의 기본적인 생리현상이라는 점을 긍정한다. 또 "젊을 때엔 혈기가 아직 정해지지 않았기 때문에 여색을 경계하라"[62]고 하여 색정에 대한 경계를 강조하지만, "나는 덕을 좋아하기를 여색을 좋아하듯이 하는 사람을 보지 못했다"[63]하여 호덕好德과 호색好色의 현상을 자연스러운 것으로 설명한다. 부귀와 명리에 대해서도 마찬가지 입장을 취한다. 그는 "부를 노력해서 추구할 수만 있다면 나는 채찍을 잡는 말몰이꾼 같은 천한 일도 하겠지만, 부를

59 『論語』「顔淵」, "克己復禮爲仁."

60 『論語』「顔淵」, "非禮勿視, 非禮勿聽, 非禮物言, 非禮勿動."

61 『論語』「鄕黨」, "食不厭精, 膾不厭細."

62 『論語』「季氏」, "少之時, 血氣未定, 戒之在色."

63 『論語』「子罕」, "吾未見好德如好色者也."

노력해서 추구할 수 없다면 나는 좋아하는 일을 하면서 살아가겠다"[64] 고 했다. 단지 어떤 이익이 눈앞에 놓여 있을 때 그것이 과연 정당한 것인지, 즉 견득사의見得思義만을 강조했을 뿐이다.

맹자 시대에 이르러 도덕이성과 정욕의 관계는 이론적으로 체계화되지만 정욕에 대해서는 오히려 더욱 부정적인 태도를 취한다. 물론 정욕의 선천성과 작용의 보편성을 부정하는 것은 아니다.[65] "인간이 금수와 다른 점은 거의 없다"[66]고 하여 공자처럼 정욕의 합정성도 긍정한다. 또한 맹자는 물질과 이익에 대한 감성 생명의 욕구가 비록 군자 생명의 근거인 도덕본성은 아닐지라도 성의 범주에 넣고 이해한다.[67] 뿐만 아니라 남녀 간의 합정적인 성욕을 대륜大倫[68]으로 간주하기도 한다. 그러나 맹자는 좋은 도덕의식을 배양하는[養心] 방법으로서 욕망을 적게 하는 과욕寡欲을 제시한다. 맹자는 '이목의 감관은 도덕에 대한 자각 작용이 없으면 쉽게 외물에 가려져 막히게 된다'[69]는 점을 근거로 욕망을 적게하는 과욕의 당위성을 설명한다. 그는 "마음을 배양함에 있어 욕심을 적게 하는 것보다 좋은 것은 없다. 그 사람됨이 욕심이 적으면 비록 마음

---

64 『論語』「述而」, "富而可求也, 雖執鞭之士, 吾亦爲之. 如不可求, 從吾所好."

65 『孟子』「告子上」, "口之於味也, 有同耆焉…目之於色也, 有同美焉."·「告子上」, "欲貴者人之同心也."·「公孫丑下」, "亦孰不欲富貴"·「萬章上」, "好色人之所欲…富人之所欲…貴人之所欲."

66 『孟子』「離婁下」, "人之所以異於禽獸者幾希."

67 『孟子』「盡心下」, "孟子曰, 口之於味也, 目之於色也, 耳之於聲也, 鼻之於臭也, 四肢之於安佚也, 性也, 有命焉, 君子不謂性也. 仁之於父子也, 義之於君臣也, 禮之於賓主也, 智之於賢者也, 聖人之於天道也, 命也, 有性焉, 君子不謂命也."

68 『孟子』「萬章上」, "男女居室, 人之大倫也."

69 『孟子』「告子上」, "耳目之官不思而蔽於物."

을 보존함이 적더라도 (실수가) 적을 것이다. 그 사람됨이 욕심이 많으면 비록 마음을 잘 보존하고 있더라도 (선을) 적게 할 것이다"[70]라고 한다. 이러한 맹자 과욕론은 송명유학의 정욕론[存天理去人欲]에 절대적인 영향을 끼친다.

반면 순자에 이르러 도덕이성과 정욕의 관계는 더욱 체계화된다. 기본적으로 도덕생명과 정욕생명의 위치 그리고 역할에 대한 순자의 기본 입장은 공자·맹자와 대부분 일치한다. 그러나 맹자가 양심養心의 방법으로서 욕망을 적게하는 과욕을 주장했지만, 순자는 욕망의 많고 적음에 대해서는 크게 문제 삼지 않는다. 정욕생명 발현에 예의의 표준이 올바르게 적용된다면 큰 문제가 없다는 것이 순자의 입장이다.

선진 유학에서는 정욕생명의 가치를 도덕이성과 동등하게 인식하지는 않지만 그렇다고 끊어야 할 대상 혹은 금해야 할 대상으로 간주하지도 않는다. 오히려 도덕이성을 주로 하고, 정욕생명을 종으로 삼아 양자의 조화를 도모하는 입장을 취한다. 그러나 북송유학에 이르러 정욕생명의 가치는 더욱 추락한다. '오로지 천리만을 보존하고 인욕은 제거한다'는 존천리거인욕存天理去人欲이 바로 이점을 대표하는 주장이다.

북송 도학가 중에서 성과 정의 분계, 그리고 정욕에 대한 엄격한 제한을 정이처럼 강조한 사람은 없다. 이전에 도학가들이 성과 정에 대하여 개념적으로 엄격하게 분석 규정하지 않은 반면 정이는 성과 정에 대한 규정부터 엄격하게 분별한다.

---

70 『孟子』「盡心下」, "孟子曰, 養心莫善於寡欲, 其爲人也寡欲, 雖有不存焉者, 寡矣. 其爲人也多欲, 雖有存焉者, 寡矣."

> 맹자는 '측은지심이 인이다'라고 말했는데 후대 사람들이 사랑을 인으로 삼았다. 측은한 마음은 사랑에 해당하고 사랑은 본래 정이다. 인은 본래 본성인데 어찌 사랑만을 가지고서 인으로 삼을 수 있겠는가? 맹자가 측은지심을 인이라고 말하기 전에 이미 '측은지심은 인의 단서이다'라고 말했다. 인의 단서라고 말한 이상 측은지심을 바로 인으로 단정할 수는 없다. 한유가 '널리 사랑함[博愛]이 곧 인'이라고 했지만 이는 옳지 않다. 인한 사람은 본래 널리 사랑하지만 그렇다고 널리 사랑함을 가지고 인으로 삼는다면 이는 옳지 않다.[71]

> 하늘에 있어서는 명命이라 하고, 의로움에 있어서는 리라고 하며, 사람에게 있어서는 성이라고 하고, 한 몸의 주재로서 말하면 심이라고 한다. 그리니 사실상 이 모든 것들은 하나[一]이다. 마음은 본래 선한데 사려로 드러나면서 선함과 불선함이 생기게 된다. 만약 이미 발동했으면 정이라고 할 수 있지 심이라고 할 수 없다. 물에 비유하자면 다만 물이라고 말하더라도 흘러서 물줄기가 생기거나 동쪽으로 또는 서쪽으로 흐른다면 그것을 시냇물[흐름]이라고 말하는 것과 같다.[72]

정이는 성을 리로 인식하여 형이상자로 삼고, 정은 형이하자로 규정한다. 또 심과 성 그리고 정을 엄격하게 분리하여 선악은 심과 성에서 논하는 것이 아니라 오로지 정에서 구분되어 나온 것이라고 주장한다.

---

71 『二程遺書』「卷18」, "孟子曰, 惻隱之心, 仁也. 後人遂以愛爲仁. 惻隱固是愛也. 愛自是情, 仁自是性, 豈可專以愛爲仁. 孟子言惻隱爲仁, 蓋爲前已言惻隱之心, 仁之端也, 旣曰仁之端, 則不可便謂之仁. 退之言博愛之謂仁, 非也. 仁者固博愛, 然便以博愛爲仁, 則不可."

사실 '성은 선하고 정은 악하다[性善情惡]'는 주장은 정이 이전에 보편적으로 유행하고 있었다. 왕안석도 동일한 입장을 취한다.

그러나 소식의 입장은 다르다. 소식은 정이와 마찬가지로 유가 경전을 근거로 자신의 해석을 첨가하여 도학가의 입장에 반대한다. 그는 「중용론中庸論」·「예이양인위본론禮以養人爲本論」·「양웅론揚雄論」·「자사론子思論」·「한유론韓愈論」 등을 지어 정이와 다른 성정론性情論을 주장한다. 그는 「중용론」에서 "성인의 도는 그 본원에서 보면 모두 사람의 정감으로부터 나온 것인데, 그 본원을 따르지 않고 거꾸로 그 끝을 보게 되면 성인은 억지로 하는 바가 있다고 하는 것이니 이는 인정이 즐기는 바가 아니다. 무릇 정말로 그렇다면 비록 진실로 그것을 하려고 해도 그 도는 연유하는 곳이 없다"[73]고 한다. 소식의 입장에서 보면, 인간의 성정에서 가장 자연스러운 것은 성리가 아니라 인정이다. 따라서 인간 사회의 모든 예법과 조리는 마땅히 인정을 근거로 세워야 한다. 식욕도 인정이고, 부부지간의 사랑 역시 인정이며, 측은지심을 비롯한 사단지심 역시 모두 정감이다. 그런데 이처럼 가장 본원적인 정감을 악의 근원으로 삼으니 이것이 사람의 상정에 부합한 것이라고 할 수 있겠는가?

소식에 따르면, 인간의 정은 가장 근본적인 것이지만, 사람들마다 서로 다르게 표현될 수 있다. 이러한 정의 표현은 개인의 독립적 의지 표현

---

72 『二程遺書』「卷18」, "在天爲命, 在義爲理, 在人爲性, 主於身爲心, 其實一也. 心本善, 發於思慮, 則有善有不善. 若旣發, 則可謂之情, 不可謂之心. 譬如水, 只謂之水, 至於流而爲派, 或行於東, 或行於西, 却謂之流也."

73 『蘇東坡全集』「卷41 · 中庸論」, "聖人之道, 自其本而觀之, 則皆出於人情, 不循其本, 而逆觀之於其末, 則以爲聖人有所勉强力行, 而非人情之所樂者. 夫如是, 則雖欲誠之, 其道無由."

이고, 개성의 표현이며, 사상 자유의 표현이다. 성[도리]과 정에 대해서도 정이가 이분법적인 시각을 보이고 있는 반면 소식은 성정을 대립적 관점에서 바라보지 않는다. 이 때문인지 소식은 인성론에서도 맹자의 성선설보다는 양웅의 '성에는 선과 악이 혼재되어 있다[性有善惡混說]'의 입장을 지지한다. 소식은 『양웅론』에서 "사람의 본성에는 선과 악이 혼합되어 있다. 그 선한 부분을 수양하면 선한 사람이 되고, 그 악한 부분을 행하면 악한 사람이 된다"[74]고 주장한다. 선과 악이 혼재되어 있는 것이 성정의 본래 모습이다. 또 정이를 비롯한 도학가들이 성과 인욕을 전혀 다른 두 개의 존재로 보는 것에 대해서도 반대한다. 그는 『양웅론』에서 "사람은 태어나면서 배고픔과 추위에 대한 근심이 없는 사람이 없고, 남녀의 욕정이 없는 사람이 없다. 지금 사람들에게 배고프면 먹고자 하고, 목이 마르면 물을 마시고 싶으며, 남녀 간에 서로 사랑하는 욕구가 사람의 본성으로부터 나온 것이 아니라고 한다면 그 말이 통할 수 있겠는가"[75]고 하면서 성과 정을 이분법적으로 구분하는 것을 반대한다. 이러한 소식의 성정론에 대하여 도학가들이 '함부로 지껄이는 쓸데없는 소리[胡說]' 혹은 '정욕에 방종하는 설[任情縱欲]'로 치부하는 것은 당연하다.

이상 예법과 도의 제한 범위 그리고 성정에 대한 두 사람의 인식 차이를 살펴보았다. 앞에서 이미 소식과 정이의 문도론을 해설했기 때문에 이곳에서는 양자의 차이를 상대적인 입장에서 요약하여 논의하고 이장을 마칠 것이다. 앞에서 이미 밝힌 바와 같이 정이와 소식이 서로 대립

---

74 『蘇東坡全集』「卷43 · 揚雄論」, "人之性善惡混, 修其善則爲善人, 修其惡則爲惡人."

75 『蘇東坡全集』「卷43 · 揚雄論」, "人生而莫不有飢寒之患, 牝牡之欲. 今告乎人曰: 飢而食, 渴而飮, 男女之欲, 不出於人之性也, 可乎."

하고 있지만 도는 두 사람의 학술에 있어서 공통분모이다. 비록 소식의 도가 유가에 제한당하지 않고 불교와 도가 그리고 제가諸家에서 내세운 도를 이단으로 규정하지 않고 수용하고 있지만, 소식 학술에 있어서 유가의 도는 여전히 가장 중요한 지위를 차지하고 있을 뿐만 아니라 핵심적 역할을 담당하고 있다. 단지 소식은 유가의 도를 패도주의식으로 수용하지 않을 뿐이다. 따라서 정이와 소식의 진정한 차이는 도가 아닌 문에서 찾아야 한다.

가장 간략하게 정이를 중도重道로 규정하고, 소식을 중문重文으로 규정하기도 하지만, 이 역시 정확한 표현은 아니다. 정이의 문도론을 중도로 규정하는 것은 문제가 없지만, 소식을 중문경도로 규정한다면 그가 주창한 문여도구설과 상충된다. 따라서 소식을 중문이라고 규정하려면 정이의 중도론과 상대적 비교 입장이라는 전제를 반드시 주지시켜야 한다.

필자는 예와 도 그리고 성정에 대한 정이와 소식의 인식을 분석하면서 다음과 같은 감상을 가졌다. 즉 제 3자의 입장에서 보면 문화와 학술 그리고 도덕가치와 풍속 등에 대해서 정이가 폐쇄적인 반면 소식이 개방적인 태도를 취하고 있는 것 같다. 고례를 중시하여 예법에서 예외를 인정하지 않으려고 하고, 도는 오로지 유가의 도로 제한하며, 성을 리로 규정하여 하나의 차이도 인정하지 않은 정이의 사유 형태는 확실히 보편주의적 발상이고 심지어 획일주의적 사유 형태에 가깝다고 할 수 있다. 그러나 소식이 예를 중시하지 않은 것은 아니지만, 그는 방편을 존중했고, 도 역시 유가의 도만을 존숭하지는 않았다. 더욱이 성정을 분리하지 않고 차별적으로 표현되는 성정의 개성을 중시하는 소식의 사유는 정이와 비교할 때 확실히 개방적이고 다원주의적 형태라고 할 수 있다. 소식은 왕안석에 대하여 "왕안석의 문장이 나쁜 것은 아니다. 그러나 왕안석은 사람들이 자기와 같게 되기를 바라는데, 이것이 문제이다. 공자 때부터 사람들이 공자 자신과 같아지기를 바라지 않았다"[76]고 했다. 만일 정이처럼 도를 표준으로 삼고, 또 그 도를 유가의 도로 제한한다면, 다양하게 발산되는 인간 감정의 의지 표현을 어떻게 감당할 수 있겠는가?

정이와 소식의 문도관에는 여러 차이가 있다.

첫째, 언어관의 차이이다. 도학가들은 언어를 도를 실현하는 도구로 인식한다. 문이재도가 바로 그점을 대표하는 이론이다. 반면 소식을 비롯한 고문가들은 언어는 도를 드러내는 도구임과 동시에 인간의 감정을 표현하는 도구라고 주장한다. 즉 도를 실어야 하는 것[載道]만이 목적이 아니라 정을 싣는 것[載情]도 목적 중의 하나인 것이다.

둘째, 창작활동에 대한 긍정 여부이다. 앞에서 서술한 바와 같이 정이는 작시[作詩]와 같은 창작활동에 전념하게 되면 성현의 인품을 추구함에 있어 방해가 될[作文妨事]뿐만 아니라 도를 추구함에도 해가 된다[作文害道]고 했다. 반면 소식은 창작활동의 가치를 적극적으로 긍정한다. 소식은 "말은 마음으로부터 나와 입에 가득 차게 된다"[77]고 했다. 소식에 의하면, 언어는 그냥 지껄이는 소리가 아니라 마음에서 느끼고 터득한 깨달음이 입으로 흘러나온 것이다. 이것이 그가 긍정하는 창작의 가치이다. 소식은 평소에 도연명을 가장 존중했는데, 그가 도연명을 존중한 것은 바로 '마음의 소리가 입을 통해서 나와 글을 이루는 창작'을 존중한 것이다. 마음의 소리가 입으로 나온다는 것은 창작을 하기 위하여 창작

76 『蘇東坡全集』「卷74 · 書九首」, "王氏之文, 未必不善也. 而患在於好使人同己. 自孔子不能使人同."

77 『蘇東坡全集』「卷36 · 思堂記」, "言發於心而沖於口."

을 하는 것이 아니라 창작을 할 수밖에 없기 때문에 창작을 하는 것이라는 의미이다. 때문에 소식은 "옛날에 글을 짓는 사람은 글을 잘 짓기 때문에 훌륭하다고 한 것이 아니라 짓지 않을 수 없기 때문에 짓는 글을 훌륭하다고 한 것이다"[78]라고 한 것이다. 자연의 아름다운 물상을 보고서 마음에 생기와 아름다운 기상이 충만하면 저절로 입에서 영탄이 나오는 것과 같은 것이다.

셋째, 소식의 문여도구에서도 알 수 있듯이 소식은 문장의 독립적 가치를 긍정한다. 그는 문은 도의 부속물이라는 견해를 결코 수용하지 않는다. 그에 의하면, "문장은 금옥의 보석과 같은 것으로 독자적인 가치가 있는 것"이다.

넷째, 소식은 문의 서정적인 기능을 통하여 심미의 가치를 도야할 수 있음을 긍정했다. 소식은 『서황노직시후書黃魯直詩後』에서 "노직의 시를 읽을 때는 마치 노중련을 보는 것 같고, 이태백의 시를 읽을 때는 천박한 일을 다시는 논하지 못할 것 같다"[79]고 한다. 문장의 가치는 오로지 정치와 교육에만 전용되는 것이 아니다. 문장을 통하여 문장을 지은 사람과 그것을 읽는 독자가 서로 영감을 교류하면서 느끼는 심미적 향수는 그 무엇과도 비교할 수 없는 아름다움의 극치인 것이다.

다섯째, 소식은 공자가 말했다고 전해지는 "만일 말에 꾸밈이 없다면 그 말은 멀리 가지 못할 것이다"[80]를 계승하여 사달辭達의 중요성을 강조한다. 그는 마음에서 이해하는 것보다 그것을 입과 손으로 표현하는

---

78 『蘇東坡全集』「卷34」, "夫昔之爲文者, 非能爲之爲工, 乃不能不爲之爲工也."

79 "讀魯直[黃庭堅]詩, 如見魯仲連. 李太白, 不敢復論鄙事."

80 『左傳』「襄公 25年」, "言之無文, 行而不遠."

것이 더욱 어렵다고 한다. 사달은 마음의 깨달음을 올바르게 표현함에 그치는 것이 아니라 작자의 깨달음이 더욱 잘 표현될 수 있도록 예술성이 가미되어야 하고, 독자는 작자의 사달로 표현되는 작자의 예술적 세계를 더욱 생동적으로 감상할 수 있으니 어찌 무의미하다고 할 수 있겠는가?

文道

VI

주희의 문도론

論

Ⅵ. 주희의 문도론

중국 철학 발전사에서 주희가 차지하고 있는 지위와 역할은 여러 방면에서 논의할 수 있다.

첫째, 주희는 주돈이·장재·정호·정이로 이어지는 북송 도학의 종합자이고, 완결자라고 할 수 있다.[1] 물론 주희 철학에 지대한 영향을 끼친 것은 정이지만 주돈이의 태극과 장재의 기 역시 주희 리기론에서 차지하고 있는 분량이 적지 않다. 성리학 발전사에서 보면 주희 이후 명대 왕수인이 출현하기 전까지 성리학은 주희 철학의 천하였다. 더 엄격하게 말하면 주희 성리학의 주석과 실천에 불과했다고 할 수 있다. 왜냐하면 성리학은 주희 시대에 최고봉을 이루었기 때문에 이후 제자와 문인 그리고 성리학자들은 오로지 주희 철학에 대한 주석과 해설 그리고 주희 도덕론에 입각한 궁리와 실천에 정진했을 뿐이다.

둘째, 정치적인 측면에서 보면 주희 성리학 이념은 주희 사후 몇 십 년도 되지 않아 중국은 물론이고 동아시아 전체 중심 이데올로기로 자

---

1 북송과 남송 성리학자들이 모두 공맹 철학 정신으로 회귀를 기치로 내걸었지만, 과연 그들의 사유 체계가 공자·맹자 철학 정신과 일치하는가에 대해서는 이견이 있을 수 있다. 필자는 순수한 학술사적인 측면에서 보면, 주희를 비롯한 정이 그리고 주돈이와 장재 모두 심성론 위주의 공맹 철학과는 일정한 거리가 있다고 생각한다. 그러나 북송에서 발흥한 유학의 흐름을 고려할 때 주희는 확실히 종합자이고 완결자라고 할 수 있다.

리 잡았다. 주희의 리기론과 중화설中和說 그리고 심성론과 격물치지 등은 분명 이전 성리학자에게서는 볼 수 없었던 창의적이고 체계적이면서 종합적인 철학 사유였다. 이 때문인지 주희 철학이 당시에 반드시 환영을 받은 것은 아니었다. 게다가 주희의 비타협적인 성격과 고집스러운 집착으로 말미암아 정부로부터 궤변가라는 비난을 받기도 했다. 심지어 과거시험에 응시하려면 주희 철학을 신뢰하지 않는다고 약속을 해야만 비로소 응시할 수 있었을 정도이니 당시 상황이 주희에게 얼마나 열악했는지 짐작할 수 있다. 그러나 주희 사후 얼마 되지 않아 주희에 의하여 편찬된 『사서집주』는 과거시험 응시자의 필독서가 되었고, 1241년 황제로부터 '도를 드러냈다'는 칭송을 받는다. 그후 주희 철학은 동아시아 이데올로기 그 자체였다.

셋째, 문도론 방면에서 보면, 주희 문학이론이 차지하고 있는 지위와 역할은 실제적으로 상당했지만, 현대 문학비평사에서 주희가 차지하고 있는 분량은 그리 높지 않다. 오로지 유가 철학 입장에서만 본다면 주희 문도론은 상용과 효용 그리고 문이관도·문이명도로 이어지는 고문가 문도론, 그리고 문이재도로 대표되는 도학가 문도론의 발전적 종합이고 완성이라고 할 수 있다. 그러나 예술을 위한 예술, 문학을 위한 문학 측면에서 보면, 주희 문도론은 문을 도에 예속시켰다는 비평을 피할 수 없다. 따라서 주희 문도론은 어느 한 측면에서만 공과를 논할 수 없고, 반드시 두 측면으로 분리하여 그 가치 여부를 논해야 한다.

필자는 주희 문도론을 논하기 이전에 한 가지 중요 사건의 내용을 소개하고자 한다. 그것은 바로 주희와 육구연의 논쟁, 즉 주륙지변朱陸之辨이다. 주륙지변은 문도론과 직접적 관련이 없다. 그러나 주륙지변을 시작으로 당시 중국 학술 주도권이 불교에서 완전히 유학으로 전이된다.

위진남북조 시대에 불교와 도가는 유학과의 학술 주도권 다툼에서 우위를 점하자 그 영향은 여러 방면에서 나타났다. 특히 문예 방면에 불교와 도가의 영향은 지대했다. 이러한 상황이 송 대에 이르러 전환의 기미를 보이기 시작하다가 주희 시대에 완전히 유학 중심으로 재편된다. 주륙지변은 학술의 주도권이 완전하게 유학으로 귀속되는 계기였다. 때문에 남송 시대 주희와 육구연 논변 전모에 대한 이해는 주희 시대 문도론의 실상을 정확하게 인식하기 위한 전제 조건이라고 할 수 있다.

1. 주희와 육구연의 논쟁[朱陸之辨] 그리고 유가 학술의 주도권 회복

주희와 육구연에 의하여 본격적으로 전개된 리학과 심학 논쟁은 여러 가지 주제로 전개되었다. 성즉리性卽理와 심즉리心卽理·인심人心과 도심道心·무극無極과 태극太極·격물치지格物致知와 발명본심發明本心·의義와 리利·지리支離와 태간太簡·존덕성尊德性과 도문학道問學·선학禪學·도통 등 다양하다. 두 학자의 논쟁 주제는 사실상 송명유학에서 논의 된 핵심 주제를 모두 포괄하고 있다고 해도 과언이 아니다. 즉 주륙지변은 단순히 두 학자만의 논쟁으로 그치지 않았다. 또 그 논쟁에 수반된 결과는 참으로 컸다. 송 이후 원 대에는 리학과 심학의 대립을 실용주의 입장에서 화회和會하려는 움직임이 있었다고 하지만 분명한 실체는 없다. 명 대에 왕수인이 심학을 다시 주창하면서 학계의 주목을 한 몸에 받았고, 후에 『주자만년정론朱子晩年定論』이라는 부실한 학설을 내놓자 그것에 대한 격렬한 쟁론이 나타났다. 리학자들은 육왕학을 광선狂禪이라고 비난했고, 심학자들은 리학을 속학俗學이라고 비평했다. 이러한 학술 조류는 청 대를 거쳐 현대 신유가들에까지 지속되어, 혹자는 주희를 송명유학의 대종大宗 혹은 정통으로 이해하기도 하고, 혹자는 육구연과 왕수인을 공자와 맹자 도덕정신의 정수精髓를 계승한 정종正宗으로 이해하면서 주희를 오히려 별자지종別子之宗[2]으로 분류하기도 한다. 명 대의 진건은 『학부통변』「제강」에서 "주희가 학술계에 등장하기 이전에 천하의 학자들은 유학과 불가의 동이同異 문제를 두고서 논쟁을 전개하였는데, 주희 사후에는 논쟁의 주제가 주륙동이 논변으로 전환되었다"[3]고 하였

---

2 대표적인 학자는 현대 신유가의 대표 학자인 모종삼牟宗三이다.

다. 주륙지변을 시작으로 학술 논쟁의 주체는 유가와 불가에서 유가와 유가로 전이된다. 즉 불교가 학술 논쟁의 주류에서 이탈된다.

주희와 육구연 논쟁은 두 사람의 의식구조의 차이에서 비롯된 것이지만, 이러한 본질적 원인 이외에도 몇 가지 학술적 배경이 있다. 일반적으로 북송오자라고 칭하지만, 이들 사이에 학술적 전승 관계는 분명하지 않을 뿐만 아니라 그들이 경전으로 삼은 전적典籍 역시 계통화되지 않았다. 또 각자 내세운 주요 개념들도 상호간 연관성이 부족했다. 이러한 느슨한 현상은 주희와 육구연 논쟁을 통하여 유학에 명확하게 체계화 된다. 즉 태극과 무극의 관계, 태극의 의미, 태극과 기의 관계, 주돈이의 주정主靜과 정이의 주경主敬, 의리지성義理之性과 기질지성氣質之性, 격물궁리와 발명본심發明本心 등, 그중에서도 가장 핵심적인 내용은 심과 성의 관계였다. 주희와 육구연 시대에 이르러 이상의 여러 개념들은 좀 더 진일보된 심화와 세밀화 과정이 요청되었는데, 이러한 시대의 요청이 주륙지변을 통하여 계통화 되고 체계화된다.

주륙지변의 주요 내용은 다양하고 복잡하지만, 다음 몇 가지로 종합할 수 있다.

첫째, 성즉리와 심즉리.
둘째, 격물궁리와 발명본심.
셋째, 태간과 지리.
넷째, 존덕성과 도문학.

---

3 明 · 陳建, 『學蔀通辨』「提綱」, " 朱子未出以前, 天下學者有儒佛異同之辯, 朱子旣沒之後 , 又轉爲朱陸異同之辯."

다섯째, 태극과 무극.

여섯째, 이단.[4]

먼저 성즉리와 심즉리의 차이를 분석해보자. 일반적으로 주희의 심성론을 성즉리, 육구연의 심성론을 심즉리라고 하지만, 실제 내용은 이처럼 단선적이지 않다. 즉 '성이 곧 리이다[性卽理]'와 '심이 곧 리이다[心卽理]'라는 단순진술로써는 주희와 육구연의 심성론을 올바르게 설명하기 어렵다. 정확하게 말하면, 주희 심성론은 '성은 리이지만, 심은 리가 아니다[性卽理而心不卽理]'로, 육구연의 심성론은 '성은 리이고, 심 역시 리이다[性卽理, 心亦卽理]'라는 복합진술로 표현해야 한다. 주희는 성즉리는 긍정하지만 심즉리는 부정한다. 반면 육구연은 심즉리와 동시에 성즉리를 긍정한다. 심즉성 역시 당연히 긍정한다. 단지 육구연이 심의 자율성을 극히 강조했기 때문에 심즉성 혹은 성즉리보다는 심즉리를 더 적극적으로 사용할 뿐이다. 이는 물론 주희와의 차별화도 고려했을 것이다.

성즉리와 심즉리의 본질적 차이는 무엇인가? 문자학에서 보면 '심' 자의 갑골문은 심장을 형용한 것이다. 심장이 움직이지 않는다는 것은 곧 죽음을 의미한다. 따라서 심은 역동적인 의지 등의 의미를 갖는다. 주희처럼 오로지 성만이 리이고, 심은 리가 아니며, 또 심은 성이 아니라면 주희 철학에서 본체인 성리性理는 심이라는 활동성이 배제된 정태적인 원리[법칙·규범] 혹은 실체라고 규정해야 한다. 현대 신유학자인 모종삼이 주희의 성을 '단지 존유일 뿐 활동하지 못하는 실체[只存有而不活動]'[5]

---

4 황갑연, 『리학 심학 논쟁』, 예문서원, 2014, 제 3장 참고.

5 牟宗三, 『心體與性體』「第三册」. 이 표현은 『心體與性體』 전체에 수차례 반복적으로 표

라고 규정한 근거가 바로 이것이다. 그러나 육구연은 심즉리와 심즉성 및 성즉리를 동시에 긍정하기 때문에 육구연 철학에서 심과 성 및 리는 등가관계의 존재라고 할 수 있다. 심과 성 및 리가 일자의 관계라면 이러한 성격의 본체는 모종삼이 말한 '존유이면서 활동하는 실체[卽存有卽活動]'인 것이다.

심성론이 성즉리와 심즉리로 차별화되었다면 공부론이 격물궁리와 발명본심으로 결정되는 것은 도덕철학 이론상 필연적인 결론이다. 만일 심즉리를 긍정하면서 핵심 공부론을 격물치지[窮理]로 삼거나, 성즉리를 긍정하면서 공부론을 발명본심으로 삼는다면 이는 논리상 오류, 즉 심성론과 공부론의 부정합이다. 다시 말하면 심성론과 공부론은 서로 독립적인 것이 아니라 심성론을 어떻게 규정하는가에 따라서 공부론이 결정된다. 역으로 공부론이 결정되면 심성론 역시 공부론 시스템과 정합적으로 설정된다. 주희는 성즉리만을 긍정할 뿐 심즉리는 부정한다. 성에 본래 갖추어진 심의 자각 활동이 탈락되었기 때문에 성은 스스로 자신의 동력에 의거하여 시비선악을 결정하고 호선오악의 도덕정감을 표현할 수 없다. 반드시 자신 외의 어떤 존재의 도움이 필요한데, 그것은 곧 심의 인식 활동 즉 심의 격물치지이다. 주희에 의하면, 심 자신은 리가 아니기 때문에 자신 스스로 반조返照하여 도덕 활동의 기본 방향, 즉 표준을 결정할 수 없다. 반드시 하나의 표준을 인식하여 그것을 자신 활동의 준칙으로 삼아야 한다. 그 과정과 방법이 바로 격물치지이다.

반면 육구연은 심즉리와 심즉성 그리고 성즉리를 동시에 긍정하기 때문에 '심 밖에 성이 없고[心外無性]', '심 밖에 리가 없다[心外無理]'가 성립

현되고 있다.

한다. 따라서 심은 자신 스스로 반조하여 자각하고서 자신의 실천 방향을 선으로 결정할 수 있다. 심즉리에서 심은 자각 주체를 의미하고, 성은 그러한 자각 주체가 우리에게 선천적으로 갖추어진 도덕실체라는 의미이며, 리는 심 스스로 결정한 자신의 실현 방향을 의미한다. 따라서 육구연 도덕론에서 선을 실현하는 첫째 관문은 본심의 본래적 모습을 회복하는 것이다. 이것이 바로 맹자가 말한 잃어버린 마음을 회복한다는 구방심求放心인데, 육구연은 이를 발명본심發明本心 혹은 복기본심復其本心이라고 칭했다.

태간과 지리 문제 역시 주희의 성즉리와 격물치지 그리고 육구연의 심즉리와 발명본심이라는 심성론과 공부론의 차이로부터 수반된 상대방 학문에 대한 혹평이다. 주희는 육구연의 발명본심을 '지나치게 간단하다[太簡]'고 했고, 육구연은 주희의 격물치지를 '성인의 학문과 본질적 관련이 없이 번쇄하고 복잡하다[支離]'고 했다. 태간이라는 비판은 육구연이 자신의 발명본심을 『역전』의 이간易簡으로써 해설하자 이에 대하여 주희가 반박한 것이다. 『역전』에서는 "건은 위대한 시작을 이루어내고, 곤은 만물을 완성하는 작용을 한다. 건의 작용으로써 쉽게 알 수 있고[易知], 곤의 작용으로써 용이하게 실현할 수 있다[簡能]"[6]고 했다. 『역전』에 의하면, 천도는 건과 곤이라는 두 작용을 갖추고 있기 때문에 천지만물의 생화生化를 이간易簡할 수 있다. 육구연은 이러한 건과 곤이라는 천지의 능력을 심성론에 적용시켜 양지와 양능으로써 건곤의 이간 원리를 설명한다. 그는 "내가 이 리를 아는 것은 건이고, 이 리를 실천하는 것은 곤이다"[7]라고 했고, 또 "건의 작용 때문에 쉽게 알 수 있고, 곤의

---

6 『周易』「繫辭上」, "乾知大始, 坤作成物. 乾以易知, 坤以簡能."

작용 때문에 용이하게 실천할 수 있다. '이易'하기 때문에 쉽게 알 수 있고, '간簡'하기 때문에 쉽게 따를 수 있다"[8]고 했다. 원래 건은 시작의 원리이고 작용이며, 곤은 완성의 원리이고 작용이다. 도덕론 입장에서 보면, '지'는 앎의 시작이고, '행'은 실천의 완성이다. 육구연은 건곤의 원칙과 작용을 '사려하지 않아도 알 수 있다'는 양지와 '배우지 않아도 할 수 있다'는 양능의 작용으로 전용하여 지행론을 설명한다. 즉 양지의 작용 때문에 '이지易知'할 수 있고, 양능의 작용 때문에 '간능簡能'할 수 있는 것이다.

그러나 주희는 육구연의 '이간'을 방법상의 간단과 쉬움으로만 이해한다. 육구연의 '이간론'에 방법상의 쉬움과 간단함이라는 의미는 당연히 포함되어 있다. 그러나 육구연 '이간론'의 이론적 근거는 양지와 양능의 작용이다. 이간에는 이론적 원리 혹은 작용의 의미까지 포함되어 있다. 따라서 단지 방법상의 '쉬움' 혹은 '간단'으로만 이해하는 것은 근본적인 원리를 홀시한 것이다.

주희가 육구연의 이간을 '지나치게 간단하다[太簡]'라고 오해했다면 육구연은 주희의 격물치지에 대하여 '지리'하다는 평가를 한다. 육구연은 "부자의 말은 이간한데, 어떤 사람[有子-주희]의 말은 지리하다"[9]고 했고, 또한 "지금의 학자들은 주저하고 앞으로 나아가지 않으면서 학문을 안다고 하지만, 이는 실제로 학문을 알았다고 할 수 없다. 또 학문에 뜻을 두고 있다고 하지만, 실제로 학문에 뜻을 두었다고 할 수 없다. 만일

---

7 『象山全集』「卷34」, "吾知此理卽乾, 行此理卽坤."

8 『象山全集』「卷1」, "乾以易知, 坤以簡能. 易則易知, 簡則易從."

9 『象山全集』「卷34」, "夫子之言簡易, 有子之言支離."

학문을 알고 학문에 뜻을 두었다면 왜 주저하면서 앞으로 나아가지 않는가? 학자가 해야 할 사업은 무궁무진하다. 옛 성현들은 그 길을 어렵다고 생각하지 않았으며 그 문호를 지리하게 한 적이 없다"[10]고 했으며, 이러한 '지리'한 학문 결과는 "학술로써 천하를 죽이는 것이다"[11]라는 혹독한 비평을 한다. 뿐만 아니라 오로지 서책을 통한 문자적 훈고와 해석만을 중시하는 학자들을 '지리'하다고 평가했다. 이러한 육구연의 평가에는 박학과 독서를 강조하는 주희 철학 방법론에 대한 폄하가 담겨져 있다.

왜 육구연은 주희의 격물치지를 지리하다고 하는가? 주희 역시 "요즘 사람들이 범사에 그렇게 지리한 것은 철저하게 알지 못하기 때문이다"[12]라고 하면서 '지리'에 대한 자신의 견해를 피력한다. 그는 "배우는 사람이 공부에 대해 논의할 때는 마땅히 그 사람에 따라 실질적인 공부를 제시해 주어야 하며, 쓸데없이 말할 필요는 없다. 사람들이 따를 곳을 알아서 평이하고 명백한 곳으로 들어가도록 하는 것이 좋다. 만약 실마리를 범범하게 주고서 절박하게 스스로 구하라고 몰아댄다면, 아마도 배우는 사람의 병을 더할 뿐이다"[13]·"도리는 눈앞에 있는 도리이다. 평이하게 저절로 말해 내는 것도 좋다. 말해 내는 것이 어려우면 좋지 않다"[14]는 것을 제시한다. 주희가 말한 '지리'는 박문과 독서에만 힘을 쓰

---

10 『象山全集』「卷5」, "今時學者, 悠悠不進, 號爲知學耳, 實未必知學. 號爲有志耳, 實未必有志. 若果知學有志, 何更悠悠不進. 事業固無窮無盡, 然古聖賢未嘗艱難其途徑, 支離其門戶."

11 『象山全集』「卷1」, "此豈非以學術殺天下哉."

12 『朱子語類』「卷9」, "今人凡事所以說得恁地支離, 只是見得不透."

13 『朱子語類』「卷8」, "學者議論工夫, 當因其人而示以用工之實, 不必費辭. 使人知所適從, 以入於坦易明白之域, 可也. 若泛爲端緒, 使人迫切而自求之, 適恐資學者之病."

면서 실질적인 도리를 추구하지 않는 것, 그리고 오로지 현묘한 추상적 도리에만 힘을 쓰면서 가까운 일상 도리에 대해서는 무관심한 태도를 지적한 것이다. 그러나 육구연이 주희의 학문 방법을 '지리'하다는 평가는 방법론의 번쇄함뿐만 아니라 주희의 학문 방법이 근본적으로 도덕의 본질과 직접적 관련이 없다[不相干]는 점을 지적한 것이다.[15]

존덕성尊德性과 도문학道問學에 관련된 논쟁은 사실상 논점의 실체를 찾기가 어렵다. 무엇이 도문학이고, 무엇이 존덕성인가? 비록 주희가 '학문으로써 넓게 배운다[博我以文]'를 강조했다고 해서 설마 성리라는 덕성을 존중하지 않았다는 말인가? 또한 육구연이 비록 발명본심을 핵심 공부로 내세워 주희에 비해 상대적으로 독서 등을 강조하지 않았다고 할지라도 넓게 학문을 배워가는 것을 반대했겠는가? 결코 그렇지 않다.

존덕성과 도문학은 『중용』에서 유래했다.

> 위대하도다. 성인의 도여! (우주에) 만물을 꽉 차게 발육하여 그 높고 큼이 하늘에 합치했다. 충족하고 여유롭고 크구나! 예의는 3백 가지요, 위의는 3천 가지나 된다. 훌륭한 사람이 나온 후에야 실행할 수 있다. 그러므로 '지극한 덕성을 소유한 자가 아니면 그 지극한 도가 모이지 않는다'라고 말한 것이다. 그러므로 군자는 덕성을 높이 받들고 학문에 힘을 쏟으며, 광대하게 추구하면서도 정묘함을 다하며, 고명한 경지를 추구하면서도 중용 도리를 실행한다.[16]

---

14 『朱子語類』「卷9」, "道理有面前底道理. 平易自在說出來底, 便好. 說得出來崎嶇底, 便不好."

15 蔡仁厚, 『宋明理學』「南宋篇」, 臺北: 學生書局, 1983. 261쪽.

필자는 이곳에서 존덕성과 도문학을 "덕성을 높이 받들고 학문에 힘을 쏟는다"로 번역했지만, 이는 주희와 육구연 두 사람 중 어느 쪽에도 치우치지 않은 중립적인 번역이다. 필자처럼 번역한다면 지금까지 출현한 유학자들은 아마 존덕성과 도문학을 겸중해야 한다고 주장했을 것이다.

존덕성과 도문학에 관한 논변은 성즉리와 심즉리 그리고 그것에서 수반된 '지리'와 '태간' 문제의 연속이다. 주희는 격물치지를 주장했고, 사물의 범주에는 제한이 없으며, 그중에서도 성현에 의하여 이루어진 경전이 가장 중요하기 때문에 주희가 독서를 강조한 것은 필연이다. 그러나 독서의 목적은 성리에 대한 인식이고, 이것의 최종 목적은 실천을 통한 덕성가치의 실현이다. 육구연은 발명본심이라는 계발을 먼저 강조하기 때문에 본심에 대한 자각이 첫 번째 공부이지만, 독서 등은 2차적 공부 혹은 조연의 공부로서 발명본심에 기여할 수 있다.

이 문제에 관한 대립에서 먼저 종합을 제의한 사람은 주희이다. 주희는 육구연에게 보낸 서신에서 자신의 학문은 도문학적인 측면이 강하고, 육구연의 학문은 존덕성 측면이 강하기 때문에 양쪽의 단점을 없애고 장점을 취하자[去兩短, 合兩長]고 제안한다. 그러나 이에 대하여 육구연은 "주희가 양쪽의 단점을 없애고, 양쪽의 장점을 합한다고 하지만, 나는 옳지 않다고 생각한다. 존덕성도 모르면서 어떻게 도문학이 있을 수 있다는 말인가"[17]라고 하면서 일언지하에 거절한다. 육구연의 거절

---

16 『中庸』「27章」, "大哉. 聖人之道. 洋洋乎, 發育萬物, 峻極於天. 優優大哉. 禮儀三百, 威儀三千, 待其人而後行. 故曰, 苟不至德, 至道不凝焉. 故君子尊德性而道問學, 致廣大而盡精微, 極高明而道中庸."

17 『象山全集』「卷36」, "朱元晦, 欲去兩短合兩長, 然吾以爲不可. 旣不知尊德性, 焉有所謂道問學."

에는 존덕성에 대한 육구연 자신의 해석이 담겨져 있다. 육구연에 의하면 존덕성은 바로 심즉리를 긍정하는 것이다. 덕성을 '존尊'한다는 것은 심즉리를 수용하지 않고서는 불가하다. 이는 주희에게 성즉리와 함께 심즉리를 본체론적으로 긍정하라는 요구와 동일하다.

격물치지와 발명본심 · 지리와 이간 · 존덕성과 도문학의 문제는 성즉리와 심즉리라는 심성 이해의 차이에서 나타날 수밖에 없는 문제이지만 무극과 태극의 문제는 이것들과 성격이 다르다. 즉 주희와 육구연은 주돈이의 『태극도설』에 출현하는 무극과 태극을 근거로 '『태극도설』을 유가 혹은 도가의 작품으로 볼 것인가'에 관하여 이견을 보였고, 또 이로부터 태극과 음양 지위 문제에 대해서도 이견을 나타냈다. 이곳에서는 무극과 태극에 관한 내용만 소개할 것이다.

무극과 태극에 관한 논변 발단은 주희와 육구연이 아닌 주희와 육구연의 형인 육구소[陸九韶－子美]에서부터 시작되었다. 육구소는 주희에게 두 차례 서신을 보내는데, 그곳에서 "『주역』에서는 유有만을 말했을 뿐 무無를 말하지 않았고, 또한 주돈이의 『통서』에는 무극이라는 두 자가 출현하지 않는다"는 점을 근거로 "태극이라는 두 글자만으로도 성현이 세운 도의 본원이 미묘하고 중정한 것임을 충분히 밝힐 수 있는데, 무극이라는 두 글자를 더하면 머리 위에 머리를 두는 것이고, 자칫 허무한 경지에 빠질 수 있다"[18]고 한다. 이 답변은 주희가 먼저 육구소에게 보낸 "무극을 말하지 않으면 태극이 하나의 사물과 동일하게 되어 만물 변화

18 『大易緝說』「卷2」, "易言有, 今乃言無." · "通書言中焉 · 止焉, 未嘗一及無極字." · 『宋元學案補遺』「梭山學案補遺」, "太極二字, 聖人發明, 道之本原, 微妙中正, 豈有下同一物之理. 左右之言, 過矣. 今於其上, 又加無極二字, 是頭上安頭, 過言虛無好高之論也."

의 근원이 되기에 부족하고, 태극을 말하지 않으면 무극은 공적에 빠져 만물 변화의 근원이 될 수 없다"[19]고 한 것에 대한 대답이다.

이후에 무슨 사건이 발생했는가에 대해서는 알 수 없지만, 육구연이 육구소를 대신하여 주희와 논쟁을 지속한다. 그러나 엄격하게 말하면 이 논쟁에는 정답이 없다. 단지 누가 자신의 해설을 보다 설득력 있게 전개하는가에 따라서 득실을 논할 뿐이다. 주희는 『태극도설』을 주돈이의 대표작으로 인정했고, 『태극도설』에서 출현하는 태극과 무극을 근거로 우주와 인생의 최고 원리와 규율의 의미를 정립했다. 주희는 무극과 태극을 도라는 실체[道體]의 두 의미로 이해했다. 무극과 태극 사이에는 선후 차서가 없고, 형이상자와 형이하자의 층차 구별도 없다. 주희에 의하면, 태극은 도체의 '실체성을 표현한 문자[實體辭]'이고, 무극은 도체의 무형장無形狀 · 무방소無方所 · 무성무취無聲無臭의 의미를 드러내는 문자[形態辭]이다. 반면 육구연에 의하면, '『태극도설』은 주돈이 작품이 아니거나, 아니면 주돈이 학문이 아직 성숙한 단계에 이르기 전에 이루어진 작품이거나, 그것도 아니면 타인 문장을 전한 것이다.' 육구연은 '『통서』 전편全篇에는 무극을 한 차례도 언급하지 않고, 정호와 정이 역시 한 차례도 무극을 언급하지 않았음'을 근거로 무극에 대하여 부정적 견해를 취한다.

필자는 주희 해설이 비교적 유력하다고 생각한다. 왜냐하면 『태극도설』에 출현하는 무극을 실체 의미로 반드시 이해해야 할 필요가 없기 때문이다. 『역전』에도 형용사 의미로서 '무' 개념은 많이 등장한다. 따

19 『朱文公文集』「卷36」, "不言無極, 則太極同於一物, 而不足爲萬化之根. 不言太極, 則無極淪于空寂, 而不能爲萬化之根."

라서 주희처럼 무극을 태극을 형용하는 개념으로 이해하는 것은 별 무리가 없다는 것이 필자의 판단이다.

황종희는 "(주희와 육구연은) 서로 동일하게 강상의 도리를 수립했고, 명교[유학]를 받들었으며, 공자와 맹자의 학술을 종주로 삼았다"[20]고 했다. 그렇다면 두 학자가 내세우는 학술의 표준은 공자와 맹자의 학술이고, 이것과 반대의 취지로 학술을 정립하면 이단으로 규정될 것이다.[21] 주희와 육구연은 이단에 대해서는 동일한 입장을 취했는가? 결론부터 말하면 양주와 묵자 그리고 도가와 불가에 대해서는 두 사람 모두 이단으로 규정한다. 그렇다면 상대방 학설에 대해서 두 사람은 서로 화해적인 태도를 취했는가? 결코 그렇지 않다. 주희는 육구연의 심즉리와 발명본심을 선학의 '심에서 심의 본래면목을 볼 수 있으면, 그것이 바로 성불한 것이다[卽心見性, 見性成佛]'의 불가로 인식했고, 심지어 육구연이 죽었다는 소식을 접하고서 '고자가 죽었다'고 하기도 한다.[22] 육구연 역시 주희의 학설을 '한 시대에 유행하는 문장[時文]'·이러쿵저러쿵 그저 떠드는 소리[議論]로 취급했다.

주희와 육구연의 이단 논쟁은 서로에 대한 비판뿐만 아니라 기타 제가

---

20 『宋元學案』, "同植綱常, 同扶名教, 同宗孔孟."

21 사실 주희에서 이단의 최대 적수는 양주와 묵적이 아니라 불교였다. 그 이유는 불교의 이론이 가장 정밀하고 엄밀하여 도리에 가장 가깝게 느껴지기 때문에 사람들이 가장 쉽게 불교의 이론에 미혹될 수 있다는 것이다. 주희가 불로의 학설을 모두 변척했지만, 실제로 주희가 객관적인 이론을 근거로 대적하고 있는 대상은 노장의 학설이 아니라 불교였다.[『朱子語類』「卷29」, "若異端邪說, 釋老之學, 莫不自成一家, 此最害義."·『朱子語類』「卷24」, "味道問: '只說釋氏, 不說楊墨, 如何.' 曰: '楊墨爲我·兼愛, 做出來也淡而不能惑人. 只爲釋氏最能惑人. 初見他說出來自有道理, 從他說愈深, 愈是害人.'"]

22 『朱子語類』「卷124」, "象山死, 先生率門人往寺中哭之. 旣罷, 良久, 曰, 可惜死了告子."

諸家 학술까지 포함하고 있다. 그러나 제가 학술에 대한 주희와 육구연의 비평은 맹자에서부터 시작되어 한유를 거쳐 내려온 전통적인 유형과 다를 바 없다. 즉 어떤 창의성도 없다. 굳이 창의성을 찾는다면 동일하게 공자와 맹자 학술을 종사로 삼는다고 하면서 주희는 육구연의 심즉리를 이단으로, 육구연은 주희의 성즉리를 이단으로 규정하고 있다는 것일 뿐이다. 두 학자의 이단론은 이전과 비교해도 더욱 폐쇄적인 것이지만, 상대방에 대한 이단 규정은 당시 학술의 주도권이 이미 유학으로 회귀되었음을 반증한다. 왜냐하면 불교와 도교 등의 학술은 이미 두 사람의 시야에서 벗어나 있어 극렬하게 비평해야 할 필요가 없었기 때문이다.

2. 고문가와 도학가의 문도론에 대한 주희의 비평

주희 문도론을 논하기 전에 한유와 소식에 대한 주희의 비평을 소개해야 할 이유가 있다. 주희가 비록 한유를 비롯한 당송 고문가에 대하여 그리 좋은 평가를 하지 않았지만, 주희를 비롯한 도학가들은 큰 범주 안에서 보면 고문가에 속하고, 송 대 유학은 고문운동이라는 학술적 사조를 배경으로 삼아 나온 것이기 때문에 고문가와 도학가의 문도론을 낙촉당쟁처럼 지나치게 이원적이고 대립적 관점에서 볼 필요는 없다고 생각한다. 또 주희의 문도론은 대부분 전대前代 문도론에 대한 비평을 근거로 정립된 것이다. 주희는 한유의 문이관도뿐만 아니라 소식의 문여도구, 심지어 주돈이의 문이재도와 정이의 작문해도에 대해서도 비판한다. 이 때문인지 곽소우는 '주희 문학비평의 특색을 건설에서 찾지 않고 파괴에서 찾기도 한다'.[23] 다시 말하면 '문종도출文從道出'과 문도합일의 문도관은 한유와 유종원 그리고 구양수와 소식이 제창한 문도관을 기초로 이를 비판적 입장에서 수립한 것이다.

한유에 대한 현대 학자들의 견해가 일치하는 것은 아니지만, 앞에서 소개한 바와 같이 전목錢穆은 '송명유학 연구는 당 대에서부터 시작해야 하고, 시작 인물은 한유라고 한다'.[24] 진래陳來는 한유의 업적을 몇 가지로 해설한다. 첫째, 도통에 대한 선양과 맹자를 존숭한 점, 둘째, 불교에 대한 배척과 『대학』의 도리를 창현한 점, 셋째, 성과 정의 바탕을 논의한 점[25]을 든다. 풍우란馮友蘭 역시 맹자를 추존한 점과 『대학』중시 그리고 도통 정립을 들어 한유의 역할과 학술 가치를 긍정한다.[26]

그러나 한유가 도통설을 주장했다는 점과 『대학』을 중시했다는 점에 대해서는 이견이 없지만, 한유의 사유 속에 있는 맹자가 과연 맹자의 실상인가에 대해서는 의문이 든다. 왜냐하면 맹자학의 핵심은 성선설인데 한유는 맹자 성론과는 이질적인 성삼품설性三品說을 주장하였기 때문이다. 또한 불교에 대한 배척 역시 불교의 진상을 근거로 삼아 고찰해 보면 한유 배불관의 억지스러움을 쉽게 발견할 수 있다.[27] 그러나 또 다른 측면에서 보면, 양주와 묵자 학설에 대한 맹자 비판의 억지스러움과 불교에 대한 한유의 비판은 일면 상통하는 점도 있다.

---

23 郭紹虞, 「朱子之文學批評」, 『照隅室古典文學論集』「上」, 上海古籍出版社, 1983, 414쪽.

24 錢穆, 『中國近三百年學術史』, 1쪽.

25 陳來 著 안재호 역, 『송명 성리학』, 예문서원, 1997, 49쪽.,

26 馮友蘭 著 박성규 역, 『중국철학사』「하권」, 까치, 1999, 420-422쪽 참고.

27 불교에 대한 성리학자 인식은 한유뿐만 아니라 송 대 도학가와 명 대 심학자, 그리고 조선 성리학자에 이르기까지 일관되게 오해의 연속이다.

송 대 도학에 대한 한유의 공헌이 이처럼 지대한데 왜 주희를 비롯한 도학가들은 한유를 비평하는가? 한유는 자신이 주창하는 도가 인의예지를 내용으로 하는 유가 성인의 도임을 강조한다. 그가 긍정하는 도는 결코 도가의 자연주의 성격의 도와 불교의 허무주의 성격의 도가 아니다. 도학가들 역시 한유가 유가 성인의 도를 주창하지 않았다고는 생각하지 않는다. 한유가 유가의 도를 내세운 것은 사실이지만, 그것은 단지 명분에 불과할 뿐 실제로 한유가 노력하고 힘쓴 곳은 실천을 통한 도의 실현이 아니라 시문의 창작이었고, 고문운동의 진정한 목표를 성현의 인품 완성에 두지 않고 정치적인 세력 규합을 실질적인 목적으로 삼았다고 비평한다. 정이는 한유에 대하여 "한유가 만년의 작문에서 얻은 것은 매우 많다. 학문은 본래 덕을 수양하는 것이고, 덕을 갖춘 후에 말이 나오는 것인데, 한유는 거꾸로 했다"[28]고 했으며, 또 '한유의 학문은 화려하기는 하지만 그가 추구한 도는 천박하다'고 비평한다. 한유에 대한 비평은 소식도 예외가 아니다. 소식은 한유가 양주와 묵자 그리고 불교와 노자 등에 대해서는 매우 엄격하게 배척했지만, 과연 배척의 논리가 정밀했는지에 대해서는 회의가 든다고 한다.

한유는 분명 자신이 고문에 뜻을 둔 것은 문사를 좋아하기 때문만이 아니라 도를 좋아하기 때문이라고 한다.[29] 그러나 주희는 이러한 한유의 선언을 단지 명분적 구호라고 생각할 뿐이었다. 한유에 대한 주희의 비판은 문이관도에 대한 비평으로부터 시작된다.

---

28 『二程遺書』「卷18」, "退之晩年爲文所得處甚多. 學本是修德, 有德然後有言, 退之却倒學了."

29 『韓昌黎集』「卷16. 答李秀才書」, "愈之所志者於古者, 不惟其辭之好, 好其道焉."

> 문은 모두 도로부터 나오는 것인데 어찌 문이 반대로 도를 관통하는 이치가 있을 수 있는가? 문은 문이고, 도는 도이다. 문은 밥을 먹을 때 반찬과 같은 것이다. 그런데 문으로써 도를 관통한다고 하면 이는 근본을 끝으로 삼고, 끝을 근본으로 삼는 것이니 성립할 수가 있겠는가?[30]

주희 문도론의 핵심은 '문이 곧 도이다[文便是道]'와 '문은 도로부터 나온다[文從道出]'는 것이다. 조금 느슨하게 말하면 주희는 문이 도와 함께 있을 때 비로소 문의 존재 가치를 긍정한다. 『주문공문집』「권70」에서 "내가 문이라고 하는 것은 반드시 도와 더불어 함께 갖추고 있어야 한다[必曰我所謂文, 必與道俱]"고 했다. 주희에 의하면, 문과 도는 서로 일관되어 있어야 하고[文道一貫], 하나의 근원으로부터 나와야 한다[文道一源]. 그렇지 않은 문장은 도를 갖추고 있지 않은 문장으로서 설령 아무리 잘 수식되어 있다고 할지라도 마치 구부러진 나무와 같다.

한유의 문이관도에 대한 주희 비평 근거는 공자가 말한 '덕성을 갖춘 사람은 반드시 말을 잘한다[有德者必有言]'는 것이다. '유덕자필유언有德者必有言'은 주희뿐만 아니라 도학가들이 고문가를 비평할 때 사용하는 전가의 보도이다.

> 말하는 것이 혹 적을 수 있지만, 덕을 쌓는 것은 없어서는 안 된다. 덕을 갖추고 있으면서 말을 잘하는 사람은 많지만, 덕은 있는데 말을 잘하지 못하는 사람은 적다. 때문에 배우는 사람들은 먼저 덕을 쌓는 일에 힘을 써야

---

30 『朱子語類』「卷139」, "這文皆是從道中流出, 豈有文反能貫道之理. 文是文, 道是道, 文只如喫飯時下飯耳. 若以文貫道, 卻是把本爲末. 以末爲本, 可乎."

한다.[31]

주희는 '덕'과 '언' 사이에 필연성이 없다는 점을 인지하고 있다. 그러나 덕과 언의 관계에 농후한 개연성이 있음을 긍정한다. 때문에 "덕을 갖추고 있으면서 말을 잘하는 사람은 많지만, 덕은 있는데 말을 잘하지 못하는 사람은 적다"고 한 것이다. 이처럼 덕이 주가 되고, 문은 덕을 기초로 하여 표현되어야만 비로소 문이 진정한 가치를 갖게 되는데, 한유처럼 문이관도라고 하면 문장이 주체가 되고, 도는 문장에 의탁한 객체가 된다. 그렇다면 문과 도가 분리되는 것은 물론이고 문과 도의 지위마저 전도된다는 것이 주희의 주장이다.

한유의 문이관도에 대한 주희의 불만은 문도론에 대한 비평에 그치지 않고, 도에 대한 한유의 인식까지 확대될 뿐만 아니라 한유의 유학 부흥 노력까지도 폄하하게 된다. 즉 주희는 한유가 비록 불교와 도가를 배척하면서 유가 사상을 홍양했지만, 그가 이해한 도가 과연 유가 성현의 도였는지에 대해서는 회의가 들뿐만 아니라, 한유의 평상시 행한 바를 보면 문사에 노력했을 뿐 도에 대하여 투철하게 이해하려는 노력이 보이지 않는다고 한다. 그렇다면 한유가 비록 도통설을 제시했지만, 과연 주희는 한유를 유가 도통설의 반열에 놓을까?

고문가들에 대한 주희의 비평은 전면적이다. 다음은 한유·유종원·구양수·소순·소식·소철·증공의 문장에 대한 주희의 개괄적인 평가이다. 『주자어류』「권139」에 다음과 같은 내용이 있다.

---

31 『周濂溪集』「卷6」, "然言或可少, 而德不可無. 有德而有言者常多, 有德而不能言者常少. 學者先務亦勉於德而已矣."

한유는 도리를 말하려고 했지만 또 잡극을 하려고 했다. 평이한 곳에서는 지나치게 평이했고, 위험하고 기이한 곳에서는 지나치게 위험하고 기이했다.[32]

유종원의 문장은 옹졸하다. 일들이 그렇게 많은데도 불구하고 소략시켜 안배하려고 하니 간단한 것 같지만 옛스럽지 못하다.[33]

구양수의 문장은 한 번 제창하고 세 번 탄식하니 지금 사람들이 어떻게 작문하겠는가? 구양수의 문장은 끊은 것과 이어지는 부분이 서로 연접되지 않는 곳이 있으니 마치 몇 글자가 빠진 것 같다.[34]

소순의 문장은 높은 것 같지만 단지 의론에 불과한 것으로 어그러졌다. 소순의 문자는 처음에는 즐거운 마음으로 보지만, 나중에는 어쩐지 스스로 정당하지 않다는 느낌이 든다.[35]
소식의 문장은 웅건하며 여유가 있지만 문자의 사용이 사실적이지 못하다.[36]

---

32 『朱子語類』「卷139」, "退之要說道理, 又要則劇, 有平易處極平易, 有險奇處極險奇."

33 『朱子語類』「卷139」, "柳文局促, 有許多物事, 卻要就些子處安排, 簡而不古."

34 『朱子語類』「卷139」, "六一文一倡三歎, 今人是如何作文! 六一文有斷續不接處, 如少了字模樣."

35 『朱子語類』「卷139」, "老蘇之文高, 只議論乖角. 老蘇文字初亦喜看, 後覺得自家意思都不正當."

36 『朱子語類』「卷139」, "坡文雄健有餘, 只下字亦有不貼實處."

혹자가 '소철의 문장을 들어 소식보다 이치에 접근했는가'라고 묻자, 주희는 '소철의 문장에 무슨 도리가 있는가? 그러나 이익과 해로움을 말한 곳에서는 소식보다 비교적 분명하게 말한다.[37]

증공의 문장은 질박에 가깝다. 그는 처음에 단지 문장 짓는 것을 배웠을 뿐이지만 문장 짓는 것을 배우면서 점차 약간의 도리를 보게 되었다. 문자가 도리에 따라서 쓰여졌기 때문에 헛된 소리가 되지 않았다. 그러나 관건적이면서 긴박한 곳에서는 말이 넓고 느려 분명하지 못하다. 이는 그가 도리를 철저하게 보지 못했기 때문이다. 본래 근본적인 공부가 부재하니 이렇게 된 것이다.[38]

주희가 이들에 대해서 비평만 한 것은 아니다. 이상의 실례를 통하여 고문가에 대한 주희의 일반적인 시각을 엿볼 수 있을 뿐이다. 고문가와 도학가에 대한 주희 비평의 핵심 근거는 '도와 문을 일체로 보지 않았다'는 점에 있다. 송 대 고문운동의 실질적 개창자였던 구양수 문도관에 대한 주희의 비평을 보면 곧 알 수 있다.

구양수는 삼대 이전의 치도는 한 곳에서 나왔기 때문에 예악이 천하에 퍼졌고, 삼대 이후에는 치도가 두 곳에서 나왔기 때문에 예악이 허명이 되었

---

37 『朱子語類』「卷139」, "或問, 蘇子由之文, 比東坡稍近理否. 曰, 亦有甚道理. 但其說利害處, 東坡文字較明白."

38 『朱子語類』「卷139」, "南豐文卻近質. 他初亦只是學爲文, 卻因學文, 漸見些子道理. 故文字依傍道理做, 不爲空言. 只是關鍵緊要處, 也說得寬緩不分明. 緣他見處不徹, 本無根本工夫, 所以如此."

다고 말했다. 이것은 예나 지금이나 변치 않은 지론이다. 그러나 구양수는 정사와 예악이 한 곳에서 나오지 않으면 안 됨을 알았지만 도덕과 문장은 더더욱 두 곳에서 나와서는 안 됨을 알지 못했다. 옛 성현의 문장은 성대했다. 그러나 옛 성현이 처음부터 이러한 문장을 배우려고 했겠는가? 도가 그 가운데에 있으면 문장은 반드시 밖으로 드러나게 된다. 이는 하늘에 기가 있는데, 이 기는 반드시 해와 달 그리고 별들로 빛을 발휘하는 것과 같다. 땅에는 형상이 있는데, 반드시 산천초목으로 배열되는 것과 같은 것이다.[39]

주희에 의하면 천지만물이 리기의 자아실현으로서 하나의 근원에서 나왔듯이 문장과 도덕 역시 하나의 근원에서 나와야 한다. 주희는 결코 한유와 구양수 등의 고문가들이 유가의 도를 주창하지 않았다고는 생각하지 않는다. 단지 도와 문이 두 개의 근원으로 배열되어 있음을 비평한다. 이는 고문가와 주희 사이의 근본적인 차이이다. 주희는 문과 도를 일체 관계로 인식한다. 반면 고문가들은 도와 문을 병중하지만, 문과 도를 두 개의 존재로 본다. 사실 주희 이전의 도학가들 역시 문과 도를 하나의 근원에서 나오는 것으로 인식하지는 않는다. 문이재도에서 분명 도를 주로 보고, 문을 종속물로 인식하지만, 양자를 본래부터 일체의 존재로 인식하지는 않았다. 문이재도에서 문과 도는 두 개의 존재이다.

---

39 『朱文公文集』「卷70」, "歐陽子曰, 三代而上, 治出於一而禮樂達於天下. 三代而下, 治出於二而禮樂爲虛名. 此古今不易之至論也. 然彼知政事禮樂之不可不出於一, 而未知道德文章之尤不可使出於二也. 夫古之聖賢, 其文可謂盛矣. 然初豈有意學爲如是之文哉. 有是實於中, 則必有是文於外. 如天有是氣, 則必有日月星辰之光耀. 地有是形, 則必有山川草木之行列."

주희는 문과 도가 '하나인가 아니면 둘인가'에 대하여 다음과 같이 해설한다.

> 문과 도는 같은 것인가? 다른 것인가? 만일 도 밖에 사물이 있다면 문장을 짓는 사람이 함부로 망언을 해도 도에 해를 끼치지 않을 것이다. 그러나 도 밖에 사물이 없다면 말 중에서 하나라도 도에 합치하지 않은 것이 있다면 도에 해를 끼치게 될 것이다. 단지 그 해침에 늦고 빠름 그리고 얕음과 깊음의 차이만이 있을 뿐이다.[40]

주희는 '리[道] 밖에는 일도 없고, 사물도 없다'는 리외무사理外無事, 리외무물理外無物의 입장을 견지한다. 즉 천하의 모든 사사물물에는 그렇게 존재할 수 있는 까닭으로서의 리가 있다. 이러한 리기론은 주희 이전 도학자들도 긍정하는 것이었지만, 주희처럼 철저하지는 못했다. 주희에 이르러 리기론 체계가 완성되고, 적용되는 범위도 확정된다. 천하 사사물물이 리와 독립적으로 존재할 수 없기 때문에 문이 리와 따로 떨어져 존재할 수 없다는 것은 논리적으로 자명하다. 주희 리기론에 의하면, 리가 있다고 해서 반드시 사물이 있는 것은 아니지만 사물이 있으면 그 사물의 리는 필연적으로 존재한다[有理未必有事物, 而有事物必有理].[41]

주희 문도론의 존재론적 근거가 바로 리기론이기 때문에 문도합일 혹

40 『朱文公文集』「卷33」, "夫文與道, 果同耶, 異耶. 若道外有物, 則爲文者可以肆意妄言而無害於道. 惟夫道外無物, 則言而一有不合於道者, 則於道爲有害, 但其害有緩急深淺耳."

41 주희 철학에서 리와 현상[事物 혹 器]의 관계를 원론적인 입장에서 말하면, 비록 리가 있을지라도 그 사물이 아직 현상계에 존재하지 않을 수도 있다. 그러나 현상계에 어떤 사물이 존재한다면 그 사물의 리는 반드시 존재한다.

은 문도일체 혹은 문도일원 등은 모두 주희 리기론에서 필연적으로 도출될 수밖에 없는 이론이다. 소식에 대한 주희의 비평도 원론적으로는 이전 고문가에 대한 비평과 궤적을 같이 하지만, 소식의 문여도구가 문이관도 혹은 문이명도와는 다르기 때문에 소식에 대한 주희의 비판도 약간 다르다.

소식의 문장에 대한 주희의 기본 입장은 『주문공문집』「권30」에 수록되어 있는 내용을 보면 곧 알 수 있다.

> 작년 봄 보내준 편지에서 소식의 학문에 대하여 언급하면서 사람들이 소식의 글을 읽을 때 문장의 묘미만을 취하려 하고 애초부터 그곳에서 도를 구하지 않는다고 했는데, 그것이 잘못이라는 점은 자명하다. 무릇 학자가 도를 구하면서 소식의 문장에서 구하지는 않는다. 그러나 이미 소식의 문장을 취했다면 문장의 서술에 사특한 것과 바른 것이 있고, 옳고 그른 것이 있으니, 이 역시 모두 도가 있는 것으로 도를 구하는 사람이 논하지 않을 수 없다. 강론하여 잘못 된 것을 제거하고 옳은 것을 보존하면 도는 실로 그곳에 있게 되니 어찌 불가함이 있겠는가? 만약 오직 그의 문장만을 취하고 이치의 옳고 그름을 논의하지 않는다면 이것은 도는 도일 뿐이고, 문장은 문장일 뿐이다. 도 밖에 사물이 있으면 그 도는 도라고 할 수 없으니, 문장에 이치가 없는데 또 어찌 문장이라고 할 수 있겠는가? 도는 어디에 가도 있지 않은 곳이 없다. 그러므로 문으로써 도를 강론하면 도와 문 두 가지를 함께 얻어 그것을 하나로 꿰뚫을 수 있지만, 그렇지 못하면 역시 두 가지 모두를 잃게 될 것이다.[42]

---

42 『朱文公文集』「卷33」, "去春賜敎, 語及蘇學, 以爲世人讀之, 止取文章之妙, 初不於此求

이 서신은 당시 이부상서吏部尙書 왕응신汪應辰에게 보낸 편지이다. 왕응신은 사람들이 소식의 문장을 즐겨 읽는 목적은 그곳에서 어떤 도를 얻고자 함이 아니라 단지 문장이 좋기 때문이라고 한다. 이에 대하여 주희는 '리 밖에는 어떤 사물도 존재할 수 없다[理外無事無物]'는 입장에서 문장에는 도가 없을 수 없다는 점을 피력한다. 또 문장은 도를 실어야 한다는 입장에서 '문장을 보고서 실려 있는 도가 잘못된 것이라면 버리고, 옳은 것이라면 보존해야 한다'고 한다. 이처럼 문을 통하여 도를 강론할 수 있으면 문과 도 두 가지를 함께 얻을 수 있다. 그런데 소식의 문장을 읽는 목적이 문장의 아름다운 수사만을 즐기는 것이라면 이는 도로부터 문을 분리한 것이고, 문에서 도를 제거하는 것이기 때문에 '문은 문대로[文自文], 도는 도대로[道自道]'라는 잘못에 빠지게 된다고 한다.

'문은 문대로, 도는 도대로'의 '문자문文自文, 도자도道自道'는 소식의 문여도구에 대해서도 동일하게 적용시킨다.

> 소식은 '내가 말한 문은 반드시 도와 함께 갖추어야 한다'고 했지만 이는 문은 문대로이고, 도는 도대로 일뿐이다. 그렇기 때문에 문장을 지을 때 하나의 도를 빌어다 그 속에 넣으려고 한다. 이것이 소식의 병폐이다.…소식의 주장은 두 개의 본을 말한 것이지 하나의 본을 말한 것이 아니다.[43]

道, 則其失自可置之. 夫學者之求道, 固不於蘇氏之文矣. 然旣取其文, 則文之所述有邪有正, 有是有非, 是亦皆有道焉, 固求道者之所不可不講也. 講去其非以存其是, 則道固於此乎在矣, 而何不可之有. 若曰惟其文之取, 而不復議其理之是非, 則是道自道, 文自文也. 道外有物, 固不足以爲道, 且文而無理, 又安足以爲文乎. 蓋道無適而不存者也, 故卽文以講道, 則文與道兩得而一以貫之, 否則亦將兩失之矣."

43 『朱子語類』「卷139」, "今東坡之言曰, 吾所謂文, 必與道俱. 則是文自文而道自道, 待作文時, 旋去討箇道來入放裏面, 此是它大病處.…如東坡之說, 則是二本, 非一本矣."

'문여도구'를 문자적으로만 해석하면, 한 가지 고정적인 의미로만 해석될 수 없다. 다양한 해석이 나올 수 있는 여지가 충분하다.

첫째, '문여도구'라고 하면 문과 도를 함께 갖추어야 한다로 해석할 수 있다. 이는 도학가들도 반대할 이유가 없는 해석이다. 즉 문이 전적으로 심미성만을 추구하는 것이 아니라 도 역시 갖추고 있어야만 비로소 참다운 문장이 될 수 있다.

둘째, 도와 함께 문장의 수준도 함께 갖추어야 한다고 해석할 수도 있다. 소식은 도를 유가의 도에 제한하지 않지만 그렇다고 유가의 도를 배척하는 것도 아니다. 도학가들에 비해 상대적으로 유가의 도에 대한 존숭이 높지 않음에 불과하다. 소식은 수사의 심미성을 강조하고, 또 공자의 "만일 말에 꾸밈이 없다면 그 말은 멀리 가지 못할 것이다[言之無文, 行而不遠]"를 주장하면서 사달辭達을 긍정한다. 그가 말한 사달은 단순한 문장의 수식이 아니다. 도를 포함하여 어떤 물상을 잘 표현하려면 그것에 대한 정확한 인식이 전제되어야 한다. 그런 후에 평이하고 아름다운 문사로 그것을 왜곡 없이 표현해야 한다. 이것이 사달이다.

셋째, 소식이 말한 도의 바탕을 도덕적 심성으로 삼지 않고 '정'으로 삼는다는 측면에서도 문여도구를 말할 수 있다. 즉 성인의 도는 인정으로부터 나온 것이고, 문장 역시 정으로부터 나온 것이라면 문과 도는 자연스럽게 함께 갖추어지게 된다.

필자의 판단에 의하면, 위 세 가지 해석이 모두 문여도구에 포함되어 있지만, 그중에서 둘째와 셋째 의미가 소식의 문여도구 의미와 더욱 잘 부합한다.

그러나 주희에 의하면, 문이라는 것은 도를 재현해야 하고, 문은 도를 근본으로 하여 자연스럽게 흘러나와야 하는데, 문과 도를 서로 독립적인 존재로 본다면 이는 곧 '문은 문대로, 도는 도대로'이니 자연스럽게 문과 도라는 두 개의 본이 있게 된다. 더구나 도를 성인의 인정으로 이해한다면 주희로서는 절대로 수용할 수 없을 것임은 자명한 사실이다.

소식에 대한 주희 평가는 일관되지 않다, 주희는 문도일원, 문도일관의 입장을 취하기 때문에 문과 도의 독립성을 긍정하는 소식의 문도론을 반대할 것임은 이미 예상된 것이다. 또 주희는 다른 도학가에 비해 문에 대한 표현도 많고 재능 역시 뛰어났기 때문에, 문예文藝를 병중하면서 문의 아름다운 수사에 빼어난 재능을 보인 소식을 전면적으로 부정하기는 어려웠을 것이다. 『주자어류』를 보면, 소식의 문학 창작에 대하여 실랄하게 비평하기도 하고, 때로는 '소식의 자질이 뛰어나서 그의 문장은 다른 사람들이 따를 수 없다'고 하기도 하며, 또 '소식의 문장에는 법도가 있다'고 하기도 한다. 그러나 또 낙촉당쟁에서 정이의 입장을 옹호하는 측면에서는 소식을 왕안석은 물론이고 중국 역사에서 대표적 간신으로 평가받는 채경蔡京에 비유하기까지 한다.[44] 이러한 극단적인 비평은 문학성에 대한 비평이 아님은 자명하다. 단지 낙촉당쟁이라는 정치적 원한이 작용했기 때문에 이처럼 극렬한 언사를 사용하여 소식을 비난한 것 같다.

문도관계에서 주희의 불만은 고문가에 그치지 않는다. 비록 주희가 주돈이와 정이를 비롯한 도학가들의 문도론에 직접적인 비평은 자제하고 있지만, 문도일원과 문도합일의 입장에서 한유와 구양수의 문이관도

---

44 『朱子語類』「卷130」, "東坡只管罵王介甫. 介甫固不是, 但教東坡作宰相時, 引得秦少游黃魯直一隊進來, 壞得更猛."·"嘗謂東坡見識如此, 若作相, 也弄得成蔡京了. 李方叔如許, 東坡也薦他."

혹 문이명도 그리고 소식의 문여도구를 문과 도를 둘로 나누는 것[文自文, 道自道]이라고 비평한 논리는 주돈이의 문이재도에도 동일하게 적용될 수 있다.

주돈이의 문이재도에서 문은 수레로써 도를 싣는 것이고, 도는 수레에 실려 지는 것이다. 수레가 짐을 싣지 않는다면 수레의 용도가 드러나지 않는 것처럼 문이 도를 싣지 않는다면 문으로서 존재가치가 없는 것이다. 그러나 주돈이는 결코 문과 도는 하나의 근원에서 출현했다[文道一源]고 하지 않았고, 문은 도로부터 나온다[文從道出]고도 하지 않았으며, 문은 곧 도의 현현이다[文便是道]라고도 하지 않았다. 더욱 중요한 것은 주돈이가 수레는 물건을 실어야 하는 것처럼 문은 도를 실어야 하지만, 수레에 실릴 물건이 고정되어 있지 않듯이 문도 역시 도를 실을 수 있지만 반드시 도만 실릴 수 있는 것은 아니라는 점이다. 또 주돈이의 문이재도는 '문은 도를 실어야 한다'는 '당위론적 성격'이 농후하게 내재되어 있다. 즉 수레가 모든 물건을 실을 수 있듯이 문 역시 어떤 물건을 제약 없이 실을 수 있지만, 도를 실어야만 비로소 문으로서의 진정한 존재 이유가 드러난다는 것이다.

정이의 작문해도는 주희 입장에서 보면 소식의 문여도구와 함께 가장 격렬한 비평을 받아야 한다. 주희는 요·순·우·탕·문·무·공자·맹자로 이어지는 도통의 계승을 자임한 사람이다. 그들이 전승한 도의 본질은 인의예지를 내용으로 하는 도덕이다. 따라서 주희에서 있어 성현이 전승한 도의 범주에서 벗어난 도는 당연히 이단사설로 귀속된다. 따라서 소식이 문여도구에서 도의 범주에 포함되는 도가와 불가의 도는 주희 문도론에서 절대 수용될 수 없는 대상이다. 또 소식에 의하면, 문은 도를 실을 수도 있지만, 심미적 예술의 독립적 가치를 긍정하기 때문에 설령 문에 도가 부재하더라도 효용 혹은 심미적 가치를 발산할 수 있다면 문으로서의 존재 이유를 부정할 필요가 없는 것이다. 또 그는 문의 근원을 인정에서 찾기 때문에 문의 획일성을 극도로 혐오한다. 그러나 주희의 '문은 도로부터 나온다'와 '문은 곧 도의 현현이다'는 주장은 인정을 문의 근원으로 삼는 소식의 문론에 비해 획일성이 부각될 수밖에 없다. 때문에 주희는 소식의 문도론을 가장 격하게 비판한다.

반면 정이의 작문해도가 비록 낙촉당쟁의 소산물로서 소식의 문도론에 대한 상대적 표현일 가능성이 높지만 문의 기능과 가치에 대하여 고문가는 물론이고 다른 도학가에 비해 상대적으로 부정적 태도를 견지하고 있음은 사실이다. 두보의 시를 한언사閑言詞로 취급하는 것을 보면 그가 문에 어떤 태도를 취하고 있는지 쉽게 알 수 있다. 주희 문도론의 득실에 대해서는 다시 논의해야 할 여지가 있지만, 주희가 문을 도의 현현으로 인식하고 있는 것은 분명하다. 문이 도로부터 나오고, 그것이 곧 도의 현현이라면 효용성을 증대하기 위하여 문에 적당한 수사가 도입되는 것은 별 문제가 없을 것이다. 때문에 주희는 수사를 부정하지 않았다. 즉 주희는 문도의 주종적 관계만 전도되지 않는다면 『좌전』의 '언지무문言之無文, 행이불원行而不遠'을 적극 수용했다. 그가 설리시說理詩로써 도에 대한 자신의 체득을 표현하고, 창작과 모방, 인품과 문품, 그리고 풍격에 관한 자신의 이론을 제시한 것만보더라도 작문해도 자체는 주희 문도론에 결코 수용될 수 없다. 그러나 정이는 도학가의 선배였을 뿐만 아니라 정이 철학은 주희 철학 사유의 근원이었기 때문에 존중의 차원에서 정이의 작문해도에 대해서 소식처럼 맹렬한 비평을 하지 않았을 뿐이다.

3. 주희 문도론의 철학적 근거

만일 필자에게 유사 이래로 가장 박학다식한 학자 한 사람만을 추천하라고 한다면 필자는 주저 없이 주희를 선택할 것이다. 주희는 철학자였고, 문학비평가였으며, 시인이었고, 경학자였으며, 역사 이론가였고 천문학에도 빼어난 지식을 가진 자연과학자였다. 서양에서 주희와 비교할 수 있는 학자는 아마 아리스토텔레스가 유일할 것이다.[45] 주희 사후 얼마 되지 않아 주희의 철학은 왕실의 비호 아래 중국은 물론이고 동아시아 전체로 확대되어 통치의 기본 이데올로기 지위를 확보했다. 때문에 동아시아 전통 학술계에 영향을 끼친 철학자로서 아마 주희만큼 분량을 차지하는 학자는 없을 것이다.

주지하고 있는 바와 같이 주희 철학은 송명리학의 대종이었고, 명·청 양 대 통치 이데올로기의 중심이었다. 뿐만 아니라 조선 500년 동안 정치와 문화 그리고 사상과 윤리관에는 주희 철학이 자리 잡고 있다. 이처럼 주희 철학이 송·원·명·청 그리고 조선과 일본 사상계에 막대한 영향을 끼친 것에는 정치적 요소 그리고 선종으로부터 학술의 주도권 회복이라는 시대정신 등 다양한 외연적 요소가 있었지만, 학술사상 내면적으로도 여러 창의적인 국면을 전개했기 때문이다. 주희는 선진 유가 철학에서 구체적으로 드러나지 않은 형이상학 체계를 수립했고, 또한 유가적 세계관과 인생관 및 가치관을 심성론과 형이상학이라는 두 범주로 일관되게 정립했으며, 더욱 중요한 것은 리기론과 심성론 그리고 공부론을 한 치의 오류도 없는 엄정한 정합성의 체계로 완성하였다

45 당연히 시대적 상황을 고려한 판단이다.

는 점이다. 뿐만 아니라 그는 공자·증자·자사·맹자라는 새로운 계통의 도통을 정립했으며, 북송 제유諸儒의 우주론과 심성론에서 취할 것은 취하고, 버릴 것은 버리면서[取其取, 捨其捨] 송명리학을 집대성했다. 때문에 전목은 "중국 역사에서 고대에는 공자가 있었고, 근대에는 주희가 있었다"[46]고 평했다.

주희 문도론은 결코 주희 철학 사유와 독립적으로 존재하는 이론이 아니다. 주희 철학 사유의 가장 큰 장점은 모든 이론이 서로 긴밀한 유기적 관계를 이루고 있다는 점에 있다. 다시 말하면 그는 정합성을 대단히 중시한 학자였다. 주희 문도론의 존재론적 근거는 리기론이고, 심성론은 문도론의 가치론적 근거라고 할 수 있다. 그중에서도 리와 기의 불리부잡이 핵심인데, 리기의 불리부잡을 문도론으로 표현하면, '문은 문이고, 도는 도이다[文是文, 道是道]'와 '문이 곧 도이다[文便是道]'가 바로 그것이다.

또 주희는 성즉리만을 긍정할 뿐 심즉리는 긍정하지 않는다. 이는 곧 성에 의거한 심의 표현[善情]만을 긍정할 뿐 심의 자의적 표현에 대해서는 긍정하지 않는다는 것을 의미한다. 심의 표현은 곧 정인데, 성을 내재하지 않는 정은 무가치한 것이기 때문에 설령 그것이 문으로 표현되었다고 할지라도 문으로서의 자격을 갖추지 않은 것이다. 필자는 먼저 주희 리기론과 심성론의 대강을 해설한 후 주희 문도론의 핵심 이론을 서술할 것이다.

---

46 錢穆, 『朱子新學案』 臺北: 三民書局, 1982. 1쪽.

1) 리기론理氣論

주희 리기론은 공맹의 심성론과 『중용』·『역전』 형이상학의 원만한 결합이라고 할 수 있다. 선진 시대에 『논어』·『맹자』 그리고 『중용』·『역전』은 하나의 이론 체계로 정립되지 못했다. 송명유학에 이르러 『논어』·『맹자』·『중용』·『역전』은 하나의 이론으로 융합되어 도덕형이상학 체계로 구성된다. 주희는 공자의 인·맹자의 심성·『중용』의 천명·『역전』의 태극과 음양을 기초로 삼고, 다시 주돈이의 태극과 건원乾元, 장재의 기, 정이의 리기론을 종합했다. 주희 철학에서 리는 만물의 존재원리이다. 만물에 대한 리[太極]의 선천성[性卽理]은 본래적 가치 혹은 합목적성의 긍정 표현이고, 거경궁리와 격물치지 및 역행力行은 도덕가치 실현의 구체적 방법이다. 송명리학에서 형이상학은 도덕가치로서 존재성 유무를 결정하는 선진 유가 심성론의 성격으로부터 요청된 것이다. 때문에 리기론 체계 속에 심성론을 안치시켜, 도덕 심성과 도덕가치에 존재론적 의미를 부여하는 송명리학의 도덕형이상학은 원시 유가의 궁극적 발전이라고 해야 할 것이다.

유가 도덕형이상학 체계에서는 오로지 리만이 지선자至善者로서 형이상자의 지위를 차지하고, 가치중립적인 기는 형이하자로 규정될 수밖에 없다. 리기 양자 사이에는 본체적·개념적으로 엄격한 분별이 있다. 그런데 언제부터인지 주희 리기론을 리기이원론理氣二元論으로 규정하는 학자들이 많아졌다. 필자의 조사에 의하면, 일원一元 혹은 이원二元이라는 개념을 사용하여 성리학의 리기론을 규정한 시초는 중국 현대 철학자인 풍우란馮友蘭인 것 같다. 주희는 물론이고 서세동점 이전 어떤 유학자도 일원 혹은 이원이라는 개념을 사용한 적이 없다. 오로지 리기 일물[一物-理氣不相離] 혹은 리기 이물[二物-理氣不相雜]이라는 용어만이 있었을 뿐이다. '일물'은 현상학적 관점이고, '이물'은 논리 혹은 개념적 관점이다. 유가 철학의 형이상학에서 '일물' 혹은 '이물' 모두 적용 가능할 뿐만 아니라 동시 성립도 가능하다. 그러나 '일원'과 '이원'이라는 규정은 적절하지도 않을 뿐만 아니라 적용 불가한 개념이다. 성리학의 입장에서 보면, 분명 리와 기는 개념적 차이가 있고, 형이상과 형이하라는 가치의 차이도 있기 때문에 논리적으로 '이물'이다. 그러나 리와 기는 한시도 단절되어 존재한 적이 없다. 가치중립적인 입장에서만 본다면, 리도 선험적인 것이고, 기 역시 선험적으로 주어진 것이기 때문에 시간적으로 무선후無先後일 뿐만 아니라 근본적으로 '일물'로 놓여 있다. 따라서 필자는 '원' 자를 사용하여 표시하는 것보다는 전통적 표현대로 리기일물설理氣一物說 혹은 리기이물설理氣二物說로 표현하는 것이 정확하다고 생각한다.[47]

도덕형이상학이라는 유가 철학의 특수성을 배제하고서 '원'의 의미를 살펴보자. 즉 리와 기에서 도덕가치를 탈락시키고서 리와 기를 규정해보자. 만물이라는 존재를 형성함에 있어 리와 기가 근본적 인소因素라면 본체론은 리기이원론이라고 할 수 있다. 이러한 리기의 개념으로써 가치중립적인 존재의 생화 원리와 기화의 유행 문제만을 설명한다면 리기를 모두 본체로 이해하여도 무방할 것이다. 아리스토텔레스의 4인설을 적용하면, 리는 형식인形式因·목적인目的因에 해당하고, 기는 질료인質料因 혹은 동력인動力因에 해당할 것이다. 그러나 공자는 "사람이 살아가는

47 리기 일원이원一元二元에 관한 논의는 김익두 외, 『일재 이항과 호남사상』, 문예원 2018, 278-280쪽과 황갑연, 「형이상자와 형이하자 개념에 대한 주자의 이해」, 『범한철학』 19집, 참고.

도리는 정직이다. 정직하지 않으면서도 살아있는 것은 요행히도 죽음을 모면한 것이다"[48]라고 말했고, 맹자는 "사람에게 측은한 마음이 없으면 진정한 사람이 아니고…시비지심이 없으면 진정한 사람이 아니다"[49]라고 한다. 공자에서 정직은 인생의 도리, 좀 더 협의적으로 말하면 인간의 존재 근거이다. 맹자에서는 사단지심이 곧 사람의 존재 근거이다. 정직과 사단지심이라는 도덕성을 표현하지 못한 인간은 최소한 그 당시만은 존재할 만한 가치가 없기 때문에 존재하지 않는 것과 다를 바 없다. 맹자가 말한 "진정한 사람이 아니다"는 그 사람의 실재성에 대한 부정이 아니고 존재 가치성에 대한 부정이다. 『중용』에서는 한 걸음 더 나아가 인간으로부터 만물까지 확대한다.

『중용』에서는 "성誠은 만물 생성의 시작과 마침이기 때문에, 정성스럽지 않으면 존재하지 않은 것이다"[50]라고 한다. 이곳에서 '무물無物'의 '무無' 역시 실재성을 부정한 것이 아니라 가치성을 부정한 표현이다. 이처럼 도덕형이상학에서는 도덕가치가 존재 여부를 결정하는 근거이기 때문에 존재 가치를 상실한 존재는 존재하지 않는 것과 다름이 없다. 도덕가치의 연원은 지선자至善者인 리에 있지 기에 있지 않다. 엄격하게 말하면 기는 리를 실현하는 도구라는 정면적 의미도 있지만, 리의 실현을 방해하는 부면적인 의미도 함께 갖고 있다. 즉 기는 가치중립자이다. 따라서 도덕형이상학에서 존재의 제일 원리 혹은 실체는 리이지 기가 아니다. 즉 리만이 근본 실체인 '원'인 것이다.

---

48 『論語』「雍也」, "人之生也直. 罔之生也, 幸而免."

49 『孟子』「公孫丑上」, "無惻隱之心, 非人也…無是非之心, 非人也."

50 『中庸』「25章」, "誠者, 物之終始. 不誠, 無物."

주희의 리기론에서 학자들의 오해를 일으키는 몇 가지 개념이 있다. 그중 대표적인 것이 리생기理生氣와 리기선후理先氣後이다. 주희는 분명 '리생기'를 긍정했다. 그는 "태극은 음양을 생하고, 리는 기를 생한다. 음양이 이미 생했으면 태극은 그 중에 있고, 리도 기안에 있다"[51]고 했다. 그러나 주희가 말한 '리생기'의 '생生'은 부모와 자식 관계에서의 능생能生과 피생被生의 '생'이 아니라 리가 기를 주재한다는 의미의 '생'일 뿐이다. 만일 '생'이 존재론 의미의 '생'이라면 우리는 리가 기를 생성하기 이전의 상태를 가정할 수 있고, 또 '생'의 상대적 개념인 멸滅의 상태를 가정할 수도 있다. 리생기 이전의 상태는 오직 무형의 리만이 존재할 뿐이므로 이 세계는 무의 세계일 것이다. 즉 리는 아무런 형상이 없는 존재이기 때문에 오로지 리만 존재한다면 구체적인 현상 존재물을 가정할 수 없다. 그러므로 무의 세계라고 할 수 있다.

또 '생'의 상대적 개념인 '멸'의 상태를 가정해보자. 이것 역시 무의 세계이다. 이러한 세계관은 분명 유가의 세계관과 부합하지 않는다. 왜냐하면 유가에서 긍정한 천도[太極 혹은 理]는 부단히 자신을 실현하는 오목불이於穆不已의 창생을 본질 작용으로 하는 본체이기 때문에 천도의 활동은 마땅히 시작도 없고 끝도 없다[無始無終]. 즉 근본적으로 무의 상태를 가정할 수 없다. 유가 철학의 세계관은 유의 연속일 뿐이다. 이러한 유의 연속 세계관에 대하여 정이는 다음과 같이 말한다.

> 그러므로 그것을 받아 미제未濟로서 마친다. 이미 마쳤다는 것은 사물의 다함이다. 사물이 다하여 불변하면 마침이 없는 리는 없다. 역은 변역하여

---

51 『周濂溪集』「卷2」, "太極生陰陽, 理生氣也. 陰陽旣生, 太極在其中, 理復在氣之中也."

다함이 없다. 그러므로 마친 후에 그것을 받아 미제로서 마치는 것이다. 미제는 아직 다하지 않았다는 것으로, 미제는 생생의 의미를 갖고 있다.[52]

이러한 미제관은 음과 양은 서로 먼저 시작함이 없다는 음양무시론陰陽無始論과 움직임과 고요함은 먼저 단서가 없다는 동정무단론動靜無端論을 근거로 한 것인데, 이는 곧 유가의 세계관이 유의 연속임을 나타낸 것이다.

주희 리기론에서 리선기후 문제는 역대로 가장 많은 학자들이 참여하여 토론을 전개한 주제 중의 하나이다. 핵심 문제는 '리선기후에서 선후는 어떤 의미의 선후인가'에 있다. 유기론자들은 리선기후를 긍정하지 않을 수도 있지만 주희는 리선기후의 입장을 견지한다. 필자는 리선기후의 문제를 시간적인 측면, 논리적인 측면에서 논의해 보고자 한다.

시간상의 선후는 '어제의 구름이 오늘의 비에 앞선다'는 의미이다. 이러한 시간상의 선후는 주희 철학에서 말하는 리선기후의 선후 의미가 아니다. 왜냐하면 리만이 무시무종無始無終의 존재일 뿐만 아니라, 기 역시 무시무종無始無終의 존재이기 때문이다. 주희 철학에서는 원기元氣의 내원來源 문제를 적극적으로 논하지 않았다. 기는 '주어진 것[Given]'으로서 객관적인 존재 문제만을 설명하기 위함이라면 리와 시간상 동일한 존재이다. 주희는 리선기후를 오늘 리가 있고 내일 기가 있는 것이 아니라고 했다. 즉 시간상의 선후는 결코 리선기후의 본의가 아니다.

주희 철학에서 리선기후는 논리적인 관점에서 이해해야 한다. 리와

---

52 『易程傳』「卷4」, "故受之以未濟終焉. 旣濟矣, 物之窮也. 物窮而不變, 則無不已之理, 易者變易而不窮也, 故旣濟之後, 受之以未濟以終焉. 未濟則未窮也, 未濟則有生生之義."

기의 양태는 불리부잡으로 표현할 수 있다. 부잡은 형이상과 형이하 혹은 본체론의 입장에서 말한 것이고, 불리는 리기의 운행 및 구체적인 존재물의 구성 측면 즉 우주론에서 말한 것이다. 리선기후의 문제는 리기불리의 측면에서 말할 수 있는 것이 아니라 리기부잡 측면에서 말할 수 있는 것이다. 리기불리 측면에서는 리선기후 문제를 도출할 수가 없을 뿐만 아니라 근본적으로 이러한 문제가 발생하지도 않는다. 리기불리 측면에서 보면, 기가 있으면 반드시 리는 그 속에 있고, 기가 없으면 리는 어디에 붙어 존재할 곳이 없다. 리기는 서로 분리하여 존재할 수 없는 것으로 리기가 혼재되어 운행함으로서 비로소 구체적인 존재물이 형성된다. 논리적인 선후는 시간적인 선후 의미를 함유하지 않는다. 논리적인 측면에서 리기 선후 문제를 논하면 리가 기에 우선한다고 주장할 수 있다. 이점에 관하여 주희는 다음과 같이 설명했다.

> 리에 동정이 있기 때문에 기에 동정이 있는 것이다. 만일 리에 동정이 없다면 기는 무엇으로 말미암아 동정할 수 있겠는가?[53]

> 리는 기를 떠난 적이 없지만 리는 형이상자이고, 기는 형이하자이다. 형이상과 형이하의 측면에서 보면 어찌 선후가 없을 수 있겠는가?[54]

주희가 말한 리의 동정은 실제로 동정의 소이연지리를 가리키는 것이

53 『朱文公文集』「卷56」, "理有動靜, 故氣有動靜. 若理無動靜, 氣何自而有動靜乎."

54 『朱子語類』「卷1」, "理未嘗離乎氣, 然理形而上者, 氣形而下者. 自形而上下言, 豈得無先後."

지 리 자체가 동정한다는 의미는 아니다. 주희의 뜻은 동정의 원리가 선재 해야만 비로소 기의 동정이 이루어질 수 있다는 것이다. 즉 동정의 원리가 논리적으로 실제로 동정하는 기에 앞선다는 것이다. 또 주희는 형이상과 형이하의 개념으로서 선후를 설명한다. 형이상의 개념은 형이하의 개념이 선재하지 않아도 성립할 수 있지만 형이하의 개념은 형이상자의 개념을 반드시 전제로 삼아야만 성립할 수 있다. 리는 형이상자로서 그 자체로서 성립할 수 있지만 기는 형이하자로서 형이상자인 리 개념이 선재해야 한다. 따라서 리선기후인 것이다.

2) 심성론心性論

앞에서 이미 해설한 바와 같이 성즉리와 심즉리로 정주학과 육왕학의 차이점을 설명하지만, 성즉리와 심즉리는 두 학파의 심성론에 대한 본질적 차이점을 표현한 진술이 아니다. 주희 심성론의 핵심은 성즉리이다. 주희는 성만을 리로 인식했을 뿐 심은 리로 규정하지 않았다. 그렇다면 오로지 성만을 형이상자로 규정한 것인가? 그렇지 않다. 주희는 비록 심을 기의 령[氣之靈] 혹은 기의 정상[氣之精爽]이라고 했지만, 한 곳에서도 '심은 곧 기이다[心卽氣 혹 心是氣]'라고 하지 않았고, 또 '심은 형이하자이다[心卽形而下者 혹 心是形而下者]'라고 하지 않았다. 왜냐하면 주희 심성론에서 심은 인심과 도심의 영역을 넘나들 수 있기 때문이다. 심은 거경함양과 격물궁리를 경유하여 성리를 온전하게 인식할 수 있고, 인식한 성리를 자신의 덕으로 삼을 수 있다. 만일 심이 성리를 자신의 덕으로 삼았다면, 이는 심과 성리가 합일된 도심의 상태이다. 이때의 심은 형이상자 영역으로 진입한 심, 즉 심즉리[55]의 심이다. 그러나 심의 본래 기능을 발휘하지 못하고 인욕에 함몰된다면 인심으로 추락하여 형이하자의 경지에 놓이게 된다. 이처럼 주희 철학에서 심은 인심과 도심 혹은 형이상과 형이하의 경계를 넘나들 수 있는 존재이다.

주희 철학에서 성과 리가 동일자임을 표현한 구절은 매우 많다. 그 표현 역시 다양하다.

> 성은 단지 리일 뿐이다[性只是理而已].[56]
>
> 리는 곧 성이다[理便是性].[57]
>
> 나의 본성은 곧 천지의 리이다[吾之性卽天地之理也].[58]
>
> 성은 리의 명칭이다[性是理底名].[59]

주희는 이상의 표현으로 성과 리의 동일 관계를 설명한다. 물론 성과 리 사이에 형식적 개념 차이는 분명히 존재한다. 대표적인 것으로 리라고 하면 천지간의 모든 존재가 준수해야 할 법칙·원리·규범을 의미한다. 다시 말하면 리는 인간계와 자연계에 보편적으로 적용되는 합리적인 질서 원리이다. 반면 성은 자연계를 총괄하는 보편적 질서 의미가 아

---

55 주희 도덕론에서도 심즉리를 말할 수 있지만, 이때의 '즉'은 개념적 일자 의미로서의 '즉'이 아니라 후천적 합일 의미의 '즉'이다.

56 『朱子語類』「卷20」.

57 『朱子語類』「卷99」.

58 『朱子語類』「卷98」.

59 『朱子語類』「卷6」.

닌 자연계를 구성하고 있는 각각의 개체에 적용되는 합리적 질서 개념이다. 이 성은 '나'라는 개체의 생성과 관계를 맺고 있다. 즉 '나'라는 개체 존재가 생성되면서 갖추고 있는 도리이다. 이는 각각의 개체에 선천적으로 합리적 질서가 갖추어져[內具] 있다는 의미와 아울러 합리적 질서의 근원이 천지에 있음을 나타내고 있다. 비록 형식적인 분계는 존재하지만 성은 리 외의 다른 존재가 아니다.

성과 리에 관한 여러 표현 중에서 주의 깊게 살펴보아야 할 주장은 '성지시리이이性只是理而已'이다. 만일 '지只' 자가 '性' 자 앞에 놓인다면 '오로지 성만이 리이다[只性是理]'라고 해야 한다. 이 진술은 성이라는 류類와 리라는 류의 동일관계를 나타낸다. 성 외의 어떤 개념도 리의 영역에 속하지 않는다는 의미이다. 주희 철학에 비춰보면 '오로지 성만이 리이다'라는 표현은 문제가 없다. 그렇지만 주희는 『주자어류』와 『주문공문집』에서 '지성시리只性是理'라는 표현은 거의 사용하지 않는다.[60] 성즉리와 '성은 단지 리일 뿐이다[性只是理]'는 표현은 여러 곳에서 즐겨 사용한다.

사실 '성지시리性只是理'는 주희 철학 본체론의 특성을 가장 정확히 표현하고 있다. 다시 말하면 '性' 자에 포함되어 있는 여러 의미를 제거하고서 오로지 성의 법칙성·원리성·규범성만을 강조한 것이다. 본래 '성' 자에는 선천적인 능력·본성·재질 등 바탕의 의미가 있다. 주희는 그 중 동태적인 활동성 의미를 모두 탈락시키고 오로지 정태적인 리의 의미만을 부여한다. 동일한 표현으로 주희는 "이른바 성이라는 것은 단지 그

60 필자는 『주문공문집』과 『주자어류』를 축자 검색을 해보았지만 한 차례도 발견하지 못했다.

인의예지 네 가지일 뿐이다[所謂性只是那仁義禮智四者而已]"[61]라고 했다. 능력과 재질 등의 활동성 의미가 '성性' 자에서 탈락되었기 때문에 성은 단지 정태적인 원리·도리·법칙·규범의 의미만을 갖게 된다. 때문에 모종삼은 주희의 성을 '단지 존유일 뿐 활동하지 않는 실체[只存有而不活動]'라고 규정한 것이다.

만일 성이 활동 작용을 구비하고 있지 않다면 성의 발현, 즉 가치의 창출은 반드시 타자의 도움을 받아야 한다. 주희 철학에서 성의 실현에 도움을 주는 존재가 바로 심이다. 심은 지각 기능을 통하여 성리를 인식하고 정감을 조절하여 중절中節하게 한다. 이 과정이 바로 격물치지와 거경궁리이다. 이는 진심盡心이라는 도덕주체의 활동을 통하여 도덕주체 자신이 바로 인간의 존재 근거임을 긍정하는 맹자의 입장과는 분명히 다르다.

'심은 리[性]가 아니다'라는 표현은 마치 심과 리의 관계성을 단절한 것 같다. 그러나 주희 철학에서 심과 리는 개념적 혹은 형식적인 차이만 있을 뿐 양자의 관계는 절대 떨어질 수 없다[不可離]. 만일 심과 리가 서로 단절된다면 주희 철학에서 가치 창출은 불가능하게 된다. 그렇다면 주희 철학에서 심과 리의 관계는 어떻게 표현할 수 있을까? 적어도 세 측면에서 논의할 수 있다.

첫째, 심의 존재론적인 측면에서 보면 리는 심이라는 존재물[器 혹 然]의 존재 원리이다. 주희 철학에서 심은 경험층에 속한 사실적인 존재[然]이기 때문에 존재의 원리[所以然之理]가 선재해야 한다. 주희의 심과 리는 바로 연然과 소이연지리所以然之理의 관계이다.

---

61 『朱子語類』「卷59」.

둘째, 지각 활동의 측면에서 보면 심은 지각할 수 있는 능지能知의 주체이고, 리는 심에 의하여 지각되는 소지所知의 객체이다. 심은 리에 대한 지각 작용을 구비한 인식 주체이고, 리는 심의 인식 대상이다.

셋째, 도덕 실천 측면에서 보면 심은 도덕적으로 선한 정감을 발현하는 당체當體이고, 리는 심 활동의 표준이다.

또 주희 심성론에서 주요 개념 중의 하나는 심통성정心統性情이다. 이곳에서 핵심은 '통統' 자에 있다. 앞에서 해설한 바와 같이 주희 심성론에서 성[理]과 심의 관계는 인식 대상[所知]과 인식 주체[能知]의 주객 관계로 설정되어 있다. 심의 작용과 지위를 가장 잘 표현한 것이 바로 심통성정이다. 그중 '심통성心統性'은 심이 거경함양과 격물궁리를 통하여 성리에 대한 인식 활동과 과정 및 결과이다. 인식 주체인 심이 인식 대상인 성리를 인식하여 자신의 덕으로 삼는다. '심통정心統情'은 인식한 성리에 의거하여 정감을 주재하는 활동이다. 분명 심이 '성'과 '성'을 '통統' 하고 있지만, 심은 '통'의 표준이 아니다. '통'의 표준은 성에 있을 뿐이고, 심은 그것을 인식하여 드러낼 수 있을 뿐이다. 때문에 주희 역시 심의 '통'을 통솔이라고 하지 않고 관섭管攝 등의 의미로 해설한다. 통섭統攝이 심통성정에 가장 어울리는 표현이다.

3) 리기理氣 불리부잡不離不雜

주희 리기론에서 문도론과 직접 관련이 있는 이론은 리기 불리부잡설[62]

62 황갑연, 「화엄 법계관과 주희 리기론의 異同을 통해서 본 儒佛의 交涉」, 『양명학』 제 28호, 한국양명학회, 2011, 241-246쪽 참고.

이다. 주희 리기론은 본래 화엄 법계관 영향을 받았다. 물론 화엄 법계관의 형식을 본받은 것일 뿐 불교의 세계관 자체를 수용한 것은 절대 아니다. 법계[dharma - dhatu]에서 '법法'은 범어의 동사 어근語根인 'dhr'에서 온 것으로 그것의 본래 의미는 '보호하고 유지한다[護持]'는 것이고, '계界'는 범어의 동사 어근인 'dha'가 변화하여 이루어진 명사로서 본래 의미는 '요소要素'이지만 불가에서 '법'은 제법諸法[모든 존재]이고, '계'는 분계 혹은 영역 의미로 사용되었다. 또 다른 측면에서 '계'는 성性의 의미를 갖고 있다. 따라서 법계는 곧 법성으로서 본체인 진여眞如를 의미기도 한다. 불교에서 법계는 근원 혹은 근본의 의미를 갖는다. 불교에서는 우주 전체를 모두 법으로 보고서, 진리 혹은 진리의 현현으로 인식하기 때문에 화엄종에서 이를 근거로 현상과 실상[實相-眞如-眞如心]이 서로 상즉불리相卽不離한다는 법계관을 정립한다.[63]

화엄에서는 네 가지 법계를 제시하지만, 실제로는 두 개의 법계[事法界와 理法界]이다.

첫째, 사법계事法界이다. 사법계는 구체적인 현상과 개별적인 사건 혹은 고유한 독자적인 모습과 개체성을 갖추고 있는 현실세계이다. 이 법계에 속한 제법의 관계가 결정한 본질적 속성은 '차별'이다. 즉 사법계는 상대적이고, 차별적이며, 속체俗諦이다.

둘째, 리법계理法界이다. 리법계는 사법계가 의지하고 있는 진리로서, 이 리법계의 속성은 하나[一]이고 무차별이다. 리는 진여 혹은 실상을 의미한다. 리법계는 무차등이고, 평등한 법성法性이며, 공성空性이다.

셋째, 리사무애법계理事無碍法界이다. 무애無碍라는 의미는 제법諸法의

---

63 吳汝鈞, 『佛敎思想大辭典』, 臺北: 商務印書館, 1992, 314쪽 참고.

속성에 초점을 둔 것이 아니라 법계와 법계의 관계에 초점을 두고 있다. '리理'와 '사事'의 무애는 여러 측면에서 설명 가능하지만, 대표적인 의미는 현상과 진여의 불리不離이다. '리'는 '사'의 '리'이고, '사'는 '리'의 '사'이다. 따라서 리 밖의 사가 없고, 사 밖의 리도 없다. 현상과 진여가 상즉相卽하고 상입相入하는 관계로 놓여 있기 때문에 서로 의존하고 있어도 방해가 없고, 서로 독립하여도 아무런 방해가 되지 않는다. 현상 자체가 곧 진여는 아니지만, 현상은 진여로부터 생겨나고, 실상[진여] 역시 현상은 아니지만 현상을 통하여 자신의 모습을 드러낸다. 현상을 떠나서 따로 진여가 있는 것이 아니다. 따라서 제법은 그 자체로 진여의 여여如如한 현현이고, 그 자체로서 하나의 실상이며, 진리의 체[理體]이다. 리와 사가 서로 무애할 수 있는 근거는 바로 이점에 있다.

넷째, 사사무애법계事事無碍法界이다. 화엄 법계관의 종극 경지는 사사무애법계에 있다.[64] 사법계와 리법계 그리고 리사무애법계는 사사무애법계를 설명하기 위한 층층의 접근 방법이고 이론적 근거에 불과하다. 현상과 진여만이 불리不離의 관계로 놓여 있는 것이 아니라 현상 역시 비록 서로 차별적인 모습으로 존재하고 있지만 모두 진여로부터 생겨난 것이고, 사법계 각각이 서로 상호 의존적 관계[彼此相依]로 놓여 있기 때문에 서로 융합될 수 있고, 서로 통섭될 수 있다는 의미이다. 이러한 의미는 객관적인 측면에서는 '하나의 사리事理는 기타의 사리事理와 서로 통할 수 있다'로 해설할 수 있고, 주관적인 측면에서는 '하나의 경지는 기타 경지와 서로 통할 수 있다'로 해설할 수 있다. 이것이 바로 "하나가

---

64 신규탁, 「『法界觀門』의 '觀'의 機能에 關한 試論」, 『보조사상』 28집, 보조사상연구원, 2007, 63쪽.

만물이고, 만물이 곧 하나이다[一卽多, 多卽一]"[65]는 것이고, 또 "이제 오그리면 모든 일은 하나의 티끌에서 나타나고, 펼치면 하나의 티끌이 모든 곳에 두루 펼쳐져 있다"[66]는 말의 의미이다. 즉 "하나가 모든 것을 통섭하고, 모든 것은 하나를 통섭한다[一攝一切, 一切攝一]"는 것이 바로 이것이다.

화엄 법계관이 네 층으로 구성되어 있듯이 그것과 주희 리기론도 다음 네 가지로 요약할 수 있다.

첫째, 사법계와 주희의 기[器-氣][67]
둘째, 리법계와 주희의 리
셋째, 리사무애법계와 주희의 리기[道器] 불리부잡
넷째, 사사무애법계와 주희의 '물물구유일태극物物具有一太極' 혹은 리일분수理一分殊.

이중에서 세 번째 화엄의 리사무애법계와 주희의 리기 불리부잡은 주희 문도론에서 '문시문文是文, 도시도道是道'·'문변시도文便是道'와 그 형식이 일치한다.

먼저 주희는 리와 기를 형이상자와 형이하자로 구분한다. 주희는 "리는 형이상자이고 기는 형이하자이다"라고 하면서 "리는 기와 떨어진 적

---

65 『華嚴義海百門』「鎔融任運門」.

66 『華嚴經』「卷60·菩薩十住品」.

67 엄격하게 말하면 화엄의 사법계에 해당하는 것은 기氣가 아니라 기器이다.

이 없지만, 형이상과 형이하로 말한다면 어찌 선후가 없겠는가"[68]라고 말한다. 화엄에서 리와 사를 구분한 것처럼 주희 역시 리와 기를 본체론적으로 형이상자와 형이하자로 엄격하게 분리하면서 선후의 관계로 설정한다. 화엄에서 리법계와 사법계를 구분한 것은 주희의 리기부잡에 해당한다. 물론 주희 철학에서 기에 대한 리의 선先은 논리적 혹은 근본 혹은 형이상자 개념이 형이하자 개념에 선재한다는 의미로서의 선이지 시간적 의미로서의 선이 아님은 주지의 사실이다. 비록 이 양자는 개념적으로 분리할 수 있지만, 실제적으로 양자는 따로 존재할 수 없다.

불리부잡에 관하여 주희는 다음과 같이 말한다.

> 음양과 오행이 어지럽게 뒤섞이면서도 조리를 잃지 않는 것이 바로 리이다. 만약 기가 모여서 응결되지 않을 때는 리 또한 붙어 있을 곳이 없다.[69]

"음양과 오행이 어지럽게 뒤섞이면서도 조리를 잃지 않는 것이 바로 리이다"는 말은 리가 기의 표준이고 근본이며 법칙이라는 의미이고, "기가 모여서 응결되지 않을 때는 리 또한 붙어 있을 곳이 없다"는 말은 리와 기가 실제적으로 따로 존재할 수 없다는 의미이다. 때문에 주희는 "천하에는 리가 없는 기도 없고, 또한 기가 없는 리도 없다"[70]고 한 것이다. 즉 리와 기는 실제적으로 불리의 관계로 놓여 있다. 화엄에서의 리

---

68 『朱子語類』「卷1」, "理未嘗離乎氣. 然理形而上者, 氣形而下者. 自形而上下言, 豈無先後. 理無形, 氣便粗, 有渣滓."

69 『朱子語類』「卷1」, "如陰陽五行錯綜不失條緒, 便是理. 若氣不結聚時, 理亦無所附著."

70 『朱子語類』「卷1」, "天下未有無理之氣, 亦未有無氣之理."

사무애법계는 바로 주희의 리기불리에 해당한다.

주희의 도기설道器說은 리기설과 동실이명同實異名의 관계이다. 물론 그 의미가 완전하게 동일한 것은 아니지만 같은 원리에 의하여 관통되어 있다. 주희는 『주자어류』「권75」에서 다음과 같이 말한다.

> 기器 역시 도이고, 도 역시 기이다. 서로 간에 분별은 있지만 서로 떨어져 존재하지 않는다.[71]

> 도는 기器를 떠나지 않고, 기는 도를 위배하지 않는다.[72]

도는 화엄의 리법계에 상당하고, 기器는 사법계에 상당한다. 도와 기는 개념적으로 서로 분명하게 다르다. 도는 도이고, 기는 기이다. 이것이 곧 도기부잡道器不雜이다. 이것과 문도론의 '문은 문이고, 도는 도이다'는 형식이 서로 일치한다. 그러나 도는 기를 떠나 따로 존재하지 않는다. 도가 기를 떠나면 안착할 곳이 없다. 때문에 도와 기는 불리의 관계에 놓여 있다. 이것이 바로 주희 문도론의 '문은 곧 도이다'와 동일한 형식이다.

주희는 『중용』의 천명지위성天命之謂性과 『역전』의 '각정성명各正性命'을 근거로 '모든 사물에는 하나의 태극이 갖추어져 있다[物物具有一太極]'고 한다. 이에 관하여 주희는 다음과 같이 말한다.

---

71 『朱子語類』「卷25」, "器亦道, 道亦器. 有分別而不相離也."

72 『朱子語類』「卷25」, "道不離乎器, 器不違乎道."

태극은 다만 천지만물의 리일 뿐이다. 천지에서 말하면, 천지 가운데 태극이 있다. 만물에서 말하면, 만물 가운데 각각 태극이 있다.[73]

태극은 만물의 근원자로서 절대적 가치의 소재이다. 물물物物에 이러한 절대적 본체가 내재되어 있다는 것은 만물의 보편적 평등성을 의미한다. 때문에 주희는 "만물의 한 근원에서 논하면 리는 같고 기는 다르다"[74]고 했다. 비단 사람만이 태극을 갖추고 있을 뿐만 아니라 심지어 말라죽은 초목도 태극[性]을 갖추고 있다[枯槁有性]. 이는 우주에 존재하는 어떤 사물도 그 자체적으로 합목적적으로 존재할 수 있는 가치를 갖추고 있고, 타자에 의하여 가치가 결정되지 않는 본래적 가치를 갖추고 있다는 의미이다. 주희가 말한 리일분수설은 바로 이것을 근거로 하여 정립된 것이다. 화엄에서 리사무애법계가 진여와 현상의 상섭相攝 관계라면 사사무애법계는 진여와 현상의 상섭뿐만 아니라 현상과 현상의 상섭을 포함한 절대 평등 관계이다.[75] 즉 사사무애법계의 핵심 의미 역시 제법간의 평등성에 있다. 비록 현상 세계는 다른 모습으로 존재하고 있지만, 모두 태극을 공통 분모로 하고 있고, 사법계 역시 차별이 근본 속성이지만, 차별적인 제법에 내재된 진여는 평등하기 때문에 제법은 서로 통하고, 그 경지 역시 서로 무차등적으로 교류된다. 주희의 '물물구유일태극'과 '리일분수'는 화엄의 사사무애법계와 그 형식이 상당히 유사하다.

---

73 『朱子語類』「卷1」, "太極只是天地萬物之理. 在天地言, 則天地中有太極. 在萬物言, 則萬物中各有太極."

74 『朱子語類』「卷4」, "論萬物之一原, 則理同而氣異."

75 남상호, 「화엄종의 상즉원융의 방법」, 『양명학』 25호, 한국양명학회, 2010, 308쪽 참고.

4. 주희의 문도론

주희 문도론은 큰 틀에서 보면 당의 한유에서 시작되어 송의 구양수로 전개된 고문운동의 산물이다.[76] 조금 범위를 줄여 말하면 송 대 도학가 문학 이론의 집대성이라고 할 수도 있다. 그렇다고 주희 문도론이 도학가 문도론 종합이라는 의미만 갖고 있는 것은 아니다. 주희는 철학자임과 동시에 문학비평가였으며, 시인이었고 문인이었다. 따라서 주희 문도론은 도학가의 범주에 제한을 받지 않은 문인으로서의 성격도 아울러 갖고 있다. 주희 이전 도학가들이 작시作詩 활동을 하지 않은 것은 아니지만 주희처럼 문인으로서 문학 속에 침투하여 문의 심미성과 예술성을 몸과 마음으로 체득하면서 자신만의 독특한 문도론을 제시한 것은 아니었다. 이것이 도학가와 주희의 차이점이다. 주희 문학이론은 그의 철학 사유를 근본으로 구성된 것이지만, 한 시인 혹은 문인으로서의 절실한 문학적 체험 그리고 예술적 체험을 경과하여 제시된 것이다. 따라서 주희 문도론 의미를 도학가 범주에 제한시켜 분석하면 주희가 부여한 문의 의미가 은몰되어 나타나지 않을 수 있다.

주희 이전 고문가와 도학가 문도관계는 성리의 도와 이를 표현하고 전달하는 문사의 관계에 머물러 있었다. 그러나 주희는 도와 문의 관계를 형이상과 형이하, 본체와 현상, 체용體用의 관계로 구성하여, 한편으로는 추상적인 도에 문이라는 구체성을 부여했고, 다른 한편으로는 문에 도라는 형이상적 근거를 부여하여 양자를 유기적으로 결합하여 일체

76 주희 문도론에 관한 내용은 필자의 「유가 철학에서 문과 도의 관계에 관한 연구」, 『범한철학』 제 36집, 195-208쪽의 내용을 수정 보완 확장한 것이다.

화했다. 이러한 주희 문도관은 당송 대의 고문가나 도학가는 물론이고, 심지어 선진 유학의 문도론과도 차별적인 것이다.

1) '문은 문이고, 도는 도이다[文是文, 道是道]'

주희 문도론은 다음 몇 가지 내용으로 요약할 수 있다.

> 첫째, 문은 문이고, 도는 도이다[文是文, 道是道].
> 둘째, 문은 도로부터 나온다[文從道出] 혹은 문은 모두 도로부터 유출된다[文皆是從道中流出].
> 셋째, '문이 곧 도이다[文便是道].

이상의 세 구절을 독립적으로 보면, 둘째 '문종도출'과 셋째 '문변시도'에서는 상호 관련성을 발견할 수 있지만, 첫째와 둘째·셋째 관계는 서로 모순인 것 같다. 그러나 이 진술에 포함되어 있는 철학적 의미를 분석하면, 세 진술이 서로 모순되지 않을 뿐만 아니라 오히려 문과 도의 유기적 관련성을 더욱 선명하게 드러내주고 있다. 간략하게 말하면 '문시문文是文, 도시도道是道'는 본체 혹은 논리적 개념 측면에서 말한 것이고, '문종도출文從道出'과 '문변시도文便是道'는 리기의 합일에 의하여 드러난 현상 혹은 유행 측면에서 말한 것이다.[77]

'문시문文是文, 도시도道是道'와 '문자문文自文, 도자도道自道'의 차이를

---

77 林衡勳, 「文皆是從道中流出」, 『湛江師範學院學報』 第 24卷 第 4期湛江(廣東): 湛江師範學院, 2003, 51쪽.

올바르게 구별하면 주희가 그렇게 표현한 의도를 쉽게 파악할 수 있을 것이다. '문시문文是文, 도시도道是道'는 '문은 문이고, 도는 도이다'로 해석해야 하고, '문자문文自文, 도자도道自道'는 '문은 문대로, 도는 도대로'의 의미이다. 전자는 도와 문의 관계를 형이상과 형이하, 본체와 현상이라는 개념적 분류이고, 후자는 도와 문을 주객 혹은 도구와 내용으로 이원화시켜 이해하는 고문가들의 문이명도와 문이관도 및 문여도구에 대한 주희의 규정이다. 엄격하게 말하면 주돈이의 문이재도 역시 '문자문文自文, 도자도道自道'에 속한 문도론이다.

'문은 문이고, 도는 도이다'는 문과 도의 사실적 분리가 아닌 개념적 혹은 논리적 분별이다. 이러한 구도는 주희 리기론의 리기부잡을 근본으로 삼은 것이다. 주희 철학에서 리와 기는 모든 현상의 존재물을 구성하는 기본 인소이다. 우주 내의 모든 사물[文을 포함]은 리기로부터 생성되고, 또한 리기로 귀속된다. 그러나 주희는 도덕가치로서 만물의 존재의의를 규정하기 때문에 오로지 리만을 초경험층의 형이상자로 간주하고, 기는 자연층의 형이하자로 간주한다. 비록 리기[理氣-道器]는 사실적으로 분리되어 존재할 수 없지만 양자 사이에는 본체·개념적으로 엄격한 분별이 있다.

> 형이상은 도이고, 형이하는 기器이다.[78]

> 형이상자는 형체도 없고 그림자도 없는데, 이것이 리이다. 형이하자는 정

---

78 『朱子語類』「卷62」, "形而上爲道, 形而下爲器."

감도 있고 모양도 있는데, 이것이 기器이다.[79]

주희 철학에서 리는 형이상의 도, 즉 원리이고, 기器는 형이하의 그릇, 즉 구체적인 사물이다. 주희가 말한 기器는 구체적인 형상과 속성을 갖는 현상계의 사물을 지칭한다. 그러므로 주희는 "무릇 형태[形]와 모양[象]을 가지고 있는 것은 모두 기器이다"[80]라고 했다.

주희는 이러한 리기부잡을 문도론에 그대로 적용시킨다. 즉 도는 형이상자·소이연지리·본체이고, 문은 형이하자·사물·현상이다. 다시 말하면 도는 근원성을 나타내고, 문은 파생성을 나타낸다. 이러한 주희 문도론은 도통道統과 문통文統, 그리고 도덕의 내용과 문사의 관계로 성립되어 있던 이전 문도론에 본체론적인 의미를 부여하여 도와 문을 체용 관계로 승격시킨 것이다.

그렇다면 리기부잡을 근거로 성립된 '문시문文是文, 도시도道是道'가 드러내고 있는 주희 문도론에는 어떤 특성이 담겨져 있는가?

첫째, 도와 문의 본말 관계 유지이다. 주희 철학에서 도는 형이상자이고, 본이다. 문은 형이하자인 기器로서 말末이다. 도가 전제되지 않는 기器는 무가치한 존재이기 때문에 존재하지 않는 것과 다를 바 없다. 또 현상인 기器가 없다면 우리는 도의 내용을 알 수 없다. 양자 중에서 어느 것도 결손되어서는 안 된다. 그러나 도가 형이상자로서 본이고, 문이 형이하자로서 말이라는 점은 부정할 수 없다.

둘째, 도학에서 견지하고 있는 중도경문의 재정립이다. 주희 이전의

---

79 『朱子語類』「卷95」, "形而上者, 無形無影是此理. 形而下者, 有情有狀是此器."

80 『朱文公文集』「卷36」, "凡有形有象者皆器也."

도학가들은 도를 실질 내용으로, 문은 도를 드러내는 수단 혹은 도구로 인식했다. 주희 역시 중도경문을 부정하지 않는다. 도는 만물의 근원이고, 문은 도로부터 파생된 만물 중의 하나이기 때문에 당연히 중요성이 도에 치우친다. 그러나 주희는 도학가와 달리 문을 도의 현현으로 이해하기 때문에 문은 그 자체적으로 이미 존재 가치를 갖고 있다. 다시 말하면 주희는 중도경문에서 중重과 경輕을 본말 혹은 체용 관계로서 이해할 뿐 내용과 수단이라는 단일구도로써 도와 문의 가치를 결정하지 않는다.

셋째, 주희가 말한 '문은 문이고, 도는 도이다'라는 말 속에는 도와 문의 본말과 경중 의미뿐만 아니라 문의 독립적 역할과 가치도 포함되어 있다. 다시 말하면 비록 도가 뿌리이고 문이 잎이지만, 무성하게 우거진 잎을 보고서 뿌리의 견실함을 알 수 있고, 진한 향기를 내뿜는 잎을 통해서 도의 내용을 충실하고 성대하게 표현할 수 있다. 이것은 문만이 가지고 있는 특성이다. 때문에 주희는 문학의 형식과 기교를 모두 부정하지는 않았다. 그 이유는 완전하고 아름다운 문학 형식은 도를 밝히고 드러내는 데 도움을 주기 때문이다. 이상이 리기부잡 혹은 도와 기의 구분[道器之分]을 근거로 성립된 '문시문文是文, 도시도道是道'가 갖고 있는 의미이다.

2) '문이 곧 도이다[文便是道]'

주희 문도론을 범범하게 말하면, 한유와 구양수 그리고 도학가의 이론과 별반 다르지 않게 느껴진다. 주희는 다음과 같이 말한다.

> 지금 학자들 중에 누가 진정으로 글을 한 편이라도 지었는가? 많은 기력만

을 헛되게 낭비했을 뿐이다. 대체적으로 학문을 함에 있어 도를 밝히는 것을 주로 하면 자연스럽게 좋은 문장이 나오게 된다. 시 역시 그렇다.[81]

'도를 밝히는 것[明道-明理]'이 문장을 짓는 목적이라고 주장한 것은 한유와 구양수 그리고 도학가 모두 예외가 아니다. 때문에 그들 역시 문장이 도리에 입각하여 나오면 공언空言이 되지 않는다고 주장한다.

그러나 주희 문도론의 정화精華는 문과 도의 개념적 분별에 있지 않고, 또 두 개의 서로 다른 문과 도가 사실적으로 합일한다는 것에도 있지 있다. 주희는 도와 문을 본체론적인 체용 관계로 승화시킨다. 그렇게 함으로서 비단 문에 형이상의 근거를 제시할 뿐만 아니라 문을 도의 현현으로 승격시켜 문에 도와 동일한 가치를 부여한다. 비록 주희가 도를 뿌리라는 근본으로, 문을 지엽으로 비유하여 해설하기도 하지만, 지엽과 뿌리는 서로 격리되어 있는 두 개의 존재가 아니라 하나의 자기 성상일 뿐이다. 뿌리가 없다면 지엽이 존재할 수 없고, 지엽이 없다면 뿌리는 그저 내용을 일 수 없는 은몰자隱沒者에 불과하다. 문과 도가 일원 혹은 본래 합일의 관계로 설정되면 중도重道와 중문重文이라는 이원적 대립도 함께 사라지게 된다. '문이 곧 도이다'는 명제의 존재론적 근거는 바로 리기불리이다. 주희는 리기불리에 대하여 다음과 같이 말했다.

천하에는 리없는 기가 없고, 또한 기없는 리도 없다.…리는 (기와 떨어져 있는) 다른 사물이 아니라 기 중에 존재하고 있는 것이어서, 만일 이 기가

---

81 『朱子語類』「卷139」, "今人學文者, 何曾作得一篇. 枉費了許多氣力. 大意主乎學問以明理, 則自然發爲好文章. 詩亦然."

없으면 이 리는 놓일 곳이 없다.[82]

비록 형이상과 형이하 개념으로써 리와 기氣 그리고 도와 기器를 분별할 수는 있지만 양자는 결코 서로 독립하여 존재하는 두 개의 사물[二物]이 아니다. 즉 양자는 불리 관계의 존재이다. 주희는 도와 기器 혹은 리기불리 개념으로써 불가의 공空 그리고 도가의 무無 개념과의 차별성을 부각시켰을 뿐만 아니라 문과 도가 서로 독립적으로 존재하는 이물異物이 아닌 일체 관계임을 강조하여 '문이 곧 도이다[文便是道]'[83]라고 했다. 이러한 주희 관점은 소식의 문여도구에 대한 비판에 잘 드러나 있다. 주희에 의하면 도는 문의 근본이고, 문은 도의 지엽이다. 지엽은 뿌리 즉 도를 근본으로 하기 때문에 문으로 드러나는 것은 사실상 도의 현현이다. 따라서 주희는 자신의 문도론은 근본을 하나로 하는 것이고, 소식의 문여도구는 근본이 둘이라고 비판한다.[84]

소식의 문도론에 대한 주희 비판은 두 방면으로 나누어 설명할 수 있다.

첫째, '문은 문대로, 도는 도대로'라는 '문자문文自文, 도자도道自道'이다. 주희의 표현을 빌리면, 소식의 문여도구는 문과 도가 서로 별개의

---

82 『朱子語類』「卷1」, "天下未有無理之氣, 亦未有無氣之理…理非爲一物, 卽存在乎是氣之中, 無是氣則是理亦無掛搭處."

83 주희가 '도는 곧 문이다[道便是文]'이라고 하지 않고 '문변시도文便是道'라고 한 이유는 도가 본체이고, 문이 도의 현현 즉 현상이기 때문이다. 다시 말하면 문은 도가 드러낸 수많은 사물 즉 현상 중의 하나이기 때문에 '도변시문道便是文'이라고 할 수 없다.

84 『朱子語類』「卷139」, "道者, 文之根本. 文者, 道之枝葉. 惟其根本乎道, 所以發之於文皆道也. 三代聖賢之文, 皆從此心寫出, 文便是道. 今東坡之言曰, 吾所謂文, 必與道俱. 則是文自文而道自道, 待作文時, 旋去討箇道來入放裏面, 此是他大病處.…如唐禮樂志云, 三代而上, 治出於一. 三代而下, 治出於二. 此等議論極好, 蓋猶知得只是一本. 如東坡之說, 則是二本, 非一本矣."

독립적인 것이어서 작문을 할 때 문 밖에 있는 도를 끌어다 문 안에 놓아야만 문과 도가 비로소 결합을 하게 된다.

둘째, 주희는 소식의 문도론을 두 개의 근본[二本]으로 규정한다. 그리고 자신의 문도는 하나의 근본[一本]으로 자임自任하고서 소식의 이본二本을 극복하려고 한다. 주희가 말한 일본一本에서 본本은 다름 아닌 도이다. 그러나 문은 도를 근거로 표현된 것, 즉 도의 현현이기 때문에 문과 도의 관계는 둘이면서 하나이고[二而一], 하나이면서 둘[一而二]이 된다. '이이일二而一'은 '문변시도文便是道'이고, '일이이一而二'는 '문시문文是文, 도시도道是道'이다.

주희에 의하면, 문과 도는 본래 합일된 것이기 때문에 도 밖에 따로 문이 없다. 그렇다면 문장을 짓는 사람은 반드시 문장으로 도를 실현해야 한다. 만일 문과 도가 서로 관련이 없는 것이라면 문장을 짓는 사람이 함부로 표현해도 도에 아무런 영향을 주지 않을 것이다. 그러나 주희는 도 밖에 사물이 없고, 문 역시 사물에 포함되는 것이기 때문에 문으로 드러낸 것 중에서 한 가지라도 도와 합치되지 않은 것이 있다면 그것은 곧 도에 대한 해침이라고 주장한다.[85]

주희는 문이 도의 현현이라고 했지만, 또 '문으로 표현된 것 중에서 한 가지라도 도와 합치 되지 않은 것이 있다면 이는 곧 도를 해치는 것이다'라고 했다. 이는 현상계에 존재하는 문장 중에서 도를 해치는 문장이 있음을 긍정한 것이다. 주희의 말에는 두 가지 의미가 포함되어 있다. 하나는 '문은 본체인 도의 현현이라는 것'이고, 다른 하나는 비록 원칙상

85 『朱文公文集』「卷33」, "夫文與道果同耶. 異耶. 若道外有物, 則爲文者可以肆意妄言而無害於道. 惟夫道外無物, 則言而一有不合於道者, 則於道爲有害."

에서 보면 모든 문이 도의 현현이지만, 사실적으로 보면 현상에 존재하는 모든 문이 필연적으로 도의 현현은 아니라는 것이다. 만일 인간의 인위를 제외한 자연계만을 논한다면, 자연계의 모든 존재물은 필연적으로 리의 현현이다. 자연적 존재는 자신의 의지에 의한 인위적 활동이 없고, 오로지 생기적 본능에 의한 성장과 소멸만이 있기 때문에 자연적 존재가 도의 현현임은 필연적 사실이다. 오로지 인간만이 자의적 판단에 의한 활동이 있기 때문에 도에 위배되어 표현될 수 있다. 문은 인간의 인위적 활동의 소산물이다. 따라서 문에는 유도有道와 무도無道의 차이가 있을 수 있다.

3) '문은 도로부터 나온다[文從道出]'

이상은 리기불리를 근거로 한 '문변시도文便是道'의 의미이다. 이것 외에 주희 문도론을 대표하는 구절로서 '문은 모두 도로부터 유출된다[文皆是從道中流出]'가 있다. 이 구절에는 '문시문文是文, 도시도道是道'·'문변시도文便是道'와 다른 체용일여體用一如의 의미를 갖고 있다. 필자는 리일분수理一分殊를 근거로 '문은 모두 도로부터 유출된다'를 해석하겠다.

주희는 한유의 문이관도를 비판하면서 "문은 모두 도로부터 유출된다"[86]고 주장했다. 주희 철학에 의하면 문뿐만 아니라 모든 사물이 도로부터 유출된다. 주희 철학에서 도리는 형이상자로서 근원성과 아울러 총체성의 의미를 갖고 있다. 즉 도는 도덕가치와 존재를 망라한 모든 것의 생성 근거이다. 필자는 앞에서 '문변시도文便是道'를 '문은 도의 현현

86 『朱子語類』「卷139」, "這文皆是從道中流出."

이다'로 해설했다. 주희는 '유출'이라는 표현으로써 현현의 의미를 설명한다. 유출에 대하여 주희는 다음과 같이 설명한다.

> 단지 하나의 도리일 뿐이다. 유출되면 자연스럽게 많은 분별이 있게 된다.[87]

> 만물은 모두 이 리를 갖고 있고, 리는 하나의 근원에서부터 나온다. 그러나 차지하고 있는 위치가 다른 것은 그 리의 쓰임이 하나가 아니기 때문이다.…물물은 모두 이 리를 갖고 있지만 물물은 각기 그 쓰임이 다르다. 그러나 일리一理의 유행이 아님이 없다.[88]

이 문장에는 매우 중요한 철학적 의미가 담겨져 있다.

첫째, 문을 포함한 만물은 모두 리[道]의 유행에 의하여 이루어진다.
둘째, 이 리는 하나이지만 그 쓰임에는 차별이 있어 만물이 각기 다른 모습으로 나타난다.
셋째, 만물은 하나의 리, 즉 일리의 유행에 의하여 이루어졌고, 만물에는 그 리가 내재되어 있다.
넷째, 만물에 내재된 리의 표현은 다르지만 모두 일리의 유행이 아님이 없다.

---

87 『朱子語類』「卷98」, "只是一箇道理. 流出去自然有很多分別."

88 『朱子語類』「卷18」, "萬物皆有此理, 理皆同出一源. 但所去之位不同, 則其理之用不一…物物皆具此理, 而物物各異其用, 然莫非一理之流行也."

이 중에서 첫 번째 의미를 제외하고는 모두 리일분수로써 설명할 수 있다. 주희의 리일분수는 문도일체文道一體를 꿰뚫고 있는 이론이다.[89] 그렇다면 리일분수는 어떤 의미인가? 주희는 월영만천月映萬川의 비유로써 리일분수의 의미를 설명했다.

> 본래 단지 하나의 태극일 뿐이다. 그러나 만물은 각각 품수한 바가 있고, 또 각각의 사물은 모두 하나의 태극을 갖추고 있다. 마치 하늘에 떠 있는 달은 하나이지만, 강이나 호수에 흩어져 있어 어디서든지 볼 수가 있는 것과 같다. 이것은 달이 나뉘어져 있는 것이 아니다.[90]

여기에서 하늘에 떠 있는 달은 태극 즉 하나의 '일一'인 '일리'를 비유하고, 강이나 호수에 떠 있는 달은 만물에 산재된 분수지리分殊之理를 가리킨다. 달이라는 본질적인 측면에서 보면 하늘에 떠 있는 달이나, 강과 호수에 떠 있는 달이나 모두 동일한 달이다. 그러나 하늘에 떠 있는 달은 구체적인 형상의 제한을 받지 않는 달이지만 강이나 호수에 떠 있는 달은 강과 호수라는 형상의 제약을 받는 달이다. 달이라는 본질은 동일하지만 하늘의 달과 호수, 혹은 강 속에 있는 달의 형상은 각각 서로 다르다.[91] 하늘에 떠 있는 달은 제한을 받지 않는 달로서 무형의 달이라고 할 수 있다. 호수와 강에 떠 있는 달은 구체적인 형상의 제한을 받는 달

---

89 王利民, 「朱熹詩文的文道一體觀」, 『浙江大學學報』 第 32卷 第 1期, 杭州: 浙江大學, 2002, 105쪽.

90 『朱子語類』「卷94」, "本只是一太極, 而萬物各有稟受, 又自各全具一太極爾. 如月在天, 只一而已, 及散在江湖, 則處處而見, 不可謂月已分也."

91 달의 형상이 아니라 강과 달 · 호수와 달이 합성되어 나타난 달의 형상을 지칭한다.

로서 유형의 달이라고 할 수 있다. 하늘에 떠 있는 달과 호수 혹은 강에 떠 있는 달의 모습이 다른 원인은 달 자체에 있는 것이 아니라 달이 비추고 있는 대상의 서로 다름에 있다. 즉 리는 동일하지만 기[氣-器]의 차이로 말미암아 리의 표현이 서로 다른 것이다.[92]

리일분수는 주희 문도일체의 철학적 근거이다. 리일분수에 입각하여 '모든 문은 도로부터 유출된다'의 유출을 해석하면 '문은 다름 아닌 도 자신의 현현', 즉 강과 호수의 달이다. 비록 도가 근원성과 본체성을 의미하고, 문이 현상으로서 작가의 창작 실천 영역에 속하지만, 작가의 창작 실천이 도를 내용으로 하고, 도를 체현하기 때문에 문과 도는 단순한 현상적 관련이 아닌 본체적 관련을 갖는다. 도는 본체[體]이고, 문은 도의 현현, 즉 도의 쓰임[用]이다. 체는 용을 통하여 자신을 드러내고, 용은 본체의 현현이기 때문에 용을 근거로 본체의 내용을 파악할 수 있다. 이것이 바로 체용일원體用一源 혹 체용일여體用一如이다. 체용일원 혹 체용일여에서 체와 용 사이에는 오로지 본말과 선후 차별만 존재할 뿐 가치의 차별은 존재하지 않는다. 이 점이 바로 문이관도·문이재도와의 근본적 차이이다. 문이관도와 문이재도가 문과 도의 이원적 대립 구도를 벗어나지 못한 반면, 주희의 체용일원 입장은 문과 도의 이원적 대립을 극복하여 양자를 일체화하는 원융적 문도관이다. 다시 말하면 주희 문도론에서는 문을 도를 꿰뚫거나 싣는 도구로 설정하지 않고 도의 자아실현 즉 현현으로 승격시킨다.

문이 도로부터 유출된 것이라면, 좋은 문장 출현의 전제조건으로서 도에 대한 성숙한 인식과 체찰은 당연히 요구될 수밖에 없다. 주희는 물

92 황갑연, 「心學 체계에서 본 心生物의 의미」, 『陽明學』 창간호, 한국양명학회, 1997, 254쪽.

과 수차의 관계를 빌려 도와 좋은 문장의 관계를 해설한다.

> 단지 죽은 물만 쌓는다면 수원에 있는 살아 있는 물도 살아 갈 수 없을 것이다. 그대는 매일 이 수차를 힘써 밀기만 하는데 이는 힘만 낭비하는 것이다. 만일 살아있는 물이 나온다면 수차는 힘을 들이지 않아도 자연스럽게 저절로 굴러 돌아갈 것이다.[93]

죽은 물은 인격 완성의 도리와 관계없는 독서 그리고 수사 등의 작문 능력일 것이고, 살아 있는 물은 진리 혹은 도리를 비유한 것이다. 학자가 수사 등에 특별히 힘을 쓰지 않아도 도리에 대한 성숙한 인식이 전제되어 있다면 도리는 문장을 통하여 자연스럽게 흘러나올 것이다. 이것이 바로 주희가 『논어집주』에서 말한 "도리가 드러난 것이 바로 문장이다[道之顯者謂之文]"의 의미이다. 주희는 물과 수차의 관계를 들어 한편으로는 '문종도출文從道出'을 해설하고, 다른 한편으로는 고문가들의 문이관도와 문여도구를 비평하고 있다.

5. 덕德과 문文의 관계에 대한 주희의 해석

앞에서 설명한 것처럼 유가 철학에서는 문과 도의 독립성을 부정하고, 양자의 관련성을 중시한다. 도와 문의 관련이 주종 · 목적과 수단, 아니

---

93 『朱子語類』「卷129」, "也只積得那死水, 那源頭活水不生了. 公只是每日硬用力推這車子, 只見費力. 若是有活水來, 那車子自轉, 不用費力."

면 유기적 일체이건 관계없이 양자를 일치시켜 이해하는 것이 유가 철학의 일관된 입장이다. 도의 실질 내용은 도덕이고, 도덕은 인격의 고하를 결정하는 요소이다. 문은 도를 드러내거나 실현하는 꾸밈이다. 도가 1차적인 것이고, 문은 2차적인 것이다. 2차적인 문은 작가의 창작 실천이기 때문에 그 속에는 인격과는 별개의 선천적인 재능과 기교 혹은 필력이 포함되어 있다. 이러한 2차적인 문에 포함된 재능과 기교 혹은 필력의 좋고 나쁨은 인격의 고하와 본질적 관련이 없다. 인격의 숭고와 비천은 그 사람의 인품을 결정하고, 창작의 재능과 기교 혹은 필력은 작가의 문품을 결정한다. 그렇다면 인품과 문품은 완전히 독립적인 것인가? 유가 철학에서는 양자 사이에 모종의 관련성을 긍정한다. 그 관련성에 대한 긍정은 공자에서부터 시작되었는데, 그것이 바로 덕과 언[文]에 관한 논의이다.

인품과 문품의 유래는 공자가 말한 "덕성을 갖춘 사람은 반드시 말을 잘하지만, 말을 잘한다고 해서 반드시 덕성을 갖춘 것은 아니다"[94]에서 비롯되었다. '언'은 그게 문의 범주에 포함되기 때문에 이곳에서 덕과 언의 관계는 덕과 문의 관계로 이해해도 무방하다. 비록 공자가 "덕성을 갖춘 사람은 반드시 말을 잘한다"라고 표현했지만, 덕은 언의 필요조건도 아니고, 충분조건도 아니다. 즉 양자 사이에 엄격한 논리성은 부재하다.

먼저 필요조건의 문제에 관하여 살펴보자. 만일 유덕有德이 유언有言의 필요조건이라면, '유언'이라는 결과는 '유덕'이라는 조건을 반드시 필요로 해야 한다. 그러나 뒤 구절에서 "말을 잘한다고 해서 반드시 덕이 있는 것은 아니다"라는 구절을 보면 덕성을 갖추지 않고서도 말을 잘한 경

94 『論語』「憲問」, "有德者必有言, 有言者不必有德."

우가 있음을 긍정하고 있기 때문에 '유덕'은 '유언'의 필요조건이 아니다.

다음 충분조건에 관해서 살펴보자. 공자는 "덕성을 갖춘 사람은 반드시 말을 잘한다"라고 했기 때문에 '유덕'은 '유언'의 충분조건인 것 같다. 그러나 공자는 『논어』에서 "군자는 말을 어눌하게[訥] 하지만 행동은 민첩하게[訒] 한다[95]"고 하였고, 또 "인자는 과묵하여 말을 함부로 하지 않는다"[96]고 했다. '눌訥'과 '인訒' 자의 의미에 관하여 달리 해석할 수 있지만, 화려한 수사를 사용한 유창한 말이 아님은 분명하다. 이 두 구절은 덕성을 갖추었다고 해서 반드시 말을 잘하는 것이 아님을 간접적으로 증명해 준다. 따라서 유덕은 유언의 충분조건이 아니다.

그러나 유덕이 유언의 필요조건이 아니고, 또 충분조건이 아니라고 할지라도 공자가 유덕이 유언의 기초이자 전제이고, '언'보다는 '덕'을 강조했으며, 이 양자를 일치시키려고 했다는 사실에는 별로 영향을 주지 않는다. 즉 공자는 문품에 앞서 인품을 강조했고, 인품을 기초로 올바른 문품을 정립하려고 했다.

이러한 공자의 의도는 이후 두 방향으로 전개된다. 유학이 국교로 성립된 한 대에서는 유학의 영향으로 말미암아 유덕을 유언의 필요조건으로 삼으려고 한 반면, 유학의 영향이 쇠퇴한 위진남북조 시대에는 인품으로부터 문품을 독립시켜 예술의 심미적 특성과 개성을 강조했다. 즉 전자가 "덕성을 갖춘 사람은 반드시 말을 잘한다[有德者必有言]"를 강조했다면, 후자는 "말을 잘한다고 해서 반드시 덕성을 갖춘 것은 아니다[有言者不必有德]"를 긍정한 것이다. 다시 말하면 '유덕자필유언有德者必有言'

---

95 『論語』「里仁」, "君子欲訥於言敏於行."

96 『論語』「顔淵」, "仁者其言也訒."

을 강조한 사람은 문학의 가치를 평가함에 있어 먼저 그 작자의 품격을 평한 반면, '유언자불필유덕有言者不必有德'을 강조한 사람은 작자의 인격 고하를 작품의 가치 평가에 별로 적용하지 않고 오히려 재성才性과 창작의 관계를 중시하여 작품의 심미성을 부각시키려고 했다.

문이관도를 주장한 한유와 문이재도를 주장한 주돈이는 원칙적으로 '유덕자필유언有德者必有言'의 입장을 견지한다. 소동파가 반드시 이것과 반대적 입장을 취한 것은 아니다. 단지 그 정도가 한유와 주돈이에 비해 훨씬 느슨할 뿐이다. 주희는 '유덕자필유언有德者必有言'과 '유언자불필유덕有言者不必有德'을 종합하여 원만한 해답을 제시하는데, 그 입장이 유가의 원칙론을 고수하면서 현실론을 수용한 것 같다. 주희는 다음과 같이 말한다.

> 혹자가 '덕성을 갖춘 사람은 반드시 말을 잘할 것이니, 재능을 연마할 필요 없이도 그 문을 전할 수 있을 것인데, 주렴계[주돈이]의 이 장[97]은 문사를 한 가지 일로 간주하여 이곳에서 힘을 쏟은 것 같은데, 무슨 이유인가'하고 의심했다. (내가-주희) 말했다. "사람의 재덕은 잘함과 못함에 치우침이 있어, 때로는 마음속으로 이해하고 있으면서도 말로 충분히 표현하지 못하면 멀리 전해질 수 없다. 때문에 공자는 '언사는 뜻이 통해야 한다'고 했고, 정자[정이-이천]도 '『서명』의 도리에 대해서는 이해했으나, 장재만한 필력이 없어서 지을 수 없었을 뿐이다'고 했다. 바로 이점을 말한 것이다. 그러나 말은 부족해도 괜찮지만 덕성이 부족해서는 안 된다. 덕성을 갖춘 사람이 말을 잘하는 경우는 흔하지만, 덕성을 갖추고 있으면서도 말을 못하

---

97 『通書』「文辭」.

는 경우는 드물다. 학자가 먼저 힘써야 할 것도 덕성을 닦는데 노력해야 할뿐이다."[98]

이 문장에는 인품과 문품에 관한 주희의 견해가 종합적으로 기술되어 있다. 내용은 다음 몇 가지로 요약할 수 있다.

첫째, 유덕은 유언의 충분조건이 아니다. 질문자는 '유덕이 유언의 충분조건이 되는가'에 대하여 의심했다. 이러한 의문에 대하여 주희는 '덕성을 갖춘 사람일지라도 문사에 통달하지 않는 경우가 있다'고 한다. 즉 주희는 공자의 '유덕자필유언有德者必有言'을 '유언자불필유덕有言者不必有德'으로 수정했다. '유덕자필유언有德者必有言'이 성립하려면 재능과 필력이 첨가되어야 한다. 즉 덕성과 재능 그리고 필력 삼자의 종합이 유언의 충분조건이다.

둘째, 비록 언사가 통하지 않으면 멀리 전할 수 없을지라도 언사에 힘쓰기보다는 먼저 덕성 함양에 힘을 쏟아야 한다. 이것이 바로 '말은 부족해도 괜찮지만 덕성은 부족해서는 안 된다'의 뜻이다. 주희는 덕성과 문사의 본말 관계에 대해서 기존의 유학자와 동일한 입장을 고수한다.

셋째, 고상한 인격을 갖춘 사람은 대부분 문사도 훌륭하고, 고상한 인품을 갖추고 있으면서 문사에 빼어나지 않는 사람은 매우 드물다. 이것이 바로 "덕성을 갖춘 사람이 말을 잘하는 경우는 흔하지만, 덕성을 갖

---

98 『通書』注, "或疑, 有德者必有言, 則不待藝而後其文可傳矣, 周子此章似猶別以文辭爲一事而用力焉, 何也. 曰, 人之才德, 偏有長短, 其或意中了了, 而言不足以發之, 則不能傳於遠矣. 故孔子曰, 辭達而已矣. 程子亦言, '西銘'吾得其意, 但無子厚筆力, 不能作耳. 正謂此也. 然言或可少, 而德不可無. 有德而有言者常多, 有德而不能言者常少. 學者先務, 亦勉於德而耳矣."

추고 있으면서도 말을 못하는 경우는 드물다"의 뜻이다. 이곳에서 주희는 유덕과 유언 사이의 필연성은 긍정할 수 없을지라도 양자 간에는 매우 농후한 개연성이 존재함을 긍정하였다. 따라서 주희는 '학자는 먼저 덕성 함양에 힘써야 함'을 강조한 것이다.

인품과 문품에 관한 주희의 견해는 문도론 전개 방향과 일치한다. 주희는 문도론에서 도보다는 문에 치우치고 있는 고문가 입장을 극복하려고 한다. 인품과 문품에서도 인품으로부터 문품을 독립시키려는 움직임에 대하여 덕과 문의 본말 관계를 재정립함으로써 유가 철학의 일관된 입장을 재확인한다. 그러나 덕성만을 강조하고 문의 기능과 역할을 부정하려는 도학가의 입장에 대해서도 "마음속으로 이해하고 있으면서도 말로 충분히 표현하지 못하면 멀리 전해질 수 없다"는 표현으로써 문의 작용과 가치를 긍정한다. 즉 비록 인품의 배양에 먼저 힘써야 하지만 그것과 아울러 문품의 배양도 병진할 것을 강조한다.

비록 외형적인 차이는 있지만 유가 문도론의 기본적 특징은 도본문말道本文末, 혹은 중도경문重道輕文이다. 이러한 문도에 관한 기본 태도는 주희 역시 예외가 아니다. 그러나 주희 이전에 문과 도는 목적과 수단 혹은 내용과 도구라는 이원적 관계를 형성하고 있었던 반면, 주희는 문과 도의 이원적 구도를 체용일원, 즉 본체와 본체 자신의 현현인 현상의 관계로 재편했다.

주희는 이 과정을 두 방향으로 전개했다.

첫째, 당송 고문가 문도론에 대한 극복이다. 주희는 당송 고문가의 문도론을 문도 이원론으로 인식했고, 문을 근본으로 삼고, 도를 말로 하는 본말전도의 문도론이라고 생각했다.

둘째, 북송 도학가의 문도론에 대한 수정이다. 비록 주돈이가 문이재도로써 문과 도의 관계를 설정했지만 문과 도 양자가 원융적으로 합일하기에는 어딘지 부족감을 느꼈다. 또 문이재도설은 점차 극단화되어 오로지 도의 가치만을 숭상할 뿐 문의 가치는 완전히 배제하는 작문해도의 경향으로 흘렀기 때문에 이에 대한 수정의 필요성이 요청되었다.

주희는 자신의 리기론을 문도론에 투과하여 문과 도가 본체적인 입장에서는 본과 말 혹은 체와 용의 관계를 유지하지만, 현상 혹은 사실적인 측면에서는 도가 문에 투여되어 표현되기 때문에 '문은 곧 도의 현현이다'고 주장했다.

유가 문화권에 속해있는 중국과 한국 학술계에 주희 문도론의 영향은 지대했다. 필자는 그 이유를 정치 등의 외형적인 요소 외에 주희 문도론이 갖고 있는 특성에서 찾아보겠다.

첫째, 문에 도[善]이라는 도덕가치를 부여했기 때문에 문은 순수한 심미적 창작활동에만 그치는 것이 아니라 교화의 주체로도 승격된다. 이는 주희뿐만 아니라 유가 문도론의 일관된 입장이지만 주희는 문도를 일치시켜 문의 기능을 더욱 강화시켰다.

둘째, 문에 도라는 형식을 부여하여 예술 활동에 장기간의 생명력을 불어넣을 수 있다. 도와 독립적인 문은 가변적인 요소가 많아 시공의 제한을 받지만, 도라는 불변의 형식을 통하여 표현되면 영속성을 보장받을 수 있다.

셋째, 하나의 전통문화를 형성하여 민족 생명을 전달하는 주요한 매체 활동으로 정립될 수 있다.

주희 문도론은 이상의 특성을 갖추고 있기 때문에 동아시아 문화권에서 장기간 절대적 영향력을 발휘하였지만, 주희 문도론에 대한 비판론도 만만치 않다. 비판의 주된 요지를 정리하면 다음과 같다.

주희를 비롯한 도학가 문도론은 문학과 비문학의 분계를 말살한다. 문학의 주체는 정취이고, 내용은 미감美感이다. 반면 도덕은 비문학으로서 주체는 이성이며, 내용은 선이다. 고대사회에서는 실용이 심미에 우선했고, 또 선과 미에 대한 분화가 이루어지지 않았다. 문화의 연변 과정 속에서 문과 도의 주체가 분리되고, 양자가 서로 독립적인 영역을 확보하지만, 당송 대 고문가의 복고주의 운동과 송 대 도학의 부흥으로 말미암아 문과 도는 다시 일체화된다. 이러한 배경 속에서 문학의 주체인 정情과 도학의 주체인 성[性-이성]의 관계가 주리억정主理抑情으로 정립되었고, 문학의 서정적 본성은 크게 부각되지 않았다. 때문에 문학가들은 전통 유가의 문도론에 대하여 문학과 비문학을 일체화하려는 혼동에서 벗어날 것을 요구한다. 즉 그들은 도라는 절대적 가치와 객관적 표준에 의한 정형화된 문학이 아닌, 도덕과는 별개인 예술의 심미적 가치를 표현하려고 한다. 그러나 문도일체 혹은 문도합일의 문학이론으로써는 도덕과 별개의 문학작품 가치를 긍정하기 어렵다. 때문에 문학가들은 주희를 비롯한 도학가들이 문학 창작활동의 진정한 원천을 부정했다고 비판한다.

비록 주희의 문도관에는 민족 사상 회복이라는 시대적 의의가 내재되어 있지만 그 이론이 안고 있는 한계점 역시 극복의 대상인 것만은 사실이다.

文
道

Ⅶ

유가 문예관文藝觀에 대한 비판적 성찰

論

Ⅶ. 유가 문예관文藝觀에 대한 비판적 성찰[1]

의로움[義]과 이익[利] · 도와 문[文-藝] · 앎[知]과 실천[行] · 이성과 정욕에 대한 유가 철학의 기본 주의를 간결하게 표현하면, 중의경리重義輕利 · 중도경문重道輕文 · 중행경지重行輕知로 요약할 수 있다. '중의경리'는 '이로움을 보았을 때는 먼저 그것이 의로움에 부합한지를 생각하라'는 공자의 견득사의見得思義가 이를 증명하고, '중도경문'은 원도原道 · 징성徵聖 · 종경宗經 · 문이관도 · 문이재도 · 문여도구 · 문종도출에서 볼 수 있다. 또한 정욕에 대해서도 도덕이성에 의한 중절中節을 요청하여 극기[克己-공자] · 중화[中和-『중용』] · 마음으로써 본성을 다스린다[以心治性-순자] · 욕망을 적게 한다[寡欲-孟子] · 심은 성과 정을 통섭한다[心統性情-주희] 등의 이론을 제시했다. 다시 말하면 유가 철학은 정치 · 세계 · 문학 · 예술 등 인생 전 분야에 걸쳐 철저한 도덕이성 우위적 견해를 내세운다. 김학주는 시나 산문을 막론하고 문학에서 내용보다는 형식과 격률을 중시한 원인은 공자의 예교주의 영향이다[2]라고 했는데, 이러한 견해는 역사적 실상과 크게 차이 나지 않을 것이다.

---

1 유가 문예관에 대한 비판적 성찰은 필자의 「유가의 범도덕주의에 대한 비판적 성찰」, 『동서철학연구』 제 67호의 내용을 수정 보완 정리한 것이다.

2 김학주, 『중국문학사』, 14쪽.

공자를 시작으로 유가 문도론은 한 대와 당·송·명 대를 거쳐 조선 문학에도 지대한 영향을 끼친다. 사실 도덕성을 근거로 한 문학의 예술성을 평가하는 것에 대해서는 지금도 두 가지 대립적 견해가 팽팽한 긴장 관계를 형성하고 있다. 송하경은 예술과 공공성[사회성-도덕성]을 두 개의 영역으로 나누어 보려는 경향에 대해서 다음과 같이 반대 입장을 피력한다.

> 예술과 공공성은 서로 무관한 양극단에 놓아야 할 아무런 이유가 없으며, 오히려 양자의 융합과 조화를 통해 건전한 사회의 예술로 이루어 내야 할 당위성이 요구된다.[3]

이러한 송하경의 조화 중심 예술관에는 유가 철학에서 지향하고 있는 문도합일관이 내재되어 있다. 이상은 역시 『논어』「옹야」의 "아는 것은 좋아하는 것만 못하고, 좋아하는 것은 즐기는 것만 못하다"[4]는 구절을 해설하면서, 도를 진眞·선善·미美·성聖 등의 제 개념이 완벽하게 통일되어 있는 절대적 개념으로 인식하고서, 절대미 혹은 최고미로 규정했고, 낙도樂道를 최고의 미적 체험 단계라고 주장한다.[5] 지[知-眞]·호락[好樂-美]·성[聖-善-道]의 통합으로서 미 역시 문도합일로서의 아름다움[美]이지 도덕과 별개인 예술의 심미는 아니라는 것이다.

필자 역시 문도합일의 예술관에 부정적 시각만을 갖고 있지는 않다.

---

3 송하경, 「동양 예술정신에 나타난 和」, 『동양예술』 1집, 한국동양예술학회, 2000, 184쪽.

4 『論語』「雍也」, "知之者, 不如好之者, 好之者, 不如樂之者."

5 이상은, 「공자의 예술정신에 관한 고찰」, 『상지대 논문집』 제 7집, 1986, 294쪽.

일단 순수한 심미 세계만을 표현하는 문에 도가 내재되면 문은 개인의 주관적 심미 세계에서 공공적이고 객관적인 도덕 세계로 지향할 수 있고, 또한 문은 관상觀賞의 완농玩弄에만 그치지 않고 교화의 주체로도 정립될 수 있다. 이점은 공자와 맹자 그리고 순자를 시작으로 거의 모든 유학자들의 공통된 입장이다. 또한 문에 도라는 객관적인 형식 혹은 지향성이 부여되면 일시적이고 단발적인 성격의 문에 영속성의 생명을 갖게 할 수도 있다. 그러나 이러한 장점이 있음에 불구하고, 그 장점은 동일하게 한계로도 작용할 수 있다. 필자가 가장 우려하는 것은 '범도덕주의라는 틀에서 인간의 생명은 과연 활발발한 정신생명을 유지할 수 있을까'라는 점이다.

1. 문은 반드시 도를 담아야 하나?

필자는 이곳에서 대중들에게 익숙한 노사연의 만남이라는 노래를 소재로 삼아 논의를 시작해보겠다. 가사에 다음과 같은 내용이 있다. "우리 만남은 우연이 아니야, 그것은 우리의 바램이었어." 이 구절을 합리성을 강조하는 철학자, 그 중에서도 논리학자가 들었다면 그는 어떻게 분석할까? '우연'이 아니라면 '필연'인데, 이 노래의 가사에는 '필연'이라는 단어가 출현하지 않는다. 바로 이어서 또 '바램'이라는 '우연'이 출현한다. '바램'에는 만나고자 하는 의지가 포함되어있지만, 그것 역시 '우연'일 뿐이다. 그렇다면 이 문장은 '비非우연·우연' 즉 '~P·P'인 모순진술이다.

또 "사랑이라는 두 글자는 길고도 짧은 이야기"라는 옛 노래가사가 있는데, '사랑이라는 두 글자'를 아무리 분석해도 '길고도 짧은 이야기'라는 술어는 도출되지 않는다. 분석철학자라면 무의미한 문장이라고 치부할 것이다. 그러나 노사연의 '만남'은 당시 댄스와 랩 중심의 아이돌 가요 문화에서 상당히 돌풍을 일으켰던 노래이고, 지금도 많은 사람들에게 애창되고 있다.

또 마광수의 『즐거운 사라』라는 책에 대하여 공자를 비롯한 유가 철학자들은 어떻게 평가를 할까? 요약된 것을 보면, 주인공인 미대 여학생 '사라'는 생면부지의 남자와 즉흥적으로 동침하기도 하고, 여자 친구와 동성애도 즐긴다. 뿐만 아니라 자위행위를 하기도 하고, 스승과도 음란한 성행위를 한다. 대강적인 내용만을 들어도 『즐거운 사라』는 문자화된 한 편의 음란비디오인 것 같다. 때문에 대표적인 퇴폐 성애소설이라고 인식되어 한국간행물윤리위원회의 '제재' 판정을 받았다. 이유는 건전한 도덕성을 파괴하고 미풍양속을 저해할 뿐만 아니라 자아정체성을 갖추지 못한 청소년층에게 성적 충동 자극을 일으켜 성범죄 등을 유발할 우려가 있다는 판단 때문이다. 필자는 『즐거운 사라』라는 책을 읽지 않았기 때문에 평가할 수 없지만, 유학자가 이 서적을 보았다면 틀림없이 최악의 음서淫書로 평가했을 것이다.

또한 필자는 최근에 시중 마트에서 물건을 사다가 해괴한 노래 가사를 듣고서 문과 도의 분리에서 나타나는 폐해를 몸소 체험하였다. 아마 싸이라는 가수의 노래인 것 같은데 가사 중에 "생선을 먹을 때 가시 발라먹어, 수박을 먹을 때는 씨 발라먹어"라는 구절이 있었다. 앞 뒤 가사와 아무런 연관관계 없이 툭 튀어나온다. 뿐만 아니라 '가시 발라먹어'와 '수박씨 발라먹어'가 노래의 가사로 등장한다는 것도 의아하다. 이 구절을 독립시켜 놓고 보면 아무런 문제가 없지만 수박씨에서 '수박' 두 글자를 제거하고 다음 구절과 연결하거나, 가시에서 '가' 자를 제거하고 뒤의 단어와 연결하면 천박한 욕이다. 박정희 정권 시절이면 틀림없이 금지곡이 되었음은 물론이고, 싸이라는 가수는 아마 방송출연 금지뿐만 아니라 가요계에서 퇴출당했을지도 모른다. 문이 도로부터 이탈만을 추구하다보면 이런 천박한 노래가사의 양산은 불문가지일 것이다.

도학을 포함한 철학에서는 내용의 진위 그리고 논지의 논리성을 1차적으로 중시한다. 우리가 송 대 주희를 위대한 철학자라고 평가한 것은 그의 실천적 삶을 근거로 한 것이 아니라 리기론과 심성론 그리고 수양론 사이의 엄정한 정합관계를 높게 평가했기 때문이다. 그러나 문과 예술은 기본적으로 언어적 묘사이고, 행위[표현]에 관한 것이다. 그것에 대한 평가에서 전개의 논리성과 도덕성 유무를 따지지 않는다. 그것이 표현한 내용의 감동 유무에 의하여 평가받을 뿐이다. 따라서 노사연의 '만남'에 출현하는 가사가 모순진술이라고 할지라도 많은 사람들에게 애창되고 있으면 그 노래의 존재 가치는 충분하다.

필사는 공지에서부터 송 대 도학자까지, 문과 도에 관한 그들의 입장을 총괄적으로 살펴보았다. 한 마디로 정의하면 그들의 문론은 도덕 중심의 실용주의가 주를 이루고 있다. 즉 문 자체의 존재 가치를 긍정하기보다 어떤 목적, 즉 도의 실현을 위한 도구적 가치만을 긍정한다. 문예의 가치 중에서 실용주의를 완전하게 제거할 이유도 없고, 제거해서도 안 된다. 문예에 실용주의가 배제된다면 오히려 문예의 존재 가치가 훼손될 수도 있다. 그러나 실용이 문예 존재 가치의 전부는 아닐 것이고, 본질이라고 할 수도 없다.

문예는 본질적으로 우리에게 주어진 모든 것에 대한 찬미와 경탄의 표현 활동이다. 모든 것이 문예 활동의 대상이 될 수 있다. 죽음과 삶 그리고 이별과 만남 등 우주 내의 모든 물상과 현상이 문의 대상에 속하고, 그것에 대한 표현 주체는 도덕이성이 아니라 심미주체이다. 찬미와 경탄의 표현 방식 또한 다양하다. 혹자는 환희로, 혹자는 분노와 절규로, 혹자는 서정적인 감상으로 표현하기도 한다. 이러한 것은 분명 우리 삶의 부분이다. 한 개인의 찬미와 경탄이지만 다른 사람들의 공감을 확보할 수 있기 때문에 시공의 제약을 초월하기도 한다. 이것에 대하여 합리[合道德]와 비합리[非合道德]를 논하는 것은 2차적인 것일 뿐 본질적인 것은 아니다. 만일 합리 혹은 합도덕으로써 문예의 본질을 결정한다면, 이는 인간의 활발발한 성정을 질식시키는 결과를 초래하게 될 위험성이 있다.

유학 발전사에서 문예와 도의 관계는 주종 혹은 본말로 설정되어 있다. 필자는 이러한 양자의 위상 설정으로써는 시대정신에 부합하는 문예관을 도출하기 어렵다고 생각한다.[6] 따라서 필자는 문예와 도를 본말 혹은 주종의 관계가 아닌 상호 수평적인 위상을 전제로 유기적 관계로 설정하는 것이 바람직하다고 생각한다. 문[예]이라는 통로가 전제되지 않으면 도는 표현될 수 없고, 도로부터 일탈한 문[예]은 자칫 화려한 형식과 문사에만 치중하여 지적완농知的玩弄으로 흐를 수 있으며, 지나치면 패덕敗德의 문[예]으로 전락할 수 있기 때문이다.[7]

---

6 이 장 후반부에서 필자는 새로운 문예관 정립의 근거로서 '시대정신'을 내세우고 있지만, 엄격하게 말하면 '시대정신'은 주관적인 것이다. 따라서 시대정신에 대하여 필자와 다른 인식이 있을 수 있을 뿐만 아니라, 설령 어떤 하나의 문화 조류를 동일하게 시대정신으로 인식한다고 할지라도 그것에 대한 평가는 다를 수 있다. 때문에 '유가의 문예론에 대한 비판적 성찰'은 시대정신에 대한 필자의 인식과 평가를 기초로 하여 전개됨을 미리 밝혀둔다.

7 유가 철학자들은 도와 문의 관계를 주종 혹은 본말로 설정하고서, 엄숙주의적 문예관을

2. 유가 철학의 문예관과 시대정신

공자의 『논어』에는 문[예]과 도의 갈등과 대립이 출현하지 않지만, 위진 남북조 이후 문과 도는 애증 관계로 진행된다. 위진 시대에는 문이 도로부터 일탈되는 모습을 보이기도 했고,[8] 당 대에서 시작되어 송 대에 본격화된 고문운동 과정에서 문과 도의 갈등은 상당히 격화된다. 문도 논쟁은 당시에는 지금처럼 문학 혹은 예술과 철학[도학]이 하나의 분과학문으로 완전한 독립성을 갖추지 않았기 때문에[특히 동양에서] 이데올로기의 중심 이론이었던 유가 이념에 의하여 문예 활동이 지배된 것은 당연한 현상이었을 것이고, 그러한 현상은 일정부분 당시 지식인의 시대정신 반영일 수도 있을 것이다. 그러나 철학[도학]과 문학·예술은 엄연히 서로 다른 범주에 속한 지적 활동이다. 따라서 분과학문의 분계가 엄연한 현대 학술계에서도 문학과 예술이 도학정신[도넉]을 내용으로 삼아야만 진정한 의미의 문예작품으로 긍정할 수 있다고 주장한다면 아

견지하고 있지만, 그들의 문예 활동은 상당히 다채롭고, 성격 또한 어느 일면에서는 낭만주의적 경향을 띠고 있다. 특히 주희와 이황은 유학자였지만, 자연의 물상을 아름다운 문사로 표현하는 재능을 갖추었고, 그러한 활동을 통하여 심신을 수련하기도 했다. 때문에 전목은 "주희가 도학전이나 유림전에 수록되지 않았다면 문원전文苑傳에 한 자리를 차지했을 것이다(錢穆, 『朱子新學案』 下卷. 成都: 巴蜀書社, 1987, 1714쪽)"라고 한 것이다. 따라서 필자는 개인적인 문예 활동에 대해서는 비교적 언급을 자제하려고 한다. 왜냐하면 필자가 문제 삼고 있는 부분이 그들의 개인적인 문예 활동이 아니라 도와 문[예]의 관계, 문의 기능과 역할, 문과 도의 지위 설정 등에 관한 이론, 즉 문예관에 있기 때문이다.

8 진晉 대의 육기陸機는 한 대 시가의 특성인 시언지詩言志와 다른 시연정詩緣情을 강조하면서 '예의에 머물러야 한다[止於禮義]'는 유가 시교詩教에 대해서는 언급조차 하지 않고, 시가가 인간의 희노애락 감정을 표현함을 강조하여 서정으로서의 본질과 속성을 명료하게 제시했다(강택구, 「주희 시론에 있어서의 성정의 문제」, 『중국학논총』 제 19집, 한국중국문화학회, 2005, 257쪽).

마 대다수의 사람들은 이를 문예의 가치에 대한 도학가의 독선이라고 평가할 것이다.

유가 철학 발전사에서 문예에 대한 기본 입장은 도덕 중심의 실용주의이다. 일반적으로 실용주의적 문예관이 공자에서부터 시작되었다고 하지만, 도와 문[예]의 관계, 그리고 위상과 역할 및 기능에 대한 종합적 이론은 순자에 이르러 체계화된 것 같다. 주희에 이르러 유가의 문도론은 리기론과 연계되어 하나의 창작과 심미 활동이 존재론적 근거까지 확보하게 된다. 선진에서 송·명 대를 거쳐 조선에 이르기까지 유가 철학의 문도론은 본질적으로 동질 성격의 연속이다. 그러나 약간의 차이가 있다. 그것은 송 대 도학가와 이전 유가 철학자의 실용에 대한 긍정 범위의 차이이다.

『논어』에 문과 도의 분계를 명확하게 서술한 곳도 있지만, 양자의 관계를 결코 대립적인 시각에서 인식하지 않고 있다. 그러나 『논어』에 표현된 도와 문예의 관계는 본말 혹은 선후의 관계로 놓여 있다는 것에 이견을 제시하는 학자는 없을 것이다. 공자 이후에, 맹자보다는 순자에 이르러 유가 철학의 문도관계가 체계화된다. 순자는 비록 맹자와 달리 성선설을 내세우지 않고 성악설을 주창했지만, 예의의 도덕과 성현 학술 문화의 학습에 대해서는 오히려 맹자보다도 더욱 강조하는 입장을 취한다. 순자 문도관에서 가장 중요한 지위를 차지하고 있는 것은 성인이다.

> 위대한 도는 성인에 의해 주관되고, 역대 제왕의 도 역시 모두 성인에게로 귀속되며, 시서예악의 도 역시 성인에게 귀속된다.[9]

---

9 『荀子』「儒效」, "聖人也者, 道之管也. 天下之道管是矣, 百王之道一是矣. 故詩書禮樂之道

성인은 천도를 분명하게 인식하고 있을 뿐만 아니라 역대 성왕들이 실현했던 도를 손익損益과 인혁因革을 통하여 모두 흡수한 사람이며, 그것을 근거로 시서예악의 문예를 정립한 사람이다. 도가 내용이고, 문은 도를 표현하는 도구라면 그 중간에서 양자를 매개하는 역할을 하는 사람이 바로 성인이다. 후에 순자의 문도관은 양웅과 유협을 거쳐 송 대에 이르러 문이관도와 문이재도로 나눠져 전개된다.

한유의 문이관도와 주돈이의 문이재도는 고문가와 도학가 문도론의 대표적 주장으로 알려져 있다. 송명리학 문도론의 종합자로 알려진 주희는 문이관도에 대해서는 심한 비판을 하지만, 문이재도에 대해서는 상당부분 수용하는 입장을 취한다. 그러나 그것은 주희 리기론과 도기론을 기초로 한 문도관에 의한 비평일 뿐이다.

유가 도덕론을 범도덕주의로 규정하는 것은 비단 주희를 대표로 하는 도학가에만 한정되지 않는다. 심성론과 도덕 행위론에 대한 형이상학적 근거가 분명하게 정립되지 않았지만 공자와 맹자 그리고 송·명 대 심학자의 도덕이론 역시 범도덕주의로 규정할 수 있다. 이곳에서는 이러한 유가 도덕론 형태를 문예관과 관련지어 제한적으로 논의할 것이다.

도학가들이 긍정하는 문의 효용을 간략하게 종합하면, '인륜 질서를 튼튼하게 유지하고, 백성들의 교화를 아름답게 하는 것이며, 풍속을 아름답게 바꾸는 것[厚人倫, 美教化, 移風俗]'이다. 이 세 구절에는 유가 문론文論이 윤리·정치와 본질적 관련이 있음을 나타내주고 있다. 즉 유가에서는 정치 교화와 사회 질서 안녕에 대한 문의 효용성을 강조한다. 이는 공자에서부터 도학가들까지 일관된 문의 실용주의 입장이다. 공자는

歸是矣."

"천하에 도가 시행되고 있으면 예악과 군사 행동을 천자가 결정하지만, 천하가 무도한 경우에는 이러한 결정권이 천자에 의하여 이루어지지 않는다"[10]고 했다. 공자는 예악의 붕괴와 천하무도를 동일한 현상으로 파악했다. 따라서 예악의 회복은 곧 질서의 회복이다. 이처럼 공자는 예악의 기능을 순수한 심미와 관조 및 관상의 예술적 측면보다는 정치와 교육[政教]적 측면에서 긍정하고 있다.

주희 역시 문의 기능을 성정性情의 규제를 통하여 사회 교화의 공리적 목적에 두고 있다.[11] 혹자는 송명리학의 대표적 이념을 '천리를 보존하고 인욕은 제거한다[存天理去人欲]'라고 하면서 인욕을 제거 대상으로 인식하기도 하지만, 사실 주희 철학에서 욕망과 감정은 자연스러운 것으로, 절제의 대상일 뿐 제거 혹은 소멸해야 할 대상은 아니다. 주희에 의하면, 시는 사람의 마음이 사물에서 감응하여 말로 표현되어 나온 것이다. 사람의 마음에는 정正과 사邪가 있기 때문에 말로 표현되는 시에도 시是와 비非가 있다. 따라서 성인의 마음과 말을 표준으로 삼아 수신하고, 문품文品을 배양해야만 비로소 시를 통하여 정욕을 올바르게 인도할 수 있는 것이다.

문의 교화적 효용과 사회 질서 유지 회복 기능에 대한 공자와 도학가 입장은 거의 일치한다. 그러나 공자와 도학가에 분명한 차이가 한 가지

---

10 『論語』「季氏」, "天下有道則禮樂征伐, 自天子出. 天下無道則禮樂征伐, 自諸侯出. 自諸侯出, 蓋十世希不失矣. 自大夫出, 五世希不失矣. 陪臣執國命, 三世希不失矣. 天下有道, 則政不在大夫. 天下有道, 則庶人不議."

11 『朱文公文集』「卷76」, "詩者, 人心之感物而形於言之余也. 心之所感有邪正, 故言之所形有是非. 惟聖人在上, 則其所感者無不正, 而其言皆足以爲教. 其或感之之雜而所發不能無可擇者, 則上之人必思所以自反, 而因有以勸懲之, 是亦所以爲教也.

있는데, 그것은 바로 문의 원자怨刺 기능이다.

이 책 1장에서 필자는 『논어』의 "너희들은 어찌 시를 배우지 않는가? 시는 의지를 흥발시킬 수 있고, 풍속의 성쇄를 볼 수도 있으며, 다른 사람과 어울리면서 서로 연마할 수도 있고, 무엇을 원망할 수도 있다"는 구절을 인용했다. 이곳에는 송·명 대 도학가와 다른 문의 기능이 한 가지 있다. 그것은 바로 '흥興·관觀·군群·원怨'인데, 다른 것에 대한 기본 주의는 대부분 일치하지만 '원怨'에 대해서는 공자와 도학가 사이에 일단의 거리가 있다. '원'은 원망과 비평이다. 공자는 시를 통한 원망과 비평의 작용을 긍정하지만, 송·명의 도학가, 그중에서도 주희는 이 두 작용에 대하여 회의적 시각을 갖는다. 주희에 의하면, '시는 부드러움과 완곡함이 본질인데, 그것을 통하여 다른 사람을 풍자하고 비판한다면 부드럽고 완곡함이라는 본질을 긍정하기 어렵다'는 것이다. 그러나 주희를 비롯한 도학가들의 이러한 사고는 공자를 비롯한 전통 유가에 비해 편협하다는 비평을 면하기 어려울 것이다.

유가 철학에서는 이러한 문예 활동에 대하여 일정부분 독립성을 부여하기도 하지만, 활동과 효용성에 제한을 둔다. 특히 성리학에서 문예라는 현상[器]은 도[리]를 존재의 소이연지리로 삼고 있고, 존재의 목적 역시 도의 실현에 있기 때문에 진정한 의미의 독립성은 아니다. 필자는 문예 활동에는 도덕과 비관련적인 중립 지대가 있고, 그것의 가치 역시 도덕을 표준으로 하여 평가하기 어렵다고 생각한다.

필자는 선행연구에서 '시대정신'[12]에 관하여 논문을 한 편 서술한 적이

---

12 황갑연, 「명대 양명학자의 시대정신과 현대 양명학자의 과제에 관한 소고」, 『양명학』 제 25호, 한국양명학회, 2010, 135쪽.

있는데, 시대정신에 관한 사전적 의미는 다음과 같다. '시대정신은 어떤 시대의 문학 작품이나, 철학 사조 그리고 예술 작품에 공통적으로 표출되는 그 시대 사람들의 가치관·진리관·심미관 등의 정신적 태도이다.' 시대정신의 양태가 동일한 것은 아니지만, 그것들 사이에는 하나의 공통적인 '조건'이 전제되어 있다. 그것은 다름 아닌 '변화[變]'이다. 만일 어떤 하나의 이념이 인류 문명 시작과 함께 지금까지 변화 없이 지속되어 왔다면 근본적으로 '시대정신'이라는 용어가 출현할 여지가 없다. 역사의 연변 과정에서 시대정신은 그 시대의 가치관과 진리관 및 심미관을 결정했고, 그것은 하나의 거대한 사조로 형성되어 그 시대의 문화를 지배했다.

중국 철학에는 가치관과 심미관을 결정짓는 시대정신 출현의 당위성을 서술한 원전이 있는데, 그것은 다름 아닌 『주역』이다. 『주역』에 다음과 같은 구절이 있다.

> 천문을 관찰하여 시時의 변화를 살피고, 인문을 관찰하여 천하를 교화시킨다.[13]

역易은 변화이다. 천지변화의 원리를 파악하여 그것에 따르는 것이 바로 『주역』의 핵심 내용이다. "천문을 관찰하여 시의 변화를 살핀다"는 말이 단순하게 자연과학, 즉 천문학을 지칭한 말은 아닐 것이다. 그것에는 하나의 가치가 예설되어 있다. 때문에 바로 "인문을 관찰하여 천하를 교화시킨다"는 구절이 뒤따라 온 것이다. 필자는 "인문을 관찰하여

13 『周易』「山火賁卦·彖傳」, "觀乎天文, 以察時變, 觀乎人文, 以化成天下."

천하를 교화시킨다"는 말을 굳이 윤리학과 정치학 두 측면에만 제한시켜 해설할 필요는 없다고 생각한다. 인문 전반을 포함시켜 해설해도 무방할 것이다. 그렇다면 "천문을 관찰하여 시의 변화를 살핀다"고 했는데, 이곳에서 말한 "시의 변화를 살핀다"는 말의 의미는 무엇인가? 필자는 그것을 시대정신과 연계시켜 이해할 수 있다고 생각한다. 즉 "인문을 관찰하여 천하를 교화시킨다"는 말은 바로 시대정신에 입각한 윤리와 정교 그리고 문예관을 민중에 제시하고, 그것으로써 민중을 교화한다는 것을 의미한다.

유가 철학 발전사를 살펴보면, 유가 철학의 흐름은 시대정신과 궤적을 함께 했다. 공자의 시대정신은 정치·경제·문화 등 여러 방면으로 표현되었지만, 그 중심에는 예악이 자리 잡고 있다. 주공이 제정한 예악은 상하 관계를 분별하는 기준[禮]이며, 상하간의 감정을 서로 조화롭게 하는 통로[樂]였다. 공자는 "예악을 기초로 한 선왕의 도는 아름답다"[14]고 했는데, 그것은 당시 예악이 정치와 인생의 궤도이면서 질서 원리였기 때문이다.

그러나 서주 말기부터 질서 원리인 예악이 붕괴되기 시작했고, 그것과 함께 정치 혼란이 심화되었다. 공자의 시대정신은 바로 예악의 부활로 표현되었다. 그러나 공자가 추구한 예악은 기존의 예악을 그대로 답습한 것이 아니었다. 공자는 한편으로는 혈연의 친정親情을 내용으로 하는 종법제도를 긍정했지만, 다른 한편으로는 이전의 '예禮'에 '의義'를 제시하여 합리성을 확보했고[攝禮歸義], 다시 '인仁'이라는 도덕심령을 제공하여 예악 실천의 내적 근거를 확보했다[攝禮歸仁].

---

14 『論語』「學而」, "禮之用, 和爲貴. 先王之道, 斯爲美."

맹자는 공자의 '인'을 계승하여 성선설을 주장했다. 이점은 공자 철학의 정면적 계승발전이지만, 예악 부활의 목적에 대해서는 공자와 약간 다르다. 공자는 정명正名을 통하여 예악을 부활하고자 하면서, 주의 문화를 따를 것[從周]을 천명했다. 이는 예악 부활에 주 대 봉건제도의 회복이라는 목적이 일정하게 차지하고 있음을 의미한다. 그러나 맹자는 공자의 예악 정신을 존중하고 따르지만 주 대의 봉건제도 회복에 대해서는 언급이 없다. 오히려 맹자는 당시 중국 천하를 하나로 통일할 수 있는 왕자, 즉 왕도정치에 의한 천하 대통일의 염원을 가졌다. 다시 말하면 공자와 맹자의 시대에 대한 인식이 달랐기 때문에 대처 방법도 상이했던 것이다.

순자의 시대 상황은 맹자와 크게 다르지 않다. 오히려 전국시대 공리주의 정신은 더욱 극심해져갔기 때문에 맹자보다도 시대적 상황이 열악했다. 순자가 추구한 시대정신은 객관적인 예치 시스템의 구축이었다. 맹자는 당시 공리주의 정신의 도도한 흐름에 맞서, 역으로 가치의 표준을 내적인 심성에서 찾으면서 인의의 도덕정신을 부활하고자 했다. 반면 순자는 비록 가치의 표준을 외적인 공리에서 찾지는 않았지만, 맹자처럼 주관적인 도덕심성에 호소하지도 않았다. 순자의 도덕심령은 내적인 심성에 있지 않고, 오히려 외적인 성왕의 예치에 있었다. 다시 말하면 순자는 주관적인 도덕심성으로써는 당시의 혼란을 극복할 수 없다고 확신한 것이다. 따라서 예의를 주관적인 심성으로부터 독립시켜 객관성을 확보하고자 했다. 즉 순자 철학에서 예의는 주관적 의지에 의해 결정되는 것이 아니라 성현에 의하여 주어진 것이다. 때문에 예의는 의지에 의하여 인식되는 것일 뿐 결정되는 것이 아니다. 순자는 예의의 객관성을 확보하기 위하여 성을 가치중립자로 설정하고, 기존의 자각주체인 심을 지성주체로 전환시켜 예의에 대한 의지의 자율성을 긍정하지 않았다. 이것이 바로 공자·맹자·순자 세 학자의 시대정신에 대한 회응回應이다.

송 대 유학자의 시대정신도 여러 방면에서 논의할 수 있지만, 학술 측면에서 보면 핵심은 불교에 빼앗긴 사상계의 주도적 지위를 회복하는 것이었다. 송명리학자들이 주창한 시대정신의 핵심이 선禪의 극복이라는 점은 여러 곳에서 발견할 수 있다. 주돈이로부터 시작하여 주희, 그리고 주희에 의하여 선학이라고 비평받은 육구연도 선학을 이단으로 규정하고서 극복하고자 한다. 왕수인 역시 마찬가지이다. 그중에서도 주희 리기론과 심성론 및 격물궁리론은 선학의 극복이라는 시대정신을 학술적 이론으로 표현한 대표적 이념이다.

심학자 역시 선학을 주적으로 삼고 있지만, 시대정신 표현은 리학자와 약간 달랐다. 리학자들의 시대정신이 민족주의 부활과 엄숙한 도덕주의 정립으로 표현되었다면, 명 대 심학자들의 시대정신은 형식주의로부터 해방, 즉 진리에 대한 자득自得정신으로 나타났다. 이를 근거로 계몽주의와 사민평등론四民平等論이 등장했는데, 이것에 관한 대표적인 주장이 사우론師友論[15]과 조명론造命論[16]이다. 왕수인은 시대정신과 관련하

15 사우론師友論은 명 대 왕수인으로부터 싹트기 시작했지만, 구체적 입론立論은 왕수인의 사숙제자인 왕간王艮에 의하여 정립되었다. 명 중기부터 농촌에서는 지주와 소작인인 전호田戶의 관계가 수평적으로 전환되기 시작했고, 도시에서는 자본가와 노동자[機工]의 관계가 신분적 혹은 인격적 예속이 아닌 생산적 예속 관계로 전환되기 시작하면서부터 사대부들 사이에서도 상하 관계를 중시하는 종적縱的 윤리보다는 횡적橫的 윤리인 사우론이 대두되기 시작하였다. 사우론은 비록 제왕과 일반 평민의 정치적 신분은 평등하지 않지만 적어도 학문의 도 측면에서 서로 평등하기 때문에 이 도를 공통분모로 삼아 서로 교류할 수 있다는 것이다. 즉 도의 입장에서 보면 군주와 신하 그리고 민중이 서로 평등한 것이다.

16 조명론造命論도 왕간의 주장이다. 왕간에 의하면, "재능은 비록 하늘이 결정해 주었지

여 인시치치因時致治를 주장했는데, 인시因時는 바로 시대정신을 의미한다. 즉 시대정신에 입각하여 민중을 교화하고 다스린다는 것이다.

그렇다면 현대의 대표적인 시대정신은 무엇인가? 하나로 획일화하여 규정하기는 어렵지만, 필자는 현대의 대표적인 시대정신 이념으로 다원주의와 글로컬리즘을 들고자 한다.[17] 다원주의는 종교와 문화 그리고 복지 등을 접두어로 삼아 종교다원주의·문화다원주의·복지다원주의 등 여러 측면에서 논의되고 있다. 핵심 내용은 상호간의 차이에 대한 존중이다. '차이에 대한 존중'이라는 다원주의의 시대정신을 분과학문의 독립성에 적용시켜 볼 수도 있다. 학술계에는 철학과 사학 그리고 문학과 정치, 경제 등 엄연한 학문적 영역이 독립적으로 존재하고 있다. 물론 독립성을 긍정한다고 할지라도 상호간의 유기적 관련성을 완전하게 배제하는 것은 아니다.

글로컬리즘 역시 개인과 전체 그리고 지역과 세계의 조화를 목표로 한다. 개인과 지역은 특수성을 긍정하는 것이고, 세계화는 어울림의 조화를 의미한다. 철학의 경우는 더더욱 그렇다. 때문에 독립적인 분과학

만 운명은 인간 자신이 스스로 노력하여 개조할 수 있다"는 것이다. 이것이 바로 조명론이다. 이는 당시 명분에 입각한 결정론적인 직분職分을 주장하는 주희의 성리학자들에 대한 도전이며, 또 천명에 대하여 숙명적으로 수용하려는 당시 학자들의 수동적인 태도에 대한 반성이다. 우리의 삶에 주관적인 의지로써는 어쩔 수 없는 운명이 일정하게 자리 잡고 있는 것은 사실이지만, 왕간은 인간의 의지로써 극복할 수 있는 부분에 대해서는 적극적인 실천으로 이를 타개한다는 입장이다. 이것이야말로 공자가 말한 "자신이 마땅히 해야 할 일을 다한 후에 객관적 제한을 알 수 있다는 '진의이지명盡義以知命'의 적극적 실천이다.

17 다원주의는 이미 전 세계적인 공식共識으로 자리 잡고 있다. 현상은 명백하게 다원의 세계로 존재하고 있고, 현대의 시대정신은 그 차이를 존중하는 방향으로 전개되고 있다. 따라서 문명 간에 서로 대화하고, 문명의 충돌을 거절하며, 문화의 다원성을 강조하면서 어떠한 문화의 패권주의도 배격하면서 서로 이해와 존중하는 추세이다.

문을 접두어로 삼아 경영철학·경제철학·예술철학·환경철학·생명철학이라는 학문영역이 있게 된 것이다. 차이에 대한 존중이라는 다원주의 원칙이 문과 도의 관계에 적용되면 양자 사이에 주종과 본말 관계는 더 이상 성립할 수 없다. 오직 수평적인 입장에서 상호간의 유기적 관련성만이 존재할 뿐이다.

도학의 본질 목적은 합리적인 도덕이론 정립과 그것의 실현을 통한 정교의 안정 추구에 있고, 문예의 본질은 합정적인 심미 정서의 표현과 순수성의 지향에 있다. 물론 순수성이 도덕을 배제하는 것은 아니지만, 순수는 도덕 이전의 바탕이다. 또한 문과 도의 주체 역시 상이하다. 도의 주체가 심성이라면, 문의 주체는 기 혹은 기질생명이다. 이 양자의 관계를 리주기종理主氣從의 성리학적 입장으로 규정하면 문예의 독립성 확보는 원론적으로 불가할 뿐만 아니라 차이에 대한 존중이라는 다원주의 기본 원칙에도 부합하지 않는다.

임태승은 "예술정신에서 가장 중요한 본색은 시대정신이다"[18]고 규정하고, "시대정신과 치열한 어울림 없는 작품은 그저 만원짜리 산품産品과 하등 다를 게 없다"고 한다. 이는 『주역』의 사유와 일치한다. 문예 활동은 변화의 원리를 형상화하는 것인데, 이러한 문예 활동에 시대정신이 내재되어 있지 않다면 이는 변화를 올바르게 형상화한 것이 아닐 것이다. 다시 말하면 시대정신이 내재되어 있어야만 미적 감흥을 유발할 수 있는 것이다. 이처럼 문예 활동에서도 시대정신을 중시한다. 그렇다면 문학뿐만 아니라 모든 예술적 사유와 행위를 도덕가치의 유무에 따라 존재 가치를 결정하는 유가의 문예관이 현대의 시대정신과 어울린다

18 임태승, 「해체와 혼돈」, 『동아시아 문화와 사상』 제 12호, 동아시아문화포럼, 2005, 30쪽.

고 생각하는가? 아마 문예 창작에 종사하고 있는 지금의 사람에게 송 대 도학가의 문도관계를 강조한다면, 만원짜리는 고사하고 박물관에서도 소장을 거부할 것이다.

문도의 분리 움직임은 위진남북조 시대에 이미 시작되어 명·청 대에 본격적으로 출현했다. 사실 도학가들이 도의 실현을 주장했지만, 그들이 말하는 도에는 주관적 의미가 강하게 내재되어 있다. 모두 요·순·우·탕·문·무·주공의 도통을 내세우고 있지만, 도의 실질 의미는 자신의 주관적인 체득에 의하여 결정된 것이다. 원굉도袁宏道는 "세상의 도가 이미 변했다면 문도 그것에 따라서 변한다. 지금 사람이 반드시 옛것을 모방할 필요가 없는 것은 추세가 그런 것이다"라고 하면서 문도의 관계는 시대정신에 따라서 변할 수 있음을 강조하고 있다.

3. 문예와 도덕의 분계 그리고 바람직한 관계 설정

철학과 문학의 관련성은 동양이라는 공간의 제한을 받은 것은 아닌 것 같다. 박이문은 '문학과 철학이 서로 독립된 지적 활동의 범주에 속하면서도 대체로 문학적 작품이 철학적 관점에서 해석되어왔고, 문학이 철학적이어야 한다는 요구가 문학적 담론에서 완전하게 떠난 적은 없었다고 지적하면서 이는 문학과 철학의 관계가 매우 밀접하면서도 애매하다는 것을 암시해 준다'[19]고 한다. 필자는 '문학과 철학의 관계가 매우 밀접하면서도 애매하다'는 박이문의 주장을 도학과 문예의 관계에도 적

---

19 박이문 외 13인 저, 『문학과 철학의 만남』, 민음사, 2001, 27쪽.

용할 수 있다고 생각한다. 왜냐하면 인간 삶의 가치를 밝히는 작업이 철학의 전유물도 아니고, 기쁨과 슬픔 그리고 분노와 사랑 등의 정서를 논하는 것이 문예의 전유물도 아니기 때문이다. 만일 도덕과 문예가 빙탄氷炭처럼 서로를 수용하지 못한다면[不相容] 『중용』에서 중화中和를 희노애락 등의 정서적 활동에서 논하지 않았을 것이다. 또 이 김상환은 "문학과 철학 사이에는 미묘한 애증관계가 가로놓여 있다. 무엇보다도 자신을 상대와 극단적으로 분리하거나 상대를 배제하려는 시도가 양자 사이에는 존재한다…그러나 극단적 형태의 언어 행위로서의 문학과 철학은 평범하게 만날 수 없다. 그 만남은 지독하게 배타적이거나 지독하게 친화적이다"[20]라고 한다. 이러한 현상은 동양의 학술계에서도 동일하게 나타났던 것 같다. 지독한 배타는 '문은 문대로, 도는 도대로[文自文, 道自道]'[21]의 위진시대 문풍文風인 것 같고, 지독한 친화는 송 대 주희의 문도합일 같다. 필자는 극단적 입장에 대해서는 부정적이다. 양자의 관계는 그리 지독하게 배타적일 필요가 없고, 역시 지독하게 친화적일 필요도 없다. 문을 창작하고, 도를 체현하는 주체는 서로 다르지만, 양자는 일리일합一離一合[22]하면서 독립성을 확보하면서도 유기적 연계성을 유지할 필요가 있다.

유교 문화권에서 도학은 이데올로기의 중심 이념이었고, 문은 도를 표현할 수 있는 가장 효과적이면서도 가장 설득력을 갖춘 소재였기 때

---

20 같은 책, 「서문」.

21 '문자문文自文, 도자도道自道'는 주희가 소식의 문여도구를 비판하면서 지적한 것이지만, 문과 도가 완전하게 이원화된 것은 위진 시대이다.

22 한 차례 떨어진다는 일리一離는 문예와 도덕의 비교집합非交集合 영역에 해당하고, 한 차례 합일한다의 일합一合은 문예와 도덕의 교집합交集合 영역에 해당한다.

문에 문이 격물의 대상에 1차적으로 포함되는 것은 당연하다. 주희가 박학을 강조했고, 그중에서도 독서를 1차적으로 내세운 것도 이와 무관하지 않다. 필자는 기본적으로 주희의 문도합일에 대해서는 비판적 시각을 갖고 있지만, 양자의 유기적 연계마저 부정하고 '문은 문대로, 도는 도대로'의 시각에 대해서도 부정적이다. 다시 말하면 도와 문의 교집합에 대해서는 필요성과 아울러 당위성을 긍정하지만, 문과 비문의 분계는 인정해야 한다는 것이다. 그러나 공자에서 시작된 유가 문도관계는 송 대 주희에 이르러 문과 비문의 분계가 사라지고 양자는 완전한 교집합 관계로 형성된다. 도학가들은 도의 주재력이 약해지면 문은 곧 속유俗儒의 문으로 전락된다고 우려한다. 유교 사회에서 유교 사상을 체현하는 유교 지식인이 긍정하는 문학 내에서는 이러한 우려가 설득력을 갖출 수 있지만, 문예의 영역에서도 이러한 우려가 수용될 것인가? 그렇지 않을 것이다.

그렇다면 차별에 대한 존중을 원칙으로 하는 다원주의의 시대정신에 부합하는 유가의 문도론은 어떻게 정립되어야 하는가? 필자는 리기론과 도기론을 형이상학적 근거로 삼은 문도관에서는 결코 다원주의라는 시대정신에 부합하는 문도관을 정립하기 어렵다고 생각한다. 차이에 대한 존중의 제1원칙은 타자에 대한 수평적 평등성을 긍정하는 것이다. 따라서 도[理-德]와 문[氣-器]이 주종主從 혹은 본말本末 혹은 존비尊卑의 관계로 설정될 수밖에 없는 도학가 세계관을 그대로 수용한 상태에서는 수평적 입장에서 타자의 차이성에 대한 존중이 실현되기 어렵다.

그렇다면 유가 철학의 강령과 종지 그리고 세계관을 유지하면서 시대정신에 부합하는 문예관은 어떻게 정립해야 하는가? 필자는 지금까지 문과 도의 종속적 관계 설정에 대해서는 비판적 입장을 취했지만 양자의 연계 필요성에 대해서는 긍정하는 입장을 취했다. 이것이 문예와 도의 관계에 대한 필자의 입장이다. 유가의 세계관과 가치관을 준수하면서 이 문제를 해결할 수 있는가? 이 문제에 대한 답을 제시하려면 한 가지 전제가 필요하다. 그것은 바로 '리기론=유가 철학'이라는 등식을 잠시 뒤로 놓아야 한다는 것이다. 왜냐하면 리기론은 유가 철학의 한 범주에 불과하고, 또 그것이 유가 철학 전체 이론을 관통하는 근본 이론도 아니기 때문이다. 도학가의 리기론이 출현하기 전에도 유가 철학의 문도론이 존재했고, 리기론 체계가 불분명한 심학자 역시 문도에 관한 이론이 있었다.[23] 그러나 리기론과 도기론을 현상 존재의 제1근거로 내세우면 도와 문의 관계는 주종 혹은 본말로 정립될 수밖에 없다. 주희는 "말라죽은 초목에도 성이 있다[枯槁有性]"고 했는데, 하물며 활발발活潑潑한 문예의 활동에서는 어떻겠는가? 따라서 필자는 잠시 리기론과 도기론을 잠시 뒤에 놓아야 한다고 생각한 것이다.

필자는 다원주의 원칙에 부합하는 유가 철학의 문예관 정립에 관하여 몇 가지 원칙을 제시해보겠다.

첫째, 문예에 관한 주체를 도로부터 이원화시켜 활동의 독립성을 보장해야 한다. 시서예악을 포함한 문예 활동은 기와 밀접한 관련을 맺고 있다. 문예가 삶을 찬미하든지, 죽음을 찬미하든지, 모두 동정動靜이라는 변화, 즉 생생불식生生不息 작용에 대한 묘사이다. 생생불식은 동과 정, 혹은 음과 양이라는 상반된 양태로 전개되는데, 그것의 주체가 바로 기이다. 조비는 "문은 기를 주로 한다"[24]고 했다. 기는 보편자의 이름

---

23 물론 선진 유가로부터 도학가 그리고 명 대의 심학자들까지 문도에 관한 기본 관점은 유사하다.

이 아니고 차별자에 대한 이름이다. 때문에 청탁후박의 차이가 있는 것이다. 유가 철학에서 기의 개념은 대단히 넓다. 도덕이성을 제외한 모든 것이 이에 해당한다. 따라서 재료와 질료, 역동적인 에너지, 심리적 선호와 기피, 희·노·애·락·애·오·욕의 정감, 생리적 본능 활동은 모두 기로부터 발출된다. 그러나 기는 이상의 활동 외에 어떠한 개념과도 결합하지 않는 물상에 대한 순수한 관조 정신을 표현하기도 한다. 이러한 관조 정신에는 도덕과는 무관한 쾌락을 수반할 수 있는데, 이때의 기가 바로 심미의 주체이다. 유학자들은 이 심미주체에 도라는 내용을 부여하고, 그것이 정교에 일정부분 공헌했을 때 비로소 심미주체의 가치를 긍정하려고 한다. 만일 도를 드러내지 못한다면 그것은 지적완농에 불과하다고 인식한다. 정이가 두보의 시 가운데 「곡강이수曲江二首」의 두 번째 시 구절을 예로 들어 한언어閑言語라고 한 것[25]이 대표적인 사례이다. 그러나 도의 유무와 관계없이 문 자체에도 교화의 기능이 있다. 문예의 본질은 합정적인 심미정서의 표현과 순수성의 지향에 있다. 문예가 순수성을 지향하는 것이라면, 우리는 문예에서 심령의 정화라는 교화기능을 긍정하지 않을 수 없을 것이다. 이는 심미주체 고유의 것으로, 도덕주체와는 별개의 기능이다.

둘째, 도덕주체와 심미주체는 상호 독립적인 겸양兼養이 가능하다. 유학자들은 문에 관한 재능을 소기小技라고 폄하하지만, 설령 '소기'라고 할지라도 심미주체 기능의 고하는 기의 연마와 정제 활동을 통해서 이루어지는 것이지 도덕주체와는 무관하다. 또한 도덕주체는 기질생명의

---

24 曹丕,『典論』「論文」, "文以氣爲主."

25 『二程全書』「卷19」.

제한을 필연적으로 받지만, 관건은 기질생명에 있는 것이 아니라 대체大體[26]인 도덕생명의 가치를 자각하고 그것을 조존操存하여 방실放失하지 않음에 있다. 불교에서도 수양을 강조하지만, 수양의 관건은 활발발한 불성을 자각하고 간직하는 것에 있지 결코 자연생명의 작용을 민멸泯滅하는 것에 있지 않다. 도덕주체의 활발발한 기상을 간직하고 있다면, 그 특성상 심미주체의 일탈에 대하여 견제 기능을 발휘할 수 있다. 즉 도덕주체는 심미주체에 선이라는 공적 가치 방향을 제시하여 과불급過不及의 조정자 역할을 할 수 있다. 마광수의 『즐거운 사라』가 정말 문제가 있는 작품이라면, 1차적인 문제는 마광수라는 인품, 즉 도덕주체의 함양에 있다. 다시 말하면 도덕주체에 의한 심미주체의 견제 기능이 부재했던 것이다. 그는 인품과 문품 모두 부재했기 때문에 『즐거운 사라』가 현실에서 즐겁지 않게 된 것이다.

셋째, 도덕주체는 양지와 양능이라는 두 가지 도덕적 기능을 갖추고 있다. 양지는 시비선악에 대한 자각기능으로서, 원칙상 무소부지無所不知이다. 양능은 호선오악好善惡惡의 실천 기능인데, 원칙상 무소불능이다. 원론적인 입장에서 보면 도덕주체의 감응범위는 우주 전체이다. 때문에 맹자는 "만물이 모두 나에게 갖추어져 있다[萬物皆備於我]"[27]라고 했고, 육구연은 "우주가 바로 내 마음이고, 내 마음이 곧 우주이다[宇宙便是吾心, 吾心卽是宇宙]"[28]라고 한 것이다. 이는 도덕주체의 감응 범위에 심

26 대체大體는 인의예지를 내용으로 한 도덕생명을 지칭하고, 소체小體는 육체생명 혹은 자연생명을 의미한다.

27 『孟子』「盡心上」.

28 『象山全集』「卷36 · 年譜」.

미주체의 활동이 당연히 포함되고, 심미주체의 일탈 여부에 대해서도 인지할 수 있을 뿐만 아니라 선으로의 인도 기능까지 갖추고 있음을 의미한다. 따라서 도덕주체와 심미주체의 독립성을 긍정한다고 할지라도 도덕주체의 함양[識仁·反求諸己·求放心·居敬涵養·致良知 등]이 전제된다면 심미주체에 대한 도덕주체의 역할과 기능에는 특별한 문제가 발생하지 않는다.

넷째, 필자는 도덕주체와 심미주체 연계의 당위성을 두 방향으로 나누어 해설하고자 한다. 하나는 다원주의와 보편주의의 긴장관계 필요성이고, 다른 하나는 도덕주체와 심미주체의 상호 보완기능이다. 필자는 다원주의와 보편주의는 긴장관계를 유지하는 것이 바람직하다고 생각하는데, 이것과 문도의 유기적 연계성은 동일한 궤적이다. '문은 문대로, 도는 도대로[文自文, 道自道]'는 다원주의 이념에 해당하고, 문도합일은 보편주의 이념에 해당한다. 보편주의는 본래 개체주의에 대립되는 말이다. 특수성을 내용으로 하는 개별자 위에 보편자를 두고서 개별자는 보편자에 의존함으로써만 존재와 의의를 지닐 수 있다는 것이다. 문위에 도를 상정하고, 도에 의해서 문의 가치를 결정하는 도학가의 입장이 대표적인 보편주의에 해당한다. 필자는 기본적으로 다원주의와 보편주의는 팽팽한 긴장관계를 유지해야 한다고 생각한다. 지나친 보편주의에 대한 확신은 문화와 가치의 획일성을 초래할 위험성이 있고, 무한 다원주의는 자칫 허무주의로 귀결될 수 있기 때문이다. 따라서 자기 주장의 절대화, 자기 주장만의 진리화는 다양한 진리관과 가치관 그리고 신념이 공존하는 현실에서 오히려 자기고립만을 초래할 뿐이다.

다음은 도덕주체와 심미주체의 상호 보완성에 관한 필자의 견해이다. 상호 보완의 필요성은 이미 역사적 사실에서 그 당위성이 요청된다. 심미주체는 그 자체로 일탈의 개연성이 농후하다. 위진남북조의 문풍이 대표적인 현상이고, 마광수의 『즐거운 사라』 역시 동일한 경우이다. 문예의 창작 존중이라는 미명을 기치로 내세워 풍속을 해치고, 패덕을 초래하는 문예 작품과 활동은 부지기수이다. 이때 비로소 심미주체에 대한 도덕주체의 견제, 즉 문품과 함께 인품의 겸양이 요구되는 것이다. 반면 도덕주체에 대한 심미주체의 윤화潤化 활동 역시 긍정할 수 있다. 공자의 『논어』에는 '시를 통하여 감정을 일으키고, 예를 통하여 자신의 덕성을 수양하고 실천하며, 음악을 통하여 자신의 인격을 도야하고 완성한다'는 말이 있고, 또 '인생의 목표를 도의 실현에 두어야 하고, 덕을 잃지 않고 꽉 간직해야 하며, 도덕실천은 인이라는 선의지에 의거해야 하며, 마지막으로 예藝에서 노닐어야 한다'는 말도 있다. '음악을 통하여 인격을 도야하고 완성한다'는 것과 '예藝에서 노닐어야 한다'는 말은 공자 도덕수양 경지가 오로지 도덕이성만의 척박함이 아닌 심미주체, 주정감생명과의 원만한 어울림임을 알 수 있다. 이것이 바로 공자가 강조한 문질빈빈文質彬彬이 진정한 군자 인격이다. 이처럼 문은 도덕생명에 문채를 더할 수 있고, 도덕생명은 문예의 도야를 통하여 예술의 경지로 승화될 수 있다.

유가는 도덕이상주의를 표방하지만, 범도덕주의라는 비판도 함께 받아왔다. 사실 도덕이상주의와 범도덕주의는 공존할 수밖에 없다. 따라서 범도덕주의의 원류 역시 공자에게서 찾아야 할 것이다. 공자는 "한 끼 식사를 끝낼 짧은 동안이라도 인을 어기지 않아야 하며, 황급할 때에도 반드시 인에 의거하여 행동해야 하며, 위급할 때에도 반드시 인에 의거하여 행동해야 한다"[29]고 했다. 문자 그대로만 해석하면 우리의 모든 동정은 반드시 인이라는 도덕의지에 의해 주재되어야 한다. 원론적으로 말하면, 한순간도 도덕과 비관련적인 중립지대가 없다. 주희의 경우도 마찬가지이다. 『주자어류』「권61 · 맹자11 · 진심하盡心下」에 맹자가 말한 "입은 맛있는 음식을 좋아한다[口之於味也]"는 장에 관한 토론에서 주희는 '입은 반드시 맛있는 음식을 먹고자 하는데, 먹고자 하는 도리가 없다면 입은 스스로 맛있는 음식을 먹고자 할 수 없다'[30]는 말을 한다. 본래 주희 철학에서 도는 소이연지리라는 존재의 원리임과 동시에 소당연지칙이다. 소이연과 소당연이 동일 범주에 놓이게 된 까닭은 유가의 도덕형이상학에 있다. 즉 도덕가치로서 존재의 유무를 결정한 것이다. 따라서 도리는 '마땅'이라는 당위와 관련지어서 이해해야 한다. 이것과 생리적 현상과 관련된 물리[形軀之理]는 층차가 다르다. '입이 스스로 맛있는 음식을 먹고자 하는 것'과 관련된 원리는 생리적 현상의 원리인 형구지리形軀之理일 뿐 도덕과 관계가 없다. 도덕과 관련지으려면 '마땅히 맛있는 음식을 먹어야 하는가'라는 명제가 전제되어야 한다. 그러나 주희는 도외무사道外無事, 도외무물道外無物의 입장을 지나치게 확장하여 맛있는 음식을 먹고자 하는 생리적 작용도 도덕 의미인 성리로써 해설하려고 한다. 그렇다면 도를 표현하는 문에 엄격한 도덕주의를 적용하는 것은 당연한 결과일 것이다.

필자가 비록 문도합일이라는 도학가의 문예관을 범도덕주의로 규정하지만, 그것의 긍정적 기능마저도 부정하는 것은 결코 아니다. 이에 관

---

29 『論語』「里仁」, "無終食之間違仁, 造次必於是, 顚沛必於是."

30 『朱子語類』「卷61」, "口之於味, 目之於色, 耳之於聲, 鼻之於臭, 四肢之於安佚. 這雖說道性, 其實這已不是性之本原. 惟性中有此理, 故口必欲味, 耳必欲聲, 目必欲色, 鼻必欲臭, 四肢必欲安佚, 自然發出如此. 若本無此理, 口自不欲味, 耳自不欲聲, 目自不欲色, 鼻自不欲臭, 四肢自不欲安佚."

한 연구 성과는 너무나 풍부하기 때문에 필자가 다시 반복 해설해야 할 필요는 없을 것이다. 그러나 도학가의 문예관은 기본적으로 정취생명인 심미주체의 활동을 제한하고, 실용주의 문도관은 동적인 실천성을 지나치게 강조한 것으로, 문예에 본래 내재되어 있는 정적인 관상의 가치를 간과한 것이다. 뿐만 아니라 문예의 본래 속성은 개인적인 것으로 차별이 본질인데, 이러한 문에 도라는 객관적인 형식을 부여하면 문예의 획일주의를 초래할 가능성이 높고, 창작활동을 폄하할 가능성도 있다. 때문에 중국 학술 발전사에서 도로부터 문의 일탈 움직임은 지속적으로 출현했다. 주희의 성리학은 남송 시기에 정립되었지만, 그 이념이 성세를 이룬 시기는 명 대 초중기였다. 주희가 오경五經만이 근본[本]과 내용[實]을 갖춘 작품이라고 평가한 것처럼 명 대의 과거는 팔고문八股文에 의한 형식화된 문장의 암송으로 진행되었고, 복고주의와 함께 비평 기능이 거의 없는 문장, 즉 비판 금지와 찬양 중심으로 시문이 흘렀다. 때문에 명 대에는 이백·두보·구양수·소식같은 대가들이 한 명도 출현하지 않았다. 뿐만 아니라 도학의 문도합일론의 형식주의에 반발하여 희곡과 소설 등이 크게 유행했다.[31] 이것이 '문은 문대로, 도는 도대로'인데, 이는 문도합일이 자초한 도학의 고립이다.

---

31 김학주, 『중국문학사』, 445-449쪽 참고.

참고문헌

| 참고문헌 |

『論語』

『中庸』

『大學』

『孟子』

『荀子』

『論語集注』

『孟子集注』

『中庸章句』

『人學章句』

『左傳』

『詩經』

『易經』

『文心雕龍』

『包朴子』

『華嚴經』

『華嚴義海百門』

『法言』

『西銘』

『正蒙』

『太玄』

『太極圖說』

『通書』

『周濂溪集』

『二程全書』

『二程遺書』

『易程傳』

『朱子語類』

『朱文公文集』

『陸象山全集』

『傳習錄』

『宋元學案』

『明儒學案』

『韓昌黎集』

『歐陽修全集』

王弼,『老子注』

『資治通鑑』

郭象,『莊子注』

皇侃,『論語集解義疏』,

『河東集』

『小畜集』

『徂來石先生全集』

『蘇東坡全集』

『大易緝說』

『宋元學案補遺』

明 · 陳建,『學蔀通辨』

邢昺,『論語疏』

郭紹虞,『中國文學批評史』, 臺北:文史哲出版社, 1982.

______,『中國文學批評史』「上」, 北京:商務印書館, 2010.

김익두 외,『일재 이항과 호남사상』, 문예원, 2018.

김충렬,『김충렬 교수의 노자강의』, 예문서원, 2004.

김학주,『중국문학사』, 신아사, 1989.

羅根澤,『中國文學批評史』, 上海古籍出版社, 1984.

勞思光,『新編中國哲學史』, 臺北:三民書局, 1990.

魯迅,「魏晉風度及文章與藥及酒之關係」,『魯迅全集』第3卷, 北京:人民文學出版社, 1993.

唐君毅,『中國哲學原論』「原道篇」, 臺北:學生書局, 1986.

杜黎均,『文心雕龍文學理論研究和譯釋』, 北京出版社, 1981.

羅立乾 注釋, 李振興 校閱,『新譯文心雕龍』, 臺北:三民書局, 2014.

馬積高,『宋明理學與文學』, 長沙:湖南師範大學出版社, 1989.

莫礪鋒,『朱熹文學理論研究』, 南京大學出版社, 2000.

牟宗三 著, 황갑연 외 4인 역,『心體와 性體』, 소명출판사, 2010.

신성곤 · 윤혜영,『한국인을 위한 중국사』, 도서출판 서해문집, 2005.

楊伯峻,『孟子譯註』, 臺北:源流出版社, 1982.

吳汝鈞,『佛敎思想大辭典』, 臺北:商務印書館, 1992.

王運熙 · 顧易生,『中國文學批評通史』, 上海古籍出版社, 1996.

劉開榮,『唐代小說研究』, 北京:商務印書館, 1947.

劉若愚 저, 이장우 역,『중국의 문학이론』, 동화출판공사, 1984.

錢　穆,『朱子新學案』. 臺北:三民書局, 1982.

______,『中國近三百年學術史』, 北京:中華書局. 1987.

정세근 편,『위진현학』, 예문서원, 2001.

朱東潤,『中國文學批評史大綱』, 臺北:開明書店, 1975.

陳來 著, 안재호 역,『송명 성리학』, 예문서원, 1997.

蔡仁厚,『宋明理學』「南宋篇」, 臺北:學生書局, 1983.

湯用彤,『湯用彤學術論文集』, 北京:中華書局, 1983.

패트리샤 버클리 저, 이동진 · 윤미경 역,『사진과 그림으로 보는 케임브리지 중국사』, 시공사, 2001.

馮友蘭 著, 박성규 역,『중국철학사』「하권」, 까치, 1999.

馮友蘭,『中國哲學史新編』, 臺北:藍燈文化事業股分有限公司, 1991.

황갑연,『리학 심학 논쟁』, 예문서원, 2014.

黃俊傑,『孟學思想史論』「1권」, 臺北:東大圖書公司印行, 1991.

황필호,『문학철학 산책』, 집문당, 1996.

강택구,「주자 문도론 연구」

강택구,「도와 문의 관계에 대한 주자의 이론」,『중국학논총』 제 10집, 한국중국문화학회, 2000.

______,「주희 시론에 있어서의 성정의 문제」,『중국학논총』 제 19집, 한국중국문화학회, 2005.

______,「朱子 文學理論 研究」, 충남대학교 박사학위논문, 1998.

郭紹虞,「朱子之文學批評」,『照隅室古典文學論集』「上」, 上海古籍出版社, 1983.

金周漢,「中韓理學家之文學觀給其影響」, 臺北:文化大學 博士學位論文, 1985.

김계태,「북송 고문운동 전개 과정상 蘇軾의 지위」,『중국어문학논집』 제 28호, 중국어문학연구회, 2004.

김민종,「양웅의 문학이론과 그 영향」,『중국학보』 제 47집, 한국외국어대학교 중국연구소, 2002.

김원중,「유협의 경전문학론에 관한 검토」,『중어중문학』 제 26집, 한국중어중문학회, 2000.

김재승,「위진남북조시대 문학사상연구」,『중국인문과학』, 중국인문학회, 1997.

김철운,「순자 禮義之統의 이론적 근거」,『동양철학』 제 12집. 한국동양철학회, 2000.

남상호,「화엄종의 상즉원융의 방법」,『양명학』 25호, 한국양명학회, 2010.

박 식,「송대 이학가 문학관연구」, 서울대학교 박사학위논문, 1992.

박영희,「한유의 원도편 재조명」,『중국어문학논총』 제 81호, 중국어문학연구회, 2013.

潘立勇,「朱熹對文道觀的本體論發展及其內在矛盾」,『學術月刊』 第 5期, 上海市社會科學界聯合會, 2001.

배득렬,「文心雕龍對擧概念硏究」, 北京師範大學 博士學位論文, 1997.

______,「위진남북조 문학창작이론 시론」,『중국학논총』 제 9집, 한국중국문화학회, 2000.

______,「유협의 문학사론 札記」,『인문학지』 제 25집, 충북대학교 인문학연구소, 2002.

소현성,「주돈이 문학과 사상 그리고 그 경계」,『중국학보』제64집, 한국중국학회, 2011.
송하경,「동양 예술정신에 나타난 和」,『동양예술』1집, 한국동양예술학회, 2000.
신규탁,「法界觀門의 觀의 기능에 관한 試論」,『보조사상』28집, 보조사상연구회, 2007.
신귀현,「이퇴계의 전습록논변과 육왕학에 관한 비판」,『퇴계학연구』제 8집, 단국대학교 퇴계학연구소, 1994.
申美子,「朱子詩中的思想研究」, 臺北:臺灣大學 博士學位論文, 1985.
양광석,「고문가와 도학가의 문학관」,『유교사상연구』제 22집, 한국유교학회, 2005.
王利民,「朱熹詩文的文道一體觀」,『浙江大學學報』第 32卷 第 1期, 杭州:浙江大學, 2002.
王水照,「論洛蜀黨爭的性質和意義」,『河北師院學報』, 石家庄:河北師範学院, 1995, 第1期.
이동영,「孔 · 孟 · 朱子의 문학관」,『퇴계학연구』제 10집, 단국대학교 퇴계학연구소, 1996.
이상은,「공자의 예술정신에 관한 고찰」,『상지대논문집』제 7집, 1986.
이영주,「북송시문혁신운동과 구양수」,『중국문학』12호, 한국중국어문학회, 1984.
______,「소식 시론 연구」,『중국문학』11호, 한국중국어문학회, 1984.
이장우,「한유문연구서설」,『중국문학보』3집, 단국대학교 중어중문학과, 1976.
이종호,「유교의 문학관과 미의식」,『대동문화연구』제 38집, 성균관대동문화

연구원, 2001.

임태승, 「해체와 혼돈」, 『동아시아 문화와 사상』 제 12호, 동아시아문화포럼, 2005.

林衡勳, 「文皆是從道中流出」, 『湛江師範學院學報』 第 24卷 第 4期, 湛江(廣東): 湛江師範學院學院.

장세후, 「朱熹詩 硏究」, 영남대학교 박사학위논문, 1996.

장수열, 「유협의 원도론」, 『중국문학연구』 제8집, 한국중문학회, 1990.

錢 穆, 「雜論唐代古文運動」, 『中國學術思想史論叢』 第4, 臺北:東大圖書, 1978.

전영란, 「도잠과 유협의 문학관 비교 연구」, 『중국어문학』 제 8집, 영남중국어문학회, 1984.

조민환, 「중국문화에서의 철학과 문학의 관계」, 『시대와 철학』 제 9집, 한국철학사상연구회, 1998.

조성식, 「談孟子對文學理論的影響」, 『인문학연구』 제 3집, 제주대학교 인문과학연구소, 1997.

趙殷尙, 「唐代古文運動的政治意義」, 『동아인문학』 제 9집, 동아인문학회, 2006.

진영희, 「북송 고문가들의 도와 문에 대한 견해 소고」, 『중국어문학』 제 15집, 영남중국어문학회, 1988.

차상원, 「송 대 고문운동의 이론과 비평」, 『서울대학교 논문집』 제 13집. 1967

최완식, 「王守仁詩特性考」, 『중국문학』 제 10집, 한국중국어문학회, 1983.

洪光勳, 「兩宋道學家文學論硏究」, 臺北:臺灣大學 博士學位論文, 1995.

______, 「전통유가의 문학이론에 대한 송대 도학가의 이견」, 『중국어문학』 제 26집, 영남중국어문학회, 1995.

황갑연, 「명대 양명학자의 시대정신과 현대 양명학자의 과제에 관한 소고」,

『양명학』 제 25호, 한국양명학회, 2010.

______, 「순자와 주자 도덕의식 구조의 유사성」, 『유학연구』 제 28집, 충남대학교 유학연구소, 2013.

______, 「心學 체계에서 본 心生物의 의미」, 『陽明學』 창간호, 한국양명학회, 1997.

______, 「유가의 범도덕주의에 대한 비판적 성찰」, 『동서철학연구』 제 67호, 한국동서철학회, 2013.

______, 「유가철학에 있어서 문과 도의 관계에 관한 연구」, 『범한철학』 제 36집, 범한철학회, 2005.

______, 「유가철학에서 정신세계의 영역 그리고 상호 교류와 운용에 관한 고찰」, 『범한철학』 제 62집, 범한철학회, 2011.

______, 「형이상자와 형이하자 개념에 대한 주자의 이해」, 『범한철학』 19집, 범한철학회, 1999.

______, 「화엄의 법계관과 주희 리기론의 異同을 통해서 본 儒佛의 교섭」, 『양명학』 제 28호, 한국양명학회, 2011.

황갑연

황갑연은 臺灣 東海大學 哲學硏究所에서 1992년『陸象山 道德哲學之硏究』로 석사학위를, 1996년『心學的 道德形上學硏究』(지도교수 蔡仁厚)로 박사학위를 취득하였다.

황갑연의 학술연구 진행은 다음 3단계로 설명할 수 있다. 1단계, 1996년 귀국 이후 약 5년 동안 심학에 관한 논문과 저술을 학계에 집중 발표하면서 주자 성리학 중심의 한국 학술계의 연구에 다양성을 제공했다. 牟宗三의 대표작인『心體與性體』번역이 이 시기의 대표적 연구 결과이다. 2단계, 육구연과 왕양명 중심의 心學과 정이천과 주자 중심의 理學을 학술발전사 관점에서 재조명했다. 그 연구 결과가『리학·심학 논쟁』이다. 3단계, 주요 연구 분야는 유가 철학에서 도덕과 문학예술 그리고 과학지식의 관계를 어떻게 정립하는가에 관한 것이다. 1차로 '중국 유가 철학발전사에서 도학과 문학 및 예술의 관계가 어떻게 변천되었고, 그것의 득실은 무엇인가'를 문도론으로 종합하여 3년 연구를 마쳤다. 도덕과 문학예술 그리고 과학지식의 유기적 관련성에 대해서는 전통적인 유가 철학의 입장을 수용하지만, 주종적 관계에 대해서는 비판적 태도를 취한다.

저서로『리학·심학 논쟁』·『동양철학과 문자학』외 12권이 있고, 역서로『心體와 性體』외 6권이 있으며, 논문으로는「조선성리학자의 양명학 비판 논거에 대한 비판적 성찰」(퇴계 학보) 외 63편이 있다.

현재 전북대학교 철학과 교수로 재직하고 있다.

문도론文道論
－문과 도의 합일[合]과 분리[離]의 학술사－

지은이 황갑연
펴낸이 김동원
펴낸곳 전북대학교출판문화원

초판 1쇄 인쇄 2019. 12. 20
초판 1쇄 발행 2019. 12. 30

전북대학교출판문화원 전라북도 전주시 완산구 어진길 32 (풍남동2가)
전화 (063) 219-5321~2
FAX (063) 219-5323
출판등록 2012년 8월 20일 제465-2012-000021호

값 25,000원

ISBN 979-11-6372-063-8 93150

이 도서의 국립중앙도서관 출판예정도서목록(CIP)은 서지정보유통지원시스템 홈페이지(http://seoji.nl.go.kr)와 국가자료공동목록시스템(http://www.nl.go.kr/kolisnet)에서 이용하실 수 있습니다. (CIP제어번호 : CIP2019050022)